중국 개혁개방과 지역균형발전

중국 개혁개방과
지역균형발전

박범종·공봉진·장지혜·박미정
김태욱·이강인·조윤경·서선영 지음

이 저서는 2018년 대한민국 교육부와 한국연구재단의 지원을 받아
수행된 연구임. (NRF-2018S1A3A2075531)

들어가는 말

1978년 12월 18일에 개최된 제11차 3중전회에서 중국은 개혁개방을 천명하였다. 그동안 '죽의 장막'이라 불리던 중국이 마침내 문을 열었다. 그로부터 40년이 지난 2018년 중국! 그리고 2020년과 2021년을 향해 달려가는 중국!

'두 개의 100년'에서 '전면적 소강(小康)사회 건설'의 목표로 삼은 해가 2021년이지만, 서부대개발에서 언급한 전면적 소강사회 건설의 해는 2020년이다. 불과 1~2년밖에 남지 않았지만, 2019년 현재에도 중국은 계속해서 개혁개방을 강조하고 있다.

'선부론(先富論)'과 '균부론(均富論)'!

이 두 말은 개혁개방 이후의 중국을 읽는 주요 키워드다. 덩샤오핑은 개혁개방을 천명한 이후 중국 전 지역을 개방하지 않고 일부 지역부터 개방하였다. 중국은 동부지역부터 먼저 발전하도록 하는 '불균형발전전략'을 전개하였다. 덩샤오핑은 '선부론'을 강조하며 "먼저 부자가 될 수 있는 지역부터 부자가 되도록" 하였다. 그로부터 20여 년이 지난 후진타오 시기에 들어와서는 '선부론'의 결과로 심각해진 지역 격차를 해소하기 위한 방안으로 후진타오는 '균부론'을 천명하였다. 후진타오가 주장한 '화해(和諧)사회'는 '조화로운 사회'로 해석되는데, 전 지역의 고른 발전인 셈이다.

'G2'라 명명되는 중국의 출발점은 1978년에 천명한 개혁개방에서 시작되었다고 해도 과언은 아니다. 중국의 특정 지역부터 개방하기 시작하여 점차적으로 동부 연해지역, 서부지역, 동북 3성, 중부지역으로 확대해 갔다.

중국은 1979년에 광동성과 푸젠성에 4개의 경제특구를 설치하여 개혁개방을 시작하였다. 일정한 성공을 거두었다고 판단한 중국은 1984년에는 동부 연해 도시 14개를 개방하였다.

1985년에 당시 총리였던 자오쯔양(趙紫陽)은 장강(長江)삼각주, 주강(珠江)삼각주 및 민남(閩南) 지역 개방을 결정하였다. 그 이후 1988~1989년에는 요동반도(遼東半島)와 산동반도(山東半島)를 개방하였다. 이러한 1980년대의 중국 개혁개방과정을 '불균형발전전략'이라 표현하고 있다.

1990년대에 이르러서는 장강을 따라 중부와 서부지역으로 확산하였다. 1991년부터 4연(四沿: 沿海, 沿江, 沿邊, 沿路) 개방정책을 실시하였다. 즉, 바다, 강, 변경 및 철로 지역을 따라 확산하는 전방위 개방에 착수하였다.

1997년에 쓰촨성에 포함되어 있던 충칭을 직할시로 승격시켰는데, 이는 중국 정부가 충칭을 서부지역 발전의 거점 도시로 삼기 위함이었다.

한편, 중국의 개혁개방 결정은 문호를 열어 중국의 정치와 경제 및 사회 등을 변화케 하였지만, 동부를 먼저 발전시킨다는 불균형발전전략 때문에 지역 간의 격차는 매우 커졌다. 그래서 2000년대에 들어오면서 서부대개발 정책, 중부굴기 정책, 동북 3성 발전전략 등을 실시하여, 중국 전 지역을 고르게 발전시키고자 하였다.

1980년대와 1990년대의 중국 발전전략이 덩샤오핑의 '선부론'에 입각한 불균형발전전략이었다면, 2000년대 후진타오의 '균부론'은 전 지역을 고르게 발전시키려는 균형발전전략이라고 할 수 있다. 덩샤오핑과 장쩌민 시대에는 도시를 중심으로 한 경제발전정책이 많았다면, 후진타오 시대에는 심각한 농촌문제를 해결하기 위한 경제발전정책을 펼쳤다. 2004년부터 2019년까지 중앙 1호 문건에 삼농(三農)문제 혹은 삼농문제와 관련된 내용을 주요 과제로 삼았다.

중국의 경제발전과정을 살펴보면, 어떤 한 정책을 동시에 전국에 실시하는 경우는 거의 볼 수 없다. 특정 지역에 먼저 정책을 시행해 보고, 성공 여부에 따라 점차 확산시켜나갔다. 경제모델인 '온주모델'과 '소남모델'이 대표적인 사례다. 이후 광둥 모델과 충칭모델 등 다양한모델이 등장하기도 하였다. 그리고 중국은 'OO신구', 'OO경제권' 등을 설립하면서 처음에는 일부 지역에서만 실험해 보고, 점차 전 지역 곳곳에 확산시켜나갔다. 현재 시진핑이 강조하는 허베이성의 슝안신구(雄安新區)는 중국에서는 매우 중요한 실험이기도 하다.

한국의 경제발전 상징을 '한강의 기적'이라고 부른다. 중국의 경제발전 상징은 '장강'에 비유되고, 그 장강을 '용'에 비유한다. 그래서 상해를 '용의 머리'라 부르고, 무한을 '용의 몸체(허리)'로 부르고, 중경을 '용의 꼬리'라 부른다. 상해의 포동신구를 '용의 여의주'로 비유한다.

중국 개혁개방의 가장 큰 성과는 '경제성장'이라 할 수 있다. 오늘날 'G2'의 지위에 오르고, 국제질서에 관여하는 강대국으로 부상하였다. 그 다음 성과는 호구제도의 철폐이다. 1958년에 만들어진 호적제도는 개혁개방 이후 '농민공' 문제를 초래하였다. 도시마다 농민공 문제를 해결하기 위해 호적제도를 변용해 왔다가 2014년에 호적제도 개혁에 대한 가이드라인을 발표하였다. 그리고 12월 중국 국무원은 초안인 '거주증 관리 조치'를 발표하였다.

이 책에서는 중국이 개혁개방을 천명한 이후 여러 분야의 변화된 모습과 발전된 모습을 정리하였다. 가장 먼저 중국의 개혁개방 40년의 대사기(大事記)를 소개하고 있고, 그리고 경제와 통상, 중국 사회 변화, 양안관계, 대중문화, 소수민족, 인구문제를 다루고 있다.

　제1장은 "개혁개방(改革開放) 이후의 대사기(大事記): 'G2 되기'까지의 중국"이다. 중국의 주요 언론에서 발표하였던 개혁개방 40년 대사기를 중심으로 하여 기술하면서, 대사기에 포함되지 않은 주요 사건이나 정책 등을 소개하였다. 이 글에서는 '1980년대, 1990년대, 2000년대, 2010년대'로 구분하여 다루었다. 이 시기는 덩샤오핑 시기, 장쩌민 시기, 후진타오 시기, 시진핑 시기로 표현할 수 있다. 덩샤오핑 시기에는 개혁개방을 천명한 이후, 새로운 지도부 구성, 새로운 국가기구와 당 기구 설립, 개혁개방 이전의 역사에 대한 평가 등이 이루어졌다. 그러면서 경제특구, 동부 연해 지역 도시, 주강삼각주와 장강삼각주 등의 불균형발전전략이 진행되었다. 1989년에 6·4천안문 사건이 발생하였을 때 리펑 등의 보수파세력이 장악하였는데, 이때 개혁개방의 속도를 주춤하였다. 1992년 덩샤오핑의 남순강화(南巡講話) 이후 개혁개방의 속도는 다시 빨라지기 시작하였다. 이 시기에 장쩌민의 권력이 강화되었다. 장쩌민 시기에는 장쩌민의 상해방이 중국을 이끌었는데, 포동(浦東)신구 등이 설립되었고, 장강을 따라 점차적으로 서부지역으로 경제발전이 확산하기 시작하였다. 이 시기에는 서부대개발이 천명되었고, 선부론으로 인해 발생한 지역 격차를 해소하기 위한 여러 정책을 시행하기 시작하였다. 후진타오 시기에는 동부지역보다 상대적으로 낙후된 서부지역, 중부지역, 동북 3성 지역의 경제발전을 위한 정책을 시행하였다. 또 소수민족 지역의 경제발전을 위한 정책을 시행하기 시작하였다. 시진핑 시기에 접어들어서는 '당·정·군'의 3개 권력을 동시에 이양받은 시진핑의 권력이 강화되는 시기이고, '중화민족의 위대한 부흥'과 '부강한 중국'을 이루기 위한 다양한 정책이 펼쳐졌다.

제2장은 "중미 무역 분쟁: 무역 불균형 때문인가? 패권전쟁인가?"이다. 2001년 중국은 WTO(세계무역기구)에 가입하였다. 1978년의 개혁개방 천명이 중국 문호개방의 첫걸음이었다면, 2001년의 WTO 가입은 세계 중심 속으로 뛰어드는 첫걸음이라고 할 수 있다. 개혁개방 당시 206억 달러에 불과하였던 중국의 무역 규모는 지속적으로 확대되어, WTO 가입 직전인 2001년에 5,000억 달러가 되었으며, 9년 뒤인 2013년에는 총 규모 4조 1,603억 달러로 미국을 제치고 세계 1위를 차지하게 된다. 이러한 중국의 무역성장은 최대 무역교역국인 미국과 연계되어 2018년 이후 중미 양국의 무역 전쟁이 격화되기 시작했다. 2018년 12월 18일 중국 개혁개방 40주년 기념식에서 시진핑 국가주석은 "중국의 발전은 세계를 떠날 수 없으며 세계도 번영을 위해 중국이 필요하며," "중국은 적극적인 개방정책을 통해 전면적인 개방 구조를 형성할 것"이라며, 적극적인 개방 의지를 드러내면서 다자무역체제에 대한 지지와 함께 미국의 패권주의에 대한 반대 의지를 드러냈다. 이러한 표현은 중국과 미국의 WTO 분쟁 사례를 통해서 잘 알 수 있다.

　제3장은 "중국 에너지 정책의 패러다임 변화와 지속 성장에 관한 담론"으로, 그동안 고속성장을 해 오던 중국경제발전략의 변화를 알 수 있다. 시진핑의 주요 경제사상에 속하는 '신창타이'는 2013년 이후의 중국 경제발전전략을 알 수 있는 용어이다. 그리고 중국의 에너지 정책의 패러다임 변화는 중국의 지역경제발전과 밀접한 관련이 있다. 중국 정부는 "에너지 절약, 에너지구조 다원화 및 효율화, 환경 친화" 등을 근간으로 하는 국가에너지 전략 마련에 총력을 기울이고 있다. 특히 그동안 서부대개발과 중부굴기 전략으로 서부지역과 중부지역의 석탄소비량이 매우 증가하였다. 한편, 중국의 서북지역, 서남지역, 동부지역에 해상수송을 통한 천연가스 수입채널이 구축되어 있다. 또 동북지역에는 중국-러시아

동부노선(Sila Sibiri 가스관)도 건설되고 있다. 중국 정부는 녹색성장, 기후변화 대응 등 친환경발전의 중요성을 강조하고 있어 향후 천연가스 소비와 신재생에너지 활용을 통한 농촌지역의 청정에너지 난방공급 시범 프로젝트 추진 관련 통지'와 징진지(京津冀: 베이징, 천진, 허베이성) 및 주변 지역을 중심으로 2020년까지 지열에너지의 이용 개발 계획은 지역경제발전에 중요한 역할을 할 것이다.

제4장은 "저항의 물결: 중국식 민주주의의 성장통인가 아니면 서구식 민주화로 가는 징후인가?"로, 중국의 '군체성 사건'을 소개하고 있다. 그리고 중국에 발생하였던 민주화운동, 정치개혁 요구, 홍콩에서 발생한 '노란 우산 혁명' 등을 소개하고 있다. 특히 1989년에 발생하였던 6·4 천안문 사건은 중국 민주화운동의 시작이었다. 그동안 홍색 혁명의 상징이었던 천안문광장이 '민주화운동'의 상징이 되었다. 2008년의 '08헌장'과 2009년의 '09상서'는 중국 내 정치개혁을 요구하는 정치인과 언론인 및 지식들의 열망이 담겨 있다. 2011년에 발생하였던 광둥성 루펑현(陸豐縣) 우칸촌(烏坎村) 사건으로 인해 2012년에 직선제로 우칸촌 촌장을 선출하였다. 우칸촌 사건은 중국 최초의 민주주의 선거로 칭송되며, '민주주의 실험'이라고도 명명된다. 우칸촌 사건 이후, 2012년 2월 원자바오 총리는 "개혁개방을 하지 않으면 오직 죽음뿐이다"라며 "특히 국내 경제의 발전을 가로막는 정치제도 개혁에 매진해야 한다."라고 말했다. 당시 후진타오와 원자바오 등은 정치개혁에 대한 의지를 여러 연설에서 표현하였다. 중국의 개혁·개방은 지난 40년간 눈부신 경제발전을 이룩하였으나 자유, 인권, 평등 등 인간의 기본권이 지켜지는 민주주의 수준은 낮아 보인다. 특히 시진핑이 집권한 이래로 중국 정부가 시행하는 여러 정책을 살펴보면 중국 내에서의 민주주의는 매우 요원하다는 것을 알 수 있다.

제5장은 "양안 관계: 과거, 현재 그리고 미래"이다. 중국과 대만의 관계는 1978년 이전까지 30여 년간 폐쇄적이었다가 개혁개방 이후 조금씩 변화하기 시작했다. 하지만 중국 측의 관점에서 보면 지도부 변화와 관계없이 항상 일관된 태도를 밝히고 있다. 중국의 관점에서 대만은 '하나의 성'에 불과하다. 그래서 '92 컨센서스'에서 말하는 '하나의 중국'은 바로 중국인 셈이다. 덩샤오핑은 '일국양제(一國兩制)'를 강조하였는데, 이는 '하나의 국가에 두 개의 체제'라는 의미로 먼 훗날 대만을 통일하였을 때 대만이 갖고 있는 체제를 유지해 주겠다는 의미이다. 이 '일국양제'는 이미 홍콩과 마카오에 실험적으로 실시하고 있다. 하지만 대만은 어느 정당이 집권하느냐에 따라 다소 차이가 나타난다. 특히 대만독립성향을 지닌 민주진보당(민진당)이 집권하는 경우에는 민진당이 대만의 독립을 주장하기 때문에 양안 관계는 초긴장 상태로 접어든다. 그런데 정치적인 대립과는 달리 양안 간의 경제교류 및 민간교류는 지속해서 확대되고 있다.

제6장은 "중국 개혁개방 40년과 중국영화의 단계적 발전 현상 탐색"이다. 개혁개방 40년 동안 대중문화의 한 축인 중국 영화는 문화대혁명의 풍랑을 맞았던 비극의 세대인 제4세대(문화대혁명 이후), 새로운 영화시대를 선도하는 세대인 제5세대, 1990년대 이후 중국영화의 발전을 일구었던 제6세대를 주된 축으로 하고 있다. 이들 영화 감독은 중국 인민들에게 많은 영향을 미치고 있다. 특히 개혁개방 40년 동안 영화 감독들을 통해 사상의 해방, 문화 욕구의 충족, 라이프스타일의 변화를 보여주고 있으며, 그 시대의 대변자 역할을 해 왔다. 문화와 영화는 끊임없이 변화하고 발전하는 속성이 있기에 동시대의 사상과 의식, 정치와 경제와 함께 변화, 발전에 중요한 역할을 하였다. 따라서 새롭게 등장하는 신진 감독들이 어떤 영화로 변화 발전하는 중국을 카메라에 담아낼지 기대가 되는 것은 또 하나의 희망이 된다.

제7장은 "중국의 민족정책은 지역갈등, 지역균형발전의 해결점이 될까?"이다. 중국 정부는 '중화민족의 위대한 부흥'을 성공적으로 일구기 위해서 '민족단결'을 강조하고 있다. 그래서 민족단결에 저해하는 모든 행위를 금지하고 있다. 개혁개방 이후 중국 정부는 '양개불리개(兩個不離開)' 혹은 '삼개불리개(三個不離開)'를 강조하고 있다. 특히 1988년 비효통이 제기한 '중화민족'에 대한 인식은 1990년대 이후 중화민족이라는 관점하에 역사관과 민족관이 고착화되고 있다. 중국은 건국 이후로 대한족주의와 지방민족주의를 경계하였다. 하지만 오늘날 중국에서는 대한족주의와 지방민족주의가 거세다. 특히 지방민족주의는 오늘날 티베트의 민족운동과 신강위구르족의 민족운동으로 나타나고 있다. 2008년의 3·14티베트 민족운동과 2009년의 7·5우루무치 사건은 대표적인 소수민족주의운동이라고 할 수 있다. 오늘날 중국 정부는 사회주의핵심가치관을 각 소수민족에게 강조하면서 '소수민족은 중화민족의 일원'임을 교육하고 있다.

　　제8장은 "중국의 경제성장과 인구구조 변화"이다. 중국은 대대적으로 인구통제 정책을 통해 인구증가를 억제하며 가족계획에 중점을 두었지만, 인구정책 전환을 맞이하며 인구 부양에 중점을 두고 있다. 그러나 정부의 노력에도 불구하고 중국은 다른 어느 나라보다 빨리 늙어가고 있다. 인구구조가 경제성장을 촉진한다는 가정하에 정부의 인구정책은 경제성장에 많은 영향을 미치며, 저출산과 인구 고령화는 경제성장에 부정적 영향을 준다. 2016년 중국은 40년간 유지해오던 산아제한 정책을 폐지하고 전면적으로 두 자녀 정책을 발표하였다. 중국의 한 자녀 정책 폐지는 심각한 저출산에 따른 노동인구 감소와 급속히 진행되고 있는 고령화 등으로 인한 경제 침체를 막기 위해서이다.

한국에서 많은 사람들은 자신이 중국을 잘 알고 있다고 여긴다. 그러나 중국을 얼마나 알고 있는지 물어보면 대답을 잘하지 못한다. 이 책은 중국을 공부하거나 알고자 하는 분들께 조금이나마 도움이 될 수 있기를 바라는 마음으로, 오늘의 중국을 있게 한 개혁개방 이후의 중국을 주제로 삼았다. 2019년의 중국과 미래 중국을 알기 위해서 1978년 이후의 중국이 걸어온 길을 되짚어 보았다. 끝으로 집필에 도움을 주신 기관과 참여하신 저자께 감사드린다. 그리고 출판에 도움을 주신 신수빈 대리님을 비롯한 한국학술정보 출판사 여러 직원께 감사드린다.

2019년 7월 1일
저자 일동

목차

제1장

개혁개방(改革開放) 이후의 대사기(大事記): 'G2 되기'까지의 중국

개혁개방(改革開放) 이후의 대사기(大事記): 'G2 되기'까지의 중국

| 공봉진 |

Ⅰ. 들어가며: 죽의 장막을 걷어 세계 속으로

孫中山讓中國人民醒過來! 毛澤東讓中國人民站起來! 鄧小平讓中國人民富起來!

쑨원(孫文, 손중산, 1866~1925)은 중국 인민을 깨닫게 했고,
마오쩌둥(毛澤東, 1893~1976)은 중국 인민을 일어나게 했고,
덩샤오핑(鄧小平, 1904~1997)은 중국 인민을 부유하게 했다!

중국의 개혁개방과 관련하여 자주 언급되는 문구가 있다. 대표적인 것은 "실천이 진리를 검증하는 유일한 표준이다(實踐是檢驗眞理的唯一標準)."이다. 이 말은 1978년 5월 11일 특약 평론원(特約 評論員)의 '실천이 진리를 검증하는 유일한 표준'이라는 제목으로 ≪광명일보(光明日報)≫에 실렸다. 덩샤오핑, 예젠잉(葉劍英, 1897~1986), 리셴녠(李先念, 1909~1992), 후야오방(胡耀邦, 1915~1989) 등은 공개적으로 광명일보의 논평을 적극적으로 지지하는 견해를 발표하였고 토론은 전국적으로 확대되었다. 그리고 이 말은 화궈펑(華國鋒, 1921~2008)의 범시파(凡是派)에 대응한 실무파(實務派)의 중대한 사상적 기저가 되었다. 또 이 말은 개혁개방의 상징이 되었으며 제1차 사상해방의 중요한 논점이 되었다.

개혁개방과 관련된 문구 대부분은 덩샤오핑이 한 말이다. 그 내용을 살펴보면 다음과 같다.

"改革是中國的第二次革命。這是一件很重要的必須做的事, 盡管是有風險的事。"
개혁은 중국의 제2차 혁명이다. 이것은 반드시 해야 하는 대단히 중요한 일이다. 비록 위험을 무릅쓸지라도

"不管黑猫白猫, 捉住老鼠就是好猫。"
검은 고양이든 흰 고양이든 쥐를 잘 잡는 고양이가 곧 좋은 고양이이다.

"改革是中國發展生產力的必山之路。"
개혁은 중국이 생산력을 발전시키기 위해서 반드시 지나가야 하는 길이다.

"改革開放膽子要大一些, 敢於試驗, 不能像小脚女人一樣。看准了的, 就大膽地試, 大膽地闖。"
개혁개방은 좀 더 대담하게 하고, 과감하게 실험을 해야 한다. 발이 작은 여인처럼 걸으면 안 된다. 똑바로 보이는 것은 대담하게 실험하고 과감하게 밀고 나가라.

堅持改革開放是決定中國命運的一招。
개혁개방을 견지하는 것은 중국운명을 결정하는 묘수이다.

이러한 말들은 개혁개방을 시작할 때부터, 그리고 정치적 상황으로 인해 개혁개방의 속도가 더뎌졌을 때, 개혁개방을 가속하기 위해서 덩샤오핑이 한 말들이다.

1978년 12월 18일 제11차 3중전회! 이 회의는 1949년 10월 1일 신중국이 건국된 이후 문호를 굳게 닫고 있던 중국을 개혁개방으로 이끌었던 중대한 분기점이었다. 2018년 12월 18일, 개혁개방 40주년을 맞이하였을 때 중국에서는 3차례의 위대한 도약을 언급하였다. 그중에 하나가 '개혁개방의 천명과 중국 특색의 사회주의 천명'이었다. 나머지 2개는 '중국공산당 창당'과 '중화인민공화국 건국'이다.

(도표-1)은 중국공산당이 창당된 이후부터 2019년 현재까지의 주요 중국 역사이다. 그중 1978년 12월 18일은 신중국이 아닌 새로운 중국의 시작이었다.

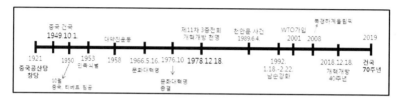

(도표-1) 중국공산당 창당(1921년) 이후 2019년까지의 주요 역사

1977년에 복권된 덩샤오핑은 1978년 12월 중앙경제공작회의에서 '사상해방(解放思想)'과 '실사구시'(實事求是: 사실에 근거해 진리를 탐구한다)를 강조하면서 개혁에 시동을 걸었다. 그리고 제11차 3중전회에서 덩샤오핑은 개혁개방을 천명하였다. '죽의 장막'이라고 불렸던 중국은 문호를 개방하기로 하며, 개방과 개혁을 추진하였다.

1979년에 설치된 경제특구(經濟特區)를 중심으로 한 경제발전전략은 오늘날 중국이 G2의 지위에까지 오를 수 있게 된 시발점이 되었다. 40년이 지나는 동안 많은 변화가 있었지만, 중국은 정치와 경제 및 사회 전반에 걸친 개혁을 일구었다. '잠자는 사자'와 '죽의 장막'이 아닌 세계를 주도하는 국가 중의 하나가 되었다. 다만 중국의 정치개혁 문제, 개인 인권 문제, 민족문제는 여전히 중국 정부가 해결해야 할 과제로 남아 있다. 경제와 사회는 개혁개방을 지속해서 진행해 왔지만, 정치와 개인 인권 문제는 오히려 퇴보하고 있는 현상이 곳곳에 나타나고 있다. 특히 시진핑은 인터넷과 종교를 매우 강하게 통제하고 있고, 반간첩법 등의 제정을 통해 강권 정치를 하고 있다. 그러면서 2018년 12월 18일 개혁개방을 기념하는 자리에서는 앞으로도 계속해서 개혁개방을 진행할 것이라고 천명하였다.

개혁개방을 천명한 이후부터 2019년 현재까지의 지난 중국을 회고해 보면, 고비가 있을 때마다 지도부는 사상해방을 통해 중국이 나아갈 방향을 제시하면서 극복하였다. 그리고 덩샤오핑, 장쩌민(江澤民), 후진타오(胡錦濤), 시진핑(習近平)으로 이어지는 강력한 리더십을 통해 중국을 이끌어왔다. 특히 덩샤오핑이 이끌었던 1980년대의 중국은 개혁개방에는 찬성하였지만, 개혁의 속도를 조절해야 한다면서 사상을 강조하는 세력들이 존재하였을 뿐만 아니라, 여전히 개혁과 개방에 반대하는 보수파 세력이 존재하였다. 특히 1989년에 발생하였던 천안문사건 이후 리펑(李鵬, 1928~2019)을 중심으로 한 보수파 세력이 강화되면서 개혁의 속도는 주춤하였다. 이에 덩샤오핑은 1992년 1월부터 남방지역을 시찰하면서 개혁개방을 지속해서 진행해야 한다고 강조하며 보수 세력을 견제하였다. 이후 중국의 개혁개방 속도는 빨라지기 시작하였고, 개혁개방에 소극적이던 보수 세력은 줄어들기 시작하였다. 그래서 개혁개방 이후 첫 번째로 맞이한 위기에서 1992년 남순강화(南巡講話)를 기점으로 새롭게 개혁개방을 강력

하게 추진할 수 있게 되었다.

　1989년에 총서기와 중앙군사위원회 주석이 되었던 장쩌민은 1993년에 국가주석이 되면서, 정치 권력을 장악하기 시작하였고, 이 과정에서 형성된 정치세력이 상해방(上海帮)이었다. 이후 상해방을 중심으로 한 세력이 2002년 후진타오가 총서기가 되었고, 2008년 3월 후진타오의 두 번째 정부가 들어설 때까지 당과 정부를 주도하였다. 후진타오가 2002년에 총서기, 2003년에 국가주석이 되었지만, 중앙군사위원회 주석직은 장쩌민이 여전히 갖고 있었기 때문에, 외형적으로는 후진타오 시대의 시작이지만, 여전히 장쩌민의 시대라고 말한다. 후진타오가 2004년에 당 중앙군사위원회 주석, 2005년에 국가 중앙군사위원회 주석이 되었지만, 이미 주요 요직에 장쩌민 계열의 사람들이 장악하고 있었기 때문에, 후진타오의 정치세력이라고 불리는 공청단파(共青團派)의 세력은 강하지 못하였다.

　한국에 출간된 중국의 외교정책 중 유소작위(有所作爲)에 관한 내용을 보면, 대부분의 책은 장쩌민의 유소작위라고 칭한다. 2004년 이후의 중국 외교형태를 유소작위라고 일컫는데, 이 시기는 후진타오가 국가주석이기 때문에 후진타오의 유소작위라고 해야 하지만, 당시 실권자가 장쩌민이기 때문에 장쩌민의 유소작위라고 부르는 경우가 많다. 이처럼 중국의 정치외교, 경제통상, 사회 등의 정책에 접근할 때 '덩샤오핑 시기'·'장쩌민 시기'·'후진타오 시기'가 명확하지 않은 경우가 많은데, 이는 제도적인 실권자와 실질적인 실권자가 달라서 나타나는 현상이다.

　2012년 제18차 전국대표대회에서 후진타오는 시진핑에게 총서기직과 당 중앙군사위원회 주석직을 넘겨주었다. 또 2013년 제12차 전인대에서 시진핑은 국가주석과 국가 중앙군사위원회 주석이 되었다. 이로써 시진핑은 당·정·군을 모두 한꺼번에 장악하게 된 지도자가 되었다. 시진핑은 부정부패 척결이라는 명목하에 법률을 강화하였고, 그 과정에서 정적들을 제거하기 시작하였다. 결국, 2017년 제19차 전국대표대회와 2018년 제13차 전국인민대표대회에서 시진핑 사상이 당장과 헌법에 삽입되는 결과를 낳았다. 또 시진핑은 헌법을 개정하며 국가주석의 연임제한을 없앴다. 이로써 시진핑이 장기 집권을 할 수 있는 법적 장치를 마련하였다.

<표-1> 개혁개방 이후 지도자의 주요 지위

지도자	주요 직위	참조
덩샤오핑	1981년(당 중앙군사위 주석) 1982년(당 중앙군사위 주석) 1982년(중앙고문위원회 주임)	*후야오방(당 중앙위원회 주석, 1981) *후야오방(총서기, 1982)
장쩌민	1989년(총서기), 1993년(국가주석) 1989년(당 중앙군사위 주석)	* 1997년 덩샤오핑 사망
후진타오	2002년(총서기), 2003년(국가주석) 2004년(당 중앙군사위 주석)	
시진핑	2012년(총서기), 2013년(국가주석) 2012년(당 중앙군사위 주석)	

1978년의 중국과 2018년의 중국을 보면, 1979년의 시작과 2019년의 시작 모습을 유심히 살펴봐야 할 것이다. 1979년의 중국은 1949년의 신중국과 다른 새로운 중국이다. 그리고 2019년의 신중국 혹은 신시대는 1949년과 1979년의 중국과는 또 다른 모습으로 다가와 있다. 중국공산당이 주도한 중국의 건국! 청이 멸망한 이후 혼란스러웠던 중국을 중국공산당이 장악하였다. 문화대혁명 기간에 퇴보하였던 중국은 개혁개방을 천명한 이후 세계 속으로 들어가는 첫걸음을 내디뎠다. 그리고 2019년 중국은 2050년에 강력한 군사력을 지닌 국가가 되기 위한 걸음을 내디디고 있다.

Ⅱ. 1980년(개혁개방 천명~1989년)대! 변모하는 중국!

국가마다 드러내고 싶어 하는 게 있고, 숨기고 싶어 하는 게 있다. 중국은 과연 무엇을 드러내고 싶어 하고, 무엇을 숨기고 싶어 할까? 중국은 개혁개방 40년을 되돌아보면서 어떤 내용을 담고 싶어 할까?

2018년 12월 17일 ≪인민일보≫가 공개한 '개혁개방 40년 대사기 (大事記)'를 살펴보면 어느 정도 숨기고 싶어 하는 게 무엇인지 알 수 있다. ≪인민일보≫ 등 중국 언론에 소개된 중국공산당의 개혁개방 40 년 대사기를 보면, 티베트와 위구르족의 민족운동, 6·4 천안문사건, 파룬궁(法輪功) 사태 등의 내용은 빠져 있다.

1980년대의 중국! 중국 정부가 개혁개방을 천명한 중요한 시기였다. 그리고 문화대혁명에 대한 평가를 공식적으로 하였다. 정치와 경제 체제가 변하기 시작하는 출발점이었다. 특히 정치적으로는 당주석 대신에 총서기제가 시행되었고, 국가주석제가 부활하였다. 국가 중앙군사위원회 주석직이 신설되었고, 중국공산당 중앙고문위원회가 신설되었다.

1979년을 1980년대에 포함한 것은 1978년 12월 개혁개방을 천명한 이후, 그 시작점이 1979년이었고, 이후 1980년대를 여는 시작점이었기 때문이다.

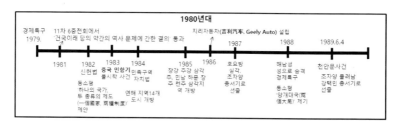

(도표-2) 1980년대의 주요 약사

1. 문호를 열다(1979)

중국 '대사기'를 보면 1979년 1월 1일 미국과 정식으로 수교한 것으로 시작하고 있다. 또 1월 1일 전국인민대표대회 상무위원회는 "대만 동포에 고하는 글"을 발표하였는데, 무력을 통한 대만 통일정책을 평화통일로 전환하고 양안(兩岸·중국과 대만) 교류를 제안하는 내용이었다. 이때 발표된 것이 '3통'이라 불리는 '통항(通航), 통우(通郵), 통상(通商)'이었다. 2019년 1월 2일 "대만 동포에 고하는 글" 발표 40주년을 맞아 행한 기념 연설에서 "대만은 중국의 일부분이고 양안 동포는 모두 중국인"이라고 밝혔다. 또 "대만 문제는 중국의 내정이고 중국의 핵심 이익과 중국의 민족 감정과 관련돼 있어 어떠한 외부 간섭도 절대 용납할 수 없다."라면서 "양안 중국인은 평화와 발전을 함께 추진하고 조국 평화통일 과정을 추진해야 한다."라고 말했다. 시진핑은 대만 독립이 재앙으로 이어질 것이라고 주장했다.

1979년 3월 30일에 덩샤오핑은 '4항 기본원칙 견지'를 강조하였다. 이 원칙은 개혁개방을 하지만 4가지를 견지해야 한다는 것이었다. 4가지 견지는 "사회주의 노선을 견지하고, 무산계급 전정을 견지하며, 공산당의 지도를 견지하고, 마르크스레닌주의와 마오쩌둥 사상을 견지"해야 한다는 것이다.

1979년 7월 15일 광둥성과 푸젠성에 있는 심수(深圳), 주해(珠海), 하문(廈門), 산두(汕頭)를 '출구(수출) 특구'로 삼는 데 동의하였고, 이후 1980년 5월 16일 '광둥, 푸젠 두 성의 회의 기요'를 비준하면서 정식으로 '출구 특구'를 '경제특구(經濟特區)'로 바꾸었다.

2. 역사를 평하다(1980~1981)

중국에서의 1980년과 1981년은 마오쩌둥과 문화대혁명을 역사적으로 평가한 중요한 해이다. 그밖에 개혁개방 시대를 이끌어갈 지도자를 선출한 중요한 해이기도 하다.

1980년 3월에는 '건국 이래 당의 약간의 역사문제에 관한 결의'를 제기하였다. 30년간의 중국 역사를 회고하며 마오쩌둥의 역사적 지위와 마오쩌둥 사상의 발전과 견지를 밝혔다.

1981년 6월 27일 제11차 6중전회에서 "건국 이래 당의 약간의 역사문제에 관한 결의"가 통과되었다. 32년의 당의 중대한 역사사건 특히 '문화대혁명'에 대해 정확하게 결론지었으며, 실사구시적으로 마오쩌둥의 역사 지위를 평가하였다. 마오쩌둥의 공과(功過)를 얘기할 때 '70%의 공적과 30%의 과오(七分功三分過)'라고 하는데, 이는 이때 평가된 것이다. 그리고 마오쩌둥 사상을 충분히 토론한 뒤 당의 지도 사상으로 삼았다. 6월 29일, 개혁개방을 주도한 실무파 세력 중 후야오방이 중앙위원회 주석이 되었고, 덩샤오핑이 중앙군사위원회 주석으로 선출되었다. 이때에는 당 주석직이 존재하였고, 총서기직은 없었다. 총서기직은 1982년에 부활하였고, 1982년 9월 제12차 1중전회에서 후야오방이 총서기, 덩샤오핑이 중앙군사위원회 주석으로 선출되었다. 그리고 덩샤오핑이 중앙고문위원회 주임, 천윈(陳雲, 1905~1995)이 중앙기율위원회 제1서기로 비준되었다.

한편, 1980년 3월 14일에 후야오방은 서장(西藏)공작좌담회를 주관하였고, 서티베트와 내지와 비교하여 5개 방면의 특수성을 분석하였다. 그리고 변강 발전과 서장 건설에 새로운 중심 임무와 건설목표를 제안하였다. 그동안 서장공작좌담회는 1980년, 1984년, 1994년, 2001, 2010년, 2015년 6차례 열렸다.

3. 신헌법 제정과 대만(1982~1983)

중국에서 1982년은 매우 중요한 해이다. 9월에 개최된 제12차 전국대표대회에서 덩샤오핑은 당 중앙을 젊게 만들 생각으로, 고참 간부의 수용처로서 중앙고문위원회를 설립하였다. 그리고 덩샤오핑은 스스로 중앙고문위원회 주임에 취임했다.

12월 4일에는 헌법이 개정되었는데, 이후 1982년 헌법을 '신헌법'이라 부른다. 개정된 헌법에서 새로운 국가기구들이 많이 생겨났다. 1982년 헌법에서 1975년과 1978년에 헌법에서 폐지되었던 국가주석제가 부활하였다. 부활한 국가주석은 입법과 행정업무에 간여할 수 없으며, 과거 국가주석에게 부여되었던 군 통수권도 상실한 상징적인 존재라고 할 수 있다. 1982년 헌법은 당의 중앙군사위원회와는 별도로 국가기구 내부에 '전국무장역량'을 지도하는 국가 중앙군사위원회를 설치하여, '당군'에서 '국군'으로 전환할 수 있는 근거를 마련했다. 1982년 헌법에서 문화대혁명 기간 동안에 설치된 혁명위원회를 폐지하였고 지방정부와 지방인민대표대회를 부활시켰다. 1982년 헌법은 서언과 주요 조항에서 경제발전과 현대화를 국가의 최고 목표라고 선언한 역사적 노선전환을 확인하고, 이를 달성하기 위한 체제개혁과 개방을 추진하려는 의지를 보여주고 있다.

<표-2> 1982년 신헌법의 주요 내용

내용	의미
국가주석제 부활	군 통수권 상실
국가 중앙군사위원회	'당군'에서 '국군'으로 전환 근거 마련
지방정부와 지방 인민대표대회 부활	혁명위원회 폐지

한편, 1982년 1월 11일 덩샤오핑은 미국 워싱턴 화인협회 모임에서

처음으로 '하나의 국가, 두 종류의 제도(一個國家, 兩種制度)'라는 개념을 제안하였다. 이후 덩샤오핑은 1983년 6월 26일 미국 뉴저지주 시턴홀대학교(Seton Hall University) 교수인 양력우(楊力宇)를 만났는데, 이때 대륙과 대만의 평화통일을 실현하는 6자 방침을 제안하였다.

1983년에는 1980년대를 이끌 지도부가 결정되었다. 동년 6월 덩잉차오(鄧穎超, 1904~1992)가 정협 주석이 되었다. 또 6월에 개최되었던 제6차 전인대 1차 회의에서 리셴녠이 국가주석으로 선출되었고, 펑전(彭眞, 1902~1997)이 전인대 상무위원회 위원장으로 선출되었으며, 덩샤오핑은 국가 중앙군사위원회 주석으로 선출되었고, 자오쯔양(趙紫陽, 1919~2005)이 국무원 총리로 결정되었다.

1983년에는 사회과학원 밑에 '변강사지연구중심(邊疆史地硏究中心)'을 설치해 소수민족을 집중적으로 연구하기 시작했다. 이른바 '고위금용(古爲今用)' 정책을 내걸고 한족뿐 아니라 55개 소수민족은 모두 중국민족이고, 그 역사는 중국사임을 선언했다.

4. 개방의 확대와 민족구역자치법(1984~1986)

1984년 5월 4일 중공중앙과 국무원은 '연해부분도시좌담회기요(沿海部分城市座談會紀要)'에서 천진(天津)을 비롯한 14개 연해 항구도시를 개방하기로 하였다. 그리고 경제기술개발구를 점차 설치하기로 하였다. 광서장족자치구에서 요녕성까지의 동부 연해 지역 주요 도시를 개방하기로 한 것이다. 이 지역은 이른바 중국의 동부지역에 해당한다. 14개 도시는 '천진, 상해(上海), 대련(大連), 진황도(秦皇島), 연대(煙臺), 청도(靑島), 연운항(連雲港), 남통(南通), 영파(寧波), 온주(溫州), 복주(福州), 광주(廣州), 담강(湛江), 북해(北海)'이다.

1984년은 소수민족으로서는 중요한 해이다. 5월 31일 제6차 전인대

2차 회의에서 '중화인민공화국 민족구역자치법(民族區域自治法)'이 통과되었다. 이로써 중국에서 민족구역자치는 국가의 기본 정치제도임을 명확하게 규정하였다. 이후 2001년 2월 28일 제9차 전인대 20차 회의에서 수정된 '중화인민공화국 민족구역자치법'이 통과되었다.

1984년 12월 19일에 덩샤오핑은 영국 총리 대처와 회견하면서 홍콩 문제를 해결하는 방법으로 '1국가 2제도(一國兩制)'를 제안했다. 홍콩 문제를 해결할 방법으로써 '한 국가에서 두 가지 제도를 시행하는' 것으로 '홍콩은 홍콩 사람이 행정을 맡게 하고, 고도의 자치를 시행하며 홍콩 원래의 자본주의 제도와 생활 방식을 50년 동안 유지하는 것'을 내용으로 하고 있다. 중국과 영국은 "중화인민공화국과 브리튼 및 북아일랜드 연합 왕국의 홍콩 문제에 관한 연합 성명"에 서명하고 선포했다. 영국은 홍콩을 중국에 돌려주고, 중국 정부는 1997년 7월 1일부터 홍콩에 대한 주권 행사를 회복하게 되었다. 7월 1일 0시! 중화인민공화국 국기와 홍콩특별행정구 국기가 홍콩에서 게양되었다. 중국 국가주석 장쩌민은 홍콩 컨벤션 센터에서 "중국과 영국의 홍콩 문제에 관한 연합 성명에 근거하여 중국은 홍콩에 대한 주권 행사가 회복되며, 이로써 중화인민공화국 홍콩특별행정구가 정식으로 성립되었다."라고 선언했다. 그 뒤 홍콩 특구의 첫 행정 장관인 둥젠화(董建華)가 취임했다.

1985년은 정치와 경제적으로 매우 중요한 의미를 지니는 해이다. 먼저 2월 18일 중공중앙과 국무원은 '장강 주강 삼각주, 민남·하문·장주·천주 삼각지구 좌담회기요(長江,珠江三角洲和閩南夏漳泉三角地區座談會紀要)'를 통해 장강 삼각주, 주강 삼각주, 민남과 하문·장주·천주(夏漳泉) 삼각지역을 연해 경제 개방구로 결정하였다. 이로써 중국 개혁개방을 얘기할 때 '점선면 전방위'를 언급하는데, '점, 선, 면'이 갖추어졌다.

3월 17일 덩샤오핑은 전국과학기술공작회에서 "중국 특색을 갖춘 사회주의 사회를 건설할 때 반드시 물질문명과 정신문명 발전을 견지해야 한다. 또 '5강 4미 3열애(五講四美三熱愛)'를 견지해야 한다. 전 인민을 교육하여 이상이 있고, 도덕이 있고, 문화가 있고, 기율이 있어야 한다. 이 4가지에 이상과 기율이 특히 중요하다"라고 강조하였다. 이때 5강(五講)은 "강문명(講文明). 강예모(講禮貌), 강위생(講衛生), 강질서(講秩序), 강도덕(講道德)"이고, 내용은 "교양, 예의, 위생, 질서, 도덕을 중시한다"라는 것이다. '4미(四美)'는 "심령미(心靈美), 언어미(語言美), 행위미(行爲美), 환경미(環境美)"이다. 즉, "마음, 말, 행동, 환경을 아름답게 한다"라는 뜻이다. '5강 4미'는 사회생활에서 지켜야 하는 행위규범의 총결이었다. 또 '3열애(三熱愛)'는 "열애 조국(熱愛祖國), 열애 사회주의(熱愛社會主義), 열애 중국공산당(熱愛中國共產黨)"이다. 내용은 "조국, 사회주의, 중국공산당을 열렬히 사랑하자"이다. '5강 4미'는 사회주의 정신문명을 건설하는 데 있어서 매우 중요한 일이었다. 그리고 "5강 4미 3열애(五講四美三熱愛)"는 1980년대 가장 디지털화(数字化)된 고전적인 슬로건이었다.

3월 28일 덩샤오핑은 외빈과의 회견에서 "개혁은 중국의 제2차 혁명이다. 이것은 반드시 해야 하는 대단히 중요한 일이다. 비록 위험을 무릅쓸지라도(改革是中國的第二次革命。這是一件很重要的必須做的事, 盡管是有風險的事.)"라고 밝혔다.

중국과 포르투갈은 1986년부터 1987년 사이에 평화적이고도 우호적인 회담을 통하여 마카오 문제에 대한 원칙에 합의했다. 1987년 4월 13일에 최종적으로 "중화인민공화국 정부와 포르투갈공화국 정부의 마카오 문제에 관한 연합 성명"을 서명, 발표하고 마카오가 중국 영토임을 확인했다. 이 성명에는 중국 정부가 1999년 12월 20일부터 마카오에 대해 주권 행사를 회복한다고 밝혔다. 12월 20일 0시에 국가주석 장쩌민은 중국 정부가 마카오에 대해 주권 행사를 회복했다고 선언했다. 그 뒤 마카오특별행정구의 첫 행정 장관인 허허우화(何厚鏵)가 취임했다.

5. 후야오방과 6·4 천안문사건, 그리고 장쩌민의 등장(1987~1989)

1987년 초 정치적 정책의 주요 문제에서 저지른 잘못을 이유로 후야오방은 총서기직에서 사임했다. 1989년 후야오방의 사망은 6·4 천안문사건이 발생케 하는 중요한 원인이 되었다. 후야오방의 실각과 죽음 그리고 천안문사건은 중국 지도자의 변화와 중국 정치변화에도 영향을 주었다. 후야오방이 실각한 후, 1987년 11월 2일 제13차 1중전회에서 자오쯔양이 총서기로 선출되었고, 덩샤오핑이 중앙군사위원회 주석으로 결정되었다. 천원은 중앙고문위원회 주임, 차오스(喬石, 1924~2015)는 중앙기율위원회 서기로 비준되었다. 1989년 6·4 천안문사건을 해결하는 과정에서 자오쯔양이 해임되었고, 장쩌민이 총서기가 되었다. 그리고 리펑을 중심으로 한 보수파 세력의 권력이 강화되었다.

한편, 1987년에는 4세대 인민폐가 사용되기 시작하였다. 이때 지폐 50위안(元)과 100위안이 추가되었다. 제4 판본은 1967년에 설계에 들어가 18년에 걸쳐 완성됐다. 50위안의 앞면에는 노동자, 농민, 지식인의 얼굴이 들어갔고, 뒷면에는 황하(黃河) 도안이 들어갔다. 100위안의 앞면에는 마오쩌둥, 저우언라이(周恩来), 류사오치(劉少奇), 주더(朱德)의 얼굴이 들어갔고, 뒷면에는 혁명성지 중의 하나인 정강산(井岡山) 도안이 새겨졌다. 지아오(角)에서 10위안까지의 앞면에는 중국을

대표하는 소수민족의 형상이 들어갔고, 뒷면에는 중국 각지의 명승지 도안이 들어갔다. 오늘날 사용되고 있는 인민폐는 1999년에 실시되었던 제5차 인민폐로, 건국

오른쪽에서 마오쩌둥, 저우언라이, 류사오치, 주더

50주년을 기념하기 위해 만들어졌다. 2015년에 100위안 지폐가 변경되었고, 2019년 8월 30일부터는 새로운 화폐를 사용하게 된다. 새롭게 바뀌는 지폐 대상은 50, 20, 10, 1위안이다. 2015년에 발행된 100위안처럼 앞면에 새겨진 액수 쪽에는 금속처럼 보이는 인쇄가 추가되고, 뒷면에는 발행연도가 2019년으로 변경된다.

1988년 3월 제7차 전인대 1차 회의에서 헌법 수정안이 통과되었다. 해남성 설립이 결정되었고, 해남경제특구 건립을 결정하였다. 4개였던 경제특구가 5개가 되었다. 그리고 양상쿤이 국가주석으로 선출되었고, 완리(萬里, 1916~2015)가 전인대 상무위원회 위원장으로 선출되었으며, 덩샤오핑은 국가 중앙군사위원회 주석으로 선출되었고, 리펑이 국무원 총리로 결정되었다.

1988년 9월 12일 덩샤오핑은 '양개대국(兩個大局)'을 제기하였다. 주요 내용은 "연해 지역은 대외개방을 가속해야 한다. 인구 2억 명이 있는 지역을 비교적 빠르게 발전시켜, 내륙지역이 더욱 좋게 발전시켜야 한다. 이것이 현재 처한 대국의 문제이다. 내륙지역은 이 대국을 만전에 기해야 한다. 일정하게 발전되었을 때, 연해의 더욱 많은 역량으로 내지 발전을 도와야 한다. 이것이 하나의 대국이다. 그때 연해 지역은 이 대국을 따라야 한다."라는 것이다.

1989년 4월 후야오방이 사망한 이후 중국에는 민주화운동이 발생하였다. 이른바 '6·4 천안문사건'이 발생하였다. 하지만 ≪인민일보≫에서는 40년 대사기를 다룰 때 중요한 사건(6·4 천안문사건)을 언급하지 않고 있다. 다만 '북경에서 발생한 정치풍파(政治風波)'라고 표현하고 있다. 중국에서는 천안문사건을 직접 언급할 수 없다 보니, 중국 네티즌들은 천안문사건을 '5월 35일'이라는 은어로 표현한다. '5월 31일 이후 4일'이라는 의미로 사용한다. 그밖에, 'VIIV(로마자 64)', '8²(8의 2승은 64, 6월 4일)' 등을 사용하기도 한다.

6·4 천안문사건은 중국의 개혁개방 속도를 늦추게 하는 중대한 사건으로 평가되고 있다. 덩샤오핑은 "제11차 3중전회 이래로 당이 제정한 기본노선, 방침, 정책과 발전노선은 정확한 것"이라고 강조하였다. 또 "변함없이 실행해야 한다"라고 강조하였다. 앞에서 언급하였듯이, 6·4 천안문사건을 해결하는 과정에서 총서기였던 자오쯔양이 총서기직에서 물러났다.

6월 23일 제13차 4중전회에서 장쩌민이 총서기로 선출되었다. 회의에서 장쩌민은 "제11차 3중전회 이래로 당이 정한 기본노선과 기본정책이라는 가장 기본적인 문제를 대할 때, 두 가지가 명확해야 한다. 하나는 변함없어야 하고, 절대 동요하지 말아야 한다. 다른 하나는 전면적으로 집행해야 하고, 일관되어야 한다."라고 하였다.

1989년 11월 제13차 5중전회에서 덩샤오핑은 중앙군사위원회 주석에서 물러났고, 장쩌민이 중앙군사위원회 주석으로 결정되었다. 장쩌민의 등장은 1990년대에 들어와 원로정치를 마감하게 되고, 상해방이라는 정치파벌이 생겨나는 계기가 되었다.

Ⅲ. 1990년대! 장쩌민 시대의 도래

1990년대는 제3세대 지도부가 등장하여 중국을 이끌기 시작한 시기이다. 1990년대 초반에는 덩샤오핑을 비롯한 원로들이 정치를 주도적으로 이끌었다면 중후반으로 들어서면서 점차 장쩌민을 중심으로 한 상해방이 중국을 이끌었다.

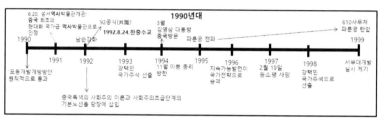

(도표-3) 1990년대의 주요 약사

1989년에 총서기와 당 중앙군사위원회 주석이 된 장쩌민은 1993년 국가주석이 되면서 명실상부한 최고지도자가 되었다. 그동안 덩샤오핑과 8명의 원로(8로 혹은 신8로)들이 정치 개입을 해 왔기 때문에, 장쩌민은 강력한 지도력을 펼 수 없었다. 1993년 전후로 하여 상해방 세력이 형성되었고, 북경방 천시퉁(陳希同)의 몰락, 이후 차오스의 퇴임 등을 거치면서 장쩌민의 시대가 시작되었다.

경제면에서는 전방위적인 대외개방이라고 할 수 있고, '장강의 물결'이라고 불리는 중국경제의 도약 시대다. 오늘날 중국의 개혁개방을 얘기할 때, '점→선→면→전방위' 전략을 언급한다. 전방위의 시작은 상해 포동신구(浦東新區)부터라고 해도 과언은 아니다.

사회면에서는 1990년대 초반에 허난성과 안후이성에 에이즈가 창궐하였다. 대부분은 헌혈 과정에서 에이즈에 감염된 것으로 확인됐다.

에이즈가 급격히 확산되었던 1990년대 초반 당시의 허난성 당서기는 리창춘(李長春)이었고, 성장은 리커창(李克強)이었다. 현재 국무원 총리인 리커창은 1998년부터 2003년까지 허난성 성장 대리, 성장, 당서기를 지냈다. 이러한 경력은 리커창이 2006년 상해 당서기였던 천량위(陳良宇)가 부패사건으로 낙마하였을 때, 후임으로 거론되었다가 허난성 성장과 당서기였을 때 에이즈 환자 문제로 인해 낙마하였다. 이때 상해 당서기로 된 사람이 시진핑이었다. 허난성의 에이즈 문제는 리커창과 시진핑의 정치 인생을 완전히 바꾼 사건이었다.

1. 새로운 출발: 포동신구, 남순강화, 3세대 지도부 (1990~1993)

1990년 4월 12일 중공중앙정치국회의에서 국무원이 제시한 '포동 개발 개방 방안'을 원칙적으로 통과시켰다. 동년 11월 26일에는 중국 건국 이래 처음으로 상해에 증권거래소가 정식으로 성립하였다. 그리고 12월 19일 상해증권교역소가 정식으로 개업하였다.

1991년 중국과 소련은 국경에 관한 협정을 체결하였다. 이후 2004년 10월 14일에 두 나라는 국경보충협정을 체결하였는데, 이로써 중국과 소련의 국경이 완전히 확정되었다.

1992년은 중국 개혁개방 역사에서 매우 중요한 해이다. 덩샤오핑의 남순강화(南巡講話)가 있었던 해인데, 6·4 천안문사건 발생 이후로 보수파 세력이 강해지면서 개혁개방의 속도가 주춤하였다. 이에 덩샤오핑이 흑묘백묘론(黑猫白猫論), 사회주의시장경제(社會主義市場經濟) 등을 강조하면서, 개혁개방의 속도가 가일층 빨라졌다. 또 티베트에 대한 인식도 명확해졌다. 1월 14일 장쩌민은 "티베트는 역사 이래로 중국의 영토라고 강조하였고, 독립을 위한 행위는 안되며, 반독립과 유사한 독립도 안 된다"라고 천명하였다.

덩샤오핑은 1992년 1월 18일부터 2월 21일까지 무창, 심수, 주해, 상해 등지를 시찰하면서 담화를 발표하였다. 이를 '남순강화'라고 부른다. 주춤했던 개혁개방의 속도를 빠르게 하기 위해 덩샤오핑이 강조했던 말이다.

이 담화는 개혁개방과 현대화 건설을 새로운 단계로 추진하는 '사상해방'이며 '실사구시'의 선언서였다. 담화에서 "당의 제11차 3중전회 이후의 노선, 방침, 정책을 견지해야 한다. 관건은 '일개중심(一個中心), 양개기본점(兩個基本點)'이다"라고 연설하였다. 또 "기본노선은 100년을 관리해야 한다. 성사성자(姓社姓資)의 표준을 판단해야 한다. 사회주의 사회의 생산력 발전에 유리한지, 사회주의국가의 종합국력을 증강하는 데 유리한지, 인민의 생활 수준을 제고하는 데 유리한지 봐야 한다."라고 하였다. 이른바, '하나의 중심과 두 개의 기본점(一個中心, 兩個基本点)'과 '3개의 유리어(有利於)'이다. 덩샤오핑은 남순강화 때 선부론(先富論)을 재언급했다. 선부론이란 "일부 지방, 국민 일부가 먼저 부자가 되도록 해야 한다. 그래야만 이 지역과 인민들이 나머지 지역, 나머지 인민들을 이끌고 도와 점진적으로 모두가 번영을 누릴 수 있다."라는 것으로 동부 연안의 경제특구들이 먼저 부를 이루고 그 부가 내륙까지 퍼져 중국 전체가 부와 번영을 공유한다는 의미가 있다.

<표-3> 1992년 덩샤오핑의 남순강화

1992년 1월 18일~2월 21일. 무창, 심수, 주해, 상해 등지 시찰
하나의 중심과 두 개의 기본점(一個中心, 兩個基本点)'과 '3개의 유리어(有利於)', 성사성자(姓社姓資)
흑묘백묘론, 사회주의 시장경제

1992년 10월 제14차 전국대표대회에서 '개혁개방과 현대화 발걸음을 가속하여 중국 특색이 있는 사회주의 사업의 더 큰 승리를 쟁취하자(加快改革開放和現代化建設步伐, 鬪取有中國特色社會主義事業的更大勝利)'라는 보고서가 통과되었다. 보고서에서 당의 제11차 3중전회 이래로 진행해 온 14년간의 노선 경험을 총결하였다. 중국의 경제 체제 개혁 목표는 사회주의시장경제 체제건립임을 확정하였다. 대회에서 '중국공산당장정(수정안)'을 통과시켰다. 덩샤오핑이 언급한 중국 특색의 사회주의 이론과 사회주의 초급단계의 기본노선을 당장에 삽입하였다. 제14차 전국대표대회는 덩샤오핑이 주도한 마지막 대회로서 개혁개방 정책의 '100년 불변'을 강조하였다.

1992년 10월 19일 제14차 1중전회에서 장쩌민은 총서기로 선출되었고, 또 중앙군사위원회 주석으로 결정되었다. 웨이젠싱(尉健行)은 중앙기율위원회 서기로 비준되었다. 1992년 11월은 중국과 대만의 '하나의 중국'이라는 관점을 달리 보게 하는 중요한 시기이다. 이른바 '92공식(共識, 92 컨센서스)'이다. 해협양안관계협회와 대만해협교류기금회는 양안의 문제 해결을 위해 '하나의 중국 견지 원칙'에 타협했다. 이 합의는 양안은 '하나의 중국'이라는 원칙을 고수하되, 이에 대한 해석은 각자 알아서 한다는 내용을 담고 있다. 2015년 11월 시진핑 중국 국가주석과 마잉주(馬英九) 대만 총통이 분단 66년 만에 처음으로 열린 정상회담에서 '92컨센서스'의 중요성을 재확인했다.

1993년은 장쩌민으로서는 매우 중요한 해이다. 장쩌민은 1989년에 총서기와 중앙군사위원회 주석이 되었지만, 국가주석이 되지 못한 상황이었다. 그러다 보니 당·정·군(黨政軍)을 완전히 장악하지 못하였다. 물론 장쩌민 이전까지만 해도 당·정·군 최고 직책을 한 사람이 맡는 경우는 거의 없었다. 장쩌민이 1993년 3월 제8차 전인대 1차 회의에서 국가주석으로 선출되었고, 국가 중앙군사위원회 주석으로 선출되었다. 차오스는 전인대 상무위원회 위원장으로 선출되었고, 리펑은 국무원 총리로 결정되었다. 직책상으로는 장쩌민이 당·정·군을 장악한 시기이다. 일부 학자들은 1993년부터 장쩌민의 시대로 간주하기도 한다. 그리고 장쩌민을 중심으로 한 상해방이 중국을 이끌어가게 되는 출발점이기도 하다.

1993년 3월 29일 수정된 헌법이 통과되었다. 개정헌법 전문에 "중국은 사회주의 초급단계(社會主義 初級段階)에 처해 있고", "중국적 특색을 갖는 사회주의 이론을 건설"하며, "개혁·개방을 견지"한다는 등의 내용을 추가하였다. 그리고 국가 건설의 목표와 관련한 부분의 '고도문명(高度文明), 고도민주(高度民主)'를 '부강·민주·문명'으로 수정하였다. 또 전문에 "국가는 모든 노력을 다하여 각 민족의 공동번영을 이룩하여야 한다"라는 구절 다음에 "중국공산당 영도의 다당합작과 정치 협상제도를 영구히 존재시키고 발전시킨다"라는 문구를 추가하였다. 그리고 '국영경제'라는 말을 '국유경제'로 바꾸었다. '국영'을 '국유'로 개정한 것은 전민소유제 경제의 소유권과 경영권의 구분을 실현하고 국유기업 개혁을 추진하기 위한 헌법적 준거를 마련한 것이다.

2. 21세기 중국을 바라보다(1994~1996)

1994년 3월 25일 국무원 상무위원회는 "중국 21세기의 의사일정 (中國21世紀議程; 중국 21세기의 인구, 환경 및 발전 백서)"을 통과시켰다. 중국은 21세기의 지속 가능한 개발의 전체 전략의 틀과 각 부문의 주요 목표를 확정하였다. 이후, 국가 각 부문과 각 지방정부 또한 이에 상응하는 각 부문 및 지방의 지속 가능한 개발실행계획을 제정하였다. 구체적으로는 21세기의 의사일정을 확정한 이후로 지속 가능한 발전을 기본전략으로 하고 자원 절약 및 환경보호를 기본국책으로 하여 생태건설을 지속 강화하였으며 인구증가를 통제하고 경제성장 방식을 전환하기 위한 각종 사업을 추진하였다. 또한, 과학적인 발전, 조화로운 발전의 전략이념을 확립하였고 경제발전과 인구, 자원, 환경의 조화로운 발전을 추진하였다.

1994년 8월 23일 중국공산당 중앙위원회는 애국주의교육을 체계적으로 추진하기 위해 '애국주의교육실시강요(愛國主義敎育實施綱要)'를 발표하였다. 애국주의교육은 '반드시 중국식 사회주의 건설에 기여해야 된다 등' 5가지 원칙으로 되어있고, 중점대상은 청소년으로 되어있다. 또한, 주요 내용은 "중화민족의 유구한 역사, 중화민족의 전통문화, 공산당의 기본노선과 현대화 건설의 성과, 국가 정세, 사회주의 민주와 법제, 국방 및 국가 안전, 민족단결, 평화통일 및 일국양제(一國兩制 : 한 국가 안에 두 가지 제도)" 8개 영역으로 나뉘어 있다.

애국주의와 관련하여, 1995년 3월 전인대 제8차 제3차 회의에서 통과된 '중화인민공화국교육법' 제6조에는 국가는 피교육자에 대해서 애국주의, 집체주의, 사회주의에 대한 교육을 시행해야 하며, 이상·도덕·기율·법제·국방 및 민족단결에 대한 교육을 시행해야 한다고 규정하였다.

애국주의 교육도서는 1995년 "전국 초중고용 애국주의 교육도서 100종 추천에 관한 통지"를 통해 초등학교용 27권, 중학교용 42권, 고등학교용 31권을 선정했다. 주로 쑨원, 루쉰(魯迅) 등 근대 혁명가와 마오쩌둥, 저우언라이, 덩샤오핑 등 중국공산당 지도자들의 전기가 다수를 차지하고 있다. 그밖에 중국 청년출판사는 '애국주의교육 총서' 전집을 발간하여, 국치일, 기념일 등 역사적 사건, 뛰어난 애국자, 이름난 사상가, 유명 스포츠 선수, 우수 발명, 국립공원, 애국주의 시문

(詩文)과 명언(名言) 등의 애국주의교육 주제를 정리했다.

한편, 애국주의교육은 2009년에 이르러 좀 더 구체적이 되고 확산하였다. 2009년 4월 중앙판공청은 중앙선전부가 제출한 "신중국성립 60주년에 즈음하여 대중적 애국주의교육 활동을 심화하여 전개하는 것에 관한 의견"을 각 기관에 하달하여 애국주의교육을 도시, 농촌, 기업, 지역공동체, 학교, 신사회조직 등 전국적 범위에서 적극적으로 시행할 것을 지시하였다.

1995년 3월 25일 국무원은 노동자의 근무시간을 수정하였다. 5월 1일부터 주당 40시간을 근무해야 하는 것으로 결정하였다.

1996년에는 '지속 가능한 발전'이 국가전략으로 승격하였다. 1996년 3월 제8차 전인대 제4차 회의에서 비준된 "국민 경제 및 사회 개발 '9·5' 계획 및 2010년 장기 목표 요강"을 비준하였고, 지속 가능한 개발을 중요 지도방침과 전략 목표로 정하고, 중국 현재와 미래의 경제와 사회 개발에 있어 지속 가능한 개발의 시행을 중요 전략 목표로 삼았다.

3. 덩샤오핑 사망, 파룬궁 사태(1997~1999)

1997년은 개혁개방을 이끌었던 덩샤오핑이 사망한 해이면서, 아편전쟁 이후 영국에 할양되었던 홍콩이 중국으로 회귀된 해이기도 하다.

1997년 2월 19일 '개혁개방의 총설계사'라 불렸던 덩샤오핑이 사망하였다. 덩샤오핑의 이론은 1997년 9월 제15차 전국대표대회에서 중국공산당 장정에 삽입되었다.

동년 7월 1일 홍콩이 영국으로부터 중국으로 회귀되었다. 아편전쟁으로 인해 체결된 '남경조약(1842)' 때 홍콩항이 영국에 할양되었었다. 이후 1860년에 주룽(九龍)반도와 인근 섬이, 1898년에는 신계지구를 99

년간 조차하는 조약을 체결했었다. 홍콩 반환은 1984년 12월에 있었던 영국과 중국 간의 협정에 의한 결과였고, 신계지구의 조차 계약이 끝나는 1997년 7월 1일에 중국 영토로 회귀되었다. 정식명칭이었던 '영국령 홍콩'은 '중화인민공화국 홍콩특별행정구, SAR(Special Administrative Region)'로 바뀌었다.

9월 19일 제15차 1중전회에서 장쩌민이 총서기로 선출되었고, 중앙 군사위원회 주석으로 결정되었다. 웨이젠싱이 중앙기율위원회 서기로 비준되었다. 12월 24일 장쩌민은 전국외자공작회의(全國外資工作會議)에서 '인진래(引進來)'와 '주출거(走出去)'를 제시하였다. "인진래와 주출거는 대외개방의 기본국책으로 두 개는 긴밀한 관계이고 서로 촉진해야 하는 데에 있어서 없어서는 안 되는 것이다. 이것이 대전략이다"라고 강조하였다.

1998년 3월 제9차 전인대 1차 회의에서 장쩌민은 국가주석으로 선출되었고, 국가 중앙군사위원회 주석으로 선출되었으며, 리펑이 전인대 상무위원회 위원장으로 선출되었고, 주룽지가 국무원 총리로 결정되었다. 7월에 중공중앙은 군대, 무장경찰부대, 정법 기관은 더 이상 상업 활동을 할 수 없다고 결정하였다. 10월 14일 제15차 3중전회에서 2010년까지 '중국 특색의 사회주의 신농촌 건설'을 목표로 삼았다.

1999년 6월 17일 서안에서 열린 국유기업개혁과 발전좌담회에서 서부대개발 실시를 제기하였다. 이후 2000년 10월 26일 국무원은 '서부대개발 실시 약간 정책 조치에 관한 통지(關於實施西部大開發若干政策措置的通知)'를 발표하였다.

한편, 1999년 12월 20일 마카오가 포르투갈에서 중국으로 회귀되었다. 1887년 청(淸)과 포르투갈의 조약으로 마카오가 포르투갈의 식민지가 된 지 112년 만의 일이다. 또 1553년 포르투갈이 마카오에 대한 실질적 사용권을 인정받은 때부터 446년 만이다. 마카오는 '중화인민공화국 특별행정구'가 되었다.

1999년 10월 1일부터 중국에서는 현재 마오쩌둥의 초상화를 사용하고 있는 5세대 인민폐(人民币)가 발행되었다. 1994년 당시 국무원 부총리는 지폐 위조방지를 위해 새로운 지폐 제작을 제안했다.

1999년 10월 1일부터
사용되는 마오쩌둥 초상화 지폐

1999년 10월 1일부터
사용되는 마오쩌둥 초상화 지폐

공자(孔子), 이백(李白), 이시진(李时珍, 1518~1593) 등의 역사 인물들이 지폐 앞면에 그려질 초상화 후보로 올랐지만, 최종적으로 마오쩌둥의 초상화를 사용하기로 했다. 5세대 인민폐의 종류는 1, 5자오, 1, 5, 10, 20, 50, 100위안 등 8종류이며, 20위안 권이 새로 생긴 반면, 2자오와 2위안 권은 없어졌다.

한편, 1999년에 발생한 파룬궁 사건은 현재까지도 중대한 문제로 남아 있다. 1999년에 중국 정부가 추산한 파룬궁 수련 인구는 약 7천만 명에 이르렀다. 중국 정부와 파룬궁 사이의 갈등은 1999년 4월 25일에 정점으로 치달았다. 동년 7월 20일, 장쩌민을 중심으로 한 지도부는 파룬궁을 완전히 제거하려는 목표로 전국적 탄압을 하고 다각도 언론 캠페인을 펼쳤다. 7월 22일 중국 인민 정부는 불법 활동 개입, 미신 옹호, 허위정보 유포, 혹세무민, 분란 조장, 사회 안전 위협 등을 근거로 하여 파룬따파(法輪大法) 연구회를 불법 단체로 공표했다. 그

다음날, 공안부는 시민들이 파룬궁을 단체로 수행하는 것, 파룬궁 서적을 소유하는 것, 파룬궁 현수막 또는 상징을 전시하는 것, 이에 대한 항의 시위에 대한 금지를 언론을 통해 밝혔다.

중국 정부는 파룬궁을 언급한 웹사이트들을 차단하면서 1999년에 파룬궁을 사회 안전을 해치는 '이단'으로 낙인찍었다. 동년 7월, 중공 정부는 간이 구치소와 경기장에 수만 명의 파룬궁 수련생을 잡아넣었다. 파룬따파 정보센터(FDI)는 1999년 중국에서 파룬궁 탄압을 시작한 이래 1873명의 사망자 신원을 확인했다. ≪인민일보≫는 1999년 7월 27일에 파룬궁과의 전쟁은 무신론과 유신론, 미신과 과학, 이상주의와 유물론 사이의 전쟁이라고 보도했다. 2006년 기준으로, 33여 개국에서 54개의 민사 및 형사 소송이 진행 중이다. 대다수 국가 법원들은 주권 면제를 근거로 판결을 내리길 거부했다. 하지만, 2009년 말 스페인과 아르헨티나 지방 법원이 장쩌민과 뤄간(羅幹)을 집단학살 및 반인류 범죄자로 판결 내렸고 체포 신청을 내렸다. ≪북경일보≫는 파룬궁을, "모든 사람들이 밟으려 하는 가운데 길을 건너는 쥐와 같다"라고 표현하기도 했다.

Ⅳ. 2000년대! 장쩌민 시대와 후진타오 시대의 공존!

2000년대는 장쩌민 시대의 연속 선상이다. 1990년대를 이끌었던 장쩌민을 비롯한 상해방 세력은 2000년대 지도부가 교체되었음에도 여전히 권력을 장악하고 있었다. 후진타오는 2002년에 총서기로 선출되었고, 2003년에는 국가주석으로 선출되었지만, 장쩌민이 여전히 중앙 군사위원회 주석직을 2004년과 2005년까지 유지하고 있었고, 상무위

원과 중앙위원직을 장쩌민의 상해방 세력이 장악하였다. 2000년대 초
반은 장쩌민과 상해방이, 2000년대 후반에는 후진타오와 공청단이 중
국을 이끌었다.

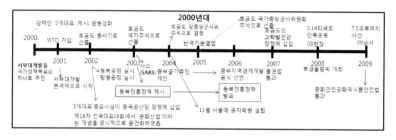

(도표-4) 2000년대의 주요 약사

坚持以人为本 落实科学发展观

이인위본을 견지하여, 과학발전관을 실행한다

2004년과 2005년에 당과 국가 중앙군사위원회 주석직에 선출되었
고, 2007년과 2008년에 총서기와 국가주석으로 재선출된 후진타오는
'이인위본(以人爲本)'이라는 주요 관점으로 중국의 정치와 사회 등 여
러 방면에서 개혁을 주도했다. 하지만 중국과 한국의 여러 학자는 '후
진타오의 시대가 과연 있었는가?'라고 질문을 던진다. 그러나 오늘날
시진핑이 진행하고 있는 여러 정책을 보면 "'열린 중국' 속의 '닫힌 중
국'"이라는 생각을 하게 하고, 경제가 발전하면서 소득수준이 높아진
것은 사실이지만, 변화된 중국이라는 사회에서 '중국인들의 삶의 질은
높아졌는가?'라는 의문이 든다. 반간첩법과 인터넷과 종교에 대한 통
제를 보면 열려있는 중국 사회를 통제하려고 한다.

2000년대의 중국은 장쩌민의 주요 사상인 '3개 대표 중요사상'과 후진타오의 '과학발전관(科學發展觀)'이 중국공산당 당정에 삽입되었다. 장쩌민의 '3개 대표 중요사상'은 한국에서 편의적으로 '3개 대표론'으로 불린다. 2000년대 후반으로 가면서 중국에서는 정치개혁의 목소리가 높아지기 시작하였고, 후진타오와 원자바오(溫家宝) 등의 주요 정치인들은 정치개혁에 대한 시각이 변화되고 있음을 알 수 있다. 그리고 주요 지식인과 언론인 등이 정치개혁을 요구하는 사례가 나타났다. 대표적인 것이 '08헌장'과 '09상서'이다.

1. 장쩌민의 3개 대표 중요사상, 입세(入世)와 서부대개발 (2000~2001)

장쩌민의 '3개 대표'는 2000년 2월 25일 광둥을 시찰할 때 제시되었다. 이를 두고, 학자들은 덩샤오핑의 남순강화에 비유하여, '광둥강화(廣東講話)'라고 부르기도 한다. 이후 장쩌민은 '3개 대표'를 지속해서 강조하였다. '3개 대표론'은 중국공산당이 '선진사회 생산력(사영 기업가), 선진문화 발전(지식인), 광대한 인민(노동자와 농민)의 근본 이익을 대표해야 한다는 것으로, 노동자와 농민의 적이었던 자본가와 지식인을 품 안에 끌어들이겠다는 내용이다.

<표-4> 3개 대표 주요 사상 내용

주요 내용	대상
선진사회 생산력	사영 기업가
선진문화 발전	지식인
광대한 인민	노동자와 농민

5월 14일 상해에서 주최한 '장쑤·저장·상해 당건공작좌담회'에서

도 '3개 대표'는 강조되었고, 7월 1일 중국공산당 창당 80주년 대회에서 '3개 대표'가 강조되었다. 장쩌민은 3개 대표의 요구는 당이 유지하는 선진성이 있는 것이고, 중국 특색의 사회주의를 건설하는 데 있어서 핵심적인 기본요구라고 하였다. '3개 대표'의 가장 중요한 내용은 바로 자본가들에게 중국공산당 가입을 허용하였다는 점이다. 그동안 모순의 대상이었던 자본가들이 이제는 중국을 대표하는 주요 계급으로 자리 잡은 것이다. 이후 중국에는 여러 개의 계층이 등장한다.

2001년은 중국이 세계 질서에 진입하게 되는 중요한 시기이다. 12월 11일 중국은 정식으로 WTO에 가입하였다. 이를 '입세(入世)'라고 일컫는다. 그리고 2001년부터 본격적인 서부대개발이 시작되었다. 동부지역을 중심으로 한 개혁개방으로 인해 서부지역은 경제와 사회 등 여러 방면에서 뒤떨어져 있었는데, 2050년까지 서부대개발을 하여 동서 간의 격차, 민족 간의 격차를 줄이고자 하였다. 이로써, 중국이 대외개방을 하고 대내개혁을 하는 데 있어서 새로운 단계에 진입하였음을 의미한다.

한편, 2001년 12월 중국 사회과학원은 '당대 중국 사회 계층 연구보고(當代中國社會各階層硏究報告)'에서 중국 사회를 '상층-중상층-중중층-중하층-하층'으로 나누었다. 이를 다시 10개의 계층으로 세분화하였다. 10개의 계층은 "농업노동자(44%), 일반 노동자(22.6%), 상업서비스 종사자(12%), 전문기술자(5.1%), 행정사무직(4.8%), 개체 상공업자(4.2%), 도시실업자·반실업자(3.1%), 국가사회관리자(2.1%), 대·중형기업 관리자(1.5%), 사영 기업주(0.6%)"이다. 당시 보고서는 중간계층(중산층)의 출현을 강조하였다. 사회과학원은 '컬러 TV, 냉장고, 세탁기'와 같은 '라오싼따'(老3大) 상품과 가전(오디오, 에어컨, 휴대폰 등), 고급 소비재(컴퓨터, 비디오카메라, 피아노 등), 자가용 보유 비율

등을 기초로 해서 소비 측면에서 본 중산층의 규모를 파악했다.

2. 동북공정, 탐원공정, 후진타오 정부(2002~2003)

2002년 중국은 동북공정을 발표하였다. 동북공정은 한국의 역사와 문화 및 민족을 부정하거나 말살하는 중화민족 중심의 역사관과 세계관이 드러난 프로젝트였다. 동북공정은 2000년 12월 중국공산당 중앙이 승인하고, 2002년 2월 28일부터 시작되어 2007년 2월까지 진행되었다. 하지만 이후에도 동북공정은 백두산공정, 온돌공정, 시조공정, 성씨공정 등 다양한 형태로 변모하였다. 중국 정부는 조선족을 중화민족으로 인식하면서 한국의 역사와 문화를 중국의 역사와 문화로 바꾸고 있다.

2002년 11월부터 중국 언론은 '중화문명탐원공정(中華文明探源工程, 일명 탐원공정)'에 관심을 가지기 시작했고, 탐원공정은 2003년 6월부터 정식으로 시작되었다. 탐원공정은 '중화 문명의 시원'을 찾는 공정으로 신화와 전설을 모두 역사시대로 만듦으로써 중국의 역사적 실체를 무려 1만 년 전으로 끌어올리려는 의도로 진행되고 있다.

중국은 서북공정, 남방공정, 북방공정 등 주변 국가의 역사와 문화를 중화민족의 역사관과 세계관으로 해석하기 시작하였다. 티베트와 관련된 서남공정은 1986년부터 진행되고 있었다.

2002년 11월 광둥성에서 SARS(중증급성호흡기증후군, Severe Acute Respiratory Syndrome)가 발생하였다. SARS는 2003년 이후에는 중국 각지, 홍콩, 대만, 캐나다 등 세계로 확산되었다. 벨기에를 제외한 유럽 각국과 북미, 그리고 한국 일본을 제외한 아시아 각국 등 세계 32개국에서 83,000명이 감염되어 그중 10%가 목숨을 잃었다.

2002년과 2003년은 중국 지도부가 교체되는 중요한 시기였다. 물론 완전한 교체라기보다는 단지 총서기와 국가주석만 바뀐 셈이었다. 먼저 2002년 11월에 개최되었던 제16차 전국대표대회에서 장쩌민의 '3개 대표 중요사상'이 중국공산당 당정에 삽입되었다. 11월 15일 제16차 1중전회에서 후진타오가 총서기로 선출되었다. 장쩌민이 당 중앙군사위원회 주석으로 결정되었다. 우관정(吳官正)은 중앙기율위원회 서기로 비준되었다. 이날 후진타오는 개혁개방과 현대화건설사업을 계속해서 진행해야 한다고 강조했다.

2002년 제16차 전국대표대회에서 '문화산업'이라는 개념을 공식적으로 문건화하여 사용하였다. 2003년에는 문화부의 "문화산업발전 지원 및 촉진에 관한 의견"이 발표되었고, 2004년에는 "문화 및 관련 산업분류(2004)"를 제정하면서 문화산업의 정의를 내렸다. 2004년 이후 중국 문화산업은 급성장세를 나타냈다.

한편, 2003년 제10차 전인대 1차 회의에서 후진타오는 국가주석으로 선출되었고, 장쩌민은 국가 중앙군사위원회 주석으로 선출되었다. 우방궈(吳邦國)는 전인대 상무위원회 위원장으로 선출되었고, 원자바오는 국무원 총리로 결정되었다. 이른바 '호-온(후-원) 체제'의 출발점이었다. 2004년 제16차 4중전회에서 장쩌민이 중앙군사위원회 주석직을 사임하고, 후진타오가 중국공산당 중앙군사위원회 주석으로 결정되었다. 2005년 3월 13일 제10차 전인대 3차 회의에서 후진타오는 국가 중앙군사위원회 주석으로 선출되었다. 이는 장쩌민의 시대가 종결되었음을 의미한다.

2003년 10월 5일 중공중앙과 국무원은 동북지역의 노후화된 공업기지를 진흥하고자 하는 '동북지역 등 낙후공업기지의 진흥전략 실시에 관한 약간의 의견(關於實施東北地區等老工業基地振興戰略的若干意見)'을 제시하였다.

3. 공자학원(孔子學院), 대만(2004~2005)

2004년 전 세계에 공자학원을 설립하기 시작하였다. 동년 11월에 세계 최초로 공자학원이 서울에 설립되었다. 공자학원은 중국 교육부가 세계 각 나라에 있는 대학교들과 교류해, 중국의 문화나 중국어 등의 교육 및 전파를 위해 세워진 교육 기관이다. 중국 정부가 운영비를 매년 20~30% 정도 지원한다. 2018년 현재 공자학원은 하부 조직과 공자학당을 포함하면 세계 138개국에 1500개 이상이 된다. 중국 정부는 2020년까지 전 세계에 공자학원만 '1000개'를 설립하겠다며 야심찬 계획을 밝혔다. 공자학원은 중국 정부가 세계 각국 대학들과 공동으로 협력해 중국어·중국사·중국 문화 등을 가르치는 비영리 교육 기관이다. 중국 정부가 공자학원을 처음 설립할 당시에 공자학원의 설립 목적을 중국어와 중국문화 보급으로 다양한 문화 발전과 화목한 세계를 만드는 데 이바지하는 것이라고 밝혔다. 공자학원은 중국 교육부 산하 '국가한판'(國家漢語推廣領導小組辦公室)이 관리한다. 현재 운영 총책임자는 공자학원 본부 이사회 주석을 맡은 쑨춘란(孫春蘭) 국무원 부총리 겸 통일전선공작부장이다. 하지만, 오늘날 중국 국무원은 공자학원을 "핵심 가치인 사회주의를 기초로 한 교육을 펼친다", "중국의 꿈을 선전하는 것을 목적으로 하고 있다"라고 강조한다.

2004년 12월 천수이볜(陳水扁) 대만 총통은 '중화민국'이라는 국호를 '대만'으로 부르자며, 모든 재외공관과 국·공기업 명칭에 '대만'을 쓰라고 지시했다. 이에 중국 매체들은 천 총통을 분리주의자라고 불렀다. 그리고 중국은 2005년 3월 14일 제10차 전인대 3차 회의에서 '반국가분열법(反分裂國家法)'을 통과시켰다. 반국가분열법에서 중국은 대만의 독립을 불허한다고 명확하게 밝혔다. 이 법은 대만에 한정하는 것이 아니라, 티베트와 신강 지역 및 홍콩과 마카오까지도 포함하는 것이었다. 대만에서는 2002년 5월 11일에 정명 운동이 시작된 것을 기념해 '511 대만 정명 운동'이라고 부르기도 한다.

한편, 2004년 사유재산권 보호를 헌법에 명시한 것도 개혁개방의 중요한 이정표였다. 1993년 헌법상의 '계획경제'를 '사회주의 시장경제'로 대체함에 따라 사유재산권 보호를 위한 물권법 초안이 최초로 작성되었다. 헌법 제13조 1항에 "공민의 합법적인 사유재산은 침해받지 않는다"라고 규정하였다. 사유재산의 불가침권을 명문화하였다. 그리고 2항에는 "국가는 법률에 따라 공민의 사유재산권과 계승권을 보호한다"라고 규정하였고, 3항에는 "국가는 공공이익을 위해 필요할 때 법률규정에 따라 사유재산에 대한 징수 또는 징발을 할 수 있으며, 또 보상한다"라고 규정하였다.

2007년엔 이를 구체적으로 시행하기 위한 물권법을 제정했다. 그리고 2016년 11월 27일 중국 당 중앙과 국무원이 "재산권 보호제도 완비를 통해 법적으로 재산권을 보호하는 것에 관한 의견"을 발표했다. 이는 중국 지도부가 처음으로 내놓은 재산권 보호 관련 지침이었다. 의견은 지적 재산권 침해에 대한 배상액 상한선을 상향 조정하고, 지재권을 심각하게 침해할 경우 엄벌에 처해야 한다고 명시했다. 의견에는 "공유재산과 사유재산을 평등하게 보호하고, 민영기업의 '원죄'를 추궁하지 않고, 지방정부의 정책 연속성을 유지해 투자유치 등 관련 계약에 대한 법적·경제적 책임을 지고, 기업이나 개인의 범죄에 연루된 재산은 법적 절차에 따라 처분해 합법적 재산권은 침해하지 않도록 하고, 국유재산권 보호를 위한 법적 장치를 마련해 내부인사가 임의로 국유자산을 통제하는 걸 막는다"라는 내용이 포함됐다. ≪인민일보≫는 "이번 의견은 재산권 보호 완비를 위한 '강령성 문건'으로 당과 국가가 각종 경제조직과 개인 재산권 보호에 대한 중대한 선포이자 엄숙한 약속으로 사회주의 시장경제 건설, 사회주의 법치 경제의 중대한 개혁조치"라고 높이 평가했다. 중국에서 건물은 개인이 영원히 소유할 수 있지만, 토지는 원칙적으로 국가가 소유한다. 따라서 개인은 국가로부터 기한이 정해진 토지사용권 사용료를 납부한 뒤 일정 기간 임대한다.

한편, 중국공산당과 국무원은 2004년부터 2019년까지 연속으로 중앙 1호 문건에서 매년 최대 국정과제를 삼농(三農: 농업, 농촌, 농민) 문제에 관련된 주제를 주요 과제로 삼았다. 개혁개방 이래로 중앙 1호 문건에서는 농촌문제 해결을 강조하였다. 1982년에 발표된 1호 문건에서 농촌문제 해결을 위해, 농가생산청부제 등의 제도 개혁이 '사회주의 생산책임제'임을 명확하게 하였고, 정책 추진에 힘을 실어 주었다. 1986년 1호 문건에서는 농촌 개혁의 방향성과 정책을 명확히 하였다. 그 이후 농촌문제를 다시 제기한 것은 2004년이었다. 2004년 중앙 1호 문건에서 처음으로 삼농 문제를 언급하였다.

'중앙 1호 문건'은 중국공산당 중앙과 중국 정부가 매년 연초에 발표하는 당해 연도 핵심 국정과제이며 업무상 강령과 지침의 지위를 갖는 것으로, 문건에서 제시한 내용은 당과 정부가 한 해 동안 중점적으로 해결해야 할 국가의 최대 당면과제를 뜻한다. "농업농촌 우선 발전 견지 및 삼농 업무의 원활한 수행에 관한 의견"이란 제목의 2019년 중앙 1호 문건은 8개 분야의 35개 조항으로 구성되었다. 문건은 농촌 빈곤 탈피, 주요 농산물의 효율적 공급보장, 농촌주거환경 및 공공서비스 개선, 농촌 산업 발전 및 농민의 소득증대 경로 확대, 농촌 개혁 심화 및 농촌발전 활력 부여, 농촌관리시스템 완비 및 농촌사회 안정 유지, 농촌기반조직 건설 전면 강화, 삼농 업무에 대한 당의 지도 강화 및 농업농촌 우선 발전 방침 실현 등 총 8개 부분으로 이뤄져 있다.

2005년 10월 제16차 5중전회에서 제11차 5개년 '규획(規劃)'(2006~2010, 11·5 규획)을 의결했다. 후진타오는 덩샤오핑의 '선부론을 폐기하고 '균부론'(均富論·공정한 분배가 더 중요하다)을 제11차 5개년 규획의 새 구호로 채택했다. 본래 5개년 '계획'이라고 하던 것을 '규획'이라고 이름을 바꾸었는데, 이에 대해 관영 신화통신은 "지시와 통제 위주에서 벗어나 정책의 자율성을 높이겠다는 당의 의도가 담긴 것"이라고 해석했다.

4. 중부 굴기와 동북진흥전략, 화해(和諧) 사회(2006)

2006년 3월 5일 원자바오 중국 국무원 총리는 정부 공작보고에 이어 앞으로 5년간 중국을 이끌 청사진인 '11·5 규획 요강 초안'을 설명했다. 11·5 규획의 핵심은 사회주의 신농촌 건설로 '삼농 문제' 해결이다. 이를 위해 대형 양곡 목화 기름 생산기지와 양질의 양곡 산업, 농토 수리, 음용수 안전, 도로, 메탄가스, 농촌 교육, 문화, 보건위생 등을 중점 프로젝트로 추진키로 했다. 농촌 의무교육과 현·향의 재정 관리체제 개혁 등을 완결하는 한편, 문화적이고 기술을 이해하며 경영 능력이 있는 '새 농민(新型農民)'을 육성키로 했다.

앞에서 언급하였던 서부대개발 이후 동북 3성 지역과 중부지역의 경제발전전략도 시작되었다. 2006년 4월 15일 중공중앙과 국무원은 '중부지역 굴기 촉진에 관한 약간의 의견(關於促進中部地區崛起的若干意見)'을 발표하였다.

그리고 2006년 11·5 규획에서, 중국 정부는 중부지역 경제개발을 공식 선언하였고, "중부지역 굴기에 관한 몇 가지 의견(促進中部崛起的若干意見)"을 발표했다. 중부굴기는 2004년 중국공산당 중앙경제업무회의에서 '중부굴기촉진(促進中部崛起)'이 처음 제안되었다. 그리고 같은 해 원자바오 총리가 정부 업무보고에서 '중부지구굴기촉진(促進中部地區崛起)'을 정식으로 제안했었다. 2005년 국가발전개혁위원회에서 중부지역을 위한 5대 기본정책의 수립을 발표하였다. '의견'이 발표된 이후, 2007년 후진타오 당시 국가주석이 주재한 중국공산당 중앙정치국회의에서 중부굴기에 대한 성별 전략을 전면화시켰다. 2009년에는 원자바오 총리가 주재한 국무원 상무회의에서 중부지구굴기촉진규획(促進中部地區崛起規劃)을 비준했다.

10월 11일 제16차 6중전회에서 "중공중앙의 사회주의화해사회 구축의 약간의 중대 문제에 관한 결정(關於構建社會主義和諧事會若干重大問題的決定)"이 통과되었다. 화해사회는 중국 특색의 사회주의 기본 속성이다. 사회 건설과 경제건설, 정치건설, 문화건설의 협조하에 발전할 수 있도록 해야 한다고 하였다. 2006년 12월 15일 후진타오는 중앙경제공작회의에서 '우호우쾌(又好又快, 좋으면서 빠르게)' 발전을 견지해야 한다고 강조하였다. 양적 성장보다는 질적 성장을 강조하였다. 또 '우호우쾌' 견지는 과학발전관을 실시하여 전면전인 소강사회 건설 실현을 목표로 해야 하는 필연적인 요구라고 강조하였다. 2006년에는 후진타오의 주요 사상이 집중적으로 등장한다. '화해사회'와 '과학발전관'은 후진타오의 주요 사상이면서 2000년대 중국을 읽는 주요 키워드이다.

5. 후진타오 시대! 시진핑의 등장!(2007~2009)

2007년은 2000년대의 중국에서 중요한 한 해이다. 장쩌민의 시대에서 후진타오 시대로의 전환이면서, 시진핑이 등장한 해이다. 국제적으로는 중국을 G2의 범주에 넣는 주장이 제기되었다. 경제 규모에서 착안하여 나온 개념인 G2라는 말은 한국에서 많이 쓰이고 있는 용어로,

세계에서 사용되는 경우는 적다. 처음에 이 용어가 제기될 때, 세계적으로 금융위기에 처했을 때 미국과 서방은 중국을 G2로 지칭하면서 그에 상응하는 책임을 요구하였다. 하지만, 당시 원자바오(溫家寶) 총리가 직접 나서 G2 개념의 적용에 대한 중국의 반대 의견을 분명히 밝혔다.

G2라는 용어가 제기될 때는 미국과 중국을 포함하는 것은 아니었다. 2004년 미국 피터슨 국제경제연구소 소장 버그스텐(F. Bergsten)이 G7 무용론을 주장하면서, 미국은 향후 세계 경제 질서에서 '미-EU, 미-중, 미-일, 미-사우디' 이들 4개의 G2 관계를 형성하는 것이 바람직하다는 의견을 제시하면서부터 등장하였다. 그러다가 2006년 미국 경제학자 도널드 스트라즈하임(Donald Straszheim)이 IMF 회의에 참여하여 "지금 국제경제에서 가장 중요한 관계는 미국과 중국"이라고 강조한 데서 비롯되었다. 윌리엄 페섹(William Pesek) 블룸버그통신의 칼럼니스트는 "앞으로 세계 경제는 G2가 주도할 것"이라고 주장하였는데, 이때 G2라는 말은 세계적으로 확산되기 시작하였다. 버그스텐이 2007년 저서 '미국과 세계 경제'(The United States and the World Economy)에서 미국과 중국 사이의 협력 없이는 어떠한 세계적인 현안들도 해결할 수 없다고 주장하면서 'G2(Group of 2)'라는 용어가 미국과 중국을 지칭하게 되었다. 2007년 하버드 대학의 니일 퍼거슨(Niall Ferguson)은 "차이메리카(Chimerica)"란 개념을 도입하면서 차이메리카가 G2 개념과 더불어 국제사회에서 중국의 지위 강화를 상징하는 개념으로 회자되었다. 2008년 6월, 최초 제안자인 버그스텐은 <포린 어페어즈> 기고문에서 미국과 중국이 평등한 협력 관계를 기초로 세계 경제를 공동 관리해야 한다고 주장하였다. 이후 'G2'라는 용어는 2009년 1월 북경에서 열린 미·중 수교 30주년 기

념 학술행사에서 즈비그뉴 브레진스키(Zbigniew Brzezinski)가 'G2 회의'를 주창하면서 주목받기 시작하였다. 그러다가 2009년 4월 런던에서 개최된 G20 정상회의에 참석했던 후진타오 국가주석과 오바마 대통령이 만나 연례 전략대화를 열고 모든 차원에서 관계를 강화하기로 합의하면서 'G2론'이 더욱 부각되었다.

사회면에서는 2007년 3월 제10차 전인대 5차 회의에서 "중화인민공화국 물권법"과 "중화인민공화국 기업소득세법"이 통과되었다. 2007년 7월 1일 후진타오는 '일국양제'의 완전한 개념을 밝혔다. "일국은 양제의 전제이다. 일국이 없으면 양제도 없다"라고 하였다. 일국과 양제는 서로 분열되지 않으며, 서로 대립할 수 없다.

3월 16일 제10차 전인대에서 사유재산 보호를 규정한 물권법이 통과되어 10월 1일부터 시행되었다. 물권법의 제정으로 인해 재산의 공유제를 원칙으로 해 온 중국이 실질적으로 사유제를 인정하였다. 헌법 제12조에서는 "중국 사회주의 경제 체제의 기초는 전민소유제이며 사회주의 공공재산은 신성불가침이다."라고 되어 있다. 물권법에서는 국가, 집체(집단), 개인 등 각 경제주체의 소유권을 명확히 하고 이와 관련한 용익(用益)물권·담보물권 등에 대한 권리행사 범위를 규정하였다. 또한, 공유제를 기본으로 하되 각종 소유제 경제의 공동 발전을 모색한다고 규정하여 여전히 공유제가 기본임을 명시하였다. 주택용지의 경우 추가 사용료가 없으나 비주택 건설용지는 추가 사용료를 내야 한다. 사용기한은 주택용지 70년, 비주택 중 공업용지, 교육·과학·문화·위생·체육 용지는 50년, 상업·관광·오락용지는 40년이다. 이는 사실상 토지 소유권이 인정되는 것으로 평가하였다. 다만 농민의 청부경작권(土地承包經營權)에 대해서는 사용기한 만료 시 당국의 허가를 받아 연장하도록 규정하였다. 농지는 30년, 초지는 30~50년, 임야는 30~70년이다. 또한, 농지 경작권 및 택지사용권의 양도, 담보는 사회보장체제의 미성숙 등의 이유로 인정하지 않았다.

6월 25일 북경의 중앙당교에서 후진타오는 전국의 고위 간부를 모아 놓고 강론을 통해 자신이 주창한 '과학발전관'을 이론적으로 설명하며 사상의 통일을 강조했다. 후진타오는 "'과학발전관'의 요지는 발전이요, 핵심은 '이인위본(以人爲本)'이며, 기본적인 요구는 전면적이고 지속적인 조화사회"라고 강조하였다.

10월에 개최되었던 제17차 전국대표대회에서 후진타오의 과학발전관이 중국공산당 당장에 삽입되었다. 대회에서는 처음으로 생태 문명 건설이 전면적 소강사회를 실현하는 데 있어서 필요한 요구라고 언급하였다. 제17차 1중전회에서 후진타오는 총서기로 선출되었고, 중앙군사위원회 주석으로 결정되었으며, 허궈창이 중앙기율위원회 서기로 비준되었다.

2008년 3월에 개최되었던 제11차 전인대 1차 회의에서 후진타오는 국가주석과 국가 중앙군사위원회 주석으로 선출되었고, 우방궈가 전인대 상무위원회 위원장으로 선출되었으며, 원자바오는 국무원 총리로 결정되었다. 이때 국가부주석에는 시진핑이 선출되었다. 국가부주석은 곧 차기 국가주석임을 알 수 있었다.

2008년 3월 14일 티베트 민족운동이 전개되었고, 이 민족운동은 전 세계에 확산되었다. 그리고 2008년 8월 8일 북경에서 하계올림픽이 개최되었다.

2008년 12월 9일 류샤오보(劉曉波, 1955-2017) 등 303명이 인터넷에서 인권선언을 발표하였는데, 이를 '08헌장(08憲章)'이라 부른다. '08헌장'은 전문(前言), 우리의 기본 이념(我們的基本理念), 우리의 기본 주장(我們的基本主張), 결론(結語)으로 구성되어 있다. 6대 이념인 자유, 인권, 평등, 공화, 민주, 헌정에 관한 개념을 설명하고 있으며 헌법 개정, 분권 시행, 민주적인 입법 과정 실현, 사법부의 독립, 결사·집회·언론·종교의 자유에 관한 19가지의 주장을 담고 있다. 이 선언문의 작성자 가운데 한 사람인 류샤오보는 중국 당국에 의해 체포되었고 2009년 12월에 열린 재판에서는 국가 전복 선동 혐의로 징역 11년형을 선고받았다. 류샤오보는 중국 민주화운동을 전개한 공로를 인정받아 2010년 노벨평화상 수상자로 선정되었다. 2009년에는 '09상서'가 발표되었고, 중국정치의 변화를 요구하였다.

2009년 2월 28일 11차 전인대 7차 회의에서 "중화인민공화국 식품안전법"이 통과되었고 6월 1일부터 시행하였다. 이후 "중화인민공화국 식품안전법" 개정안이 2015년 4월 24일 제12차 전인대 상무회의 제14차 회의에서 통과되어 "중화인민공화국 식품안전법" 개정본을 공표하였고, 2015년 10월 1일부터 시행하고 있다. "제1장 총칙의 제1조 식품안전을 보장하고 대중의 신체 건강과 생명안전을 보장하기 위하여 이 법을 제정한다."라고 명시하였다.

2009년 7월 다이빙궈(戴秉國) 국무위원은 미중전략대화에서 '핵심이익(核心利益, core interest)'이라는 개념을 제시하였다. 다이빙궈는 중국의 핵심 이익을 "(사회주의)기본제도와 국가 안전 보호, 국가 주권과 영토의 완전성과 안전, 경제사회의 지속적 발전" 세 가지로 제시했다.

2009년 7월 5일, 위구르족이 많이 거주하고 있는 우루무치 동남부 지역에서 가까운 인민광장에 시위가 일어났다. 이른바 '7·5 우루무치 사건'이라고 불린다. 6월 말 광둥성에서 일어났던 한족과 위구르족 간의 사건이 발단되어, 신강위구르자치구의 성도인 우루무치에서 한족과 위구르족 간의 유혈 충돌이었다.

한편, 2009년 9월 26일 국무원은 중국의 문화산업 발전을 위한 "문화산업진흥 규획"이라는 로드맵을 제시했다. 이 규획은 중국 문화산업 진흥을 가속해야 하는 중요성과 시급성을 설명하면서 중국공산당 중앙의 지도 사상을 기초로, 동 규획의 기본원칙과 목표, 8개 항에 달하는 중점 임무, 정책적 조치 사항 등을 포괄적으로 제시하였다.

V. 2010년대! 도래한 시진핑 시대, 위험한 시대

2010년대는 4세대 지도부에서 5세대 지도부로 넘어가는 시대이다. 후진타오가 시진핑에게 '당·정·군' 3개의 권력을 동시에 이양하였다. 이는 시진핑이 강력한 리더십을 발휘하게 하는 계기가 되었다. 2010년대는 G2의 시대로 접어드는 시기이기도 하다.

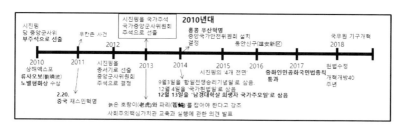

(도표-5) 2010년대의 주요 약사

2010년대는 중국이 '죽의 장막', '잠자는 사자'가 아닌 '열린 중국', '포효하는 사자'로 비유되는 시대라고 할 수 있다. 하지만, 중국의 경제적 성장은 서구 사회의 간섭으로 이어졌다.

시진핑은 2013년 러시아 순방 때 '신발론'을 언급하였고, 2014년 유럽을 순방할 때에는 '탱자론'을 언급하였다. 신발론과 탱자론은 그동안 지속해서 이루어지고 있던 서구의 내정 간섭에 대한 불만을 표현한 것이었다. 시진핑은 유럽대학교 강연에서 "개혁개방 이후 덩샤오핑 선생의 지휘하에 중국 특색의 사회주의를 제도화했다"라며 "(중국의) 독특한 문화와 역사, 상황 등은 운명적으로 '중국 특색의 사회주의'라는 우리에게 맞는 발전의 길을 정하도록 했다. 우리는 이 길을 추구할 것이고 성공할 것이다"라며 자신감을 나타냈다. 그리고 시진핑은 2014년 중국과 프랑스 수교 50주년 기념대회 강연에서 "중국이라는 그 사자가 이미 깨어났다"라고 했다. 시진핑은 "그러나 그 사자는 평화롭고 친근하며 교양이 있는 사자"라고 했다. 2019년 현재 중국은 미국과 대등한 국제경쟁력을 지니고 있다고 해도 과언은 아니다.

1. 새로운 도전의 시대(2010~2011)

2010년부터 중국은 무역 규모 면에서 세계 2위로 성장했다. 일본 내각부는 2011년 2월 14일에 2010년 기준 달러 환산 명목 국내총생산(GDP) 규모를 5조 4742억 달러(약 6180조 원)이고, 중국은 5조 8786억 달러라고 발표하였다. 2008년 독일을 제치고 세계 제3위의 경제 대국으로 올라선 지 2년 만의 일이다.

2010년 1월 1일 중국과 아세안은 자유무역구를 정식으로 운영하였다. 4월 30일부터 10월 31일까지 상해에서 세계박람회가 개최되었다. 이는 중국이 처음으로 개최하는 종합성을 띠는 세계박람회였다.

10월 28일 제11차 전인대 상무위원회 제17차 회의에서 '중화인민공화국 사회보험법'을 통과시켰다. 통과되기까지 3년간 네 차례의 심의를 거쳤다. 최초로 제정된 사회보험법은 사회보험제도의 기본구조를 확립하였고, 사회보험의 원칙, 각종 적용 범위, 사회보험 혜택 조항과 혜택 조건, 사회보험 처리기구, 사회보험기금 감독, 각종 사회보험의 납부 및 수령 등에 관한 명확한 규정을 제시했다. 사회보험법은 2011년 7월 1일부터 시행되었다. 사회보험법은 중국의 5대 보험인 양로보험(국민연금), 의료보험, 실업보험, 공상보험(산재보험), 생육보험(출산보험) 관련 규정과 사회보험비 징수, 사회보험기금 취급, 감독, 법률책임 등에 관한 규정으로 이루어졌다. 사회보험법에서는 중국에 취업한 외국인의 사회보험 가입을 의무화하고 있다. 2011년 9월 6일 이와 관련한 시행 세칙인 "중국 내 취업외국인의 사회보험 가입에 관한 임시판법(在中國境內就業的外國人參加社會保險暫行辦法)"이 발표되어 10월 15일부터 시행되었다.

2010년 12월 21일에 국무원은 "전국주체기능구규획(全國主體功能區規劃)"을 발표하였는데, 이는 신중국성립 이래로 처음으로 전국적인 국토 공간개발 규획이었다.

2011년 3월, 중공중앙 판공청과 국무원 판공청은 "국민 경제와 사회발전의 제12차 5개년 규획 강요(國民經濟和社會發展第十二個五年規劃綱要)"에서 중국문화의 국제적 경쟁력과 영향력을 강화하고 국가 소프트파워를 향상할 것을 요구하였다. 4월, 문화부는 "문화상품과 서비스 해외 진출 촉진에 관한 2011~2015년 총체 규획(文化部關於促進文化產品和服務 "走出去"2011—2015年總體規劃)"을 발표하였다. 5월 27일 중공중앙과 국무원은 "중국농촌부빈개발강요(2011-2020)(中國農村扶貧開發綱要(2011—2020年))"를 발표하였다. 7월 1일은 중국공산당이 창당된 지 90주년이 되는 날이었다. 이날 후진타오는 90년이 지나는 동안 중국은 중국 특색의 사회주의의 길을 열었고, 중국 특색의 사회주의 이론체계를 형성하였으며, 중국 특색의 사회주의 제도를 확립하였다고 강조하였다.

10월 18일 제17차 6중전회에서 "문화체제 개혁 심화 및 사회주의 문화 대발전·대번영 촉진에 관한 몇 가지 중요문제의 결정(關於深化文化體制改革推動社會主義文化大發展大繁榮若幹重大問題的決定)"을 통과하였고, 중국 특색의 사회주의 문화 발전의 길을 견지하고, 사회주의 문화강국을 건설해야 한다고 강조하였다. 회의에서 문화산업 촉진에 관한 관련 정책이 통과됨과 동시에 정책 측면에서 국민 경제 중 문화산업의 역할 및 지위를 확립했다. 그리고 역사상 처음으로 중국공산당 회의에서 문화건설을 주요 의제로 삼았다.

2. 시진핑 시대를 열다!(2012~2013)

2012년 2월 5일 광둥성 광주를 방문한 원자바오 총리는 "개혁·개방을 하지 않으면 오직 죽음뿐이다."라며 "특히 국내 경제의 발전을 가로막는 정치제도 개혁에 매진해야 한다."라고 말했다. 2012년 2월 미중 수뇌부 회담에서 시진핑 국가부주석은 오바마 미국 대통령에게 '신형대국관계'를 제의하였다. 2012년 5월에는 당시 국가주석이었던 후진타오가 미중 전략경제대화 개막식에서 '신형대국관계'를 미중 관계의 발전 방향으로 제시했다. 신형대국관계는 2010년 5월 국무위원 다이빙궈가 제2차 중미 전략경제대화에서 미국에 "상호존중, 조화공존, 원원 합작의 신형 대중 관계를 개척해야 한다"라고 제안했다.

동년 2월 11일 광둥성 우칸촌(烏坎村)에서는 촌장을 직선제로 선출하는 일이 발생하였다. 주민 7천여 명이 참여한 가운데 촌민대표 선거가 진행되었고, 비밀투표방식으로 주민들은 107명의 촌민대표를 뽑았다. 이 사건은 중국 최초의 민주주의 선거로 칭송될 뿐만 아니라, '민주주의 실험'이라고도 불린다. 이는 2011년 우칸촌 촌민위원회와 당지부가 몰래 마을의 집단 소유 토지를 부동산 개발업자에게 헐값에 넘겼다는 게 알려지자, 주민들은 9월부터 관공서를 공격하는 등 격렬한 시위를 벌였다. 결국, 광둥성 당국은 직접 개입하였고, 주민들의 요구대로 부패한 우칸촌 당 간부들과 촌민위원회 간부들을 모두 쫓아내었다. 이후 우칸촌 공산당원들은 시위 주도자였던 린쭈롼(林祖戀)을 새 당서기로 뽑았다. 우칸촌 사건은 도시화 과정에서 토지를 빼앗기고 도시 하층민으로 전락해 온 농민들의 불만이 본격적으로 터져 나온 사건으로 평가되고 있다.

2012년 4월 26일 처음으로 중국-중동 연맹 국가 지도자 정상회의(中國—中東歐國家領導人會晤)가 폴란드 바르샤바에서 거행되었다. 이후 매년 거행하기로 하였고, '16+1合作'이 형성되었다.

3월 3일, 9월 15일, 9월 21일 중국은 이전에 공포한 조어도(釣魚島) 및 부속도서의 표준명칭, 지리좌표, 위치 표시도와 조어도 해역 부분 지리 실체 표준명칭을 공포하였다.

11월 15일에 개최된 제18차 1중전회에서 시진핑을 중앙위원회 총서기로 선출하였고, 또 중앙군사위원회 주석으로 결정하였다. 왕치산(王岐山)을 중앙기율위원회 서기로 비준하였다. 11월 29일 시진핑은 '부흥의 길' 전람을 참관할 때 '중화민족의 위대한 부흥'을 실현해야 한다고 강조했다. 중화민족은 근대 이래로 가장 위대한 꿈이라는 것이다. 개혁개방 이래로 우리는 역사 경험을 총결하였고, 끊임없이 탐색하여 마침내 중화민족의 위대한 부흥을 실현하는 정확한 길을 찾았다고 강조하였다. 이 길은 바로 중국 특색의 사회주의라는 것이다. 현재는 역사상의 어떠한 시기보다도 더욱더 중화민족의 위대한 부흥의 목표에 접근하였고, 역사상의 어떠한 시기보다도 이러한 목표를 실현할수 있다는 믿음과 능력이 있다고 강조하였다. 12월 4일 시진핑은 현행 헌법을 공포한 지 30주년이 되는 대회에서 헌법의 원칙을 수호하고 헌법정신을 더 넓히며, 헌법 사명을 이행해야 한다고 강조하였다. 그리고 시진핑은 헌법의 전면적인 실시 관철을 새로운 수준까지 높여야 한다고 강조하였다.

2013년 1월 5일 신진 중앙위원회의 위원과 후보위원이 당의 18대 정신을 학습하는 토론에서 우리는 독립되고 자주적인 길을 견지해야만 중국 특색의 사회주의를 견지하고 발전시킬 수 있다고 강조하였다. 그리고 우리는 반드시 중국공산당 성립 100주년이 되는 시기에 전면적인 소강사회를 건설할 수 있고, 신중국성립 100주년이 되는 시기에 부강한 민주 문명 화해의 사회주의현대화국가를 건설할 수 있다고 강조하였다.

1월 22일 중국공산당 제18차 중앙기율검사위원회 제2차 전체회의에서 부정부패를 예방하고, 당정 건설과 부패 척결 업무를 한층 더 강화하여야 한다고 제기하였다. 부패 척결 업무에서 '범(호랑이, 老虎)'과 '파리, (蒼蠅)'를 같이 잡는 원칙을 유지하여 어떤 사람이든, 직급이 높든 낮든 막론하고 당의 규율과 법을 어기면 엄격히 처리하고, 대중의 주변에서 일어나는 부정부패 문제를 실질적으로 해결해야 한다고 강조하였다. 그리고 제18차 2중전회에서 '범과 파리'를 잡아야 한다고 강조했다. 여기서 '범'은 고위층 부패관리, '파리'는 하층 부패관리를 뜻한다. 시진핑은 반(反)부패 투쟁에는 지위고하를 막론하고 성역이 없다고 강조하였다.

3월 3일에 개최된 정협 제12차 1차 회의에서 위정성(兪正聲)을 정협 주석으로 선출하였다. 3월 5일에 개최된 제12차 전인대 1차 회의에서 시진핑을 국가주석과 국가 중앙군사위원회 주석으로 선출하였고, 장더장(張德江)을 전인대 위원장으로 선출하였다. 그리고 리커창을 국무원 총리로 결정하였다.

3월 17일 시진핑은 제12차 전인대 1차 회의 폐막식에서 "중화민족의 위대한 부흥을 실현하는 중국의 꿈은 바로 국가부강(國家富强), 민족진흥(民族振興), 인민행복(人民幸福)을 실현하는 것"이라고 강조하였다. 중국의 꿈을 실현하기 위해서는 반드시 중국의 길을 걸어야 하고, 중국정신을 더 높이며, 중국역량을 응집해야 한다고 강조하였다.

3월 20일 국무원 전체회의에서 사회가 승낙한 '약법 3장(約法三章)'을 실현하기 위해서는 임기 내에 정부 성격의 관공서를 새롭게 건축하지 않고, 재정공급의 인원을 줄이거나 늘리지 않으며, '삼공 경비(三公經費: 해외 출장, 관용차, 공무 접대)'를 줄이거나 늘리지 않아야 한다고 강조했다. 7월 재정부는 중앙국가기관 각 부처가 2013년 일반성 지출을 5% 비율로 일괄 감축할 것을 요구하고, 특히 공무로 인한 해외 출장 경비와 차량 구매 및 운행비, 공무 접대비를 일컫는 이른바 '삼공 경비'부터 적용하겠다는 방침을 밝혔다. 2013년 말 중앙판공실과 국무원판공실은 "당정기관 국내 공무 접대관리규정"을 발표하고 접대 활동의 식(食), 주(住), 행(行), 영송(迎送)에 관한 명확한 요구 사항을 제시했다. 규정에 따르면 공무원의 흡연, 고급술 금지령 외에 공무 접대 시 샥스핀과 제비집과 특산품을 금지하고 스위트룸 사용을 부장급 간부로 제한하는 등의 규정을 추가했다.

2013년 6월부터 2014년 9월까지 전 당은 인민을 위한 청렴을 주요 내용으로 하는 당의 군중 노선교육실천 활동을 전개하여 '형식주의, 관료주의, 향락주의, 사치풍조(奢靡之风)'라는 '4풍'문제 해결에 집중할 것이라고 강조하였다.

8월 17일 국무원은 정식으로 중국(상해) 자유무역시험구 설립을 비준하였다. 2018년 11월까지, 자유무역시험구를 상해에서 점차 광동, 천진, 복건, 요녕, 절강, 하남, 호북, 중경, 사천, 섬서, 해남 등지로 확대하기로 하였다.

9월 7일과 10월 3일 시진핑은 카자흐스탄 나자르 바 예프 대학과 인도네시아 국회에서 이전에 언급한 '실크로드 경제대'와 '21세기 해상 실크로드'를 함께 건설하는 즉, '일대일로(一帶一路)'를 제창하였다.

10월 24일 시진핑은 주변외교공작좌담회(周邊外交工作座談會)에서 '친(親), 성(誠), 혜(惠), 용(容)'이라는 주변 외교이념을 천명하면서, 향후 10년의 외교정책 기조를 설명하였다.

11월 9일 18차 3중전회에서 "전면적 개혁심화에 관한 약간의 중대문제 결정(關於全面深化改革若干重大問題的決定)"을 제안하였다. 이때 개혁개방은 당대 중국 명운을 결정하는 관건이었고, 또 '두 개의 100년'이라는 목표를 실현하고, 중화민족의 위대한 부흥을 실현하는 관건이었다고 강조하였다. 11월 12일 18차 3중전회에서 "전면적 개혁심화에 관한 약간의 중대문제 결정"이 통과되었다.

11월 23일 중국 정부는 동해방공식별구(東海防空識別區)를 선포하였다. 12월 11일 중공중앙은 '사회주의 핵심가치관 교육과 실행에 관한 의견(關於培育和踐行社會主義核心價值觀的意見)'을 발표하였다. '부강(富強), 민주(民主), 문명(文明), 화해(和諧), 자유(自由), 평등(平等), 공정(公正), 법치(法治), 애국(愛國), 경업(敬業), 성신(誠信), 우선(友善)'이라는 24개의 글자는 사회주의 핵심가치관의 기본내용이다. 여기서 부강, 민주, 문명, 화해는 국가단계의 가치목표이고, 자유, 평등, 공정, 법치는 사회단계의 가치 방향이다. 애국, 경업, 성신, 우선은 공민 개인의 가치 준칙이다.

12월 21일 중공중앙과 국무원은 "생육정책의 완전 개선에 관한 의견"을 발표하였고, 이후 2015년 12월 31일 "두 자녀 정책의 개혁 완성 계획 시행의 생육서비스관리에 관한 결정(關於實施全面兩孩政策改革完善計劃生育服務管理的決定)"을 발표하였다. 2016년 1월 1일부터 정식으로 '중화인민공화국 인구 및 계획생육법(中華人民共和國人口與計劃生育法)'이 시행되었다. 국가는 한 부부가 두 명의 자녀를 낳을 수 있다고 명확하게 제창하였다. 국가위생계획생육위원회(國家衛生計生

委) 통계에 따르면 두 자녀 정책이 시행된 첫해인 2016년 한 해 동안 신생아 수는 2000년 이후 최고 수준인 1,846만 명이며, 이 중 첫째 자녀가 아닌 경우가 45%를 넘어섰다.

중국 상무부는 2014년 3월 1일 홈페이지에서 "중국이 2013년 세계 제1의 화물(상품) 무역 대국이 됐다"라고 밝혔다. 상무부는 이날 세계무역기구(WTO) 사무국의 1차 통계 자료를 인용하면서, 2013년 중국의 상품무역 전체 규모는 4조 1천600억 달러로 수출은 2조 2천100억 달러, 수입은 1조 9천500억 달러를 각각 기록했다고 밝혔다. 중국 세관 통계에 따르면, 2013년에 최초로 연 수출입 총 가치가 4조 달러를 돌파하였다. 야오젠(姚堅) 중국 상무부 대변인은 별도의 성명을 통해 "개발도상국으로서 세계 1위의 상품무역 대국이 된 것은 중국의 대외무역 발전역사에서 새로운 이정표를 세운 것"이라면서 "개혁개방을 추진하고 글로벌 경제에 참여하면서 이뤄낸 중대한 성과"라고 평가했다. 미국 상무부 사이트를 통해 2013년 미국의 상품무역 규모는 3조 8천839억 달러였다. 그런데 상품과 서비스 무역을 합친 규모로는 여전히 미국이 중국을 앞서 1위를 고수하고 있었다. 두 항목을 합친 미국의 무역 규모는 5조 162억 달러에 달했고 중국의 경우는 4조 6천996억 달러로 미국보다 3천166억 달러가 모자랐다.[1] 중국의 무역흑자가 2,597억 5,000만 달러로 2012년 동기 대비 12.8% 증가하였다. 유럽연합과의 무역액은 5,590억 6,000만 달러로 2012년 동기 대비 2.1% 증가하였다. 미국과의 무역액은 5210억 달러로 7.5% 증가하였다. 일본과의 무역액은 3,125억 5,000만 달러로 5.1% 감소하였다. 유럽연합, 미국, 일본은 중국 대외무역액의 33.5%를 차지하였다. 2013년 중국

---

[1] https://www.nocutnews.co.kr/news/1194748 상무부 "중국, 세계 제1위의 상품무역 대국" (검색일 : 2019.1.15.)

내 투자자는 전 세계 156개국의 5,090개 중국 외 기업에 직접 투자하였다.[2] 한편, 2017년 미국이 중국을 제치고 세계 최대 무역국 자리를 되찾았다. 세계무역기구(WTO)가 2017년 4월 12일(현지 시각) 발표한 무역통계·전망에 따르면 2016년 미국의 상품 무역액(수출액+수입액)은 3조 7,060억 달러(약 4,182조 원)로 세계에서 가장 많았다. 2위는 중국으로 3조 6,850억 달러에 그쳤다.[3]

<표-5> 중국의 상품무역 전체 규모 현황

2008	독일을 제치고 세계 제3위의 경제 대국으로 올라섬	
2010	무역 규모 면에서 세계 2위로 성장	국내총생산(GDP) 중국: 5조 8,786억 달러 일본: 5조 4,742억 달러(약 6,180조 원)
2013	세계 제1의 화물(상품) 무역 대국	연 수출입 총 가치가 4조 달러를 돌파
2016	미국이 세계 최대 무역국 자리를 되찾음	미국: 상품 무역액(수출액+수입액)은 3조 7,060억 달러(약 4,182조 원) 중국: 3조 6,850억 달러

3. 전면 개혁 심화의 원년(2014)

2014년은 전면적 개혁 심화의 '원년'이라고 불린다. 전면적 개혁 심화와 관련된 많은 당과 국가기구가 신설되었고, 새로운 법안이 통과되었다.

---

2) http://news.kotra.or.kr/user/globalBbs/kotranews/3/globalBbsDataView.do?setIdx=242&dataIdx=127015 중국 상무부, 2013년 중국 비즈니스 운영현황 발표 (검색일 : 2019.1.15.)

3) https://www.hankyung.com/international/article/2017041383401?nv=o 미국, 중국 제치고 '최대 무역국' 탈환 (검색일 : 2019.1.15.)

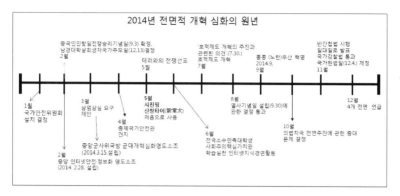

(도표-6) 2014년 전면 개혁 심화의 원년

1월 24일 중공중앙정치국 회의에서 중앙국가안전위원회(中央國家安全委員會) 설치를 결정하였다. 2월 18일 시진핑은 중국국민당 영예주석인 련전(連戰)과의 만남에서 '양안일가친(兩岸一家親)' 이념을 함께 지니고, 함께 중화민족의 위대한 부흥이라는 중국의 꿈을 이루자고 강조하였다. 2월 27일 제12차 전인대 상무위원회 7차 회의에서 '중국인민 항일전쟁승리기념일 확정에 관한 결정(關於確定中國人民抗日戰爭勝利紀念日的決定)'이 통과되었다. 9월 3일을 중국 인민 항일전쟁승리기념일로 확정하였다. 그리고 '남경대학살 희생자국가추모일 설립에 관한 결정(關於設立南京大屠殺死難者國家公祭日的決定)'을 통과시켰다. 12월 13일을 남경대학살 때 학살당한 사람들을 위한 국가추모일로 삼았다.

3월 9일 시진핑은 제12차 전인대 2차 회의 가운데 안휘 대표단과 모임에서 '삼엄삼실(三嚴三實)'의 요구를 제안하였다. 삼엄은 '엄이수신(嚴以修身), 엄이용권(嚴以用權). 엄이율기(嚴以律己)'이고, 삼실은 '모사요실(謀事要實), 창업요실(創業要實), 주인요실(做人要實)'이다. 먼저, 삼엄에서 엄이수신(嚴以修身)은 당성을 강화하고 이상 신념을 확고히 하여 도덕성을 제고하고 고상함을 추구하여 자발적으로 저급한 취미를 멀리하고 나쁜 풍조를 절제해야 한다는 것이다. 엄이용권(嚴以用權)은 국민을 위한 권력으로 규칙과 제도라는 틀 안에 맞춰 어떠한 때라도 특권을 나 개인적으로 사용하지 말아야 한다는 것이다. 엄이율기(嚴以律己)는 항상 경외로움이 있어 손에 계척을 쥐고 홀로 있을 때도 도덕적 준칙을 지키고 사소한 일이라도 신중해야 하며(愼獨愼微), 반성을 게을리하지 말고 당의 국법을 준수하여 청렴해야 한다는 것이다.

그리고 '삼실'에서 '모사요실'은 실제에서 출발하여 사업과 일의 계획을 세워야 하고, 핵심정책방안 등이 실제 상황과 개관적 규율, 과학적 정신에 부합되어야 하며 이상만 높아 실제와 거리가 있으면 안 된다는 것이다. '창업요실'은 견실하게 일하고 착실하게 일하는 것을 말한다. 대담하게 책임을 맡고, 용감히 모순에 직면하며, 능숙하게 문제를 해결하고 감당할 수 있는 실천, 인민, 역사 검증의 실적을 열심히 창조해내야 한다는 것이다. '주인요실'은 당과 조직, 국민, 동지를 대할 때 충실함과 정직함이 있어야 한다. 성실한 사람이 되고, 진정한 말을 하며, 솔직한 일을 해야 한다. 마음이 정직하여 사심이 없어야 하며, 정파에 공평해야 한다. 못을 박는 정신을 발양하여 역량을 유지하고, 강인성을 지키며, 처음과 끝이 한결같고 업무와 성과를 잘 끌어내서 끊임없이 작풍 건설의 새로운 효과를 얻어야 한다는 것이다.

<표-6> 삼실(三實)

모사요실(謀事要實)	실제에서 출발하여 사업과 일의 계획을 세워야 하고, 핵심정책방안 등이 실제 상황과 개관적 규율, 과학적 정신에 부합되어야 하며 이상만 높아 실제와 거리가 있으면 안 된다는 것
창업요실(創業要實)	견실하게 일하고 착실하게 일하는 것
주인요실(做人要實)	당과 조직, 국민, 동지를 대할 때 충실함과 정직함이 있어야 한다. 성실한 사람이 되고, 진정한 말을 하며, 솔직한 일을 해야 한다. 마음이 정직하여 사심이 없어야 하며, 정파에 공평해야 한다.

4월 15일 시진핑은 중앙국가안전위원회 제1차 회의에서 총체 국가 안전관을 견지해야 한다고 강조하였다. 인민안전을 종지로 삼고, 정치 안정을 근본으로 삼아야 하며, 경제안정을 기초로 하고, 군사와 문화 및 사회 안전을 보장해야 한다고 하였다. 국가 안전 촉진에 의존하여 중국 특색의 국가 안전의 길을 걸어야 한다고 강조하였다.

5월 시진핑 국가주석이 허난성 지방 답사 일정 중 처음으로 '신상태 (新常态, 신창타이)'를 언급하였다. '새로운 상태'라는 뜻으로, 중국경 제가 개혁개방 이후 30여 년간의 초고도 성장기를 끝내고 새로운 상태 로 이행하고 있음을 말한다. 신창타이는 2014년 11월 북경에서 개최됐 던 APEC 최고 경영자 회의에서 더욱 구체화되었다. 시진핑 주석은 신 창타이의 3가지 특징으로 초고속 성장에서 중고속 성장으로의 중국경 제 전환, 중국 경제구조의 고도화, 중국경제 성장동력의 전환 등을 제 시했다. 이와 관련하여, 인민일보는 신창타이의 특징으로 '중고속 성장, 구조 변화, 성장동력 교체, 불확실성 증대' 등을 제시한 바 있다.

5월 25일 시진핑은 '테러와의 전쟁'을 선포하였다. 그리고 27일에는 신강 이리(伊犁) 자치주의 대형 경기장에서 테러범을 대상으로 공개재 판을 열기도 했다. 28일 시진핑은 제2차 중앙신강공작좌담회에서 "경 제발전과 민생개선을 기초"로 신강 문제에 접근해야 한다고 강조하였 다. 신강 문제에 접근해야 한다고 강조하였다. 회의에서 신강의 경제 발전, 민생개선, 교육강화, 취업확대 등을 강조하였을 뿐만 아니라, 확 고한 치안확립과 강력한 의법조치 등을 강조하였다.

7월 30일 국무원은 "진일보한 호적제도 개혁 추진에 관한 의견(關 於進一步推進戶籍制度改革的意見)"을 발표하였다. 도시의 인구 규모가 작을수록 농촌 호적자의 도시 호적 취득을 용이하게 하였다. 2020년 까지 1억 명의 농업 전이 인구와 기타상주 인구를 도시 호구로 실현한다는 것이다. '의견'은 총 3개 측면의 11조의 구체적인 조치를 포함하고 있는데, 호구 전입 정책의 조정, 도시-농촌 통일적인 호구 등기제도 마련, 거주증제도의 전면 실시, 인구정보관리제도의 정비 등을 포함한다. 그 중 핵심적인 내용은 '농업'과 '비(非)농업'을 철폐하여 도시-농촌 이원구조를 철폐한 것이다. 호적제도 개혁의 목표는 크게 두 가지인데, 첫째, 2020년까지 1억 명의 농업 전이 인구(농업에서 비농업으로 그 주요 종사직업을 바꾸는 인구)와 기타 상주인구(6개월 이상 한 지역에 머무르는 인구. 따라서 원 호적지와 상주 소재지가 다른 경우가 점점 많아지고 있음)를 도시 호구로 전환하는 것이고, 둘째, 중국이 지향하는 소강(小康) 사회에 걸맞은 사회관리와 공공서비스를 제공하는 신형 호적제도를 마련하는 것이다.

'의견'은 "도시-농촌의 통일적인 호구 등기제도를 마련하고, 농업 호구와 비농업 호구의 구분과 이에 따른 남인호구(藍印戶口, 원 호적지를 떠나서 임시로 거주를 허가하는 데 발급되던 호구유형) 등 호구유형을 폐지하고 주민 호구로 일괄적으로 등기한다"라고 밝히고 있다. 리커창 총리는 7월 30일 국무원 상무위원회를 주재한 자리에서 "도시에 장기간 거주하고 상대적으로 고정적인 일을 하는 농민공을 점차 도시의 '신(新)시민'으로 통합해야 한다"라고 말했다. 수억 명에 달하는 농민공에 대해서 "그들을 '2등 국민'으로 여겨서는 안 된다"라고 강조하고 처우 개선을 위한 구체적인 조치들을 발표했다.

8월 31일 제12차 전인대 상무위원회 10차 회의에서 "열사기념일 설립에 관한 결정(關於設立烈士紀念日的決定)"을 통과시켰고, 9월 30일을 열사기념일(烈士紀念日)로 삼았다.

9월 28일과 29일 중앙 민족공작 회의 및 국무원 제6차 전국 민족단결 진보 표창대회가 북경에서 거행되었다. 이때 중화민족의 대단결을 강화해야 한다고 강조했다. 그리고 장기적이고 근본적인 것은 문화공동체의 증강이라는 것이다. 또 각 민족이 함께 가진 정신적 고향을 건설하고, 적극적으로 중화민족의 공동체 의식을 배양하며, 각 민족의 교류와 융합을 증강해야 한다고 강조하였다.

10월 23일 18차 4중전회에서 "의법치국 전면 추진에 관한 중대문제 결정(關於全面推進依法治國若幹重大問題的決定)"이 통과되었다. 이는 중국을 전면적으로 의법치국을 추진하겠다는 것이다. 총 7장으로 이루어진 결정에서는 법치주의를 강조하고 헌법이 중심이 되는 중국 특색의 사회주의제도 건설을 목표로 하고 있다. 총 목표는 중국 특색의 사회주의 법치체계를 건설하는 것이고, 사회주의 법치국가를 건설하는 것이다.

11월 1일 제12차 전인대 상무위원회 11차 회의에서 "국가 헌법일 설립에 관한 결정(關於設立國家憲法日的決定)"을 통과시켰다. 이때 12월 4일을 '국가 헌법일'로 삼았다. 중국은 헌법 준수의 중요성을 강조하기 위해 헌법의 날을 제정하였다. 그리고 이 회의에서 '반간첩법'이 통과되었다. 시진핑 국가주석은 제16호 주석령에 서명한 후 공표하였다. 현행 국가안전법을 놓고 명칭에서부터 내용까지 전면적인 수정작업을 진행해 반간첩법 업무 특징을 부각했다. 그리고 2017년 12월 6일 '반간첩법'에 대한 세부 규칙이 발표되었다. 그동안 문제시됐던 '간첩 행위 이외의 다른 행위' 항목 중 '다른 행위'에 대해 중국이 정의한 내용은 '① 국가의 분열을 조직·획책·실시하여 국가의 통일을 파괴하는 것, ② 국가 정권과 사회주의 제도를 전복하는 것, ③ 사실 날조와 왜곡, 국가의 안전을 위협하는 글과 정보 발표 및 살포, ④ 국가의 안전을 위협하는 영상물 및 출판물의 제작·전파·출판, ⑤ 사회단체나 기업 등 사조직 설립을 이용해 국가의 안전을 위협하는 활동'이다. 그리고 '반간첩법' 제25조에 해당하는 '전용 간첩 장비'에 대해서는 '내장형 도청기, 몰래카메라, 일회성 암호 도구, 스테가노그라피(steganography, 암호화 보안기법) 툴 및 정보 획득을 위한 전자 방청·감청 장비와 기타 전용 장비 등이 그 대상으로 규정됐다. 또 세칙에서는 '경계 밖 기관·조직'에 해외 기관·조직이 중국에 설립한 기관·조직의 지부도 포함되며, '경계 밖 개인'에 대해서는 중국 내 외국 국적자도 포함된다고 밝혔다.

11월 19일에서 21일까지 처음으로 세계인터넷대회가 저장 우전(烏鎭)에서 거행되었다. 회의에서 우전을 세계인터넷대회 영구 회지(會址)로 확정하였다. 이번 회의에는 백여 개 국가(지역)에서 온 정부 관계자, 세계 정상급 전문가와 학자, 중국 로컬 인터넷 기업 'BAT(바이두·알리바바·텐센트)'를 포함해 1000여 명의 IT 관계자들이 참석했으며, 인터넷 산업 미래에 대한 진지한 논의가 이루어졌다. 이번 '오진 회의'는 세 가지 의미에서 '최초'라는 기록을 남겼다. 최초로 중국 주재로 열린 세계인터넷대회라는 것, 세계 인터넷 업계를 대표하는 거물들이 최초로 한자리에 모여 미래발전을 논의하였다는 것, 최초로 중국의 인터넷 발전이념과 성과를 전면적으로 전시하였다는 것이다. 이번 대회의 주제를 '상호 연결, 공유와 공동관리'로 설정한 것은 서로의 의견을 모으고 공감대를 형성하여 세계 30억 명에 달하는 인터넷 이용자가 인터넷을 통해 행복과 즐거움을 누릴 수 있도록 하고 인터넷을 아직 접하지 못한 몇십억의 인구가 이른 시일 내에 인터넷을 사용할 수 있도록 하기 위함이다. 대회는 8개 분야, 10여 개 주제를 선정해 인터넷과 관련된 중대한 사안 및 문제들을 모두 포함했다. 3일간의 회의 기간 동안 '인터넷 금융', '모바일 인터넷', '인터넷 안전' 등을 주제로 십여 차례의 포럼이 개최됐다.

11월 28일 시진핑은 중앙외사공작회의에서 중국은 반드시 특색있는 대국 외교를 가져야 한다고 제안하였다. 12월 2일 중공중앙과 국무원은 "실크로드 경제대와 21세기 해상 실크로드 건설전략 규획(絲綢之路經濟帶和21世紀海上絲綢之路建設戰略規劃)"을 발표하였다.

12월 10일 신강위구르자치구 정부 소재지인 우루무치시 인민대표대회 상무위원회는 시내 공공장소에서 이슬람 복장 착용을 금지하는 규정을 통과시켰다. 금지된 복장은 머리부터 발목까지 전신을 가리는 여성복장인 부르카, 머릿수건인 터번·히잡 등이다. 신강위구르자치구에서 이슬람 복장을 금지한 규정이 명문화된 건 우루무치시가 처음이다.

12월 13일과 14일 이틀간 강소성을 시찰한 시진핑은 처음으로 '4개 전면'을 언급하였다. 당시 시진핑은 "경제발전의 신상태(신창타이)를 주동적으로 파악하고 적극적으로 적응하기 위해서는 4개 전면 즉, '전면적 소강사회, 전면적 개혁심화, 전면적 의법치국, 전면적 종엄치당'을 추진해야 한다"라고 강조하였다.

4. 시진핑 권력 강화, 인터넷+(2015~2016)

2015년 2월 2일 시진핑은 성부급 주요 영도 간부의 당의 제18차 4중전회 정신인 '전면적 의법치국'을 학습 관철하는 토론에서 '4개의 전면'이라는 전략적 형태를 언급하였다. 전면적인 의법치국은 '4개 전면'에서 파악해야 한다는 것이다.

동년 3월에 중국공산당은 국무원과 공동으로 "생태 문명건설을 빠르게 추진하는 것에 관한 의견(關於可快推進生態文明建設的意見)"을 발표하고 생태 문명건설의 기본원칙과 2020년까지 주요 목표를 제시하였다.

4월 10일 중공중앙 판공청은 "현처급 이상 지도 간부들을 대상으로 '삼엄삼실' 주제교육을 전개할 것에 관한 방안(關於在縣處級以上領導

幹部中開展 "三嚴三實"專題敎育方案)"을 발표하였고, 4월 말부터 시작하기로 하였다. 현처급 이상 당원 지도 간부들이 '삼엄삼실' 주제교육을 전개하고 각급 지도 간부들이 "삼엄삼실"을 수신, 처세, 권력사용, 개인 단속의 기본지침, 업무 및 창업의 행위준칙으로 함으로써 '삼엄삼실'의 훌륭한 간부가 되기 위해 노력하기를 요구했다.

5월 8일 국무원은 "중국제조 2025(中國制造2025)"를 발표하였다. 3단계로 제조 강국을 실현하는 전략적인 목표를 제안하였다. 2016년 1월 27일 리커창 총리는 '중국제조 2025'와 '인터넷+'의 융합발전을 강조함으로써 제조업 업그레이드 전략 가속화 의지를 천명하였다.

동년 5월 19일 국무원이 공개한 "중국제조 2025(中國制造2025)"(國發 [2015]28號)에서는 중점 추진 분야를 밝혔다. 이때 정보통신설비를 기반으로 한 '차세대정보기술산업(新一代信息技術産業)'과 '디지털 제어장치와 로봇', '항공 장비', '해양 공정 장비와 하이테크 선박', '선진 궤도 교통 장비', '에너지 절약과 신에너지 자동차', '농기계 장비' 등 인공지능(AI)을 통하여 스마트화할 수 있는 제조업 분야를 제시하고 있다.

중국제조 2025에서 밝히고 있는 '3단계(三步走)' 전략 목표는 2017년 7월 20일에 공개된 "차세대 인공지능 발전 규획(新一代人工智能發展規劃)"에 따른 '3단계(三步走)' 전략 목표 로드맵의 토대를 제공하기도 하였다.

5월 15일, 중국 상무부는 "인터넷 플러스 유통 액션플랜'(互聯網+流通行動計劃, 이하 '액션플랜')"을 발표하였다. 액션플랜에는 2016년 말까지 중국 전자상거래 거래액 22조 위안, 온라인 소매판매액 5조 5,000억 위안을 달성하겠다는 목표치를 제시했다. '인터넷 플러스 유통'은 중국이 제창하고 있는 전통산업에 인터넷을 접목한다는 이른바

'인터넷 플러스 전략'의 일환이다.[4] '인터넷 플러스' 액션플랜은 리커창 총리가 2015년 제12차 전인대 제3차 회의 정부 업무보고를 통해 처음 언급한 이후, 산업구조 업그레이드와 경제성장의 新동력으로 주목받고 있다. "인터넷 플러스" 액션플랜은 모바일 인터넷, 클라우드 컴퓨팅, 빅데이터, 사물인터넷 등 인터넷 기술과 전통산업 간 융합을 통해 산업구조 조정 및 전자상거래, 공업 인터넷 및 인터넷 금융 등의 안정적 발전을 촉구하는 계획이다.

동년 7월 4일 마련한 "국무원의 인터넷+ 행동의 적극적인 추진에 관한 지도의견(國務院關於積極推進"互聯網+"行動的指導意見)"(國發[2015]40號)에서는 제조업발전에 대한 인터넷 융합 분야에서 스마트 공업 로봇, 클라우드, 물류 네트워크, 빅데이터 등 다양한 분야에 대한 스마트화를 강조하였다. 동년 11월 25일 "국무원의 인터넷+ 행동의 적극적인 추진에 관한 지도의견 액션플랜(2015-2018)(工業和信息化部關於貫徹落實<國務院關於積極推進"互聯網+"行動的指導意見>的行動計劃(2015-2018年))"(工信部信軟 [2015]440號)을 수립하고, 구체적인 액션플랜을 제시하고 있다.

13·5 규획에서 '인터넷+'는 '네트워크 강국' 전략으로 포함되어 있으며 '인터넷+'로 대표되는 혁신이념은 5대 발전이념 중 하나이다.

---

4) http://news.kotra.or.kr/user/globalBbs/kotranews/3/globalBbsDataView.do?setIdx=242&dataIdx=142824 中, '인터넷 플러스' 전략의 첫 액션플랜 발표 (검색일 : 2018.9.18.)

<표-7> 중국 인터넷 + 제조업 관련 정책표

발표 시기	문건	부처	개요
2015.7.	인터넷 플러스(+) 적극 추진에 관한 행동 지도 의견	국무원	- 2015년까지 네트워크화, 스마트화, 서비스화, 융합'인터넷 플러스(+) 산업 생태계' 완비 - 인터넷 플러스(+)가 중국 경제사회 발전의 중요한 원동력이 되도록 함.
2016.4.	로봇산업발전 규획 (2016-2020)	공업정보화부 국가발전개혁위원회 재정부	- 로봇 발전 5개년 계획
2016.7.	국가 정보화 발전전략 개요	국무원	- 인터넷 강국으로 성장하기 위한 타임테이블이자 로드맵의 역할을 하는'전략-능력, 응용, 환경'을 제시함
2016.12.	13·5 국가 전략성 산업 발전 규획	공업정보화부 과학기술부	- 스마트 제조 발전 13·5 규획
2017.11.	인터넷 플러스(+) 선진 제조업 발전 심화를 통한 산업 인터넷 발전에 관한 지도의견	국무원	- 산업 인터넷 발전 추진을 위한'공업 인터넷발전 323 행동' 발표
2018.10.	국가 스마트 제조 표준화 로드맵	공업정보화부 국가표준관리위원회	- 스마트 제조 표준화 작업의 가속화를 위한 표준화 체계 구축

5월 18일 시진핑은 중앙통전공작회의(中央統戰工作會議)에서 가장 광범위한 애국통일전선을 공고히 하고 발전하고자 한다면, '두 개의 100년'이라는 목표를 실현하기 위해서는 중화민족의 위대한 부흥이라는 중국의 꿈을 실현하기 위해 광범위한 역량의 지지를 제공해야 한다고 강조했다.

7월 1일 제12차 전인대 상무위원회 15차 회의에서 '중화인민공화국 국가안전법(中華人民共和國國家安全法)'을 통과시켰다. 국가안전법에 사이버안보를 국가안보의 영역에 포함했다. 동법의 제1조에서는 국가 안전을 지키며 인민민주주의 정권과 중국 특색 사회주의 제도를 보위하고, 인민의 근본적인 이익을 지키며 개혁개방과 사회주의현대화 건설의 순조로운 진행을 보장하고, 중화민족의 위대한 부흥을 이루기 위하여 헌법에 따라 본법을 제정한다.

동년 7월 6일 "중화인민공화국 네트워크 안전법(中華人民共和國網絡安全法: 이하 네트워크 안전법)"의 초안(草案)을 공표했다. 법안은 총 7장 68개 조항으로 구성되어 있으며 크게 네트워크 보안과 안전, 개인정보보호, 불법정보규제 부문으로 나뉜다. 제50조에서는 국가안보 및 사회공공질서 수호를 위해 국무원 또는 성, 자치구, 직할시 인민 정부는 국무원의 승인을 받는다면 일부 지역에서 네트워크 통신에 대한 임시조치를 취할 수 있도록 하였다. 법안에서는 중국 내 네트워크 운영 및 관리에 대한 중국 정부의 통제와 개입을 명문화하고 있다. 중화인민공화국 네트워크 안전법(이하 "네트워크 안전법")이 2016년 11월 7일 제12차 전인대 상무위원회 제24차 회의에서 통과되어 2017년 6월 1일부터 시행되었다. 중국 당국은 2016년 1월 "중화인민공화국 반테러주의법"을 제정·시행한 데 이어 인터넷 등 네트워크상 안전 문제에 대응하기 위한 법률로 네트워크 안전법을 제정, 공포하기에 이르렀다. 네트워크 안전법은 중국 국내에 건설, 운영, 유지, 사용되는 네트워크와 그 안전에 대한 감독관리에 관해 적용된다. 제75조에 의하면, 네트워크 안전법은 원칙적으로 중국 내의 네트워크 활동에만 적용되지만, 중국 국외의 기관, 조직, 개인이 중국의 핵심정보 인프라시설에 대해 공격, 침입, 방해, 파괴 등 행위를 함으로써 심각한 피해를 초래하는 경우 법에 따라 법적 책임을 추궁하고 해당 기관, 조직, 개인에 대하여 재산동결 등 조처를 할 수 있도록 역외적용 규정을 두고 있다.

8월 24일 시진핑은 중앙 제6차 서장공작좌담회(西藏工作座談會)에서 서장 통치 전략 및 '의법치장, 부민흥장, 장기건장, 민심응집, 탄탄한 기초 다지기'의 중요원칙을 제기했다. 이는 역대 서장업무좌담회에서 처음으로 '서장(西藏) 통치 전략'의 개념을 제기한 회의로 기록된다. 시진핑은 "서장 사업은 당과 국가의 사업 대국과 관계된다. 당 중앙은 줄곧 서장 사업에 깊은 중시를 돌려왔다. 60여 년간의 실천을 통해 당의 서장운영방략을 형성하였다. 그것은 바로 중국공산당의 영도를 견지하고 사회주의 제도를 견지하는 것이며 민족구역 자치제도를 견지한다는 것이다. 반드시 국정 운영을 잘하려면 먼저 변강을 잘 다스리며 변강을 잘 다스리자면 서장을 안정시켜야 한다는 전략적 사고를 견지해야 하고 법에 따라 서장을 잘 다스려야 한다. 서장사회의 주요 모순과 특수 모순을 잘 파악하고 민생개선과 민심응집을 경제사회발전의 출발점과 낙착점으로 견지해야 한다. 달라이 집단과의 투쟁방침과 정책을 확고부동하게 견지하고 당의 민족정책과 종교정책을 전면적으로 정확하게 관철해야 하며 민족단결을 강화하고 위대한 조국과 중화민족, 중화 문화, 중국공산당, 중국 특색의 사회주의에 대한 여러 민족 군중들의 동일시 감정을 증강해야 한다."라고 강조하였다.

9월 3일 국무원은 총 8장 30개 조항으로 이루어진 "국유기업 개혁 강화에 관한 지도 의견(關於深化國有企業改革的指導意見)"을 발표하였다. 2020년까지 중국의 경제시스템 및 사회주의시장경제 발전의 목표에 부합하는 국유자산관리시스템, 선진 기업 제도, 시장화 경영시스템, 국유자산 배분 구조를 더욱 합리적으로 개선하여 우수한 기업가와 창조적이면서도 국제적 경쟁력을 지닌 국유기업을 육성하기로 하였다.

10월 29일 제18차 5중전회에서 "국민 경제와 사회발전 제13차 5개년 규획 제정에 관한 건의(關於制定國民經濟和社會發展第十三個五年規劃的建議)"가 통과되었다. 2016년 3월 16일 제12차 전인대 4차 회의에서 "중화인민공화국 국민 경제와 사회발전 제13차 5개년 규획 강요(中華人民共和國國民經濟和社會發展第十三個五年規劃綱要)"를 비준하였다.

제18차 5중전회에서 한 자녀 정책을 폐지하고, 모든 부부에게 두 자녀를 허용하는 1가구 2자녀 정책을 시작했다. 중국 정부는 부부 가운데 한 명이라도 외동이면 두 자녀까지 낳도록 허용한 '단독 두 자녀 정책'을 2013년부터 시행해 왔었다.

11월 2일 중공중앙 판공청과 국무원 판공청은 "농촌 개혁 심화의 종합성 실시방안(深化農村改革綜合性實施方案)"을 발표하였다. 그리고 농촌 개혁의 기본틀을 확립하였다. 11월 7일 시진핑은 대만 마잉주(馬英九)와 싱가포르에서 만났다. 이는 1949년 이래로 양안 지도자가 처음으로 만나는 것이었다.

11월 28일 중앙군사위원회는 "국방과 군대개혁 심화에 관한 의견(關於深化國防和軍隊改革的意見)"을 발표하였다. '의견'에 따르면 2015년에는 중국군 지휘관리 체제와 통합작전 지휘 체제의 개혁에 중점을 두었다. 중국군은 2015년 12월 31일 육군 사령부를 신설하고 로켓군과 전략지원부대를 창설했으며 2월 1일에는 기존 7대 군구를 통합작전 수행이 가능한 5대 전구(戰區)로 개편했다.

11월 30일 중국 위안화가 IMF가 인정하는 세계 기축통화 지위를 획득했다. IMF는 워싱턴 본부에서 열린 집행이사회에서 IMF 특별인출권(SDR, Special Drawing Rights)의 통화바스켓에 위안화를 편입시키기로 결정했다. IMF는 다섯 기축통화의 통화바스켓 편입비율을 미국 달러, 41.73%, 유로화 30.93%, 위안화 10.92%, 엔화 8.33%, 파운드화 8.09% 순으로 결정했다. 이로써 위안화는 달러, 유로, 파운드 엔화에 이어 다섯 번째로 통화바스켓에 편입된 통화가 되었으며, 편입 규모에서 세계 3대 주요 통화로 부상하게 됐다.

12월 20일과 21일 이틀간 중앙도시공작회의(中央城市工作會議)가 북경에서 개최되었다. 이번 회의는 1978년에 개최된 이후 처음으로 개최되었다. 회의에서 지도부는 "2020년까지 도시 내 판자촌과 도시 내 농촌, 노후한 위험 주택에 대한 개조 작업을 기본적으로 완성하겠다"라고 밝혔다. 그리고 "도시공작은 하나의 시스템적 공정"이라고 하면서 "자연존중, 자연 순응, 자연보호 등을 통해 도시의 생태환경 개선을 부각하며 '사람을 핵심으로 하는' 신형 도시를 건설해야 한다"라고 주장했다. 새로운 도시발전 개념과 추진 과제로는 창조혁신, 협조, 녹색, 개방, 공동향유, 인간 본위, 과학발전, 도시발전방식 전환, 도시 거버넌스 시스템 개선, 도시병 제거, 도시환경의 질·인간 생활의 질, 도시경쟁력 제고 등이 제시됐다.

2016년 2월 1일 중국 인민해방군의 5대 전구 성립대회가 북경에서 거행되었다. 이로써 인민해방군의 지역편제는 기존의 7대 군구, 즉 심양(沈陽) 군구, 북경(北京) 군구, 란주(蘭州) 군구, 제남(濟南) 군구, 성도(成都) 군구, 남경(南京) 군구와 광주(廣州) 군구에서 5대 전구로 재편되었다. 재편된 5대 전구는 기존 북경 군구를 기반으로 북경에 본부를 둔 중부(中部) 전구, 기존 심양 군구를 기반으로 한 북부(北部) 전구, 남경 군구 기반의 동부(東部) 전구, 광주 군구 기반의 남부(南部) 전구, 란주 군구를 기반으로 하는 서부(西部) 전구로 재편된 것이다. 기존 성도 군구와 제남 군구의 관할 구역은 각각 서부 전구와 동부 전구의 관할 구역으로 편입되었다.

동년 2월 20일 북경에서 열린 신문여론공작좌담회 연설을 통해 시진핑은 "언론의 모든 업무는 당을 사랑하고, 당을 보호하며, 당을 위해야 한다."라고 강조하였다. 또, 언론정책과 여론정책을 잘하는 것은 당의 이론과 노선 방침 정책을 관철·실행하고, 당과 국가의 사업을 순조롭게 추진하는 것과 깊은 관련이 있다고 강조했다. 시진핑은 언론의 '책임·사명'에 대해 '고거기치 인령도향'(高擧旗幟 引領導向, 깃발을 높이 들어 대중을 인도함), '위요중심 복무대국'(圍繞中心 服務大局, 당 중앙이라는 중심을 둘러싸고 큰 방향을 위해 일함), '단결인민 고무사기'(團結人民 鼓舞士氣, 인민을 단결시키고 사기를 북돋움)라는 48자의 지침을 제시했다.

동년 2월 24일 중공중앙 판공청은 "전 당원의 '당장 당규 배우기, 계열연설 배우기, 당원합격 하기' 학습 교육에 관한 방안(關於在全體黨員中開展 "學黨章黨規、學系列講話, 做合格黨員"學習教育方案)"을 발표하였다. 이후 2017년 3월 20일 중공중앙 판공청은 "'양학일주(兩學一做)' 학습 교육 신상태화 제도화추진에 관한 의견(關於推進 "兩學一做"學習教育常態化制度化的意見)"을 발표하였다. '양학일주'는 시진핑 주석이 제시한 교육 방법으로 "당장(黨章) 혹은 지도자의 연설문을 익혀 참된 공산당원이 되자"라는 것이다. 두 개의 배우기(兩學)는 '당헌(黨章)·당규 학습, 시진핑 총서기의 연설문 학습'이고, 하나의 되기(一做)는 '참된 공산당원이 되는 것'이다.

4월 22일 시진핑은 전국종교공작회의에서 "종교가 사회주의 사회와 적응하도록 적극적으로 인도해야 한다"고 하였다. 시진핑은 '중요연설'을 통해 "종교를 믿는 군중과 단결하고 종교 문제를 소통과 합법적 절차로 해결하자"라고 밝혔다. 4월 25일, 전국정법대오건설공작회의(全國政法隊伍建設工作會議)가 북경에서 열렸다. 이 회의에서는 시진핑이 제기한 국민을 위한 집권, 청렴결백한 정법 대오건설 등의 요구가 전달됐다. 또 검찰과 사법부의 부패를 단호히 처벌할 것을 강조했다.

2016년 5월 13일 중국 국무원은 '중국제조 2025'와 '인터넷+액션플랜' 정책의 협력·추진을 위해 "국무원 제조업과 인터넷 융합발전심화에 관한 지도의견(國務院關於深化制造業與互聯網融合發展的指導意見;

國發 [2016]28號)"을 발표하였다. 중국은 제조업 대국이자 인터넷 대국으로 '쌍창(雙創)-대중창업, 만인 혁신'의 활력을 일으키고, 공급 측 개혁추진을 위해 동 의견을 제정, 발표하였다. 주요 목표는 2018년 말까지 제조업 중점산업 핵심기업의 인터넷 '쌍창'플랫폼 보급률을 80%로 설정하였다. 2019년 3월에 개최된 전인대에서 '중국제조 2025'에 관한 언급이 없었는데, 이는 미국과의 통상갈등을 해소하기 위함이라는 해석이 나왔다.

5월 27일 시진핑은 중공중앙정치국회의에서 북경 도시 부중심과 슝안신구(雄安新區) 2개의 새로운 도시 건설은 천년대계이고, 국가 대사라고 강조하였다.

8월 19일과 20일 이틀간 전국위생과 건강대회(全國衛生與健康大會)가 열렸다. 10월 17일 중공중앙과 국무원은 "'건강 중국 2030' 규획강요("健康中國2030"規劃綱要)"를 발표하였다. 11월 7일 제12차 전인대 상무위원회 24차 회의에서 "중화인민공화국 인터넷안전법(中華人民共和國網絡安全法)"이 통과되었다.

10월 9일 '인터넷 강국 전략'을 주제로 한 제36차 중앙정치국 '단체학습'에서 시진핑은 "세계 선진국 수준과는 여전히 큰 격차가 있는 중국 IT 기술과 인터넷 보안기술을 대체할 수 있고 통제 가능한 수준으로 혁신하고 발전시켜야 한다."라고 강조했다. 시진핑은 주체적으로 고성능 컴퓨터, 이동통신, 양자통신, 핵심 반도체 칩, 제어 시스템 등 분야에서 '중대한 돌파구'를 열라고 주문했다. 아울러 시진핑은 "자국의 인터넷 통제와 관리 강화 방침은 변하지 않을 것"이란 점도 강조했다.

5. 시진핑 사상 당장과 헌법에 삽입, AI 시대(2017~2018)

2017년 1월 22일 중앙정치국은 회의에서 '중앙군민융합발전위원회'를 설립하기로 했다. 시진핑을 위원회 주임으로 결정하였는데, 이 위원회는 중앙 차원의 군민융합발전 중대 문제에 대한 정책 결정 기구이자 의사조율 기구로서 군민융합의 심층 발전을 통일적으로 지도하고 중앙정치국과 중앙정치국 상무위원회에 대한 책임을 이행한다.

3월 15일 제12차 전인대 5차 회의에서 "중화인민공화국 민법총칙(中華人民共和國民法總則)"이 통과되었다. 3월 28일 중공중앙과 국무원은 허베이성에 슝안신구 설립을 결정하였다.

5월 14일부터 처음으로 '일대일로' 국제합작 정상회담이 북경에서 개최되었다. 개막식에서 시진핑은 일대일로를 "평화의 길(和平之路), 번영의 길(繁榮之路), 개방의 길(開放之路), 창신의 길(創新之路), 문명의 길(文明之路)"로 만들자고 제안하였다. 중국은 일대일로의 중점사업으로 '5대 통(通)'을 제시했다. 5대 통은 "① '정책소통'으로 국가 간 발전전략을 충분히 협의하면서 이견을 조정하자, ② '인프라 연통'으로 철도, 도로, 가스, 전력, 통신을 연결하자, ③ '무역 창통'으로 무역과 투자 장벽을 낮춰 변경과 항구를 단일 창구화하고 통관 비용을 낮추자, ④ '자금 융통'으로 필요한 자금은 AIIB뿐 아니라 브릭스 개발은행, 실크로드 기금 운용 등을 통해 조달하고 외국 기업들의 중국 내 위안화 채권 발행을 허용하는 등 금융 분야의 소통과 협력을 강화하자, ⑤ '민심 상통'으로 매년 1만 명 상당의 중국 정부 장학금을 외국인에게 제공하고 세계 문화유산 등재 공동신청, 비자 간소화 정책 등을 실시하자"이다.

7월 1일 시진핑은 홍콩이 중국으로 회귀 된 20주년 대회의 홍콩특별행정구 제5차 정부 취임식에서 '일국양제' 방침을 관철하기 위해서는 두 가지를 견지해야 한다고 강조했다. 하나는 정부의 태도가 확고하고, 변하지 않고, 흔들리지 않는다는 것이고, 다른 하나는 '일국양제'를 정확하게 하고, 홍콩의 실천을 잃어버리거나 변형하지 않고, 시종일관 정확한 방향을 따라 나아갈 것이라고 밝혔다.

동년 7월 20일 국무원이 발표한 "차세대 인공지능 발전 규획(新一代人工智能發展規劃的通知)"(國發 [2017]35號)에서는 "2020년 인공지능 전체 기술 및 응용을 세계적인 선진 수준으로 끌어올리고 인공지능산업을 신(新) 경제성장점으로 육성해, 인공지능 핵심 산업 규모는 1,500억 위안(약 26조 원) 이상, 관련 산업 규모는 1조 위안(약 171조 원) 이상 확대할 것"이라고 밝혔다. 인공지능은 동년 3월 양회(兩會)에서 최초로 정부 공작보고에 등장했다. 매체에서는 "2017년은 중국 인공지능 산업의 원년(元年)으로, 이 분야는 향후 경제발전의 새로운 출구가 될 것"으로 내다봤다.

본 규획에서는 2030년까지 중국이 달성하고자 하는 차세대 인공지능 발전에 대한 전략적 목표치가 단계별로 제시되어 있다. 제1단계에서는 2020년까지 인공지능 종합기술과 응용 분야에서 세계 선진 수준에 이르도록 하고, 인공지능산업을 새로운 중요 경제성장의 핵심으로 삼는다. 제2단계에서는 2025년까지 인공지능 기초이론을 실현하여 중대한 돌파구를 찾도록 하며, 부분기술을 응용하여 세계적인 수준으로 선도하고, 인공지능을 중국 산업구조 제고와 경제전환의 주요 동력으로 삼아 스마트사회 건설에 대한 적극적인 진전을 이루도록 한다. 제3단계에서는 2030년까지 인공지능 이론, 기술과 응용에 대한 종합적인 수준을 글로벌 선도국가 수준으로 끌어올리고, 글로벌 핵심 인공지능 혁신센터를 설립함으로써, 스마트경제, 스마트사회에 효과를 거둘 수 있도록 한다.

중국 정부의 일관된 인공지능 발전·육성 정책은 중국 국무원이 2015년 7월에 마련한 "국무원의 '인터넷+' 행동의 적극적 추진에 관한 지도의견 액션플랜(2015~2018年)"에서 공업제조영역의 인공지능 상용화 추진 계획을 밝힘으로써 시작되었다. 동년 10월 제19차 전국대표대회에서 'AI 기술의 적극적 도입을 통한 경제·사회·군사 영역의 인공 지능화'를 공식화했다. 중국군은 AI 기술을 개발하고, 실제 작전에 활용할 수 있도록 최근 주요 국방 싱크 탱크와 군 교육 기관의 조직 개편을 단행했다. 국방과학기술대학의 '지능과학학원', 중국군 군사과학원의 '시스템 공정연구원' '국방과 기창신 연구원', 국방대학의 '연합작전학원' 등이 새롭게 설치됐다.

동년 12월 13일 발표한 "차세대 인공지능 산업 발전 촉진 3년 액션플랜(促進新一代人工智能産業發展三年行動計劃2018~2020年)"(工信部科[2017] 315號)에서는 "차세대 인공지능 발전 규획"에서 제시하고 있는 정책 방향을 시행하기 위하여 "중국제조 2025"와 결합한 추진 전략을 상세하게 밝혔다.

7월 14일과 15일 이틀간 열린 전국 금융 공작 회의에서 국무원 금융안정발전위원회(國務院金融穩定發展委員會) 설립을 결정하였다. 본 위원회는 금융 리스크를 통합적으로 관리·조율하고 제도를 통한 체계적 위험 방지를 목적으로 출범했다. 이후 2018년 4월 중국 은행보험 감독관리위원회가 발족하면서 인민은행, 은행 감독관리위원회, 증권 감독관리위원회, 보험 감독관리위원회 등 4개 기관으로 구성됐던 이른바 '1은행 3위원회(一行三會)' 감독체계는 역사 속으로 사라지게 됐다.

8월 1일 중국 인민해방군 건군 90주년 대회에서 시진핑은 당의 군대에 대한 절대적인 영도는 중국 특색 사회주의의 본질적인 특징이라고 강조하였다. 그리고 당과 국가의 중요정치 우세이고, 인민군대의 건군지본(建軍之本), 강군지혼(強軍之魂)이라고 강조하였다.

10월 18일 제19차 전국대표대회가 개최되었다. 대회에서 보고된 "전면적 소강사회 건설에 결정적으로 승리하고, 신시대 중국 특색 사회주의 위대한 승리를 쟁취하자(決勝全面建成小康社會, 奪取新時代中國特色社會主義偉大勝利)"에서 시진핑의 신시대 중국 특색의 사회주의 사상의 역사적 지위를 확립하였다고 하였다. 대회에서 2020년부터 본 세기 중엽까지 두 개의 단계로 안배해야 한다고 강조하였다. 첫 번째 단계는 2020년부터 2035년까지로, 전면적 소강사회를 건설하는 기초에서, 15년을 분투하여 사회주의현대화를 기본적으로 실현해야 한다는 것이다. 2035년에서 본 세기 중엽까지 기본적인 현대화 실현의 기초에서 15년을 분투하여, 부강한 민주 문명 화해롭고 아름다운 사회주의현대화 강국으로 만들어야 한다는 것이다.

<표-8> 2020년부터 본세기 중엽까지 두 개의 단계

단계	시기	특징
1단계	2020~2035	전면적 소강사회 건설을 기초로 15년간 사회주의현대화 기본적으로 실현
2단계	2035~21세기 중반	사회주의현대화 실현의 조건 속에서 15년간 노력해 부강, 민주, 문명, 조화, 아름다운 사회주의현대화 강국 건설

대회에서는 '중국공산당 장정(수정안)'에 관한 결의가 통과되었다. 시진핑 신시대 중국 특색의 사회주의 사상을 마르크스레닌주의, 마오쩌둥 사상, 덩샤오핑 이론, 3개 대표 중요사상, 과학발전관과 함께 당의 행동지침으로 확립하고 당장에 삽입시켰다.

이론	당장에 삽입 시기	내용
모 사상	1945년 제7차 전국대표대회	중국공산당은 마르크스-레닌주의의 이념과 중국 공산혁명의 실천을 통일한 사상, '마오쩌둥 사상'을 당의 모든 지침으로 한다
덩샤오핑 이론	1997년 제15차 전국대표대회	'사상해방'과 '실사구시'
3개 대표 중요 사상	2002년 제16차 전국대표대회	'3개 대표론'이라 불림.
과학발전관	2007년 제17차 전국대표대회	핵심은 '이인위본(以人爲本)'
시진핑 사상	2012년 제18차 전국대표대회	정식명칭은 "시진핑 신시대 중국 특색의 사회주의 사상"임

제19차 전국대표대회 보고에서 중국공산당은 환경보호에 관하여 '환경 치리(環境治理, 환경 거버넌스)'라는 표현을 최초로 사용하면서 환경 관리 방침을 채택하였다. 기존의 정부 주도의 명령식 환경 관리 체계에서 벗어나 다양한 이해 당사자의 참여와 사회적 자원을 활용한 환경 관리 체계로의 지향을 분명히 하였다. 또한 '생태 문명건설'을 중화민족 발전의 '천년대계(千年大計)'로 위상을 정립하고, '인간과 자연의 조화로운 공생'을 지향하는 중국 특색 사회주의의 발전을 위해 지속해서 추진해야 할 기본전략으로 규정하였다.

10월 25일 제19차 1중전회에서 시진핑, 리커창, 리전서, 왕양, 왕후닝, 자오러지, 한정을 중앙정치국 상무위원으로 선출하였고, 시진핑을 총서기로 선출하였으며, 시진핑을 중앙군사위원회 주석으로 결정하였다. 그리고 자오러지를 중앙기율위원회 서기로 비준하였다.

동년 11월 3일, 국가 위계위, 북경시 위계위, 북경시 의료관리국(醫管局) 지지하에 중국 첫 국가 아동 지역 의료센터(國家兒童區域醫療中心)가 허난성 내에 설립하였다. 국가 아동 지역 의료센터의 설립은 중국 중원지역(中原地區) 의료자원공유 및 의료기술 발전을 위한 새로운 지역발전전략으로 북경·허난성 정부의 협력하에 양 지역 의료수준 격차 감소, 중원지역 아동의 진료 어려움 및 진료비부담을 줄이는 데 영향을 주었다.

2018년 중공중앙과 국무원은 "농촌진흥전략 실시에 관한 의견(關於 實施鄉村振興戰略的意見)"을 발표하였다. 1월에 개최된 제19차 2중전 회에서 "중공중앙의 헌법 일부 내용 수정에 관한 건의(中共中央關於修 改憲法部分內容的建議)"가 통과되었고, 3월 11일 제13차 전인대 1차 회의에서 헌법 수정안이 통과되었다.

2월에 개최된 제19차 3중전회에서 "당과 국가기구 개혁심화에 관한 결정(關於深化黨和國家機構改革的決定)"과 "당과 국가기구의 개혁심 화방안(深化黨和國家機構改革方案)"이 통과되었고, 중앙전면의법치국 위원회, 중앙심계위원회 등의 기구 조직이 결정되었다.

2월 28일 국무원의 대만사무실(臺辦)과 국가발전개혁위(國家發展改 革委)는 "양안의 경제 및 문화 교류 협력 촉진에 관한 약간의 조치(於 促進兩岸經濟文化交流合作的若幹措施)"를 공포하였다. 총 31조로 제 12조는 대만기업을 점차 대륙기업과 동등하게 대우하는 내용이고, 19 조는 대만 동포가 대륙에서 학습, 창업, 취업, 생활할 때 대륙 동포와 동등하게 대우하겠다는 내용이다.

3월 17일 제13차 전인대 1차 회의에서 국무원 기구개혁방안이 비준 되었다. 그동안 'OO 영도소조'라는 용어에서 'OO 위원회'로 변경된 것 이 많아졌고, 신설된 기구도 있기도 하고, 폐지된 기구도 있다. 또 2개 의 기구가 하나로 합쳐지는 등 다양한 형태로 변경되었다. 중앙전면의 법치국위원회, 중앙심계위원회가 신설되었는데, 시진핑이 주임으로 결 정되었다. 그밖에 중앙교육공장영도소조와 중앙 및 국가기관공작위원회 가 신설되었다. 명칭이 변경된 기구로는 중앙전면심화개혁영도소조는 중앙전면심화개혁위원회로, 중앙인터넷안전정보화영도소조는 중앙인터넷안전정보화위원회로, 중앙재경영도소조는 중앙재경위원회로, 중앙외사국가안전공작영도소조는 중앙외사공작위원회로 명칭이 변경되었고, 시진핑이 주임으로 결정되었다. 중앙조직부와 중앙선전부 및 중앙통일전선공작부는 직책이 확대되었다. 폐지된 기구로는 중앙해양권익수호공작영도소조, 중앙사회치안종합관리위원회와 판공실, 중앙안정수호공작영도소조, 중앙사교 문제예방 처리영도소조 및 판공실이 폐지되었다.

한편, 개혁·개방 이래 중국은 행정 효율을 높이기 위해 총 7차례 국무원 기구 개혁을 했고, 국무원 부서는 1982년의 100개에서 계속 줄여왔다. 이러한 추세에 발맞춰 제13차 전인대에서도 국무원 산하 조직을 대대적으로 통폐합, 신설, 재조정하여 기존 국무원 정부(正部, 장관)급 부서 8개, 부부(副部, 차관)급 부서 7개를 각각 줄였다. 그리고 판공청을 제외한 국무원 내 부서는 '부- 위원회-국'을 26개로 조정 개편하는 내용의 국무원 개편안을 찬성 2,966표, 반대 2표, 기권 2표로 통과시켰다. 개편안에서는 환경 관련 부서의 통합 및 권한 강화, 문화와 여행 분야의 통합, 금융 감독 기능 강화, 퇴역 군인을 위한 부서 및 국가 재해 등 응급 사항 대비 부서가 신설되었다. 구체적으로 국토자원부·국가해양국·국가지리신식부가 자연자원부로 통합되고, 자연자원부에는 주방 및 도농건설부·수리부·농업부·국가임업국의 일부 관리 기능이 이관돼 권한이 강화되었다. 환경보호부를 폐지하고 환경부를 포함한 국가 발전개혁위원회, 국토자원부, 수리부, 농업부, 국가해양국, 국무원 남수북조 공정건설위원회판공실 등 6개 부처와 기관의 환경오염 및 생태환경 관리 기능을 통합한 생태환경부를 신설하였다. 생태환경부가 국토자원부와 수리부 등의 일부 기능을 맡게 되었다. 생태환경부와 자연자원부 신설은 '아름다운 중국(美麗中國)'을 위해 토대를 마련하려는 것으로 평가된다. 농업부가 폐지되고 농업농촌부가 만들어지면서 재정부와 국토자원부 및 수리부의 일부 기능이 농업농촌부로 이관된다.

국토자원부, 국가해양국 및 국가측량지리정보국을 폐지하고 이들 3개 부처에 유지되는 기존 업무와 국가발전개혁위원회, 주택·도농 건설부, 수리부, 농업부, 국가 임업국 등 5개 부처에서 담당했던 자연자원 이용과 관리에 관한 업무를 통합하였다. 국가 임업·초원국을 신설하여 국가임업국의 기능을 확대 강화하였다.

문화부와 국가여유국을 합쳐 문화여행부가 만들어졌고, 국가위생건강위원회가 신설되었다. 2017년 퇴역 군인들의 시위로 곤경에 처했던 중국 지도부는 국무원에 퇴역군인사무부를 신설해 처우 개선을 추진하며, 응급관리부도 만들어 재해 방지 등 비상 상황에 대응할 수 있도록 했다. 상공행정관리총국, 질량감독검험검역총국, 식품약품감독관리총국을 없애고 국가발전개혁위원회와 상무부 일부 기능을 통합해 시장감독관리총국이 국무원 직속 기구로 신설되어 금융 감독 기능도 강화되었다. 아울러 시장감독관리총국 산하에 약품감독관리국도 신설했으며, 은행감독위와 보험감독위를 통합시켜 은행보험감독관리위원회를 국무원 직속 기구로 만들었다. 은행감독위원회와 보험감독위원회의 은행업과 보험업 법률 제정 기능은 인민은행으로 이전되었다. 또한, 신문출판광전총국의 방송 관리 기능을 토대로 국가방송총국을 국무원 직속 기구로 신설하였으며, 상무부와 외교부의 대외지원 및 협조 기능을 합쳐 국제발전협력서가 만들어졌다. 과학기술부에는 국가외국전문가국이 추가되었고, 사법부에서는 국무원 법제판공실 기능을 폐지하였고, 감찰부는 신설되는 국가감찰위원회로 편입되었으며, 국가예방부패국은 폐지되었다.

(표-10) 제13차 전인대 국무원 개혁1 : 신설기구

중앙전면의법치국위원회 신설	주임 시진핑
중앙심계위원회가 신설	주임 시진핑
중앙교육공장영도소조 신설	
중앙 및 국가기관공작위원회 신설	
국가위생건강위원회 신설	
퇴역군인사무부 신설	처우 개선을 추진
응급관리부도 신설	재해 방지 등 비상 상황에 대응
문화부와 국가여유국	두 기구를 합쳐 문화여행부 신설
시장감독관리총국 산하에	약품감독관리국도 신설
중앙조직부와 중앙선전부 및 중앙통일전선공작부는 직책이 확대	
신문출판광전총국의 방송 관리 기능을 토대로 국가방송총국을 국무원 직속 기구로 신설	
상무부와 외교부의 대외지원 및 협조 기능	이 기능을 합쳐 국제발전협력서가 신설.
과학기술부에 국가외국전문가국이 추가	
감찰부	신설된 국가감찰위원회로 편입
국가 임업·초원국을 신설.	국가임업국의 기능을 확대 강화

<표-11> 제13차 전인대 국무원 개혁2 : 통합기구

중앙조직부와 중앙선전부 및 중앙통일전선공작부는 직책이 확대	
국토자원부·국가해양국·국가지리신식부	자연자원부로 통합
국토자원부, 국가해양국 및 국가 측량 지리 정보국을 폐지하고 이들 3개 부처에 유지되는 기존 업무와 국가 발전 개혁 위원회, 주택·도농 건설부, 수리부, 농업부, 국가 임업국 등 5개 부처에서 담당했던 자연자원 이용과 관리에 관한 업무를 통합하였다.	
자연자원부에는 주방 및 도농건설부, 수리부, 농업부, 국가임업국의 일부 관리 기능이 통합	
국가발전개혁위원회와 상무부 일부 기능 통합	시장감독관리총국이 국무원 직속 기구로 신설되어 금융 감독 기능도 강화되었다.
은행감독위와 보험감독위를 통합	은행보험감독관리위원회를 국무원 직속 기구로 만듦.
은행감독위원회와 보험감독위원회의 은행업과 보험업 법률 제정 기능	인민은행으로 이전
과학기술부에 국가외국전문가국이 추가	
감찰부	신설된 국가감찰위원회로 편입

<표-12> 제13차 전인대 국무원 개혁2 : 명칭변경기구

중앙전면심화개혁영도소조	중앙전면심화개혁위원회
중앙인터넷안전정보보화영도소조	중앙인터넷안전정보화위원회
중앙재경영도소조	중앙재경위원회
중앙외사국가안전공작영도소조	중앙외사공작위원회 주임 시진핑

<표-13> 제13차 전인대 국무원 개혁2 : 폐지기구

중앙해양권익수호공작영도소조, 중앙사회치안종합관리위원회와 판공실, 중앙안정수호공작영도소조, 중앙사교문제예방처리영도소조 및 판공실이 폐지	
상공행정관리총국, 질량감독검험검역총국, 식품약품감독관리총국 폐지	
환경보호부 폐지	생태환경부가 만들어졌는데, 이 부서가 국토자원부와 수리부 등의 일부 기능을 맡게 된다. * 생태환경부와 자연자원부 신설은 아름다운 중국(美麗中國)을 위해 토대를 마련하려는 것으로 평가
농업부 폐지	농업농촌부 신설 - 재정부와 국토자원부 및 수리부의 일부 기능이 농업농촌부로 이관된다.
사법부에서는 국무원 법제판공실 기능을 폐지	
국가예방부패국 폐지	

　　1952년 국가계획위원회로 출발한 국가발전개혁위원회(발개위)는 중국의 개혁개방 초기 경제발전 계획을 수립했고 계획경제 시대에 이어 2008년 글로벌 금융위기 당시 대규모 경기부양책의 집행을 담당하면서 막강한 권한을 누리게 됐다. 하지만 2018년 3월 제13차 전인대에서 발개위의 권한이 다소 축소되었다. 발개위가 담당했던 기존 업무 가운데 개발구역 책정 업무는 신설된 자연자원부로 이관되며, 기후변화 대응 업무는 생태환경부, 농업 투자 관련 업무는 농업농촌부, 반독점 시장 감시 기능은 시장감독관리총국으로 이관된다. 핵심 국가 프로젝트의 감독 기능은 심계서(감사원 격)로 넘어가며, 약품과 의료 서비스 가격 책정 기능은 국가위생건강위원회가 맡게 된다. 중국의 경제성

장을 주도했던 발개위가 사실상 해체 수준으로 축소된 것은 양적 성장에서 질적 성장으로 전환하려는 중국 지도부의 전략 변환에 따른 것이라는 해석이 나오고 있다.

3월 3일 전국 정협 제13차 1차 회의가 개최되었는데, 회의에서 왕양을 정협 주석으로 선출하였다. 3월 5일 제13차 전인대 1차 회의에서 시진핑을 국가주석과 국가 중앙군사위원회 주석으로 선출하였고, 리잔수를 전인대 상무위원회 위원장으로 선출하였으며, 리커창을 국무원 총리로 결정하였다.

3월 11일 제13차 전인대 1차 회의 제3차 전체회의에서 "중화인민공화국 헌법수정안"이 표결을 통해 통과됐다. 전체 2,964표 중 찬성 2,958표, 반대 2표, 기권 3표, 무효 1표로 국가주석 연임을 금지하는 조항을 폐기했다. 헌법 서문의 "마르크스 레닌주의, 마오쩌둥 사상, 덩샤오핑 이론, 3개 대표론(三個代表)의 지도를 지켜나가는 것"이라는 문구에 "과학발전관과 시진핑 신시대 중국 특색 사회주의 사상"이 추가로 삽입됐다. 또한, 헌법 3항 제79조 3항의 "중화인민공화국 주석과 부주석의 매회 임기는 전인대 대회 매회 임기와 같고 임기는 두 번 연속 회기를 초과하지 못한다"라는 문구 중에서 "임기는 두 번 연속 회기를 초과하지 못한다"라는 부분이 삭제됐다. 앞서 중국 국가주석과 당 총서기, 중앙군사위원회 주석 등 3개 지위 중 국가주석의 임기만 제한됐다. 이번 개헌안에는 당원을 포함한 각계 인사들까지 모두 통제하고 감사할 수 있는 국가감찰위원회 설립도 포함돼 있다.

3월 20일 제13차 전인대 1차 회의에서 "중화인민공화국 감찰법(中华人民共和国監察法)"이 통과되었다. '감찰법'은 제1조에서 국가감찰 시스템 개혁 심화, 모든 공직자에 대한 감독 강화, 국가감찰의 전면적 시행, 반부패 사정 활동의 강화, 국가 운영시스템 및 운영 능력 현대화 등을 제정취지로 언급하고 있다.

4월 27일 제13차 전인대 상무위원회 제2차 회의에서 "중화인민공화국 영웅열사보호법(中華人民共和國英雄烈士保護法)"이 통과되었다. 본법에 정확하게 영웅 열사는 누구를 가리키는지 규정되어 있지는 않은데 제2조는 근대 이후에 민족독립과 인민해방을 쟁취하기 위하여, 국가 부강과 인민의 행복을 실현하기 위하여, 세계평화와 인류발전의 촉진을 위하여 평생을 분투하고 영웅적으로 용감하게 헌신한 영웅 열사, 공훈은 역사에 찬란하고 그 정신은 영원하다고 규정하고 있다. 또 제22조는 "영웅 열사의 업적과 정신을 왜곡, 희화화(丑化), 모욕(褻瀆), 부정해서는 안 된다. 영웅 열사의 성명, 초상, 명예는 법률의 보호를 받는다. 어떠한 조직과 개인도 영웅 열사의 성명, 초상을 상표, 상업광고에 사용이나 변칙적으로 사용해서는 안 되고 영웅 열사의 명예와 영예를 손상해서는 안 된다"라고 규정하고 있다. 아울러 제26조는 "모욕, 비방 또는 기타의 방법으로 영웅 열사의 성명, 초상, 명예, 영예를 침해하고 사회공공이익을 침해하는 경우에는 민사책임을 지고, 치안관리에 따른 처벌, 경우에 따라서는 형사적인 책임도 져야 한다."고 규정하고 있다.

2018년 5월 1일부터 중국에서는 여러 규정이 시행되었다. 앞에서 언급한 '영웅열사보호법'을 비롯하여, '택배 잠정 조례(快遞暫行條例)', '1987년 발행된 4차 화폐 일부 유통 중단' 등이다. 그중 중국 중앙은행은 1987년 4차로 발행된 인민폐(人民幣) 100위안, 50위안, 10위안, 5위안, 2위안, 1위안, 2자오(角) 등 지폐와 1자오 동전의 시중 유통을 중단한다고 발표하였다. 4차 화폐를 보유한 사람들은 2019년 4월 30일까지 중국 전역의 지정된 금융 기관에서 5차 화폐로 교환할 수 있다.

8월 21일에 열린 전국선전사상공작회의에서 시진핑 총서기는 인터넷 전파 규칙을 과학적으로 인식하고 인터넷 사용 및 관리 수준을 높여 인터넷이라는 최대 변량을 사업 발전의 최대 증량으로 바꾸어야 한다고 강조했다.

중국에서의 2018년은 매우 중요한 한 해로 평가될 것으로 보인다. 특히 헌법 개정, 당과 국가기구 개편 등은 시진핑 시대의 중국을 이해하는 데 있어 매우 중요하다.

VI. 나가며: 시진핑이 원하는 새로운 중국! 인민이 원하는 새로운 중국

1978년 12월에 개최되었던 제11차 3중전회에서 개혁개방을 천명한 지 40년이 지난 중국은 정치와 경제 등의 여러 방면에서 많은 변화가 있었다. 특히 국제적으로 G2라고 불리는 위치에 올랐다. 2012년 중국공산당 총서기, 2013년 국가주석이 된 시진핑은 중화민족의 위대한 부흥과 중국의 꿈을 이루겠다고 천명하면서 지속적인 개혁개방을 강조하였다. 그로부터 6~7년이 지난 중국은 2020년 전면적 소강사회 건설을 목표로 둔 2019년을 보내고 있다.

시진핑 시기가 된 후, '법치'를 강조하며 부정부패 척결을 일구어내면서, 시진핑의 정치적 반대세력을 제거하기도 하였다. 또 국가안보와 사회안정을 강조하며 당과 국가기구를 개편하였을 뿐만 아니라 여러 법률을 제정하였다. 게다가 2018년 제13차 전인대에서 헌법을 수정하며 장기 집권의 포석을 마련하였다. 이미 2017년에 제19차 전국대표대회에서 시진핑 사상이 중국공산당 장정에 삽입되었고, 2018년 제2기 정부를 인선하는 과정에서 시진핑을 핵심으로 하는 강력한 당과 정부가 되는 것으로 전망되었다.

하지만, 중화민족의 위대한 부흥이라는 중국의 꿈을 실현해야 한다고 천명한 시진핑은 중요한 사실을 놓쳐 버렸다. 시진핑은 새로운 중국과 강력한 중국을 만들기 위해서는 자신을 핵심으로 하는 강력한 정부가 필요하다고 여긴 것으로 보인다. 그러다 보니, 오히려 여러 법률과 교육을 통해 중국 인민들이 누려야 할 인권을 통제하고, 종교를 통제하며 인터넷 등을 통제하면서 개인의 자유와 권리 등을 빼앗고 있다. 그러면서 모든 역량이 중국공산당에서 출발한다는 것을 강조하고 있다. 변화 속에서 중국은 오히려 역행하는 행태를 보이는 것이다.

몇 가지 예를 살펴보면 다음과 같다. 2018년에 중국의 국가인 '의용군행진곡'을 장난삼아 불렀다가 감옥에 간 인터넷 스타가 있었다. 2018년 10월 8일 인기 BJ 리거(莉哥)는 인터넷 라이브 방송 플랫폼 후야(虎牙) 방송 중 장난스러운 표정으로 웃으며 국가를 불렀다가 구류 5일 처분을 받았다. 리거의 죄목은 '중화인민공화국 국가법' 규정 위반이라는 것이다. 또, '틱톡'에서만 팔로워가 4400만 명에 달하는 인터넷 스타 양카이리는 중국판 유튜브 '후야(虎牙)'에서 '일어나라, 노예가 되기를 거부하는 인민이여'라고 시작하는 중국 국가 도입부를 3초가량 장난스럽게 불렀다가 역시 구류처분을 받았다. 양카이리는 "국가를 진지하게 부르지 못한 것을 진심으로 사과한다. 조국에도 사과한다"라면서 공개 사과를 했지만, '후야'는 양카이리의 계정을 정지시켰으며 '틱톡'도 양카이리가 올린 모든 동영상을 삭제하였다. 이와 관련하여, 공안은 "국가는 국가의 상징으로서 모든 국민과 기관은 국가를 존중해 국가 존엄을 수호해야 한다"라며 "인터넷 방송도 법의 적용에 있어 예외 지역이 아니다"라고 밝혔다. 중국에서는 2017년부터 국가법을 시행하고 있는데, 법에 따르면 악의를 갖고 공공장소에서 중국 국가를 왜곡해 부르는 행위를 한 자는 15일 이하의 구류 또는 3년 이하 징역형에 처하게 된다고 명시되어 있다.

한편, 2018년 7월 4일 상해 대형빌딩 앞에서 "시진핑의 독재적이고 전제적인 폭정에 반대한다"라면서 시진핑 국가주석의 얼굴 사진이 들어 있는 중국몽(中國夢) 선전 포스터에 먹물을 끼얹으면서 "시진핑의 독재와 폭정에 반대한다"라고 외치는 동영상을 유튜브에 올렸던 둥야오충(董瑤瓊)이 정신병원에 강제수용을 당한 사건이 발생하였다. 구속된 여성의 면회를 요구하던 아버지도 경찰에 구속되었다.

중국이 경제발전을 이루었고, 세계에 중대한 역할을 하는 것은 사실이지만, 마치 모래 위에 지어 놓은 집 같다. 소득 격차로 인한 집단 시위, 인민들의 사회 참여, 노동운동과 민주화운동, 소수민족의 민족주의 발흥, 홍콩의 노란 우산 혁명 등은 시진핑이 생각하는 새로운 중국과는 다른 듯하다.

아래에 소개되는 2019년의 중국 모습을 어떻게 봐야 할까?

2019년 1월, 정책선전용 모바일 앱인 '학습강국(學習强國)'을 이용하는 사람이 1억 명을 돌파하였을 뿐만 아니라, 앱 다운로드 횟수 1위에 등극했다. 이와 관련하여, 4월 7일 자 미국 뉴욕타임스(NYT)는 이 앱이 "디지털 버전 '홍서(紅書)'"라며 "디지털 기기에 익숙한 젊은 세대의 사상을 통제하고 당 정책을 재천명하려는 목적으로 제작된 앱"이라고 지적했다. 황쿤밍 중국공산당 중앙선전부장은 "학습강국은 국내 통치, 군사, 외교 등에 대한 모든 시진핑 사상을 집대성한 데이터베이스"라고 밝혔었다.

NYT에 따르면 중국 정부는 일선 학교와 기업 등에 "인민들이 일상 속에서 자연스럽게 앱을 사용할 수 있게 하라"라는 지시를 내렸다. 호주 RMIT에서 중국 미디어를 연구하는 하이칭 유 교수는 "(이 앱은) 디지털 감시의 일종이며, 디지털 독재를 새로운 차원으로 끌어올리는 것"이라고 지적했다.

2019년 6월까지 사극 방영을 금지했는데, 중국 정부가 두려워하는 것은 무엇일까? 중국 인민들이 사극에서 보아서는 안 되는 것은 무엇이고, 생각해서는 안 되는 것은 무엇인가?

2019년 6월 홍콩에서는 중국인이 아닌 홍콩인이라며 중국과 별개라는 것을 강조하고 있다. 또 미국에서는 대만을 하나의 국가로 인정하는 문서를 공개하였다.

개혁개방을 한 지 40년이 지났고, 시진핑이 선언한 새로운 중국을 살아가는 현재의 모습은 자유로운 중국이 아닌 억압되고 폐쇄된 중국의 인상을 받게 한다.

여시구진(與時俱進)이라고 하였던가? 시대의 변화 속에서 중국 지도부가 늘 강조했던 말이다. 그 의미는 "시대의 흐름에 맞게 나아간다"라는 뜻으로, "유연한 자세로 시대 변화에 알맞게 대처해야 함"을 이르는 말이다. 그런데, 새로운 개혁개방을 시작하는 2019년의 중국은 '중국공산당이 영도하는 중국'을 강조하고 있다. 사람은 변하고 있고, 국가도 변하고 있지만, 중국을 이끄는 지도자들은 변하는 듯 변하지 않고 있다.

참고문헌

공봉진, 『시진핑 시대, 중국정치를 읽다』, 한국학술정보, 2016.8.26.

공봉진, 『중국공산당 CCP 1921-2011』, 이담북스, 2011.9.18.

공봉진, 『중국민족의 이해와 재해석』, 한국학술정보, 2010.2.19.

공봉진, 『중국의 어제와 오늘(이슈로 풀어본)』, 이담북스, 2009.12.28.

공봉진, 『중국지역연구와 현대중국의 이해』, 오름, 2007.10.31.

공봉진, 김태욱, 『차이나 컨센서스, 한국학술정보, 2014.2.11.

공봉진, 이강인, 『중국 대중문화와 문화산업』, 한국학술정보, 2013.4.26.

공봉진 외 7명, 『21세기 중국! 소통과 뉴 트렌드』, 산지니, 2015.8.31.

공봉진 외 6명, 『시진핑 시대의 중국몽』, 한국학술정보, 2014.1.31.

공봉진 외 4명, 『글로벌 이슈와 해결방안 Ⅳ』, 부산외국어대학교 출판부, 2013.12.

공봉진 외 5명, 『한중수교 20년』, 한국학술정보, 2012.10.19.

공봉진 외 9명, 『현대 중국 사회』, 세종출판사, 2009.9.10.

공봉진 외 6명, 『쟁점으로 본 동아시아 협력과 갈등』, 오름, 2008.12.30.

공봉진 외 5명, 『세계변화 속의 갈등과 분쟁』, 세종출판사, 2008.5.31.

박범종, 공봉진 외 5명, 『한중 지방외교와 지역발전』, 세종출판사, 2018.4.30.

박범종, 공봉진 외 5명, 『중국 지역발전과 시진핑 시대』, 세종출판사, 2017.2.28.

공봉진, "시진핑(習近平) 시대의 중국사회통제에 관한 연구," 『지역과 정치』 제2권 제1호, 지방분권발전연구소, 2019.6.30.

공봉진, "중국 지도자 교체 시기의 권력 강화와 정치 역학: 장쩌민에서 시진핑까지," 『동북아문화연구』 51집, 동북아시아 문화학회, 2017.6.

공봉진, "중화사상의 실체와 중국의 '신중화주의' 만들기," 성균관대학교 유교문화연구소 추계학술대회 발표문. 2015.

공봉진, "시진핑(習近平) 시대의 중국민족정책 연구," 『동북아 문화연구』 Vol.43, 동북아시아 문화학회, 2015.

공봉진, "중국 '문화 굴기(文化崛起)'에 관한 연구: 화하(역사)문명전승혁신구를 중심으로," 『동북아 문화연구』 Vol. 38, 동북아시아 문화학회, 2014.

공봉진, "중국의 개인 인권변화에 관한 연구," 『동북아 문화연구』 Vol. 26 동북아시아 문화학회, 2011.

공봉진, "중국 정치개혁에 관한 연구: 후진타오 2기 정부를 중심으로," 『국제지역학논총』 제3권 2호, 국제지역연구학회, 2010.12.

공봉진, "중국 '사상해방(思想解放)' 논쟁에 관한 연구," 『중국학』 33집, 대한중국학회. 2009.

공봉진, "중국 소수 민족주의와 중화 민족주의:티베트족과 위구르족의 민족운동을 중심으로," 『국제정치연구』 제12집 1호, 동아시아국제정치학회 2009.6.

공봉진, "중국 소수민족 '여성'에 관한 연구," 『여성정책논집』 제8권, 여성정책연구소, 2008.12.

공봉진, "'중화민족' 용어의 기원과 정체성에 관한 연구," 『CHINA 연구』 제2집 부산대학교 중국연구소, 2007.2.

공봉진, "중국의 신(新)중화주의에 관한 연구," 『국제지역논총』 제4권 1호, 부경대학교 국제지역연구소, 2007.6.30.

공봉진, "대만 원주민족의 정명운동(正名運動)," 『중국학』 28집, 대한중국학회, 2007.8.31.

공봉진, "漢族의 민족 정체성에 관한 연구," 『CHINA연구』 창간호, 부산대학교 중국연구소, 2006.8.31.

공봉진, "중국의 조선족에 대한 정책변화가 조선족 정체성에 미친 영향," 『비교문화연구』 18권, 부산외국어대학교 비교문화연구소, 2006.8

공봉진, 중국 서부대개발 제1단계(2000-2005)에 관한 고찰, 국제지역통상연구 2집, 국제지역통상학회, 2005.12.

공봉진, "중국의 동북공정, 단대공정, 탐원공정에 관한 소고," 『국제지역통상연구』 Vol.1, 국제지역통상학회, 2004.12.

http://www.hankookilbo.com/News/Read/201808031092736219 시진핑 초상화에 먹물 뿌린 여성, 정신병원에 강제수용돼 (검색일 : 2019.1.6.)

https://news.joins.com/article/23045471?cloc=joongang|article|tagnews 장난스럽게 국가 불렀다가 철창 가게 된 중국 인터넷 스타 (검색일 : 2019.1.6.)

http://www.eishub.or.kr/industryinfo/envNews_view.asp?idx=54282

https://terms.naver.com/entry.nhn?docId=4396044&cid=62067&categoryId=62067 중부굴기 (검색일 : 2019.3.6.)

http://cafe.daum.net/szbizhelp/AWep/612?q=%EC%A4%91%EA%B5%AD%20%EC%A4%91%ED%99%94%EC%9D%B8%EB%AF%BC%EA%B3%B5%ED%99%94%EA%B5%AD%EC%8B%9D%ED%92%88%EC

%95%88%EC%A0%84%EB%B2%95 중화인민공화국 식품안전법 (검
색일 : 2019.1.6.)

https://www.yna.co.kr/view/AKR20130324024251103?input=1179m <시진핑 '신
발론' 언급...“내정 간섭 불허”> (검색일 : 2018.12.18.)

http://www.hani.co.kr/arti/international/china/630940.html 시진핑, 이번에는 '탱
자론'으로 불만 토로 (검색일 : 2018.12.18.)

http://weekly.khan.co.kr/khnm.html?mode=view&code=116&artid=2015060816
17191 [이유진의 중국 도읍지 기행] 역대 수도는 중국 '길 찾기' 훌
륭한 지도 (검색일 : 2018.12.18.)

http://www.pressian.com/news/article/?no=169712&ref=daumnews#09T0

http://kocca.kr/cop/bbs/view/B0000153/1777880.do?searchCnd=&searchWrd=&ca
teTp1=&cateTp2=&useAt=&menuNo=200911&categorys=0&subcate=0&
cateCode=&type=&instNo=0&questionTp=&uf_Setting=&recovery=&pag
eIndex=19 중국문화 해외 진출 10년의 기록 (검색일 : 2018.12.18.)

http://blog.naver.com/PostView.nhn?blogId=haidongzhoumo&logNo=22124450
7232 문화대혁명을 비극으로 이끈 여인의 한恨 … 저우언라이 7
(검색일 : 2018.12.18.)

http://news.kotra.or.kr/user/globalBbs/kotranews/3/globalBbsDataView.do?dataId
x=143221&setIdx=242 신창타이 진입으로 새로운 발전을 꾀하는 중
국 (검색일 : 2019.2.19.)

http://csf.kiep.go.kr/issueInfo/M002000000/view.do?articleId=667 중국 제18기
4중전회 주요 내용 및 향후 전망 (검색일 : 2019.2.19.)

http://soundofhope.kr/bbs/board_view.php?bbs_code=bbsIdx52&num=29955
中, '반간첩법' 세칙 공포... '정권 비판' 전면 불허 (검색일 : 2019.2.19.)

http://csf.kiep.go.kr/issueInfo/M002000000/view.do?articleId=15066 중국, 국유
기업 개혁에 강력 드라이브 (검색일 : 2018.12.18.)

http://korean.china.org.cn/2015-12/23/content_37380865.htm 中 37년 만에
중앙도시공작회의 “2020년까지 도시 내 판자촌 없앤다” (검색일 :
2018.12.18.)

http://blog.naver.com/PostView.nhn?blogId=jkh6564&logNo=221027587166
중국의 '일대일로' 정책이란 무엇인가? / 정의, 과정, 문제점 (검색
일 :2018.12.25.)

http://cnews365.org/news/view.asp?msection=2&ssection=3&idx=22741 중국 5

번째 개헌, 헌법 내 '시진핑 사상' 명기 (검색일 : 2019.2.19.)

http://weeklytrade.co.kr/news/view.html?section=1&category=136&no=33454 중
국 인민폐의 모든 것 (검색일 : 2019.2.20.)

http://news.kotra.or.kr/user/globalBbs/kotranews/3/globalBbsDataView.do?setIdx
=242&dataIdx=127015 중국 상무부, 2013년 중국 비즈니스 운영현
황 발표 (검색일 : 2019.1.15.)

https://www.nocutnews.co.kr/news/1194748 상무부 "중국, 세계 제1위의 상품
무역 대국" (검색일 : 2019.1.15.)

https://www.hankyung.com/international/article/2017041383401?nv=o 미국, 중
국 제치고 '최대 무역국' 탈환 (검색일 : 2019.1.15.)

https://news.joins.com/article/23252307 중국 AI, 미 항공모함 겨냥 '벌떼' 작
전 노린다 (검색일 : 2019.1.7.)

http://news.kotra.or.kr/user/globalBbs/kotranews/3/globalBbsDataView.do?setIdx
=242&dataIdx=142824 中, '인터넷 플러스' 전략의 첫 액션플랜 발
표 (검색일 : 2018.9.18.)

http://blog.naver.com/PostView.nhn?blogId=lugenzhe&logNo=220535794210
중국 「네트워크 안전법(안)」의 주요 내용과 함의(2015.11.09.) (검
색일 : 2018.9.18.)

http://blog.naver.com/PostView.nhn?blogId=bklpc&logNo=221085487096 중국 네
트워크 안전법의 제정 및 시행 - May 10, 2017 (검색일 : 2018.9.18.)

https://kiip.re.kr/board/trend/view.do?bd_gb=trend&bd_cd=1&bd_item=0&po_ite
m_gb=&currentPage=54&po_no=17299 중국 공업정보화부, '차세대 인
공지능산업 발전 촉진 3개년 행동계획' 발표 (검색일 : 2018.9.18.)

http://www.exportcenter.go.kr/clms/service/law/lawView.do?law_seq=5600&histo
ry_seq=0 중화인민공화국 국가안전법(2015) (검색일 : 2018.9.18.)

https://kiip.re.kr/board/data/view.do?bd_gb=data&bd_cd=3&bd_item=0&po_ite
m_gb=2&po_item_cd=&po_no=12401 차세대 인공지능 발전규획(新
一代人工智能發展規劃) (검색일 : 2018.9.18.)

http://csf.kiep.go.kr/expertColr/M004000000/view.do?articleId=29881 최근 중국
의 환경정책 동향 및 시사점 (검색일 : 2018.9.20.)

https://www.yna.co.kr/view/AKR20181215038200083?input=1179m '중국의 기적'
개혁개방 40돌…문화혁명 폐허에서 GDP 155배↑(검색일 : 2018.12.18.)

http://www.krei.re.kr/krei/selectBbsNttView.do?key=109&bbsNo=75&nttNo=12

8895 중국 2019년 중앙 1호 문건의 요지 (검색일 : 2019.3.5.)

https://baijiahao.baidu.com/s?id=1620827311925371119&wfr=spider&for=pc
改革開放四十年大事記(1984年)(검색일 : 2019.2.19.)

https://baijiahao.baidu.com/s?id=1620185428018140494&wfr=spider&for=pc 「改
革開放40周年」 改革開放四十年大事記(1988－1997)(검색일 : 2019.2.19.)

https://baijiahao.baidu.com/s?id=1620343354375838748&wfr=spider&for=pc
圖解改革開放40年大事記 (검색일 : 2019.2.19.)

https://baike.baidu.com/item/%E6%94%B9%E9%9D%A9%E5%BC%80%E6%
94%BE%E5%9B%9B%E5%8D%81%E5%B9%B4%E5%A4%A7%E4
%BA%8B%E8%AE%B0/23207505?fr=aladdin 改革開放四十年大事記
(검색일 : 2019.2.19.)

https://wenku.baidu.com/view/2bcbacc0b207e87101f69e3143323968001cf43e.html
偉大的變革: 改革開放40年大事記盤點 (검색일 : 2019.2.19.)

http://www.xinhuanet.com/2018-12/17/c_1123861055.htm 改革開放四十年大事記
(검색일 : 2019.2.19.)

http://www.xinhuanet.com/2018-12/17/c_1123861055_2.htm 改革開放四十年大
事記 (검색일 : 2018.12.18.)

http://www.xinhuanet.com/2018-12/17/c_1123861055_3.htm 改革開放四十年大
事記 (검색일 : 2018.12.18.)

http://www.xinhuanet.com/2018-12/17/c_1123861055_4.htm 改革開放四十年大
事記 (검색일 : 2018.12.18.)

http://cpc.people.com.cn/n1/2018/1217/c64387-30469910.html 改革開放四十年大
事記 (검색일 : 2018.12.18.)

http://politics.people.com.cn/n1/2018/1217/c1001-30469813.html 改革開放四十年
大事記 (검색일 : 2018.12.18.)

http://www.sohu.com/a/283330685_120056969 【時間軸】改革開放40年大事記
(검색일 : 2019.2.19.)

http://big5.cri.cn/gate/big5/taiwan.cri.cn/2018-12-17/f413f81d-f518-1ae8-4741-9
a85b544aa24.html 改革開放四十年大事記(全文)(검색일 : 2018.12.18.)

https://baike.baidu.com/item/%E7%99%BD%E7%8C%AB%E9%BB%91%E7%8C%
AB%E8%AE%BA/6058575?fr=aladdin 白貓黑貓論 (검색일 : 2018.12.18.)

https://www.sohu.com/a/202223409_101772 不管白貓黑貓, 捉住老鼠的就是好
貓(圖)!(검색일 : 2018.12.18.)

https://baike.baidu.com/item/%E4%BA%94%E8%AE%B2%E5%9B%9B%E7%
BE%8E%E4%B8%89%E7%83%AD%E7%88%B1/901273?fr=aladdin
五講四美三熱愛 (검색일 : 2019.2.19.)

https://baike.baidu.com/item/%E4%B9%9D%E4%BA%8C%E5%85%B1%E8
%AF%86/180500?fromtitle=92%E5%85%B1%E8%AF%86&fromid=7
118493&fr=aladdin 九二共識 (검색일 : 2018.12.18.)

https://baike.baidu.com/item/%E4%B8%AD%E5%9B%BD21%E4%B8%96%E
7%BA%AA%E8%AE%AE%E7%A8%8B/4844788?fr=aladdin 中國21世
紀議程 (검색일 : 2018.12.18.)

https://baike.baidu.com/item/%E7%A7%91%E5%AD%A6%E5%8F%91%E5%
B1%95%E8%A7%82/317422?fr=aladdin 科學發展觀 (검색일 : 2018.
12.18.)

https://baike.baidu.com/item/%E4%B8%AD%E5%9B%BD-%E4%B8%AD%E
4%B8%9C%E6%AC%A7%E5%9B%BD%E5%AE%B6%E9%A2%86
%E5%AF%BC%E4%BA%BA%E4%BC%9A%E6%99%A4/22707858?
fromtitle=16%2B1%E5%90%88%E4%BD%9C&fromid=18875542 中
國-中東歐國家領導人會晤 (검색일 : 2019.4.14.)

http://www.baidu.com/sf/vsearch?pd=video&tn=vsearch&lid=95f3c0b600014406
&ie=utf-8&rsv_pq=95f3c0b600014406&wd=%E7%A4%BE%E4%BC
%9A%E4%B8%BB%E4%B9%89%E6%A0%B8%E5%BF%83%E4%B
B%B7%E5%80%BC%E8%A7%82&rsv_spt=5&rsv_t=a02fgTXA5yrpe
GBRWrbI%2BMdrY%2FmenGZDwYIy78vAqQJmaQtlVjWlKZpRBD
Q&rsv_bp=1&f=8 社會主義核心價值觀 (검색일 : 2019.4.14.)

http://v.pptv.com/show/Ifj2dd1DsicFU0h4.html?vfm=bdvtx&frp=v.baidu.com%
2Fcomic_intro%2Fbrowse&kwid=14387 可可小愛社會主義核心價值觀
童謠(검색일 : 2019.4.14.)

http://www.iqiyi.com/w_19s2tzxaz9.html [超清][全套]社會主義核心價值觀公益
廣告 國是千萬家-有國才有家 (검색일 : 2019.4.14.)

https://baike.baidu.com/item/%E4%BA%BA%E6%B0%91%E5%B8%81/330794?
fr=aladdin 人民幣 (中國人民銀行發行的貨幣)(검색일 : 2019.2.18.)

http://jishi.cntv.cn/program/gongzuofang/liuxiaoli/20110826/100241_3.shtml 光
榮歲月 (검색일 : 2018.12.17.)

http://cpc.people.com.cn/n1/2016/0126/c69113-28085810.html 改革是是中國的

第二次革命 (검색일 : 2018.12.18.)

http://cpc.people.com.cn/GB/69112/69113/69710/4725509.html 不管白猫黑猫, 會捉老鼠就是好猫 (검색일 : 2018.12.18.)

http://www.china.com.cn/cpc/2011-04/12/content_22343579.htm 改革是中國發展生產力的必由之路 鄧小平 (검색일 : 2018.12.18.)

http://cpc.people.com.cn/n1/2016/0203/c69113-28108195.html 改革開放膽子要大一些, 敢於試驗 (검색일 : 2018.12.18.)

http://news.ifeng.com/a/20160625/49239580_0.shtml 鄧小平91年分析局勢稱什麼是決定中國命運的一招 (검색일 : 2018.12.18.)

https://med.sina.com/article_detail_103_1_36036.html 食藥總局廢止兩項醫療器械標準 (검색일 : 2018.9.20.)

http://www.gov.cn/zhengce/2019-02/19/content_5366917.htm 中共中央 國務院關於堅持農業農村優先發展做好"三農"工作的若幹意見 (2019年1月3日)(검색일 : 2019.2.19.)

제2장

중미 무역 분쟁:
무역 불균형 때문인가? 패권전쟁인가?

중미 무역 분쟁:
무역 불균형 때문인가? 패권전쟁인가?

| 장지혜 |

Ⅰ. 들어가며

개혁·개방 당시 206억 달러에 불과하였던 중국의 무역 규모는 지속해서 확대되어 WTO 가입 직전인 2001년에 5,000억 달러가 되었으며, 3년 뒤인 2004년에는 처음으로 1조 달러를 돌파하게 된다. 그리고 9년 뒤인 2013년, 드디어 총규모 4조 1,603억 달러로 미국을 제치고 전 세계 1위를 차지하게 된다. 중국의 국가별 수출입에 있어 1조 달러를 처음 넘었던 2004년과 세계 1위를 차지하게 된 2013년을 비교하면 한국, 일본, 대만 등 아시안 주요 교역 국가와는 적자를 기록하였지만, 전체적으로는 2,589억 달러로 흑자를 기록하였고, 미국이나 EU와의 교역에서 역시 흑자를 기록하였다. 특히 미국과의 교역에서는 중국은 지속적인 무역수지흑자를 기록하여 통상 분쟁과 위안화 평가 절상 등 지속적인 마찰을 빚어 왔었다.

현재 중미 양국 간의 무역 규모는 과거에 비해 크게 확대되었으며 양국은 최대 무역교역국으로 자리 잡고 있다. 미국의 경우 전체 무역 중 대중 무역 규모는 2007년 12.4%에서 2017년 16.3%로 확대되며 1위를 차지했다. 미국의 대중 수출 비중은 2007년 5.5%에서 2017년 8.4%로, 수입 비중은 2007년 16.4%에서 2017년 21.6%로 1위였다.

중국의 경우 전체 무역 중 대미 무역 비중은 1위로 2007년 13.9%에서 2017년 14.3%로 증가하였다. 중국의 대미수출 비중은 2007년 19.1%에서 2017년 약간 감소한 18.8%이지만 여전히 1위였으며, 수입은 2007년 7.3%에서 2017년 8.4%로 증가하였다.

이처럼 양국은 최대 무역교역국이지만 이와 동시에 가장 많은 무역마찰이 있었다. 2018년 들어 주춤하였던 중미 양국의 무역 전쟁이 다시 격화되기 시작하였는데, 2018년 3월 8일 미국은 중국에서 수입하는 철강과 알루미늄에 대해 각각 25%와 10%의 관세 부과 명령을 내렸으며, 이어 22일에는 500억 달러 규모의 중국산 수입품에 관세 부과 명령을 내렸다. 이에 중국은 23일 돈육 등 30억 달러 규모의 미국산 수입품에 보복관세를 부과할 것이라고 했다. 뒤이어 미국은 2018년 4월부터 500억 달러 규모의 중국산 통신 장비 등의 수입품에 대해 25%의 관세방침을 발표하였다. 미국 통상법 301조에 근거해 관세를 부과하는 중국산 제품은 약 500억 달러로 대부분 기계와 전자기계에 집중되어 있다. 산업별로 보면 기계 43.2%, 전자기기 및 장비 31.2%, 정밀기기 13.9% 순이다.

2018년 6월에는 중미 양국의 제3차 무역협정이 결렬되며 통상갈등이 본격화되기 시작했다. 6월 16일 중국은 미국과 대등한 규모와 동등한 강도의 보복관세를 부과하겠다고 발표한 후, 7월 2일 미국 반도체 기업 마이크론의 중국 내 판매 금지 조치를 내렸다. 나흘 뒤인 7월 6일 이번에는 미국이 중국산 수입품 818개 품목 340억 달러 규모의 제품에 25%의 고율 관세를 부과하였다. 이에 중국은 맞보복 관세 대상을 발표하며 강경하게 맞대응을 하였다. 이러한 중국의 대처에 미국 역시 즉각 반응하며, 또다시 2,000억 달러(약 224조 원)에 달하는 중국산 제품에 대해 10%의 추가관세를 부과한다고 발표하였다. 이것은 2017년 중국의 대미 수출액 5,055억 달러의 절반에 해당하는 규모이다.

중미 무역 전쟁이 장기화가 되면 세계 경제의 회복을 방해할 수 있고, 미국의 금리 상승과 신흥국으로부터의 자금 유출 등으로 인해 취약성이 커져 세계 경제에 부담으로 작용할 수 있다. OECD는 전 세계 2019년 GDP 실질 성장률을 2018년 예측보다 0.2%포인트 내린 3.5%로 예측하기도 하였다. 그렇다면 이렇게 지속적인 중미 양국 간 무역 전쟁의 원인은 과연 무엇일까? 중미 양국 간의 무역 불균형 문제 때문인가? 미국이 중국을 견제하기 위한 패권전쟁인가?

양국은 통상 분쟁을 해결하려는 방안으로 WTO 분쟁 해결기구를 이용하고 있다. 따라서 양국의 WTO 분쟁사례 분석을 하면 그들의 분쟁 원인과 해결 방식 등을 살펴볼 수 있을 것이다. 2001년 WTO 가입 이후 2019년 1월 말 현재까지 중국은 미국으로부터 가장 많은 제소를 당한 국가이다. 중국이 WTO에 가입한 후 현재까지 피소된 건수는 총 43건이었으며 이 중 23건을 미국이 제소하였다. 중국의 제소 건수는 총 20건이며 이 중 15건이 미국을 제소한 것이다. 2018년 12월 11일은 중국이 WTO에 가입한 지 17주년이 되는 시점으로 여기서는 WTO 가입 이후 중미 양국 간 통상 분쟁의 원인 및 추이를 살펴보기 위해 중국의 WTO 가입 이후부터 현재까지의 중미 양국의 분쟁사례에 대해 개괄적으로 정리하고자 한다.

II. 중미 양국의 WTO 소송 현황

2001년 12월 중국이 WTO에 가입한 이후부터 2019년 1월 말까지 중국이 WTO 분쟁 해결기구에 제소하거나 제소된 사안은 총 63건으로 그중 20건은 중국이 제소한 것이고, 피소된 것은 43건이다. 국가별로는 미국이 총 38건으로 가장 많아 전체의 약 60%를 차지하였는데, 이 중 중국이 제소한 소송은 15건이고 미국이 제소한 소송은 23건으로 이를 통해 양국은 서로에게 가장 중요한 무역상대국임을 알 수 있다.

<표 1> 중미 양국의 WTO 소송 사안별 건수

	2002	2003	2004	2005	2006	2007	2008	2009	2010	2011	2012	2013	2014	2015	2016	2017	2018	계
중국 제소	1	0	0	0	0	1	1	2	0	1	2	1	0	0	1	0	5	15
미국 제소	0	0	1	0	1	3	2	1	3	1	3	0	0	2	3	1	2	23
합계	1	0	1	0	1	4	3	3	3	2	5	1	0	2	4	1	6	38

자료: https://www.wto.org/english/tratop_e/dispu_e/dispu_by_country_e.htm(최종검색일: 2019.01.31)

중미 양국 간 WTO 분쟁의 시작은 2002년 중국이 철강산업 보호조치로 미국을 제소한 것이다. 2001년 6월 미국 부시 대통령은 철강업계의 요구에 따라 무역법 201조에 의거 수입 철강제품에 대해 조사를 시행하고, 같은 해 10월 총 16가지 항목에서 수입 철강제품이 미국기업에 커다란 손실을 입혔다는 조사결과에 따라 2002년 3월에 10개 철강제품에 대해 보호조치를 취하고, 향후 3년간 최고 30%에 달하는 추가관세를 부과할 것이라고 발표한다. 이에 2002년 3월 26일 중국을 포함한 6개국이 미국의 철강산업 보호조치에 대해 WTO에 제소하게 된다. 결과 미국은 패널에 패소 판정을 받아 상소하지만, 상소 기구에서 역시 패소 판정을 받아 중국의 승소로 끝이 난다. 중국은 이후 미국의 반덤핑 조치나 상계관세 조치 등에 대한 맞대응 전략의 하나로 WTO 분쟁 해결기구를 이용하고 있다.

미국이 중국에 대해 제소를 시작한 것은 2004년 반도체 부품 부가

가치세 환급조치에 대해 WTO에 제소한 것이다. 미국의 경우 수입 규제 조치의 증감이 미국의 경제성장률 변화 혹은 대통령 선거 시기와 밀접한 관련이 있는데, 이것은 미국의 정치경제 체제에서 정치권에 대한 산업계의 영향이 크기 때문이다. 예를 들어 2000년 IT 버블 붕괴로 미국 경기가 둔화되어 있는 상황에 클린턴 정권에서 부시 정권으로 교체될 당시 수입 규제가 큰 폭으로 증가하였다. 이 때문에 철강업계의 요구에 따라 무역법 201조에 의거 수입 철강제품에 대해 조사를 시행하게 되었고, 이로 인해 중국으로부터 WTO에 제소를 당하게 된다. 또 2008년 말 글로벌 금융위기 당시 오바마 민주당 후보가 당선되었을 때는 세계경기 호황 시기인 2004년에서 2007년 사이보다 수입 규제가 강화되었다. 2003년부터 2004년간 없었던 중국의 WTO 제소도 2007년 1건, 2008년 1건, 2009년 2건으로 이 사이 총 4건의 제소 건이 발생한 것도 미국의 수입 규제 강화에 대한 중국의 대응이라 하겠다.

중미 간의 WTO 분쟁과 양국의 무역 불균형은 밀접한 연관이 있다. 미국의 대중 무역적자는 중국이 WTO에 가입한 2001년부터 급증하여 2004년 미국 역사상 최대 규모인 1,619억 달러로 전체 무역적자의 약 20%를 차지했다.1) 2006부터 중국에 대한 제소 건수의 증가는 미국의 대중 무역적자에 기인한 것이라 하겠다. 게다가 2009년 이후 글로벌 금융위기의 여파로 인한 보호무역주의의 확산은 중미 양국의 통상마찰을 더욱 심화시키는 원인이 되었다고 하겠다.

아래 <표 2>를 통해 봤을 때, 2019년 1월 말 기준 중미 양국의 총 분쟁 건수 38건 중 진행 중인 15건을 제외하고 총 23건의 분쟁 사안

---

1) 中國常務部, 2006年1-12月進出口商品國家(地區)總植表
  http://zhs.mofcom.gov.cn/article/Nocategory/200702/20070204346971.shtml(검색일:2019.01.20)

중 양자 간 합의로 해결된 분쟁은 6건으로 총 분쟁 해결 건수의 약 25%이다. 그러나 패널 절차 이후 합의된 건은 단 한 건도 없다. 패널 절차까지 진행된 총 13건의 분쟁 중 현재까지 합의된 건수는 없으며, 패널 평결이 7건, 진행 중 사안이 6건 있다. 상소 절차까지 간 10건의 사안 외에 현재 상소 절차 진행 중인 사안은 1건이며 아직 상소 절차에서 합의된 사례는 없다. 패널 절차 중인 6건을 제외하고 총 18건의 분쟁 중 전체의 약 61%를 차지하는 11건의 분쟁이 패널 판정 후 상소를 진행해 분쟁을 해결하는 것으로 나타났다. 이것은 중미 양국의 차이가 거의 없으며 전체 제소 건수로 비교하였을 때 오히려 중국이 상소 절차까지 가는 사례의 비중이 높다고 하겠다. 이것은 중국이 법적으로나 비용적인 면에서 결코 미국에 뒤지지 않음을 보여주며 강하게 맞대응하고 있음을 나타낸다고 하겠다.

<표 2> 2019년 1월 말까지 중미 양국의 분쟁 사안의 진행 상황

구분	분쟁 해결 사안					진행 중인 사안			계
	양자 간 합의	패널 절차		상소 절차		양자 간 협의 단계	패널 절차	상소 절차	
		합의	판정	합의	판정				
중국 제소	1	0	2	0	5	4	2	1	15
미국 제소	5	0	5	0	5	4	4	0	23

자료: https://www.wto.org/english/tratop_e/dispu_e/dispu_by_country_e.htm를 참고하여 저자 정리.

중국이 2001년 WTO에 가입한 이후 미국에 제소된 사안은 총 23건으로 중국의 전체 제소 사안의 절반 이상인 약 54%를 차지한다. 구체적인 해결 현황은 아래 <표 3>을 통해 보면 다음과 같다. 중국의 피소 건 가운데 협의 과정에서 종결된 분쟁은 반도체부품 부가가치세 환급조치(DS309), 산업 세제 우대정책 및 보조금(DS358), 금융정보서비스 관리 규정(DS373), 수출보조금 문제(DS387), 시범기지 및 공통 서비스 플랫폼 프로그램과 관련된 조치(DS489) 등 총 5건으로 이 중 DS309는 중국의 증치세 환급 폐지, DS358은 중국의 관련 보조금 폐지, DS373은 중국의 신규정 발표와 신규 독립 규제 기관을 지명, DS387은 중국의 모든 수출 관련 특혜 폐지, DS489는 중국이 7개 분야에 대한 수출보조금 중지 등을 통해 양국이 합의에 이르렀다.

패널 판정을 받은 분쟁은 지식재산권 문제(DS362), 전자결제시장 개방(DS413), 닭고기 반덤핑 및 상계관세(DS427), 미국의 특정 자동차에 대한 반덤핑 및 상계관세(DS440), 농업 생산자를 위한 국내 지원(DS511) 등 5건이다. 모두 미국의 승소로 DS362와 DS413은 중국이 판결된 사항에 대해 이행하였고, DS440과 DS511은 이행 중이나 DS427의 경우는 중국이 판결을 이행하지 않았다며 미국이 다시 WTO에 재회부하였다. 상소 판정을 받은 분쟁은 자동차부품 관세율(DS340), 출판물, 오락영상물의 무역권리 및 유통에 영향을 미치는 조치(DS363), 각종 원료의 수출과 관련된 조치(DS394), 발전기용 전기강판에 대한 반덤핑 및 상계관세(DS414), 희토류, 텅스텐 및 몰리브덴의 수출과 관련된 조치(DS431) 등 총 5건이다. DS340의 경우 패널 판정 이후 중국이 상소하였으나 패소하여 2009년 9월 중국이 관련 조치를 폐지하며 마무리되었으며, DS363, DS394, DS414 역시 미국이 승소하여 중국이 관련 사항을 이행하는 것으로 마무리되었다. 그러나 DS431의 경우 미국이 승소하여 중국이 관련 사항을 이행하기로 되었지만, 미국은 중국이 이 권고 사항을 다 이행하지 않았다고 보았다.

<표 3> 2002년~2018년까지 미국의 중국에 대한 WTO 제소 사안 해결 현황

DS No.	제소일	사안	결과
309	2004.03.18	반도체부품 부가가치세 환급조치	합의
340	2006.03.30	자동차부품 관세율	상소 평결 승소
358	2007.02.02	산업 세제 우대정책 및 보조금	합의
362	2007.04.10	지식재산권 문제	패널 평결 승소
363	2007.04.10	출판물, 오락영상물의 무역권리 및 유통에 영향을 미치는 조치	상소 평결 승소
373	2008.03.03	금융정보서비스 관리규정	합의
387	2008.12.19	수출보조금 문제	중지
394	2009.06.23	각종 원료의 수출과 관련된 조치	상소 평결 승소
413	2010.09.15	전자결제시장 개방	패널 평결 승소
414	2010.09.15	발전기용 전기강판에 대한 반덤핑 및 상계관세	상소 평결 승소
419	2010.12.22	풍력발전설비에 대한 보조금	협의 진행
427	2011.09.20	닭고기 반덤핑 및 상계관세	패널 평결 승소
431	2012.03.12	희토류, 텅스텐 및 몰리브덴의 수출과 관련된 조치	상소 평결 승소
440	2012.06.05	미국의 특정 자동차에 대한 반덤핑 및 상계관세	패널 평결 승소
450	2012.09.17	자동차와 자동차부품 산업에 영향을 미치는 특정 조치	협의 진행
489	2015.02.11	시범기지 및 공통 서비스 플랫폼 프로그램과 관련된 조치	합의
501	2015.12.08	특정 국내 생산 항공기에 대한 조세 조치	협의 진행
508	2016.07.13	특정 원료에 대한 수출관세	패널 진행
511	2016.09.13	농업 생산자를 위한 국내 지원	패널 승소
517	2016.12.15	특정 농산물에 대한 관세율 쿼터	패널 진행
519	2017.01.12	알루미늄 1차 생산자 보조금	협의 진행
542	2018.03.23	지적 재산권 보호에 관한 특정 조치	패널 진행
558	2018.07.16	미국의 특정 제품에 대한 추가 의무	패널 진행

자료: https://www.wto.org/english/tratop_e/dispu_e/dispu_by_country_e.htm을 참고하여 저자 정리.

앞서 살펴본 바와 같이 중국이 WTO에 제소하기 시작한 것은 WTO에 가입한 다음 해인 2002년부터였다. 이 사안은 미국의 철강제품 수입에 대한 세이프가드 조치(DS252)에 대해 2002년 3월 26일

WTO에 협의를 요청하였으며, 2003년 11월 상소 평결되었는데 중국의 승소로 2003년 12월 미국은 관련 세이프가드 조치를 종결하게 되었다. 중국이 WTO에 가입한 후 미국을 제소한 사안은 총 15건으로 <표 2>에서 살펴본 것처럼 총 10건이 패널 또는 상소 절차에 회부 되었으며, 패널 전 양자 합의에 따라 종결된 사안 1건, 협의 단계에 있는 사안이 총 4건이 있다. 협의 단계에서 중지된 사례는 인쇄용지에 대한 반덤핑 및 상계관세(DS368)로 미국 ITC의 판결에 따라 상계관세 조치가 종결되어 협의 단계에서 중지되었다.

패널 판정을 받은 사례는 가금류 수입제한 조치(DS392), 냉동 새우 및 캔 포장 새우 반덤핑(DS422) 등 2건이다. DS392는 중국의 승소 후 미국이 관련 법 조항을 수정하게 된다. DS422 역시 중국이 승소하였지만, 미국이 반덤핑 관세를 철회하지 않아 DSB 권고를 완전히 이행하지 않았다고 보았다. 상소 판정을 받은 사례는 철강제품의 수입에 대한 세이프가드 조치(DS252), 반덤핑 및 상계관세 중복 부과(DS379), 타이어 특별 세이프가드(DS399), 중국의 특정 제품에 대한 상계 및 반덤핑 조치(DS449), 특정 방법론과 중국에 관련된 반덤핑 절차에 대한 그들의 응용(DS471) 등 총 5건이다. DS252는 중국의 수출업체를 개별 기업으로 보지 않고 일괄적으로 반덤핑 관세를 매긴 것은 문제가 있다며 중국의 승소로 끝이 났다. DS379의 경우 2012년 8월 31일 미국이 권고와 판결을 준수해 쟁점이 되는 조처를 했다고 하였지만, 중국은 동의하지 않았다. DS399는 미국이 3년간의 징벌성 관세를 부과한 것은 WTO 규정에 부합한다며 미국의 손을 들어줬다. DS449와 DS471은 중국의 승소로 미국이 권고와 판결을 준수해 쟁점이 되는 조처를 하기로 하였다.

<표 4> 2002년~2018년 사이 중국의 미국에 대한 WTO 제소 사안

DS No.	제소 일자	사안	결과
252	2002.03.26	철강제품의 수입에 대한 세이프가드 조치	상소 평결 승소
368	2007.09.14	인쇄용지에 대한 반덤핑 및 상계관세	중지
379	2008.09.19	반덤핑 및 상계관세 중복부과	상소 평결 승소
392	2009.04.17	가금류 수입제한 조치	패널 평결 승소
399	2009.09.14	타이어 특별 세이프가드	상소 평결 패소
422	2011.02.28	냉동 새우 및 캔 포장 새우 반덤핑	패널 평결 승소
437	2012.05.25	중국의 특정 제품에 대한 상계관세 조치	패널 평결 승소
449	2012.09.17	중국의 특정 제품에 대한 상계 및 반덤핑 조치	상소 평결 승소
471	2013.12.03	특정 방법론과 중국에 관련된 반덤핑 절차에 대한 그들의 응용	상소 평결 승소
515	2016.12.12	가격 비교 방법론과 관련된 조치	협의 진행
543	2018.04.04	중국의 특정 물품에 대한 관세 조치	패널 진행
544	2018.04.05	철강과 알루미늄 제품에 대한 특정 조치	패널 진행
562	2018.08.14	태양광 셀 제품 수입에 대한 보호조치	협의 진행
563	2018.08.14	신 재생 에너지 관련 특정 조치	협의 진행
565	2018.08.23	중국산 특정 상품에 대한 관세 조치 II	협의 진행

자료: https://www.wto.org/english/tratop_e/dispu_e/dispu_by_country_e.htm을 참고하여 저자 정리.

위의 내용을 종합해 보았을 때, 중미 양국의 분쟁 해결 과정에서의 특징은 다음과 같다. 첫째, 중국의 피소 건은 일반적인 WTO 회원국들처럼 패널 절차 전 합의를 통한 해결 건수가 많다. 협의 과정에서 합의를 통해 해결된 것은 5건으로 기해결 15건 중 1/3을 차지한다. 그러나 중국의 제소 건에서는 기해결 8건 중 1건에 불과해 합의를 통한 해결이 미미하다. 둘째, 중국의 제소 건은 패널 평결로 끝나는 것보다 상소까지 가는 경우가 많다. 현재까지 패널 판결을 받은 8건 중 상소까지 간 것이 6건으로 전체 75%를 차지한다.

위에서 살펴본 바와 같이 현재 중국이 WTO 분쟁 해결기구에 참여하고 스스로 그 사안을 해결해나간다는 것은 WTO 규정을 잘 이해하고 그것을 활용하고 있다는 것을 의미한다. 중국은 17년 넘게 WTO 소송을 진행해오며 관련 경험을 쌓아 왔으며, WTO 내에서도 발언권을 강화할 수 있었다.

Ⅲ. 중미 양국의 분쟁 관련 조치

중미 양국 간의 주요 통상 조치 및 관련 협정에 관한 내용은 아래와 같다. <표 5>를 통해 중국의 피소 대부분은 제도 운용과 관계되는 것임을 알 수 있다. 미국은 보조금과 상계관세에 관한 것 그리고 서비스와 관련된 사항의 위반에 대해 가장 많이 제소하였다.

<표 5> 미국의 중국에 대한 제소 사안과 관련된 협정

DS No.	분쟁 사안	관련 협정
DS309	집적회로에 대한 부가가치세(Value-Added Tax on Integrated Circuits)	서비스 (GATS): Art. XVII GATT 1994: Art. I, III
DS340	자동차부품의 수입에 영향을 미치는 조치(Measures Affecting Imports of Automobile Parts)	GATT 1994: Art. II, II:1, III, III:2, III:4, III:5, XI:1 보조금 및 상계관세 조치: Art. 3, 3.1(b), 3.2 무역 관련 투자 조치 (TRIMs): Art. 2, 2.1 가입 의정서: Part I, para. 1.2, Part I, para. 7.2, Part I, para. 7.3
DS358	세금 및 기타 금액에서 환급, 인하하거나 면제하는 조치(Certain Measures Granting Refunds, Reductions or Exemptions from Taxes and Other Payments)	GATT 1994: Art. III:4 보조금 및 상계관세 조치 : Art. 3, 3.1(b), 3.2 무역 관련 투자조치(TRIMs): Art. 2, 2.1, Annex 1 가입 의정서: Part I, para. 1.2, Part I, para. 7.2, Part I, para. 7.3, Part I, para. 10.3

DS No.	분쟁 사안	관련 협정
DS362	지적 재산권의 보호와 시행에 영향을 미치는 조치(Measures Affecting the Protection and Enforcement of Intellectual Property Rights)	지적 재산권(TRIPS): Art. 3.1, 9.1, 14, 41.1, 46, 59, 61
DS363	특정 출판물과 시청각 엔터테인먼트 제품에 대한 무역권리 및 유통서비스에 영향을 미치는 조치(Measures Affecting Trading Rights and Distribution Services for Certain Publications and Audiovisual Entertainment Products)	서비스(GATS): Art. XVI, XVII GATT 1994: Art. III:4, XI:1 가입 의정서: Part I, para. 1.2, Part I, para. 5.1, Part I, para. 5.2
DS373	금융정보서비스와 외국 금융정보 공급사에게 영향을 미치는 조치(Measures Affecting Financial Information Services and Foreign Financial Information Suppliers)	서비스(GATS): Art. XVI, XVII, XVIII 가입 의정서: Part I, para. 1.2
DS387	보조금, 대출 그리고 우대정책(Grants, Loans and Other Incentives)	농업: Art. 3, 9, 10 GATT 1994: Art. III:4 보조금 및 상계관세 조치: Art. 3 가입 의정서: Part I, para. 1.2, Part I, para. 12.1
DS394	각종 원자재의 수출 관련 조치(Measures Related to the Exportation of Various Raw Materials)	GATT 1994: Art. VIII, VIII:1, VIII:4, X, X:1, X:3, XI, XI:1 가입 의정서: Part I, para. 1.2, Part I, para. 5.1, Part I, para. 5.2, Part I, para. 8.2, Part I, para. 11.3
DS413	온라인결제서비스에 대한 확정조치(Certain Measures Affecting Electronic Payment Services)	서비스(GATS): Art. XVI, XVI:1, XVI:2(a), XVII
DS414	미국산 발전기용 강판에 대한 상계관세와 반덤핑(Countervailing and Anti-Dumping Duties on Grain Oriented Flat-rolled Electrical Steel from the United States)	GATT 1994: Art. VI 반덤핑(GATT 1994 제VI): Art. 1, 3.1, 3.2, 3.5, 6.4, 6.5.1, 6.8, 6.9, 12.2, 12.2.2, 부속서 II 보조금 및 상계관세 조치: Art. 10, 11.2, 11.3, 12.3, 12.4.1, 12.7, 12.8, 15.1, 15.2, 15.5, 19, 22.2(iii), 22.3, 22.5

DS No.	분쟁 사안	관련 협정
DS419	풍력발전소 설비에 관한 조치(Measures concerning wind power equipment)	GATT 1994: Art. XVI:1 보조금 및 상계관세 조치: Art. 3, 25.1, 25.2, 25.3, 25.4 가입 의정서: Part I, para. 1.2
DS427	미국산 육계 제품에 대한 반덤핑과 상계관세 조치(Anti-Dumping and Countervailing Duty Measures on Broiler Products from the United States)	GATT 1994: Art. VI, VI:3 반덤핑(GATT 1994 제VI): Art. 1, 2.2, 2.2.1.1, 2.4, 3.1, 3.2, 3.4, 3.5, 4.1, 5.1, 6.2, 6.4, 6.5.1, 6.8, 6.9, 12.2, 12.2.1, 12.2.2, 12.7, 부속서 II 보조금 및 상계관세 조치: Art. 10, 11.1, 12.3, 12.4.1, 12.7, 12.8, 15.1, 15.2, 15.4, 15.5, 16.1, 19.4, 22.3, 22.4, 22.5
DS431	희토류, 텅스텐 및 몰리브덴의 수출과 관련된 조치(Measures Related to the Exportation of Rare Earths, Tungsten and Molybdenum)	GATT 1994: Art. VII, VIII, X, XI, XI:1, X:3(a) 가입 의정서: Part I, para. 1.2, Part I, para. 5.1, Part I, para. 11.3, Part I, para. 5.2, Part I, para. 8.2, Part I, para. 7.2
DS440	미국의 특정 자동차에 대한 반덤핑 및 상계관세(Anti-Dumping and Countervailing Duties on Certain Automobiles from the United States)	GATT 1994: Art. VI 반덤핑(Article VI of GATT 1994): Art. 1, 3.1, 3.2, 3.4, 3.5, 4.1, 5.3, 5.4, 6.2, 6.5.1, 6.8, 6.9, 부속서 II 보조금 및 상계관세 조치: Art. 10, 11.3, 11.4, 12.4.1, 12.7, 12.8, 15.1, 15.2, 15.4, 15.5, 16.1, 22.3, 22.5
DS450	자동차와 자동차부품 산업에 영향을 미치는 특정 조치(Certain Measures Affecting the Automobile and Automobile-Parts Industries)	GATT 1994: Art. XVI:1 보조금 및 상계관세 조치: Art. 25.1, 25.2, 25.3, 25.4 가입 의정서: Part I, para. 1.2,
DS489	시범기지 및 공통 서비스 플랫폼 프로그램과 관련된 조치(Measures Related to Demonstration Bases and common Service Platforms Programmes)	보조금 및 상계관세 조치: Art. 3.1(a), 3.2
DS501	특정 국내 생산 항공기에 대한 조세 조치(Tax Measures Concerning Certain Domestically Produced Aircraft)	GATT 1994: Art. III:2, III:4, X:1 가입 의정서: Part I, para. 1.2,

DS No.	분쟁 사안	관련 협정
DS508	특정 원료에 대한 수출관세(Export Duties on Certain Raw Materials)	가입 의정서: Part I, para. 11.3, Part I, para. 1.2 GATT 1994: Art. X:3(a), XI:1
DS511	농업 생산자를 위한 국내 지원(Domestic Support for Agricultural Producers)	농업: Art. 3.2, 6.3, 7.2(b)
DS517	특정 농산물에 대한 관세율 쿼터(Tariff Rate Quotas for Certain Agricultural Products)	가입 의정서: Part I, para. 1.2 GATT 1994: Art. X:3(a), XI:1, XIII:3(b)
DS519	알루미늄 1차 생산자에 대한 보조금(Subsidies to Producers of Primary Aluminium)	GATT 1994: Art. XVI:1 보조금 및 상계관세: Art. 2.1(a), 2.1(c), 2.2, 5(c), 6.3(a), 6.3(b), 6.3(c), 6.3(d)
DS542	지식 재산권 보호에 관한 특정 조치(Certain Measures Concerning the Protection of Intellectual Property Rights)	지식 재산권(TRIPS): Art. 3, 28.1(a), 28.1(b), 28.2
DS558	미국의 특정 제품에 대한 추가 의무(Additional Duties on Certain Products from the United States)	GATT 1994: Art. I:1, II:1(a), II:1(b)

자료:https://www.wto.org/english/tratop_e/dispu_e/dispu_by_country_e.htm (최종검색일:2019.01.31)

수출입 관련 조치에 있어 분쟁의 주요 원인은 수입금지, 수량 제한, 반덤핑, 관세, 보조금, 차별적 조세 등이 있다. 중국이 미국에 제소된 사안들을 <표 5>에서 살펴보면 반덤핑, 상계관세 보조금 등의 '산업피해 구제 제도'와 관련된 분쟁이 많으며 그중 상계관세 보조금과 관련된 것이 10건으로 가장 많다. 이것은 덤핑 및 보조금 지급 여부 등을 판정하기 위한 기준의 결여, 피해 산정에 있어 자의성이 개입될 여지가 큰 것 때문이라 하겠다.

<표 6> 중국의 미국에 대한 제소 사안과 관련된 협정

DS No.	분쟁 사안	관련 협정
DS252	특정 철강제품의 수입에 대한 확정 세이프가드 조치(Definitive Safeguard Measures on Imports of Certain Steel Products)	GATT 1994: Art. I:1, II, X:3, XIII, XIX:1, XIX:2 세이프가드: Art. 2, 2.1, 2.2, 3, 3.1, 3.2, 4, 4.1, 4.2, 5, 5.1, 5.2, 7, 7.1, 8, 8.1, 9, 9.1, 12
DS368	중국산 인쇄용지에 대한 반덤핑 예비판정과 상계 결정(Preliminary Anti-Dumping and Countervailing Duty Determinations on Coated Free Sheet Paper from China)	반덤핑(GATT 1994 제VI): Art. 1, 2, 7, 9, 18 GATT 1994: Art. VI 보조금 및 상계관세 조치: Art. 1, 2, 10, 14, 17, 32
DS379	중국산 일부 제품에 대한 반덤핑과 상계관세 조치(Definitive Anti-Dumping and Countervailing Duties on Certain Products from China)	GATT 1994: Art. I, VI 가입 의정서: Art. 15 반덤핑(GATT 1994 제VI): Art. 1, 2, 6, 9, 18, 부속서 II 보조금과 상계관세 조치: Art. 1, 2, 6, 9, 10, 12, 13, 14, 19, 32
DS392	중국산 가금류 수입에 영향을 미치는 특정 조치(Certain Measures Affecting Imports of Poultry from China)	농업: Art. 4.2 GATT 1994: Art. I:1, XI:1 위생 및 식물 위생 조치(SPS): Art. 2.1, 2.2, 2.3, 3.1, 3.3, 5.1, 5.2, 5.3, 5.4, 5.5, 5.6, 5.7, 8
DS399	중국산 일부 승용차와 소형트럭 타이어 수입에 영향을 미치는 조치(Measures Affecting Imports of Certain Passenger Vehicle and Light Truck Tyres from China)	GATT 1994: Art. I:1, II, XIX 가입 의정서: Art. 16.1, 16.3, 16.4, 16.6
DS422	중국산 새우 및 다이아몬드 절삭공구에 대한 반덤핑 조치(Anti-Dumping Measures on Shrimp and Diamond Sawblades from China)	반덤핑 (GATT 1994 제VI): Art. 1, 2.1, 2.4, 2.4.2, 5.8, 9.2, 9.3, 9.4, 11.3 GATT 1994: Art. VI:1, VI:2(a), VI:2(b)
DS437	중국의 특정 제품에 대한 상계관세 조치(Countervailing Duty Measures on Certain Products from China)	GATT 1994: Art. VI, XXIII 가입 의정서: Art. 15 보조금 및 상계관세 조치: Art. 1.1, 1.1(a)(1), 1.1(b), 2, 10, 11, 11.1, 11.2, 11.3, 12.7, 14(d), 30, 32.1
DS449	중국의 특정 제품에 대한 상계 및 반덤핑 조치(Countervailing and Anti-dumping Measures on Certain Products from China)	GATT 1994: Art. X, VI 반덤핑 (GATT 1994 제VI): Art. 9, 11 보조금 및 상계관세 조치: Art. 10, 15, 19, 21, 32

DS No.	분쟁 사안	관련 협정
DS471	특정 방법론과 중국에 관련된 반덤핑 절차에 대한 그들의 응용(Certain Methodologies and their Application to Anti-Dumping Proceedings Involving China)	GATT 1994: Art. VI:2 반덤핑 (GATT 1994 제VI): Art. 2.4.2, 6.1, 6.8, 6.10, 9.2, 9.3, 9.4, 부속서 II
DS515	가격 비교 방법론과 관련된 조치(Measures Related to Price Comparison Methodologies)	GATT 1994: Art. I:1, VI:1, VI:2 WTO 설립협정: Art. XVI:4 반덤핑(GATT 1994 제VI): Art. 2, 2.1, 2.2, 5.2, 5.3, 7.1, 9.2, 9.3, 11.1, 11.2, 11.3, 18.1, 18.4
DS543	중국의 특정 물품에 대한 관세 조치(Tariff Measures on Certain Goods from China)	GATT 1994: Art. I:1 분쟁 해결규칙과 절차에 관한 양해(DSU): Art. 23
DS544	철강과 알루미늄 제품에 대한 특정 조치(Certain Measures on Steel and Aluminium Products)	GATT 1994: Art. I:1, XIX:1, XIX:2, II:1(a), X:3(a), II:1(b) 세이프가드: Art. 2.1, 2.2, 4.1, 4.2, 5.1, 7, 11.1(a), 12.1, 12.2, 12.3
DS562	태양광 셀 제품 수입에 대한 보호조치(Safeguard Measure on Imports of Crystalline Silicon Photovoltaic Products)	GATT 1994: Art. X:3, XIII, XIX:1, XIX:2 세이프가드: Art. 2.1, 2.2, 3.1, 3.2, 4.1, 4.1(c), 4.2, 5.1, 7.1, 8.1, 12.1, 12.2, 12.3
DS563	신 재생 에너지 관련 특정 조치(Certain Measures Related to Renewable Energy)	GATT 1994: Art. III:4 무역 관련 투자조치(TRIMs): Art. 2.1, 2.2 보조금 및 상계관세 조치: Art. 3.1(b), 3.2
DS565	중국산 특정 상품에 대한 관세 조치 II(Tariff Measures on Certain Goods from China II)	GATT 1994: Art. I:1, II:1, II:1(a) 분쟁 해결규칙과 절차에 관한 양해(DSU: Art. 23

자료:https://www.wto.org/english/tratop_e/dispu_e/dispu_by_country_e.htm(최종검색일:2019.01.31)

<표 6>에서 보면 중국의 미국에 대한 제소는 반덤핑, 상계관세 등을 통한 미국의 수입제한 조치의 자의적 운용에 관한 분쟁이 대부분이다. 총 15건의 제소 중 반덤핑이 6건으로 가장 많았으며, 그다음은 보조금과 상계관세 조치로 5건이다.

Ⅳ. 중미 양국의 WTO 분쟁사례

WTO 분쟁 해결기구에 제소된 중국 관련 분쟁은 2019년 1월 말 기준 총 63건이 있다. 본 장에서는 그 중 중미 양국의 분쟁사례 38건을 중심으로 분쟁의 배경, 분쟁 해결 과정 및 최종 판결 내용을 종합 정리하여 최근 중국과 미국과의 분쟁에 대한 원인, 진행 과정 및 대응 방식을 살펴보며 양국의 통상 분쟁 원인을 도출해보고 앞으로의 진행 방향을 살펴보고자 한다. 이를 위해 우선 미국에 대한 중국의 제소 사례와 피소 사례에 대해 각각 구분하고, 각각의 해결 방식이 어떠한지 살펴보도록 하겠다.

1. 중국이 제소한 소송

1) 이미 해결된 사례

(1) 패널 평결 사례

① 미국의 중국산 가금류 수입 금지조치(DS392)

a. 소송 배경 및 제소국의 주장

중미 양국은 2004년 조류인플루엔자 발생을 이유로 상호 간 가금류 수입을 금지하였다. 중국은 곧 금지조치를 해제하였으나 미국은 계속 유지하였는데, 중국은 이에 대해 중국에 대한 노골적이고 차별적인 보호주의라 비판하였다. 그러나 미국은 이러한 조치가 객관적이고 과학적인 판단에 근거한 미국 공중의 보건을 위한 조치라고 대응하였다. 2007년부터 미국은 연례 국회배당금 및 관련 조치에 근거 중국산 가금류의 대미수출을 막아왔었다.

2009년 3월 오바마 대통령이 서명한 2009년 종합세출법안의 제727조에 근거하여 중국 가금류 수입을 재개하기 위한 어떠한 활동에도 의회가 승인한 기금을 사용하지 못한다고 하였다. 2009년 4월 17일 중국은 미국의 제727조 조항에 대해 WTO에 미국과의 협의를 요청한다. 중국은 미국이 제727조와 관련 높은 조치를 통해 GATT 1994의 제11조 1항과 농업 협정 제4.2에 대해 위반 사항이 있다고 주장하였다. 또한, 미국의 조치가 SPS 협정의 각 조항에 따른 미국의 의무를 위반한 것으로 보인다고 주장하였다.

b. 소송 경과 및 결과

2009년 4월 17일 중국은 미국이 종합세출법안의 727조에 따라 중국 가금류 수입을 재개하기 위한 어떠한 활동에도 의회가 승인한 기금을 사용하지 못한다고 한 것에 대해 WTO에 제소하게 된다. 2009년 6월 23일 중국은 패널설립을 요청하였으나, 2009년 7월 20일 관련 회의에서 DSB는 패널설립을 지연시켰다. 2009년 7월 31일 분쟁 해결기구는 패널을 설립하고, 9월 23일 패널이 구성되어 이 문제에 대한 조사에 착수한다. 2010년 9월 25일 패널은 최종보고서를 통해 미국이 중국산 가금류에 대한 수입금지 조처를 한 것은 국제 무역규정에 어긋나며 중국경제에 손실을 끼쳤다고 발표하였다. 또 해당 조치는 비과학적이며 불공평하며 미국이 다른 WTO 회원국들과 다르게 유독 중국산 가금류에만 수입 금지조치를 취한 것은 WTO 규정에 위배되는 것이라고 하였다. 2010년 9월 29일 패널보고서는 회원들에게 회람되었으며, 2010년 10월 25일 패널보고서가 정식으로 통과되었다. 미국은 이에 따라 문제가 된 법 조항을 수정하게 된다.

② 중국산 냉동 및 캔 포장 새우와 다이아몬드 절삭공구에 대한 반 덤핑 조치(DS422)

a. 소송 배경 및 제소국의 주장

2003년 12월 8일 미국은 중국산 냉동 새우 및 캔 포장 새우에 대해 반덤핑 관세 부과조치를 취할 것이라고 공고하였다. 2004년 2월 미국 무역위원회는 중국산 등 6개 냉동 새우에 대해 높은 반덤핑세율을 부과하였고, 2004년 4월 중국 저장(浙江)에서의 대미 새우 제품 수출이 전면 중단되었다. 2005년 최종 판결 결과 미국 상무부는 중국산 냉동 새우에 대해 중롄(中聯)사에 84.93%, 이린(誼林)사에 82.27%, 기타 대부분의 회사에 최고 112.81%에 달하는 높은 반덤핑 관세 부과를 결정하였다. 미국은 '제로잉(Zeroing)' 방식을 사용해 중국산 냉동 새우 및 캔 포장 새우에 대해 반덤핑 조처를 내린 것이다.[2] 이에 중롄과 이린 은 미국 국제무역법원에 항소하였고, 2009년 5월 미 상무부는 반덤핑 관세율을 각각 5.07%와 8.45%로 재판정하였다. 같은 해 7월 미국 국제무역법원은 이 판정에 동의하였다.

2010년 8월 10일 미 상무부는 중국산 냉동 새우 및 캔 포장 새우에 대한 4차 반덤핑 재심판정에서 영관세율을 적용한다고 발표하였으며, 8월 19일부터 공식 발효되었다. 이 사안은 예비판정에서 98.34%의 관세율을 받았으나 재심을 통해 영관세율 판정을 받았다. 2010년 12월 28일 WTO의 관련 판결에 따라 미국은 반덤핑세율 결정 시 제로잉

---

2) 제로잉 방식은 반덤핑 마진 계산 시 품목별로 마이너스로 계산된 부분에 대해 '0'으로 처리하여 계산하는 방식이다. 이때 특정 품목의 수출가격이 수출국의 내수가격보다 낮은 경우는 그대로 계산하지만, 수출가격이 내수가격보다 높은 경우는 마이너스로 산정하지 않고 '0'으로 계산해 덤핑 마진을 인위적으로 높이는 방식이라 하겠다. 덤핑 마진은 '수출국 내수가격'에서 '수출가격'을 제한 차액이다. 예를 들어 중국시장에서 100원에 파는 물건을 동일한 해외시장에서 한번은 90원에 팔고 다른 한 번은 110원에 팔았다면 제로잉 방식에서는 110원에 판 것은 제외하고 90원에 판 것만 계산해서 덤핑 마진을 계산하는 것이다.

방식을 사용하지 못하게 되었으나 이후에도 계속 사용하여 2011년 2월 28일 중국은 이에 대해 WTO에 제소하게 된다. 중국은 미 상무부의 대상 수입품에 원래의 조사에서 제로잉을 사용하고 또 덤핑 수입 마진을 계산하는 것을 검토한 것은 GATT 1994의 제6조 1항 및 제6조 2항과 반덤핑 협정의 제1, 2.1, 2.4, 2.42, 5.8, 9.2, 9.3 그리고 9.4에 따른 미국의 의무와 일치하지 않는다고 주장하였다. 또한, 미국 상무부가 일몰 검토에 의지해 원래 조사 및 행정 평가에서 덤핑 마진 계산을 한 것은 반덤핑 협정 제11.3에 따른 미국의 의무와 일치하지 않는다고 주장하였다.

b. 소송 과정 및 결과

2011년 2월 28일 중국은 중국산 냉동 캔 포장 새우에 대한 최종 반덤핑 조치에 관해 WTO에 미국과의 협의를 요청하였다. 2011년 7월 22일 중국은 2009년 11월 다이아몬드 절삭공구와 그 부품에 대해 미국이 부과한 반덤핑 관세 역시 제로잉 방식이 적용된 것으로 이 사안에 대해서도 WTO에 제소하게 된다. 2011년 10월 13일 중국은 미국의 '제로잉' 산정방식에 대해 WTO 분쟁 해결기구에 패널을 구성할 것을 요청하였으며, 2011년 10월 25일 패널 구성이 완료되었다가 당사자들의 합의에 따라 패널은 2011년 12월 21일에 재구성되었다. 패널은 문제가 되는 3건의 반덤핑 조사에서 개별 금리에 대한 중국의 주장을 기각했지만, 덤핑 마진을 계산할 때 미 상무부가 사용하는 '제로잉 방식'이 반덤핑 협정 제2.4.2조와 일치하지 않아, 이 조항에 따른 의무 사항과 일치하지 않게 처리했다고 판단하였다. 2012년 6월 8일 패널보고서가 회람되었고, 2012년 7월 23일 회의에서 DSB는 패널보고서를 채택했다.

2012년 7월 27일 중국과 미국은 DSB 권고 및 판결을 이행하기 위한 합리적인 기간이 8개월이 되어야 한다는 데 합의했다고 DSB에 통보했다. 따라서 이행을 하기에 합당한 기간은 2013년 3월 23일이 되었다. 2013년 3월 26일 개최된 DSB 회의에서 미국은 합리적인 기간 내에 DSB 권고 및 판결을 이행했음을 DSB에 통보했다. 중국은 미국이 자국에 대한 반덤핑 관세를 철회하지 않았기 때문에 DSB 권고안을 완전히 이행했다는 미국의 견해를 받아들지 않았으며, 미국에 의무를 존중할 것을 촉구했다.

(2) 상소 평결사례

① 미국의 자국 철강산업 보호조치(DS252)

a. 소송 배경 및 제소국의 주장

2001년 6월 미국 부시 대통령은 철강업계의 요구에 따라 무역법 201조에 의거 미국 국제 무역위원회에 수입 철강제품을 조사할 것을 명령하였으며, 이에 따라 같은 해 10월 미국 국제무역위원회는 총 16가지 항목에서 수입 철강제품이 미국기업에 커다란 손실을 입혔다는 조사결과를 발표하였다. 2002년 3월 부시 대통령은 10개 철강제품에 대해 보호조치를 취하고, 향후 3년간 최고 30%에 달하는 추가관세를 부과할 것이라고 발표하였다. 2002년 3월 26일 중국을 포함한 6개국이 미국의 철강산업 보호조치에 대해 WTO에 제소하게 된다.

b. 소송 경과 및 결과

2002년 3월 26일 중국을 포함한 6개국에서 미국을 WTO에 제소하고, 2002년 4월 11일 WTO의 절차에 따라 중국 외 5개국은 미국과 협의를 진행하지만 각 측의 이견이 조율되지 않아 2002년 7월 25일 분쟁 해결기구에 패널설치를 요구하고 패널을 구성하게 된다. 2003년 7월 11일 패널은 미국의 철강산업 보호조치가 WTO 협정에 어긋난다는 최종보고서를 발표하였으며, 이에 대해 미국이 2003년 8월 11일 상소하자 중국 역시 상소하게 된다. 2003년 11월 10일 상소 기구의 최종보고서에서 상소 기구 역시 패널의 판정을 지지한다고 발표하였다. 상소 기구는 이 세이프가드 조치가 GATT 1994의 제9조 1항 (a)와 세이프가드 조치에 따른 미국의 의무와 일치하지 않는다는 의견을 지지하였다. 2003년 12월 4일 부시 대통령은 12월 5일부로 철강산업 보호조치를 중지하겠다는 발표를 한다. 2003년 12월 10일 DSB는 상소 보고서에 의해 수정된 패널보고서와 상소 보고서를 채택하였다.

② 미국의 반덤핑 및 상계관세 중복 부과 조치(DS379)

a. 소송 배경 및 제소국의 주장

1984년 미국은 중국처럼 비시장경제지위 국가들에 대해서는 상계관세 조치를 적용하지 않는다는 방침을 정하고 2007년 3월 이전까지는 중국에 상계관세 부과조치를 취하지 않았다. 그것은 미국이 비시장경제지위 국가들에 대해서는 보조금으로 인한 시장 왜곡과 비효율적 자원 배분으로 인한 피해 여부를 판정할 수 없다고 여겼기 때문이다. 그러나 글로벌 금융위기 이후 중·미간 반덤핑 및 상계관세 부과 조치를 둘러싼 통상 분쟁이 격화되었으며, 이러한 상황에서 중국에 대한 미국의 반덤핑 및 상계관세 중복부과조치가 크게 확대된다. 중국에 대한 미국의 중복부과조치는 2007년부터 증가하기 시작하였는데 2007년의 경우 중국만 중복부과에 대한 조사를 진행하였으며 2008년에는 전체 6건 중 5건이, 2009년에는 전체 12건 중 10건이 중국이었다.

이 분쟁의 발단은 2007년 3월 30일 미 상무부가 중국산 인쇄용지 제조업체 두 곳에 대해 처음으로 상계관세 예비판정을 내린 데 이어 2008년 5월에서 8월까지 미국이 중국산 4개 제품에 대해 반덤핑 및 상계관세를 연쇄적으로 부과한 데서 시작된다. 2008년 5월 30일 미 상무부는 중국산 용접 강관(cicular welded pipe)에 대해 85.55%의 반덤핑 관세와 29.57～615.92%에 이르는 상계관세를 부과한다. 이어 6월 16일에는 중국산 각강관(light-walled rectangular pipe and tube)에 대해서도 264.64%의 반덤핑 관세와 15.28～200.58%의 상계관세를 부과한다. 3일 뒤인 19일에는 중국산 우븐색(woven sacks)에 대해 91.73%의 반덤핑 관세와 226.85%의 상계관세를 부과한다. 그리고 9월 4일 중국산 비도로용 타이어(off-the-road tires)와 관련해 응소한 기업에는 0～19.15%의 반덤핑 관세와 2.45～14%의 상계관세를, 미응소 기업에는 각각 210.48%와 5.62%의 징벌성 반덤핑 관세와 상계관세를 부과하였다. 이에 대해 중국은 보름 뒤인 2008년 9월 19일 미국이 동일제품에 대해 반덤핑 관세 및 상계관세를 동시에 부과하는 것은 불공정하며, WTO 보조금 및 상계조치에 관한 협정에 위반되는 것이라고 주장하며 WTO에 제소하게 된다. 중국은 반덤핑 및 상계관세 조치는 GATT 1994의 제Ⅰ과 Ⅵ, SCM 협정의 제1, 2, 10, 12, 13, 14, 19 및 32, 반덤핑 협정 제1, 2, 6, 9 및 18, 그리고 중국의 가입 의정서 제15에 따른 미국의 의무와도 일치하지 않는다고 주장하였다.

b. 소송 경과 및 결과

2008년 9월 19일 중국은 미국의 반덤핑 및 상계관세 중복부과 조치와 관련하여 WTO에 미국과의 협의 요청을 한다. 2008년 12월 9일 중국은 패널설립을 요청하였으며 2009년 1월 20일 패널이 설치되고 2009

년 3월 4일 WTO 분쟁 해결기구 패널이 구성된다. 2010년 10월 22일 패널은 중국의 제소 내용을 기각하고 중국에 대해 패소 판정을 내린다. 중국은 이 판정에 대해 2010년 12월 1일 분쟁 해결기구에 상소한다. 2011년 3월 11일 상소 기구는 패널의 판결을 뒤집고 중국에 승소판결을 내린다. 2011년 3월 25일 분쟁 해결기구는 상소 기구의 보고서를 채택한다. 2011년 4월 21일 미국은 WTO의 판결을 받아들이고 관련 사항을 조치하겠다고 밝힌다. 2011년 7월 5일 중미 양국은 판결 이행 기간을 11개월로 정하는 데 합의하고 이행 마감기한을 2012년 2월 25일로 정하였다. 2012년 5월 11일 중미 양국은 합의 절차를 DSB에 통보했다. 2012년 8월 31일 미국은 DSB 회의에서 권고 및 판결을 전면적으로 준수하여 이 분쟁에서 쟁점이 되는 조처를 했다고 하였으나, 2012년 9월 28일 DSB 회의에서 중국은 DSB 권고 및 판결을 완전히 준수했다는 미국의 주장에 동의하지 않는다는 성명을 발표했다.

③ 미국의 중국산 타이어 특별 세이프가드 조치(DS399)

a. 소송 배경과 제소국의 주장

이것은 중국산 일부 승용차와 소형트럭 타이어의 수입에 영향을 미치는 조치와 관련된 제소 사안이다. 2009년 4월 20일 타이어 노조가 소속된 미국 철강 노조(USW)는 중국으로부터의 타이어 수입이 급증하여 미국 내 시장이 타격을 받고 있다며 미국 국제무역위원회(ITC)에 중국산 타이어에 대한 수입제한을 요구하였고, 미국 국제무역위원회는 이에 대한 조사를 착수한다. 미국 국제 무역 위원회는 시장 혼란이 발생하게 된 것은 중국산 타이어의 수입이 급속히 증가한 데서 기인한 것으로 이것이 미국 내 산업 소재 손해의 중요한 원인이 되었다고 하였다. 이에 따라 2009년 9월 11일 오바마 대통령은 <무역법(1974)> 제

421조를 발동하여 중국산 승용차와 경 화물차 타이어에 대해 기본관세율 4%에 3년 동안 연차적으로 35%, 30%, 25%의 징벌성 관세를 부과하는 특별 세이프가드 조치를 취한다.[3] 이 법안은 2009년 9월 26일부터 발효되었다. 이것은 중국의 WTO 가입 의정서에 명시된 조항으로 회원국들이 중국에서 수입된 물품에 대해 종전에 비해 손쉽게 수입제한 등의 세이프가드 조치를 할 수 있도록 한 양허 조항 중 하나였다. 또 미국의 <무역법(1974)> 제421조 발동에는 별다른 증거자료를 제시할 필요가 없어서 미국은 중국이 불공정무역을 하지 않았어도 필요할 때 이 조치를 할 수 있는 법률적 근거로 작용하게 되었다.

이에 중국은 2009년 9월 14일 WTO에 미국과의 협의를 요청하게 된다. 중국은 높은 관세가 GATT 1994의 제1조 1항과 제19조와도 맞지 않으며, 세이프가드 협정에도 위배된다고 주장하였다. 또한, 미국 법령이 정의하는 "중요한 이유"가 가입 의정서의 제16.4에서 사용하는 구문의 일반적인 의미에서 요구하는 것보다 더 편협하며, 중국의 가입 의정서에 따른 미국의 의무와도 일치하지 않는다고 주장하였다. 구체적으로 살펴보면 첫째, 가입 의정서 제16.1 및 16.4에 따라 (a) 중국에서 수입한 것이 결코 "수량의 증가"가 없었으며, "급속하게 증가"하지 않았다. (b) 중국에서 수입한 것이 재료 손해나 위협의 "중요한 원인"이 되지 않았다. (c) 국내 타이어 생산업체에 "시장의 장애" 또는 "물질적 부상"이 발생하지 않았기 때문이다. 둘째, 가입 의정서 제16.3 제한 조치가 어떠한 시장 혼란을 "방지하거나 구제하는데 필요한 범위"를 넘어 부과되었다. 셋째, 가입 의정서 제16.6 제한 조치가 어떠한 시장 혼란을 "방지하거나 구제하기 위해 필요" 이상의 긴 기간 동안 부과되었다고 주장한다.

---

3) '중국산 타이어 특별 보호조치' 실시 이전에는 타이어 관련 관세는 약 3.4~4%였다.

b. 소송 경과 및 결과

2009년 9월 14일 중국은 미국의 중국산 일부 승용차와 소형트럭 타이어에 대한 특별 세이프가드 조치와 관련 WTO에 제소한 후, 2009년 9월 21일 패널 구성을 요청한다. 2010년 1월 19일 WTO 분쟁 해결기구에서 패널을 구성하고 패널은 같은 해 12월 13일 보고서를 통해 미국의 세이프가드 조치는 WTO 관련 규정을 위반한 것이 아니라며 중국의 제소를 기각한다. 패널은 중국산 타이어의 수입과 관련한 2009년 9월 26일의 세이프가드는 한시적인 것으로 의정서의 제16과 GATT 1994의 제1조 1항과 제2조 1항에 따른 의무를 준수하지 않은 것이 아니라는 결론을 내렸다. 다음 해인 2011년 5월 24일 중국은 상소 기구에 상소하고, 9월 5일 상소 기구는 최종보고서를 통해 패널의 판결을 지지하며, 중국이 항소한 것에 대해 이를 기각하며 미국이 3년간 징벌성 관세를 부과한 것은 WTO 규정에 부합한다고 판정한다.

이에 대해 다음 날인 9월 6일 중국 상무부 조약법률사(條約法律司) 관계자는 "이번 판결은 매우 유감스러우며, 중국산 타이어에 대한 미국의 세이프가드 조치는 국제무역을 왜곡한 것으로, 미국 내 정치적 압력을 전가하기 위한 보호무역주의의 의도가 보이는 것"이라고 주장하였다. 이 세이프가드 조치로 2010년 미국의 중국산 타이어 수입 규모는 전년 대비 23.6% 감소했다. 또 합성고무, 카본블랙 등 원자재 산업에 타격을 주고 30개에 달하는 관련 기업들은 생산량을 줄이거나 생산을 중단하여 약 10만 명의 중국 근로자들이 일자리를 잃게 되었다.[4] 2011년 10월 5일 DSB는 상소 기구 보고서에 의해 지지를 받은 패널보고서와 상소 기구 보고서를 채택했다.

---

4) 中新網, 中美輪胎糾紛 終裁美方勝訴, 2011.09.07., http://www.chinanews.com/auto/2011/09-07/3311113.shtml, 易新聞, "中美輪胎特保案我方敗訴", 2011.09.07., http://news.163.com/11/0907/08/7DB8OSM200014AED.html(검색일: 2018.11.20)

④ 중국의 특정 제품에 대한 상계관세 조치 (DS437)

a. 소송 배경 및 제소국의 주장

이 분쟁은 중국산 특정 제품 수입에 대해 미국이 부과한 상계관세와 관련이 있는 것으로, 2012년 5월 25일 중국은 상계관세 부과로 이어진 예비판정 및 최종 결정을 포함하여 특정 확인된 상계관세 조사의 다양한 부분에 대해 이의를 제기하였다. 이러한 조사에 관련된 중국 제품은 태양광 패널의 구성품이다. 이 분쟁은 여러 가지 입안 결정뿐만 아니라 2007년부터 2012년까지 미국 상무부에 의해 수행된 상계관세 조사의 예비 결정 및 최종 결정에도 영향을 미친다. 중미 양국은 2011년 태양광 패널 덤핑 분쟁 등 잦은 무역 분쟁이 일어났다.

2011년 10월 중국 상무부는 미국산 카프로락탐(나일론 수지 및 섬유원료)에 최고 24.2%의 반덤핑 관세를 부과하기로 하였다. 미국은 12월 초 중국 태양광 패널 제조업체들의 덤핑공세가 미국의 경쟁업체들에 손실을 야기했는지 조사하기로 하였다. 이밖에 위안화 환율 문제, 지식 재산권 보호, 금융 및 서비스 시장 개방 등을 놓고 대립하고 있다.[5] 2012년 5월 25일 중국은 중국산 특정 제품에 대한 미국의 상계관세에 대해 WTO에 미국과의 협의를 요청했다. 중국은 미국 상무부가 다수 정부의 소유권으로 기업을 "공공 기관"으로 취급하기에 충분하다고 주장되고 입증된 "반박 가능한 추정"에 이의를 제기하였다.

b. 소송결과 및 결과

2012년 5월 25일 중국은 미국의 상계관세 조치에 대해 WTO에 미국과의 협의를 요청했다. 2012년 8월 20일 중국은 미국 정부의 조사

---

5) 경향신문, 중국, 미국산 자동차에 반덤핑 관세, 2011.12.14, http://news.khan.co.kr/kh_news/khan_art_view.html?artid=201112142315415&code=970204(검색일:2018.10.11)

권한인 미 상무부가 상계관세 조사를 시작할 때 보조금 및 상계조치 협정(SCM 협정)에 명시된 의무와 일관성이 없다며, 이 조사를 위한 패널을 요청했다. 2012년 8월 31일 회의에서 DSB는 패널설치를 연기했다. 2012년 9월 28일 회의에서 DSB는 패널을 구성했다. 2012년 11월 14일, 중국은 사무총장에게 패널의 구성을 결정하도록 요청했고, 2012년 11월 26일 사무총장이 패널을 구성했다. 2013년 11월 18일 패널 위원장은 이 분쟁에서 당사자들이 제기한 문제의 복잡성으로 인해 DSB에 2014년 5월에 패널 위원이 작업을 완료할 것으로 예상한다고 발표했다. 2014년 7월 14일 패널보고서가 회람되었다.

2014년 8월 22일 중국은 대부분의 문제에 대해 항소를 제기했다. 2014년 8월 27일 미국도 DSU 제6.2조와 패널의 예비 결정에 대해 교차 항소를 제기했다. 2014년 12월 18일 상소 보고서가 배포되었으며, 2015년 1월 16일 회의에서 DSB는 상소 기구 보고서와 수정 보고서를 채택했다. 2015년 2월 13일 미국은 DSB에 WTO 의무를 존중하는 방식으로 DSB의 권고 및 판결을 시행할 의도가 있으며 이를 위해 합리적인 기간이 필요할 것이라고 DSB에 통보했다. 2015년 6월 26일 중국은 DSU 제21.3조 (c)항에 따라 구속력 있는 중재를 통해 합리적인 기간을 결정할 것을 요청했다. 2015년 10월 9일 제21.3조(c)에 대한 중재 보고서를 배포하였다. 2016년 4월 15일 중국과 미국은 DSU 제21조와 제22조에 따라 합의 절차에 대한 것을 DSB에 통보했다.

미국 상무부는 최초의 분쟁 이후 다양한 CVD 결정을 개정했다. 그러나 2016년 5월 13일 중국은 이 분쟁에서 DSB의 권고 및 판결을 이행하지 않은 것으로 추정되는 미국의 주장과 관련하여 DSU 제21.5조에 따라 협의를 요청했다. 2016년 7월 8일 중국은 DSU 제21.5조에 따라 패널설치를 요청했다. 2016년 7월 21일의 회의에서 DSB는 가능하다면 중국이 제기한 문제를 원래의 패널에게 회부하기로 동의했다. 2016년 10월 5일 패널이 구성되었으며, 2018년 3월 21일 패널보고서가 배포되었다. 2018년 4월 27일 미국은 준수위원회 보고서에서 다루는 특정 문제와 법적 해석에 대해 항소 의사 결정을 DSB에 통고했다. 5월 2일 중국 역시 항소 결정을 통보하였다.

⑤ 중국산 특정 제품에 대한 상계 및 반덤핑 조치(DS449)

a. 소송 배경 및 제소국의 주장

2011년 12월 19일, 중국 타이어 수출과 관련해 미연방 항소법원에서는 중국과 같은 '비시장경제국'이 수출품에 장려금이나 보조금을 지급하는 경우 미 상무부가 상계관세를 부과할 수 없다고 판결한다. 2012년 3월 오바마 대통령은 서명을 통해 이러한 판결에 반하는 법안(GPX bill)을 입법화해 상기 수출품에 상계관세를 부과할 수 있도록 했다. 2012년 9월 17일, 중국은 이 관세법이 관세 부과 항목을 투명하고 적법한 절차를 통해 마련하도록 한 WTO 규정을 위반했다며 WTO에 미국과의 협의를 요청했다.

이슈가 되는 물품들에는 주방기기, 제지, 타이어, 화학 물질, 철강, 자석, 나무 바닥재, 풍력 타워 등이 포함되었다. 중국 상무부는 미국의 새 관세법으로 72억 3,000만 달러 상당의 24종 중국산 제품이 타격을 입었다고 주장하였다.

b. 소송 경과 및 결과

2012년 9월 17일 중국은 미국의 중국산 제품에 대한 상계관세 및 반덤핑 조치를 WTO에 제소한다. 2012년 11월 19일 중국은 패널설치를 요청했으나 2012년 11월 30일 회의에서 DSB는 패널설치를 연기했다. 2012년 12월 17일 회의에서 패널이 설립되었으며 2013년 3월 4일 패널이 구성되었다. 2013년 9월 11일 패널 위원장은 DSB에 당사자와의 협의 후 채택된 일정표에 따라 최종보고서를 2013년 12월까지 당사자에게 전달할 것을 알렸다.

이 분쟁은 미국의 두 가지 다른 조치에 관한 것이다. 2012년 3월 13일에 제정된 미국 공법 (PL) 112-99조와 "비시장경제국에 1930년 미국 관세법의 상계관세 규정을 적용하는 행위"에 관한 것이다. 미국은 2006년부터 2012년까지 미국법에 따라 비시장경제 국가로서의 중국으로부터 수입을 포함했기에 25건의 상계관세(CVD)와 반덤핑 관행에서 소위 '이중 구제'가 발생했는지를 조사하지 않았었다고 주장하였다. 따라서 이번 조치에 대해 중국은 GATT 1994 제10조 1항, 제10조 2항 및 제10조 3항(b)에 따라 청구를 제기했다. 그러나 패널은 미국이 GATT 1994 제10조 1항과 모순되게 행동하지 않았다고 보았다. 제2조에 관하여, 패널의 대다수는 제1조가 공식 공표 전에 '시행된' 일반적인 신청의 척도임에도 불구하고 제1조는 제2조의 범위를 벗어난 것으로 판단했다. 그것은 확립된 혹은 일률적 관습에 따른 수입 관세율 또는 기타 요금의 '선급'에 영향을 주거나 수입에 대한 '새로운' 또는 '더 많은 부담스러운' 요구 또는 제한을 부과하지 않았기 때문이다. 따라서 패널 대다수에 따르면 미국은 GATT 1994 제2조와 불일치하게 행동하지 않았다고 결론 내렸다. 그러나 패널은 미국이 GATT 1994 제3조 (b)조와 일관되게 행동하지 않았다고 보았다. 패널은 '이중 구제'에 관한 중국의 주장과 관련하여 미국은 문제의 절차에서 '이중 구제'가 발생했는지를 조사하지 않았으며 SCM 협정 제19.3조, 제10조 및 제32.1조와 불일치하게 행동했다고 결정하였다. 2014년 3월 27일 패널보고서가 회람되었다.

2014년 4월 8일 중국은 패널보고서에서 다루는 특정 문제와 패널의 특정 법적 해석에 대해 항소 의사 결정을 DSB에 통고했다. 2014년 4월 17일 미국은 DSB에 패널보고서에서 다루는 특정 문제와 패널의 특정 법적 해석에 대해 항소 의사 결정을 통보했다. 2014년 7월 7일 상소 보고서가 회람되었다. 2014년 7월 22일 회의에서 DSB는 항소기구 보고서에 의해 수정된 패널보고서와 항소기구 보고서를 채택했다. 2014년 8월 21일 미국은 DSB에 WTO 의무를 존중하는 방식으로 DSB의 권고 및 판결을 시행할 의도가 있으며 합리적인 기간이 필요할 것이라고 통보했다. 2015년 2월 20일 중미 양국은 DSB 권고 및 판결을 이행하기 위한 합리적인 기간이 항소기구 및 패널보고서 채택일에서 12개월이 되어야 하는 데 합의했다고 DSB에 통보했다. 이에 따라 2015년 7월 23일 중국과 미국은 DSB에 2015년 8월 5일에 만료되도록 합리적인 기간을 수정하기로 상호 합의했다고 통보했다. 2015년 8월 21일 중미 양국은 DSU 제21조 및 제22조에 따라 합의 절차에 대한 것을 DSB에 통보했다.

⑥ 중국과 관련된 반덤핑 절차에 대한 특정 방법론 및 그 적용 (DS471)

a. 소송 배경 및 제소국의 주장

중국은 미국이 취한 13건의 부당한 반덤핑 조치로 인해 약 84억 달러에 달하는 중국산 수출품에 손실을 보았으며, 이에 2013년 12월 3일 중국 제품에 대한 반덤핑 조사에서 특정 방법론을 사용한 것과 관련하여 WTO에 미국과의 협의를 요청했다. 중국은 미국이 WTO 규정에 어긋나는 '제로잉(zeroing)' 관행을 계속하고 있다고 주장했다.[6] 중국 상무부는 "미국은 부적절하게 반덤핑 조치를 적용하고 있다"라며 "미국은 덤핑 판정 검토 시 잘못된 사실을 인용하고 있다"라고 지적했다. 또한 "미국의 이러한 관행 때문에 중국산 제품들이 부당하게 덤핑 판정을 받고 있으며 덤핑 마진도 과장되고 있다"라고 주장했다.

이번에 문제가 된 덤핑품목은 석유 파이프, 태양광전지, 온수 기계 등이다. 현재 중국의 석유 파이프는 29.94%~99.14%, 태양광전지에는 31.14~249.96%, 온수 기계에는 112.81%의 덤핑관세가 부과되고 있다. 중국은 협의 요청에서 언급된 조치들이 반덤핑 제2.4.2, 6.1, 6.8, 6.10, 9.2, 9.3, 9.4와 부속서 2, GATT 1994 제6조 2항과 불일치한다고 주장하였다. 이 분쟁에서 중국은 미국 상무부(USDOC)에 의해 부과된 특정 반덤핑 조치에 관한 세 가지 문제와 관련하여 손해 배상 청구를 제기했다. 특히 중국은 미국 상무부가 이 방법론에 따라 영점 조정을 사용하는 것을 포함하여 예외적인 가중 평균 거래(WA-T) 방법론을 사용하도록 요청했다.

b. 소송 경과 및 결과

2013년 12월 3일 중국은 미국이 WTO 규정에 어긋나는 '제로잉(zeroing)' 관행을 계속하고 있다며 WTO에 미국과의 협의를 요청했다. 2014년 2월 13일 중국은 패널설치를 요청했으나, 2014년 2월 26일 회의에서 DSB는 패널설치를 연기했다. 2014년 8월 18일 중국은 패널 구성을 요청했으며, 2014년 8월 28일 사무총장이 패널을 구성했다. 2015년 2월 23일 패널 위원장은 DSB에 사무국 변호사가 없어서 절차 시작이 연기되었다고 통보했다. 2016년 10월 19일 패널보고서가 회람되었다.

---

6) 미국은 유일하게 제로잉을 적용하는 국가로, 과거 유럽연합(EU), 일본 등과 갈등을 빚었다. 제로잉과 관련한 WTO 제소에서 미국은 여러 차례 패소했으며 2012년 2월에는 즉각 제로잉을 중단하겠다고 밝힌 바 있다.

그러나 중국은 덤핑 방지 협정 제2.4조 2항에 따라 문제가 되는 3건의 수사에 대한 미 상무부(USDOC)의 W-T 방법론 적용과 관련하여 패널의 조사결과에 대해 항소했다. 항소에서 중국은 패널이 규칙이나 규범에 '예비 신청서'가 있음을 입증하기 위한 법적 기준을 분명히 하지 못했다고 주장했다. 항소기구는 WTO 회원국에 귀속될 수 있는 행위 또는 누락이 분쟁 해결 절차의 목적을 위한 척도가 될 수 있다고 상기시켰다. 이러한 유형의 경우 문제를 제기할 때, 항의자는 (i) 규칙이나 규범이 응답 회원에게 귀속된다는 것, (ii) 정확한 내용, (iii) 일반 및 예비 신청이 있다.

중미 양국은 '일반 (general)' 및 '예비 신청(prospective application)'의 요소와 관련하여 동의하지 않았다. 항소기구는 규칙이나 규범이 불확실한 수의 경제 운영자에게 영향을 미치는 한도 내에서 '일반적인 적용'을 한다고 밝혔다. 또한, 상소 기구는 장래에 적용될 정도로 규칙 또는 규범에 '장래 적용'이 있다고 설명했다. 이와 관련하여 항소기구는 제소국에서 미래 상황에서 조치가 적용될 것이라는 '확실성'을 보여주어야 한다는 것을 고려하지 않았다고 판단했다. 이것은 미래에 어떤 조치가 수정되거나 철회될 수 있기 때문이며, 이 단순한 가능성은 그 조치의 미래 성격을 제거하지 못하기 때문이다.

상소 기구는 향후 신청의 '확실성'을 요구함으로써, 중국이 미국의 AFA 규범이 일반 및 예비 신청의 규범임을 입증하지 못했다는 사실을 발견하면서 잘못을 범한 것으로 보았다. 따라서 항소기구는 문제의 패널 결과를 역전시켰다. 중국의 첫 번째 요청 완료와 관련하여 항소기구는 AFA 규범이 미확인된 경제 운영자에게 영향을 미치기 때문에 '일반적인 적용'의 척도라고 밝혔다. 또한, 상소 기구는 미 상무부의 근본적인 정책을 이행하고, 향후 조치를 위한 행정 지침을 제공하고,

경제 운영자들 사이에 기대를 창출하기 때문에 '예비 신청'이 있음을 발견했다. 따라서 항소기구는 AFA 규범이 WTO 분쟁 해결에서 '그와 같은' 도전을 받을 수 있는 일반 및 전향적 적용의 규칙 또는 규범임을 발견했다. 따라서 항소기구는 반덤핑 협약 제6조 8항 및 부속서 2의 7항과의 AFA 규범의 일관성에 관한 분석을 완료하라는 중국의 요청을 거절했다.

2017년 5월 11일 상소 보고서가 회람되었으며, 2017년 5월 22일 회의에서 DSB는 상소 기구 보고서에 의해 수정된 패널보고서와 상소 기구 보고서를 채택했다. 2017년 6월 19일 DSB 회의에서 미국은 WTO 의무를 존중하는 방식으로 DSB의 권고 및 판결을 이행하기로 했다. 미국은 이행을 위해 합리적인 기간이 필요할 것이라고 덧붙였다. 2017년 10월 17일 중국은 DSU 제21.3조 (c)항에 따라 구속력 있는 중재를 통해 합리적인 기간을 결정할 것을 요청했다. 2018년 1월 19일, 제21.3조 (C)에 대한 중재 보고서가 회람되었으며, 2018년 1월 19일, 중재인들의 판결은 회원에게 배포되었다. 중재인은 합리적인 기간을 15개월로 정하고 2018년 8월 22일에 만료하기로 하였다.

그러나 2018년 9월 9일 중국은 합리적인 기간 내에 미국이 DSB의 권고 및 판결을 준수하지 못했다는 이유로 DSU 22.2조에 의거한 양허 또는 기타 의무를 중지하기 위해 DSB의 허가를 요청했다. 2018년 9월 19일에 미국은 DSU에 22.6조에 의거한 중국의 제안된 양허 정지 수준에 반대했다고 DSB에 통보했다. 2018년 9월 21일 DSB 회의에서 미국이 제기한 문제가 DSU 22.6조에 따라 중재에 회부되었다.

(3) 중지사례

① 미국의 중국산 인쇄용지에 대한 반덤핑 및 상계관세 판정(DS368)

a. 소송 배경 및 제소국의 주장

2006년 4월 중국이 WTO 보조금 위원회에 70개에 이르는 보조금을 통지하였지만, 조사결과 금지 보조금과 통과되지 않은 보조금이 있다는 사실이 발견되었고 미국이 이를 철회할 것을 요청하였지만 중국이 이 요구에 응하지 않았다. 이어 2006년 10월 31일 미국 오하이오주 소재 제지업체인 뉴페이지(NewPage) 그룹은 미 상무부와 국제무역위원회에 이에 대한 반덤핑 및 불법 보조금 문제를 조사해달라고 요청하게 된다. 뉴페이지(NewPage) 그룹은 중국 정부가 자국 제지업체들에 세제 혜택과 채무연장 저금리 대출 등의 지원책으로 수출단가를 낮추도록 도와 2005년부터 2006년까지 중국산 인쇄용지 수입이 전년 대비 170%나 증가했다고 주장하였다. 이에 따라 같은 해 11월부터 미국은 조사를 착수하고, 12월 15일 미국 국제무역위원회는 예비판정에서 중국산 인쇄용지가 자국의 관련 산업에 큰 손실을 입혔으며 차후에도 계속될 가능성이 크다고 밝혔다. 같은 날 미 상무부도 30일간 중국에 상계관세 적용 여부에 관해 각계각층의 의견을 수렴할 것이라고 발표하였다. 또한, 2007년 미 무역대표부(USTR)와 미 의회, 미국산업노조총연맹(AFL-CIO), 전미제조협회(NAM), 철강, 제지, 가구, 기계, 섬유 등의 산업계에서 중국의 보조금으로 인해 관련 산업의 피해가 있다며 문제를 제기하기도 하였다.

2006년 1월 미국 골판지 원지 수입에 대해 중국은 반덤핑 관세를 부과하였으며 미국은 이것이 GATT 1994의 반덤핑 협정을 위반한 것이라며, 2007년 2월 2일 WTO 보조금 및 상계관세 조치에 관한 협정

제3조에 따라 중국이 보조금 금지 규정을 위반하였다며 WTO에 제소하였다. 그러나 이 사안은 중국이 관련 보조금을 철폐하며 패널이 설치되기 전에 합의되었다.[7] 당시 중국의 중화학 공업 분야의 상당수 기업이 국유였기에 이들 기업에 적용되는 보조금이 있었을 것이고 중국은 이 일이 확대되기를 원하지 않은 것으로 보인다.

2007년 3월 30일 미국은 중국산 인쇄용지 제조업체 두 곳에 대해 상계관세를 부과하기로 하였는데, 이것은 미국 상무부가 1984년 이후 비시장경제지위 국가에 대해서 상계관세를 적용하지 않는다는 방침을 23년 만에 변경한 것이다. 이로 인해 2007년 9월 14일 중국은 중국산 인쇄용지에 대한 미국의 반덤핑과 상계관세 조치에 문제가 있다며 WTO에 제소하게 된다. 중국은 이것이 미국의 의무와 일치하지 않는 것으로 그중에서도 (1) GATT 1994의 제VI, (2) SCM 협정의 제1, 2, 10, 14, 17 및 32, 그리고 (3) 반덤핑 협정의 제1, 2, 7, 9 및 18이 일치하지 않는다고 보았다.

b. 소송 경과 및 결과

2007년 9월 14일 중국은 미국의 중국산 인쇄용지에 대한 반덤핑 및 상계관세판정에 대해 WTO에 제소한다. 2007년 10월 18일 미 상무부는 중국산 인쇄용지 생산업체와 수출업체에 대해 21.21~99.65%의 반덤핑 관세와 7.4~44.25%의 상계관세를 부과하기로 최종 판정한다. 약 한 달 뒤인 11월 20일 미국 국제무역위원회는 미 상무부가 중국산 인쇄용지에 부과한 반덤핑 및 상계관세 안을 철회할 것을 최종 판정하며 상계관세 조치가 종결되었다.

---

7) 2006년 1월 미국 골판지 원지 수입에 대해 중국은 반덤핑 관세를 부과하였다. 이에 대해 미국은 GATT의 반덤핑 관세 부과조치를 위반한 것이라며 WTO에 제소 의사를 밝혔는데 이후 중국이 반덤핑 관세부과조치를 철회하며 분쟁은 타결되었다.

2) 현재 진행 중인 제소 사례

(1) 협의 진행 중인 사례

① 가격 비교 방법론과 관련된 조치(DS515)

a. 소송 배경 및 제소국의 주장

2016년 12월 12일 중국 상무부는 중국이 2001년 WTO에 가입했을 당시 의정서를 통해 약속했던 대로 15년이 지난 2016년 12월 말까지는 시장경제 지위를 인정해야 하는데도 불구하고 미국과 EU가 이를 거부하고 있다며 WTO에 미국과의 협의를 요청하였다. '중국의 WTO 가입 의정서' 제15조에 따르면 중국이 시장경제 조건에 부합함을 증명하지 못하면 반덤핑 조사를 할 때 시장경제 국가의 '제3국' 가격을 정상 가격(덤핑 판정에 기준이 되는 가격)으로 적용할 수 있다고 규정하였으며, '이 규정은 가입일 15년 후 정지된다'라고 명시하였다. 그러나 'WTO 회원국이 국내법으로 중국이 시장경제 조건을 구비했음을 증명해야 한다.'는 단서가 붙여져 있어 미국과 EU는 이에 시장경제 지위를 부여하지 않고 있었다는 것이다. 중국은 그 조치들이 반덤핑 제2.1, 2.2, 9.2, 18.1, 18.4, GATT 1994 제1조 1항, 제6조 1항, 제6조 2항, 마라케쉬 협정 제16조 4항과 불일치한다고 주장했다.

b. 소송 과정 및 결과

2016년 12월 12일 중국은 중국산 제품에 관련된 반덤핑 소송 절차에서 '비 시장경제' 국가의 정상적인 가치 결정과 관련된 미국 법률의 특정 조항에 관해 WTO에 미국과 협의를 요청했다. 2017년 11월 3일 중국은 2017년 2월에 있었던 협의의 첫 라운드 이후에 채택된 조치에 관한 미국과의 추가 협의를 요청했다. 2017년 12월 18일 협의 요청에 대한 미국의 승인이 있었다.

② 태양광 셀 제품 수입에 대한 보호조치(DS562)

a. 소송 배경 및 제소국의 주장

2018년 8월 14일 중국은 태양광 패널 제품의 수입에 대해 미국이 부과한 최종 보호조치와 관련하여 WTO에 미국과의 협의를 요청했다. 트럼프 미 대통령은 2018년 1월 자국 제품 보호를 위해 태양광 패널에 대한 관세 부과를 승인하였는데, 이에 대해 중국, 한국, 미국 태양광 업계의 항의를 받았다. 미국 태양광 업계는 "수입품의 가격 인상으로 수천 개의 일자리가 사라질 것이다"라고 주장하였다.

미국 통상대표부(USTR)는 2018년 1월 "값싼 중국산 패널 수입으로 2012년부터 2016년까지 미국의 태양광 전기 발전이 3배 늘었다. 그러나 가격 역시 60% 하락하며 대부분의 미국 태양광 제조업체들은 생산을 중단하거나 파산 선고를 하였다"라고 했다. 또한 "중국이 생산을 늘리기 위해 국가 인센티브(state incentives), 보조금 및 관세를 이용한다."라며 "제조업체들은 생산을 새 국가들로 이전하며 미 관세를 회피했다"라고 했다.

중국은 그 조치들이 세이프가드 제2.1, 2.2, 3.1, 3.2, 4.1, 4.2, 5.1, 7.1, 7.4, 8.1, 12.1, 12.2, 12.3과 GATT 1994의 제10조 3항, 제13조, 제19조 1항(a), 제19조 2항과 불일치한다고 주장했다. 또한, 중국 상무부는 성명을 통해 "미국은 수입 태양광 제품에 대한 보호주의 조치를 하는 한편, 국내에서 생산된 태양광 제품 및 재생 에너지 제품에 대해 보조금을 지급하고 있다"라고 하였다.

b. 소송 경과 및 결과

2018년 8월 14일 중국은 태양광 패널 제품의 수입에 대해 미국이 30%의 관세를 부과한 조치와 관련하여 WTO에 미국과의 협의를 요청하였다. 2018년 8월 24일 미국은 DSB 위원장에게 미국이 중국과의 협의를 기꺼이 할 수 있음을 나타내는 의사소통을 회원국들이 회람하도록 요청했다. 2018년 8월 24일 EU는 협의에 참여할 것을 요청했으며, 8월 27일에는 태국이 협의에 참여할 것을 요청했다. 2018년 10월 22일에 미국은 DSB에 협의 요청에 모두 동의했음을 통보했다.

③ 신 재생 에너지와 관련된 특정 조치(DS563)

a. 소송 배경 및 제소국의 주장

2018년 8월 14일 중국은 에너지 부문의 보조금이나 국내 관련 내용 요구와 관련하여 특정 미국 주 및 시정촌 정부가 채택하고 유지한다고 주장되는 특정 조치와 관련하여 WTO에 미국과의 협의를 요청했다. 중국은 그 조치들이 SCM 협정 제3.1(b), 3.2와 TRIMS 협정 제2.1, 2.2 그리고 GATT 1994 제 III:4와 불일치한다고 주장했다. 또 중국 상무부에서는 "미국의 이러한 조치는 무역 질서와 실제적인 측면 모두 WTO 규정을 위반한 것"이라고 하며, "미국의 보조금 정책은 중국이 재생 에너지 분야에서 불공정한 대우를 받게 하고, 중국의 합법적인 권익을 해치는 것"이라고 하였다. 이에 "중국은 WTO 제소를 통해 시스템적 문제를 해결하고 다자무역 수호를 위해 필요한 조치를 하겠다"라고 하였다.

b 소송 과정 및 결과

2018년 8월 14일 중국은 중국산 태양광 제품에 관세를 부과한 것에 대한 것과 동시에 미국의 자국 재생 에너지 산업에 보조금을 지급한 것에 대해 WTO에 미국과의 협의를 요청했다. 2018년 8월 24일에 미국은 DSB 위원장에게 중국과 협의할 수 있음을 나타내는 의사를 회원국들에 회람하도록 요청했다. 2018년 8월 24일 EU는 협의에 참여할 것을 요청했다. 2018년 10월 22일 미국은 DSB에 요청을 수락했다고 통보했다.

④ 중국산 특정 물품에 대한 관세 조치 II (DS565)

a. 소송 배경 및 제소국의 주장

2018년 8월 23일 중국은 미국이 23일부터 중국산 특정 상품에 대해 160억 달러(약 18조 원) 규모에 25%의 관세를 추가로 부과한 특정 관세 조치에 대해 WTO에 미국과의 협의를 요청했다.[8] 미국은 무역법 301조를 적용하여 160억 달러 규모의 제품, 279개 품목에 대해 관세를 진행하였다. 279개 품목에는 중국의 첨단 제조업 육성정책인 '중국제조 2025' 수혜품목으로 지목해온 반도체와 관련된 장비, 전자, 화학, 플라스틱 철도 장비 등이 포함되어 있다. 중국은 그 조치들이 GATT 1994의 제1조 1항, 제2조 1항(a) 및 제2조 1항(b)와 DSU의 제23과 불일치한다고 주장했다.

이로써 트럼프 행정부가 25%의 고율 관세를 부과한 중국산 제품은 모두 1,097개 품목 500억 달러의 규모로 늘어났으며, 7월 6일 이미 340억 달러에 해당하는 제품에 대해 관세를 부과하였다. 중국은 이번에 미국이 관세 부과를 하자 바로 160억 달러 규모의 미국산 제품에 25%의 보복관세 부과를 시작하였다. 중국은 미국이 관세를 부과할 때

---

[8] 이것은 DS543과 관련 있는 제소로 소송 배경은 DS543을 참고하면 된다.

마다 같은 강도의 규모로 반격하고 있으며, 중미 양국은 2018년 6월 초부터 총 1,000억 달러(약 112조 원) 규모의 제품에 대해 관세를 부과하는 내용의 주고받기를 벌이고 있다.

b. 소송 경과 및 결과

2018년 8월 23일 중국은 미국이 중국산 특정 상품에 부과한 관세 조치와 관련해 WTO에 협의를 요청했다.

(2) 패널 절차 중 사례

① 중국의 특정 제품에 관한 관세 조치(DS543)

a. 소송 배경 및 제소국의 주장

미국에서 2018년 4월 3일 1974년 미국 무역법 301조에 따라 중국 상품에 대한 고율 관세 품목 약 1,300개를 발표하였는데, 500억 달러에 상당하는 이 중국 제품에 대해 25%의 관세를 부과할 것이라고 하였다. 이것은 4월 2일 중국이 30억 달러 규모의 미국산 상품에 관세를 부과하겠다고 발표한 지 하루 만에 이루어진 것이다. 관세 대상 품목은 의료, 항공, 반도체, 기계, 정보통신(IT), 산업용 로봇, 화학 등 분야였다. 미국의 발표 다음 날인 4월 4일 중국은 미국의 이러한 조치는 WTO 기본 정신과 원칙을 위반하는 것으로 제소할 의사를 밝혔다. 중국은 1974년 미국 무역법 301~310조에 따라 중국 제품에 대한 특정 관세 조치에 관해 WTO에 미국과의 협의를 요청했다. 중국은 그 조치들이 GATT 1994 제1조 1항, 제2조 1항(a)와 (b), 그리고 DSU의 제23과 불일치한다고 주장했다.

b. 소송 과정 및 결과

2018년 4월 4일 중국은 미국의 중국 제품에 대한 특정 관세 조치에 대해 WTO에 협의를 요청했다. 2018년 4월 13일 미국은 DSB 위원장에게 중국과 협의를 할 수 있다며 회원국들에 회람하도록 요청했다. 2018년 4월 25일 중국은 2018년 4월 13일 미국의 의사소통에 대한 응답으로 DSB 위원장에게 회람을 회부하도록 요청했다. 중국은 2018년 4월 4일의 서한이 DSU 제4조의 요건을 충족시키지 못한다는 미국의 견해에 동의하지 않지만, 중국은 중국의 요청 범위 내에서 협의를 위한 상호 편리한 날짜를 계획할 의지를 표명했다. 2018년 7월 6일 중국은 2018년 4월 4일의 자문요청을 보완하기 위해 추가 협의를 요청했다. 중국은 미국이 25%의 종가세를 부과하는 중국산 제품 목록을 언급했다.

2018년 7월 16일 미국은 DSB 위원장에게 2018년 7월 6일 중국의 2018년 4월 4일 자문요청에 대한 중국의 보충 자료를 회원국들에 회부하도록 요청했다. 미국은 또한 미국이 특정 제품을 수입할 때 중국이 부과하는 추가 의무를 언급했다. 같은 날 중국은 2018년 4월 4일의 최초 협의 요청과 2018년 7월 6일의 보충 요청을 보완하는 추가 협의를 요청했다. 중국은 2018년 7월 10일 미국이 특정 중국 제품의 수입에 대하여 미국이 부과하는 10%의 종가세가 중국의 제품에만 적용되고 있는데, 미국의 양허율을 초과하지 않을 것이라고 주장했다.

2018년 7월 26일 미국은 DSB 의장에게 2018년 7월 16일 중국의 협의 요청에 대한 중국의 보완을 언급한 의사소통을 회원국에 회람하도록 요청했다. 2018년 9월 18일 중국은 2018년 4월 4일의 협의 요청과 2018년 7월 6일과 2018년 7월 16일의 보충 요청을 보완하는 추가 협의를 요청했다. 이 경우 중국은 2018년 9월 24일부터 10% 종가세가 부과되고 2019년 1월 1일부터 25%까지 적용된다. 중국은 이러한 의무가 중국의 제품에만 적용되고 미국의 양허율을 초과하지 않을 것이라고 주장했다. 2018년 9월 28일 미국 DSB 위원장에게 2018년 9월 18일 중국의 보충 협의 요청을 회원국들이 회람하도록 요청했다. 미국은 중국과의 협의에 응했으며 중국이 2018년 9월 18일에 발표한 미국 제품 수입에 대한 추가 의무를 언급했다. 이에 2018년 12월 6일 중국은 패널설치를 요청하였으나 12월 18일 회의에서 패널설치가 연기되었다. 다음 해인 2019년 1월 28일 패널이 설립되었으나 아직 구성되지는 않았다.

② 철강과 알루미늄 제품에 대한 특정 조치(DS544)

a. 소송 배경 및 제소국 주장

2018년 4월 5일 중국은 미국이 통상법 232조를 적용해 수입산 철강과 알루미늄 제품 수입에 대해 관세를 부과한 조치에 관해 WTO에 미국과 협의를 요청했다. 중국은 그 조치들이 세이프가드 제2.1, 2.2, 4.1, 4.2, 5.1, 7, 11.1(a), 12.1, 12.2, 12.3과 GATT 1994 제1조 1항, 제2조 1항(a)와 (b), 제10조 3항(a), 제19조 1항(a), 제19조 2항과 불일치한다고 주장했다. 또한 "국가 안전을 명목으로 한 보호무역주의"라는 내용을 주요 제소 근거로 들었다.

b. 소송 경과 및 결과

2018년 4월 5일 중국은 미국이 철강과 알루미늄 제품 수입에 대해 부과한 특정 조치에 대해 WTO에 미국을 제소하였다. 2018년 4월 13일 미국은 DSB 위원장에게 미국이 중국과의 협의를 기꺼이 할 수 있음을 나타내는 의사를 회원국들이 회람하도록 요청했다. 2018년 10월

18일, 중국은 패널설치를 요청했다. 2018년 10월 29일 회의에서 DSB 는 패널설치를 연기했다. 2018년 12월 19일 중국은 패널 구성을 요청 하였으며, 2018년 11월 21일 패널은 설립되었으나 아직 구성되지 않 았다.

2. 중국이 피소된 소송

1) 이미 해결된 사례

(1) 양자 간 합의 사례

① 중국 반도체제품 부가가치세 환급조치에 대한 제소(DS309)

a. 소송 배경 및 제소국의 주장

중국은 2004년 당시 국내외 모든 반도체 업체에게 17%의 부가가치 세를 부과하였지만, 중국에서 디자인하거나 생산하는 업체들에 대해서 는 이 중 14%를 환급해 주어 결과적으로는 3%의 부가가치세만 적용 하였다. 미국의 반도체 제조업체들은 이러한 중국의 불평등과세로 인 해 많은 생산 공장들이 중국으로 이전하게 될 것이라 우려하였고 2004 년 3월 18일 중국이 수입 반도체제품에 대해 불평등과세를 부과한 것 은 GATT 1994의 제1조와 제3조, 중국의 가입 의정서와 GATS 제ⅩⅦ에 따른 중국의 의무와 일치하지 않는다며 WTO에 제소하게 된다.

b. 소송 경과 및 결과

2004년 3월 18일 미국은 반도체제품의 국내 생산 또는 설계를 위한 중국의 특혜 부가가치세(이하 부가가치세)와 관련하여 WTO에 중국 과의 협의를 요청하였다. 2004년 3월 26일 중미 양국은 협의를 시작하였으며, 2004년 5월 26일, 6월 15일, 7월 1~2일까지 총 세 번의 협상 끝에 주요 내용에 대한 합의에 도달하여 중국이 부가가치세 면세조치를 철회하는 것으로 종결되었다. 2004년 7월 14일 중국과 미국은 이 문제에 대해 합의에 도달했다는 내용을 DSB에 통지했다. 2005년 4월 1일 이후 중국은 반도체 기업에 대한 부가가치세 환급조치를 중단하였고, 같은 해 10월 5일 중미 양국에서 합의했던 계약조건이 이루어지자 10월 6일 양국은 분쟁 해결기구에 상호 간 합의에 도달하였다고 전달하였다.

② 중국의 산업 세제(稅制) 우대정책과 보조금 정책에 대한 제소 (DS358)

a. 소송 배경 및 제소국의 주장

중국은 수출실적 기준을 충족한 수출기업에 대해 법인 소득세 감세 및 면제, 부가가치세 면제, 관세면제, 우대 대출금리 제공, 사회보장 분담금에 대한 면제 등의 혜택을 제공하였다. 또 자국설비 및 부품을 구매하는 기업에 대해서도 법인 소득세 및 부가가치세 환급 혜택을 제공하였다. 미국은 중국이 대미수출의 60%를 차지하는 철강, 목재, IT 제품 및 기타 제조업 등의 분야에서 중국 정부가 빚진 기업에 세금 및 다른 금액에서의 환급이나 인하 또는 면제를 하는 등의 불공정 보조금을 지급함으로써 국제시장에서의 공정 경쟁을 막고, 수입품 구매를 차단하는 결과를 가져왔다며, 이에 대해 2007년 2월 2일 WTO에 제소한다. 미국은 이러한 불공정 보조금 지급이 SCM 협정의 제3조, GATT1994의 제3조 4항과 TRIMs 협정의 제2와 일치하지 않는다고 주장하였다.

b. 소송 경과 및 결과

2007년 2월 2일 미국은 중국의 산업 세제 우대정책과 보조금 정책에 대해 WTO에 제소하였다. 다음날 중국은 미국의 이와 같은 조치에 양국이 이견을 조율 중인데도 WTO에 제소한 일은 유감임을 표시한다. 2007년 2월 26일 멕시코 역시 미국과 같은 내용으로 WTO에 제소한다. 2007년 3월 20일과 6월 22일 두 차례의 협의회가 진행되었으나 합의에 도달하지 못해 2007년 7월 12일 미국은 패널설치를 요구하였다. 2007년 8월 31일 분쟁 해결기구는 이 문제에 대한 조사를 위한 패널을 구성한다.[9] 2007년 12월 19일 중국과 미국은 양해 각서의 형태로 합의에 도달하였으며 이를 DSB에 통지하였다.

③ 중국의 금융 정보 서비스 관리규정에 대한 제소(DS373)

a. 소송 배경 및 제소국의 주장

2006년 6월 중국은 중국 내 외국 통신사는 관영 신화통신을 통해서만 금융정보를 제공할 수 있도록 하는 조치를 발표하였다. 이 조치에 따라 영국 로이터 통신과 미국 블룸버그 통신 등 외국 통신사들은 중국 내에서 고객들에게 직접 금융정보를 배포할 수 없게 되었고, 미국과 EU는 외국 통신사가 불이익을 받고 있다고 하였다. 약 2년 뒤인 2008년 3월 3일 미국과 EU는 각각 중국에서 금융정보 서비스 및 해외 금융정보 서비스 공급자들에게 영향을 미치는 중국의 금융정보서비스 관리규정에 대해 WTO에 중국과의 협의를 요청한다.

---

9) 2007년 4월 27일 미국은 중국이 최근 채택한 새로운 소득세법 개정에 관한 추가 협의를 요청하였다.

b. 소송 경과 및 결과

2008년 3월 3일 미국과 EU는 각각 중국의 금융정보서비스 관리규정에 대해 WTO에 제소하였으며 6월 20일 캐나다 역시 같은 사안으로 WTO에 제소한다. 2008년 11월 13일 외국 금융정보 공급자들에 대한 중국 정부의 규제를 둘러싼 통상 분쟁은 타결되었다. 중국은 중국 관영 신화통신 중심으로 이뤄지던 금융정보 통제를 완화하고 2009년 6월 1일 중국 내 모든 사업자에게 똑같은 혜택을 부여할 새 규제기구를 출범시키겠다고 하였다. 2008년 12월 4일 각 소송국에서는 협의를 통해 합의에 도달하였으며 양해 각서에 서명한다. 이에 관한 내용을 양해 각서의 형태로 합의에 도달하였다며 DSB에 통지하였으며, 중국은 2009년 6월 이전에 이행조치를 완료하였다.

④ 중국의 시범기지 및 일반 서비스 플랫폼 프로그램에 관련된 조치(DS489)

a. 소송 배경 및 제소국의 주장

미 무역대표부(USTR)는 2012년 2월 11일 중국 정부가 시범기지(demonstration base)로 지정된 수출업체에 무료 또는 할인된 가격에 각종 서비스를 제공함으로써 사실상 수출보조금을 지급했다며 WTO에 제소했다. 미 무역대표부는 이날 기자회견에서 "예를 들어 시범기지로 지정된 중국 섬유업체라면 보조금이 지급된 IT 서비스와 상품 디자인 서비스, 직원들에 대한 훈련 서비스를 받을 수 있는데, 이러한 모든 서비스가 공짜 또는 할인된 가격으로 제공되는 게 공정한 경쟁을 저해한다"라고 주장했다. 또 "시범기지로 지정된 중국 기업들이 지난 3년간 중국 정부로부터 10억 달러 이상을 보조받았으며 일부 기업은 최소 연간 63만 5,000달러를 지원받기도 했다"라고 주장했다. 미 무역

대표부에 따르면 중국은 이 같은 시범기지 기업을 섬유, 화학, 의약품, 금속, 하드웨어 등 7개 산업 부문에 걸쳐 179개를 운영하고 있다.[10) 2015년 2월 11일 미국은 중국의 여러 산업 분야의 기업에 수출실적에 따라 보조금을 지급하는 특정 조치와 관련하여 중국과의 협의를 요청했다. 미국은 그 조치가 SCM 협정 제3.1조 (a)와 3.2조에 부합하지 않는다고 주장하였다.

월스트리트저널(WSJ) 등 일부 외신들은 2015년 10월 중국 정부가 미국 통신칩 제조업체 퀄컴에 사상 최대 규모인 60억 8,800만 위안(약 1조 613억 원)의 과징금을 부과한 다음 날인 2015년 2월 11일 미국이 중국 정부가 시범기지(Demonstration Base)로 지정된 자국 수출업체에 무료 또는 할인된 가격에 각종 서비스를 제공함으로써 사실상 수십억 달러의 수출보조금을 지급하고 있다며 WTO에 제소하자 그 배경을 퀄컴(Qualcomm)의 과징금에 대한 미국의 반격이라 해석하기도 하였다.[11) 또 미국은 대중 무역적자가 커져 중국과 무역 관계에 불만이 쌓인 상황에 오바마 정부가 아시아권을 포함하는 환태평양경제동반자협정(TPP)을 추진하는데 시진핑 중국 국가주석이 자체적인 아시아·태평양 자유무역 지대(FTAAP)를 추진하면서 경쟁 관계에 놓이게 된 것

---

10) 매일경제, 中, 퀄컴 사상 최대 과징금 폭탄에 美, WTO 제소로 반격, 2012.02.12., http://news
.mk.co.kr/newsRead.php?year=2015&no=145882&utm_source=&utm_medium=&utm_campaign=
(검색일:2018.06.27)

11) 2015년 2월 10일 중국 국가발전개혁위원회(國家發展改革委員會, 이하 발개위)는 미국 반도체 제조
업체 퀄컴(Qualcomm)에 반독점 과징금 중 최대 규모인 9억 7,500만 달러의 범칙금을 부과했다.
아울러 향후 중국 내 휴대폰 제조업체로부터 받는 특허수수료의 산정방식을 변경하도록 지시하였
다. 이에 대해 퀄컴 측은 이 사실을 인정하며 중국의 결정에 따르겠다고 하였다. 퀄컴에 대한 반독
점 조사는 2013년 11월에 시작되어 14개월간의 조사 끝에 위반행위의 중단 및 반독점 과징금 부
과로 마무리되었다. 퀄컴의 위반행위는 1) 불공정한 고가의 특허사용료, 비무선 통신표준 특허권의
끼워팔기, 베이스밴드 칩 거래 시 불합리한 조건 추가 등이었으며 퀄컴 측은 자사가 제시한 개선방
안을 토대로 향후 중국 내 휴대전화에 대해 도매가의 65%를 기준으로 3.5~5%의 특허사용료를
받기로 중국 발개위와 합의하였다. 이를 통해 샤오미, 화웨이 등 중국 휴대폰 제조업체들뿐 아니라
삼성전자 등 외국계 기업들 역시 혜택을 보게될 것으로 보인다. 騰訊科技, "發開委高通60.88億元
罰款已全部到賬", 2015.02.14, http://tech.qq.com/a/20150214/029218.htm(검색일:2018.07.20)

도 영향이 있다고 보았다.

b. 소송 경과 및 결과

2015년 2월 11일 제소된 사안으로 2015년 4월 9일 미국이 패널설
치를 요청하였으며, 2015년 4월 22일 DSB는 패널을 구성했다. 2016
년 4월 14일 중국과 미국은 DSB에 이 분쟁과 관련하여 양해 각서
(MOU) 양식으로 합의했다고 통보했다.

(2) 패널 평결된 사례

① 중국의 지식재산권 문제에 대한 제소(DS362)

a. 소송 배경 및 제소국의 주장

중국의 <저작권법> 제4조 1항에 따르면 '출판·전송이 금지된 저작
물은 보호받을 수 없다'라는 규정을 명시하고 있는데, 중국의 저작물
사전심사제도로 인해 외국저작물 중 수입심사를 거치지 않은 저작물
은 <저작권법>의 보호를 받을 수 없었다. 이 때문에 미국은 중국에서
지식 재산권에 대한 적절한 보호가 이루어지지 않아 미국기업과 근로
자들이 매년 수십억 달러의 손해를 보고 있다고 주장하였다. 예를 들
어 중국이 미국산 영화 상영 편수를 제한하고, 외국 잡지나 서적은 특
급 호텔에서만 판매할 수 있도록 하는 등의 높은 무역장벽을 치고 있
다는 것이다. 이에 미국은 2007년 4월 10일 중국의 지식재산권침해와
미국산 책, 음반, 영화에 대한 높은 무역장벽 문제 등 두 건에 대해
WTO에 제소하여 양자 협의를 요구하였다.

b. 소송 경과 및 결과

2007년 4월 10일 미국은 중국의 지식재산권침해와 미국산 책, 음반, 영화에 대한 높은 무역장벽 문제 등 두 건에 대해 WTO에 제소하여 양자 협의를 요구하였으며, 2007년 6월 7일 중미 양국은 협의를 진행하였다. 2007년 8월 13일 미국은 WTO 분쟁 해결기구에 패널설치를 요구하였고, 2007년 9월 25일 패널이 설치되었으며, 같은 해 12월 13일 패널이 구성되었다. 2009년 1월 26일 패널에서 최종보고서를 발표하고 중국은 <저작권법> 제4조 1항을 수정할 필요가 있다는 판결을 내렸다. 2009년 3월 20일 WTO는 패널의 최종보고서를 채택하게 되고, 2009년 4월 15일 중국은 WTO의 판결에 승복한다고 하였다. 이에 따라 2009년 6월 29일 중미 양국은 결과 이행에 1년의 기간이 필요하다는 데에 동의하고 그 시한을 2010년 3월 20일로 정하였다.

중국은 2010년 2월 26일 제11차 전국인민대표대회의 상임위원회가 중국 저작권법의 개정을 승인하였으며, 2010년 3월 17일 국무원이 지식 재산권의 관세 보호를 위한 규정을 개정하는 결정을 채택하였다. 2010년 3월 19일 중국은 관련된 <저작권법> 내용에 대해 수정하였다고 발표하였다. 이에 따라 중국은 DSB의 권고와 결정을 구현하는 데 필요한 국내 입법 절차를 완료하였다. 그러나 미국은 이것이 중국에 대한 클레임 전체에 공유되는 부분을 이룬 것은 아니라고 하였다. 2010년 4월 8일 중미 양국은 DSU 제21조 및 제22조에 따라 합의 절차를 DSB에 통보했다.

② 중국의 전자결제시장 개방 관련 문제에 대한 제소(DS413)

a. 소송 배경 및 제소국의 주장

중국은 2001년 WTO 가입 당시 해외 카드사에 대한 규제를 철폐하겠다고 하였다. 그러나 중국 정부는 계속해서 마스터, 비자, 아메리칸 익스프레스 등 외국신용카드업체들이 중국의 독점카드사인 유니언 페이(銀聯)를 통해서만 결제하도록 허용하였다. 이에 미국은 중국이 중국 전자결제시장에 진출하려는 미국 신용카드업체에 대해 차별 대우를 하고 있으며 또한 전자결제시스템 서비스 제공과 관련하여 특정한 제약과 요구 사항을 두고 있다며 2010년 9월 15일 WTO에 제소한다. 미국은 중국의 이러한 행동은 서비스(GATS)의 제16조와 제17조의 의무와도 일치하지 않는다고 주장했다. 또한, 중국 법인이 지급 결제 카드를 받아서 중국의 모든 가맹점을 이용할 수 있도록 하고 동시에 다른 회원의 서비스 공급업체가 가맹점을 이용하기 위한 협상을 진행해야 한다고 하였다.

b. 소송 경과 및 결과

2010년 9월 15일 미국은 중국에서의 지급 결제 카드 거래의 전자 지급 서비스와 그 서비스의 공급자에 관한 특정 제한 사항 및 유지 관리 요구 사항에 관해 WTO에 중국과의 협의를 요청한다. 2010년 10월 중미 양국은 협상하였으나 합의점을 찾지 못해 다음 해인 2011년 2월 11일 미국은 분쟁 해결기구에 패널설치를 요청하게 된다. 2011년 3월 25일 패널이 설치되었으며, 호주, 과테말라, 일본, 한국이 제3자로 패널에 의견을 제출하였다. 2011년 7월 4일 패널 구성이 완료되었다. 2012년 7월 16일, 패널보고서가 회원들에게 회람되었으며, 2012년 8월 31일 회의에서 DSB는 패널보고서를 채택했다.

2012년 9월 28일 DSB 회의에서 중국은 WTO 의무를 존중하는 방식으로 DSB의 권고와 판결을 시행하기로 했다. 2012년 11월 22일 중국과 미국은 DSB의 권고 및 판결을 이행하기 위한 합리적인 기간이 패널보고서 채택일로부터 11개월이 되어야 한다는 데 합의했다고 DSB에 통보했다. 이에 따라 합리적인 기간은 2013년 7월 31일이 되었다. 2013년 7월 23일 DSB 회의에서 중국은 DSB의 권고 및 판결을 완전히 이행했다고 보고했다. 미국은 중국이 이를 준수했다는 주장에 동의하지 않는다고 했다. 미국은 중국의 행동을 감시하고 재검토하겠다고 밝혔다. 2013년 8월 19일 중미 양국은 DSU 제21조 및 제22조에 따라 합의 절차에 대해 DSB에 통보했다

③ 중국의 닭고기 반덤핑 및 상계관세부과 판정에 대한 제소(DS427)

a. 소송 배경 및 제소국의 주장

2010년 4월에 중국은 미국 닭고기 업체들이 미국 정부의 보조금을 받고 있어 중국 경쟁업체들이 피해를 본다며 최고 135%에 달하는 상계관세를 부과하였다. 이 조치로 미국의 타이슨 푸드, 필그림스프라이드, 키스톤푸드 등 32개 미국산 닭고기 수출업체에 54~65%의 관세가 부과되었으며, 중국 측 조사에 협조하지 않은 업체에는 135%의 관세가 부과되었다. 또 2009년 10월 중국 정부가 미국산 닭고기가 정부 보조금을 받아 적정가격 이하로 중국에 수출되고 있다며 조사를 시작하여 2010년 8월 4~30.3%의 상계관세를 부과하였으며, 한 달 뒤인 9월에는 50.3~105.4%의 반덤핑 관세를 부과하였다. 중국 상무부는 2011년 8월 또 미국산 닭고기 제품이 부당하게 싼값에 거래되고 있다며 반덤핑 관세 50.3~105.4%를 부과하기로 하였다.

미국은 2009년 6억 5,000만 달러 규모의 닭고기를 중국에 수출하였지만, 관세가 부과된 2010년 수출액은 1억 3,600만 달러로 약 1/5로 매우 감소하였으며, 보복관세 부과로 인한 미국 양계업계 매출 손실은 2011년 말까지 10억 달러에 이를 것으로 추정하였다. 중미 양국은 닭

고기 외에도 타이어, 원자재 등 여러 분야에서 무역 마찰이 일어나고 있으며 가속화되어가는 추세이다. 중국의 관세 부과는 2009년 미국 정부가 중국산 타이어에 35% 임시관세를 부과한 것에 대한 보복 조치였다.

2011년 9월 20일 미국은 중국이 미국산 닭고기에 대해 적절치 않은 반덤핑 및 상계관세 부과조치를 내렸다며 이를 WTO에 제소하게 된다.

b. 소송 경과 및 결과

2011년 9월 20일 미국은 중국이 객관적 증거 조사 없이 국내산업의 피해를 찾았고 덤핑 마진과 보조금 비율을 잘못 계산했으며, 공정하고 적절한 조치와 절차를 지키지 않았다며 WTO에 제소한다. 2012년 1월 20일 회의에서 DSB는 패널을 설립했다. 2012년 5월 14일 미국은 사무총장에게 패널 구성을 결정하도록 요청했으며, 2012년 5월 24일 사무총장이 패널을 구성했다. 2013년 8월 2일 패널보고서가 회원에게 회람되었다. 2013년 9월 25일 회의에서 DSB는 패널보고서를 채택했다.

2013년 10월 22일에 중국은 DSB에 WTO 의무를 존중하는 방식으로 DSB 권고 및 판결을 시행할 의도가 있음을 알리고 합리적인 기간이 필요하다고 DSB에 통보했다. 2014년 7월 22일 DSB 회의에서 중국은 DSB 권고 및 판결을 완전히 이행했다고 DSB에 통보했다. 미국은 중국이 완전히 이행했었다는 주장에 동의하지 않았다. 2014년 7월 15일 중미 양국은 DSU 제21조와 제22조에 따라 합의 절차에 대해 DSB에 통보했다.

2016년 5월 10일 미국은 육계 제품에 대한 반덤핑 및 상계관세를 계속 부과하는 중국의 조치와 관련하여 DSU 제21.5조에 따라 협의를 요청했다. 2016년 5월 27일 미국은 DSU 제21.5조에 따라 준수 패널설치를 요청했다. 2016년 6월 22일 회의에서 DSB는 가능한 경우 미국이 제기한 문제를 원래의 패널에게 회부하기로 동의했다. 2016년 7월 18일 준수 패널이 구성되었다. 2018년 1월 18일 준수 보고서가 회원에게 배포되었다. 2018년 2월 28일 회의에서 DSB는 준수 보고서를 채택했다.

④ 미국의 특정 자동차에 대한 반덤핑 관세 및 상계관세(DS440)

a. 소송 배경 및 제소국의 주장

중국 상무부는 2011년 12월 14일 정책 공고를 통해 배기량 2.5ℓ 이상의 미국산 세단형 자동차와 SUV에 대해 2011년 12월 15일부터 2013년 12월 14일까지 2년간 최고 21.5%의 반덤핑 관세와 최고 12.9%의 반보조금 관세를 동시에 부과할 것이라고 밝혔다. 차종별 반덤핑 관세는 미국산 BMW 2%, 미국산 메르세데스 2.7%, 미국산 혼다 4.1%, 클라이슬러 8.8%, 제너럴 모터스 8.9%, 기타 미국 차량이 21.5%이다. 반보조금의 경우 크라이슬러 6.2%, 제너럴 모터스 8.9%이며, BMW, 메르세데스 벤츠, 혼다는 면제된다고 밝혔다. 2011년 5월 상무부는 이미 일부 미국산 자동차들이 정부 보조금을 받은 것으로 드러나 덤핑처리 되었다며 중국산 동종 차량이 상당한 피해를 본 사실이 확인되었다고 하였다. 실제로 일부 미국 차량은 시장 가치보다 최대 20% 낮은 가격에 팔렸으며 보조금 역시 지급되었다고 한다. GM은 중국의 결정에 대해 해결방안을 찾겠다고 하였으나 중국은 세계 최대 자동차 시장이며 미국의 대중국 수출품 중 자동차 비중이 상당히 높아 미국 측의 반발과 보복이 있을 수 있다고 보았다.

실제로 2012년 2월에 미국은 중국 자동차 업계에 대해 반격을 가하기 시작하였는데, 중국 상무부 공평 무역국은 '긴급 경보'를 통해 미국이 중국산 자동차부품에 대대적인 반덤핑 및 반보조금 조사에 착수할 것이라는 소식을 전했다.[12] 미국의 이러한 조치는 2011년 12월 중국이 미국산 수입 자동차에 높은 관세를 징수하겠다고 밝힌 데에 대한 보복성 조치라는 분석이 대다수이다. 중국 상무부는 미국제조업연맹(AAM)과 일부 하원의원들이 기자회견에서 자국 자동차 산업에 대한 중국 당국의 보조금으로 미국 관련 산업이 타격을 입고 있다는 주장을 하며 미국 정부에 중국산 자동차부품 수입을 제한하는 조처를 해주기를 요구하였다고 설명하였다. 또한, 중국 상무부는 향후 엔진·자동차용 전자설비·타이어 등 관련 제품에 대해 대대적인 반덤핑·반보조금 조사가 진행될 것이며, 관련 협회와 기업들은 이에 따른 대응방안을 마련하라고 하였다.

2012년 7월 5일, 중국 상무부가 일부 자동차 및 특정 자동차에 대한 반덤핑 및 상계관세를 부과한 것에 대해 미국은 고시 제20호[2011] 및 고시 제84호[2011]와 그리고 모든 부속서를 포함하여 WTO에 중국과의 협의를 요청하였다. 중국의 실질적 의무에 관해 미국은 반덤핑 협정 제3.1조, 제3.2조, 제3.5조, 제4.16조, 제2조 및 SCM 협정 제12.7조, 제15.1조, 제15.2조, 제15.5조 및 제16.1조에 따라 청구를 제기했다.

b. 소송 경과 및 결과

2012년 7월 5일 미국은 중국이 일부 자동차 및 특정 자동차에 대한 반덤핑 및 상계관세를 부과한 것에 대해 WTO에 제소하였다. 2012년 9월 17일 미국은 패널설치를 요청했으나, 2012년 9월 28일 회의에서

---

12) 아주경제, "美, 中산 자동차부품 반덤핑·반보조금 조사", 2012.02.03, https://www.ajunews.com/common/redirect.jsp?newsId=20120203000108(검색일:2018.10.07)

DSB는 패널설치를 연기했다. 2013년 2월 1일 미국은 사무총장에게 패널 구성을 결정하도록 요청했으며, 10일 뒤인 11일에 사무총장이 패널을 구성했다. 패널은 중국 상무부가 해당 제품의 알려지지 않은 수출업자에 대한 잔여 반덤핑 및 상계 관세율의 결정을 잘못한 것으로 보았다. 따라서 패널은 이러한 잔여 관세율이 반덤핑 협약 제6.8조, 부속서 II 및 SCM 협정 제12.7조의 요건에 부합하지 않는다고 결론지었다. 패널은 또한 반덤핑 협정 제3.1조, 제3.2조 및 제3.5조 및 SCM 협정 제15.1조, 제15.2조 및 제15.5조의 요구 사항에 반하는 중국 상무부의 가격 효과 및 인과 관계 결정과 관련된 많은 불일치를 발견했다.

패널은 문제가 되는 조사에서 중국 상무부는 국내산업에 대한 정의가 반덤핑 협정 제4.1조 및 SCM 협약 제16.1조와 일치하지 않는다는 미국의 주장에 반대했다. 중국의 절차상 의무에 관해서 미국은 반덤핑 협정 제6.5.1조, 제6.9조, 제12.2조 및 제12.2.2조와 SCM 협정 제12.4.1조, 제12.8조, 제22.3조 및 제22.5조에 따라 주장을 제기했다. 패널은 중국 상무부가 반덤핑 협약 제6.5.1조와 SCM 협약 제12.4.1조의 요구 사항에 반하는 청원서에 기밀 정보에 대한 비 기밀 정보의 요약을 이해 당사자들에게 적절히 제공하지 못한 것을 잘못한 것으로 판명했다. 패널은 또한 반덤핑 협약 제6조 제9항에 따라 요구되는 반덤핑 관세를 부과하는 결정의 기초가 된 필수 사실을 중국 상무부가 미국에 공개하지 않았다는 것을 찾아냈다. 패널은 중국 상무부의 공개 통지가 잔여 관세율의 결정과 관련하여, 중국 상무부가 중요하게 생각하는 사실과 법에 관한 모든 문제에 관한 핵심 사실, 결과 및 결론을 공개하는 데 실패했다는 미국의 주장을 기각했다.

이에 따라 패널은 미국이 중국은 반덤핑 협정 제6.9조, 제12.2조, 제12.2.2조 및 SCM 협정 제12.8조, 제22.3조 및 제22.5조와 일관성이 없다는 것이 수립되지 못했다고 하였다. 패널은 또한, 이러한 위반의 결과로 중국이 반덤핑 협정 제1조 및 SCM 협정 제10조에 명시된 일반 의무와 불일치하게 행동하여 이 협정의 조항들과 일관되게 조사를 수행하였다. 위와 더불어 분쟁 해결 합의서 제19조 1항에 따라, 패널은 분쟁 해결기구의 중국이 반덤핑 및 SCM 협정에 따른 의무와 일치하는 관련 조처를 하도록 하는 요청을 권고하였다. 2014년 5월 23일 패널보고서가 회람되었으며 2014년 6월 18일 회의에서 DSB는 패널보고서를 채택했다.

⑤ 중국의 농업 생산자를 위한 국내 지원(DS511)

a. 소송 배경 및 제소국의 주장

2016년 9월 13일 미국은 중국이 농업 생산자, 특히 밀, 인도형(인디카/장립종) 쌀, 일본형(자포니카/단립종) 쌀, 옥수수를 생산하는 사람들에게 국내 지원을 제공하는 특정 조치에 관해 WTO에 중국과의 협의를 요청했다. 미국은 그 조치가 농업 협정 제3.2조, 제6.3조 및 제7.2조 (b)와 일치하지 않는다고 주장했다.

b. 소송 경과 및 결과

2016년 9월 13일 미국은 중국의 밀, 쌀, 옥수수 생산자들에게 국내 지원을 제공하는 특정 조치에 대해 WTO에 제소하였다. 2016년 12월 5일 미국은 패널설치를 요청했으나 2016년 12월 16일 회의에서 DSB는 패널설치를 연기했다. 2017년 1월 25일 회의에서 DSB는 패널을 설립했으며, 당사자들의 합의에 따라, 패널은 2017년 6월 24일에 구성되었다. 2018년 7월 27일 패널 위원장은 DSB에 패널이 최종보고서를 이 분쟁의 상황과 당사자와의 협의에서 채택된 일정표에 따라 2018년

12월까지 당사자에게 전달할 것으로 예상한다고 통보하였다.

이 분쟁은 2012년부터 2015년까지 밀, 쌀 및 옥수수의 생산자를 위한 중국의 시장 지원(MPS) 형태의 국내 지원 조항에 관한 것이다. 이 분쟁의 핵심 요소는 밀, 쌀, 옥수수 생산자에게 제공되는 중국 시장 가격 지원(MPS)의 가치 산정이었다. 농업 협정(AoA)에 따라 MPS는 적용된 관리 가격(AAP), 고정 외부 참조 가격(FERP)과 AAP(QEP)를 받을 수 있는 생산량의 세 변수로 구성된 수학 공식을 사용하여 계산된다. 현재의 경우, MPS 결괏값은 중국의 8.5%와 비교된다. 이 비교를 허용하기 위해 MPS는 문제가 되는 상품의 총생산 가치 대비 백분율로 표시된다. 현 분쟁에서 그러한 비율이 중국의 8.5% 약정보다 크다면 중국은 농업 협정(AoA)의 제6.3조 및 제3.2조에 따른 의무를 이행하지 않은 것이다.

밀, 인디카 쌀, 자포니카 쌀에 대한 중국 시장 가격 지원을 계산하는 데 필요한 모든 구성 요소를 결정한 후, 패널은 계산한 결과 2012~2015년의 각 연도에 중국의 지원 수준이 최소 수준을 초과했기 때문에 이를 바탕으로, 패널은 중국이 농업 협정(AoA)의 제3.2조 및 제6.3조에 따른 의무와 부합하지 않는다고 결론을 내렸다. 2019년 2월 28일 패널보고서는 회원들에게 회람되었다.

(3) 상소 평결사례

① 중국의 자동차부품 관세율에 대한 제소(DS340)

a. 소송 배경 및 제소국의 주장

2005년 7월부터 시행한 관세정책에 따라 중국은 자국에서 생산되는 자동차에 중국산 부품을 최소한 40% 이상 사용하도록 하였으며,

기준에 미달하는 경우 해당 자동차의 수입부품에 대해 완성차 수입 관세율을 적용하였다. 즉 중국에서 조립한 완성차 중 수입부품의 비율이 60%가 넘으면 해당 수입부품에 대해 일반 수입부품 관세인 10~15%보다 높은 완성차에 상당하는 28%의 관세를 매겼다. 중국에서 수입 자동차부품에 부과하는 관세율은 평균 10%였으며, 완성차에 적용하는 관세율은 평균 25%였기에 기준에 미달하는 경우 완성차에 들어가는 수입 자동차부품의 관세율은 평균 10%보다 15% 많은 25%가 적용되는 것이었다. 또 중국은 현지조립방식 수출(knock-down auto kits)에 완성차에 상응하는 관세를 부과하였다.13) 이러한 조치들에 대해 미국, EU는 불평등을 주장하며 2006년 3월 30일 WTO에 제소하게 된다. 미국과 EU는 중국의 자동차부품 관세가 GATT 1994 제3조의 내국민 대우 원칙과 TRIMs 제2조의 투자 관련 제한 조치금지 규정을 위반한 것이라고 주장하였다.

b. 소송 경과 및 결과

2006년 3월 30일 미국, EU는 중국의 자동차부품수입과 관련된 조치들이 불평등하다며 WTO에 중국과의 협의를 요청했다. 같은 해 4월 13일 캐나다 역시 같은 내용으로 WTO에 협의를 요청한다. 2006년 9월 15일 당사국 간 협의가 이루어지지 않자 미국, EU, 캐나다는 분쟁 해결기구에 패널설치를 요청한다. 2007년 1월 9일 패널 구성이 완료되었으며 2008년 7월 18일 패널은 최종보고서를 통해 중국의 자동차부품수입 관련 조치들이 WTO 규정에 위배된다며 중국에 패소 판결을 내린다. 이에 대해 중국은 2008년 9월 15일 패널보고서의 법

---

13) 중국은 현지조립방식 수출(knock-down auto kits)에 완성차에 상응하는 관세를 부과한 것은 일부 외국 자동차 제조업자들이 완성차 수입에 부과되는 관세를 회피하기 위해 수입 전에 차를 분해한 후 중국으로 들여와 재조립하는 것에 대해 규제를 하기 위해서였다고 주장하였다.

률적 쟁점과 패널에 의한 법적 해석을 상소 기구에 항소하게 된다.

2009년 12월 15일 상소 기구 역시 패널의 결정과 마찬가지로 GATT 1994와 협정에 따른 의무와 일치하지 않는다며 중국의 상소를 기각한다. 2008년 12월 15일에 상소 보고서가 회람되었으며, 2009년 1월 12일 상소 보고서와 패널보고서가 채택되어 상소 기구 보고서로 확정되었다. 중국은 2009년 2월 11일 DSB의 권고와 결정을 이해하기 위한 기간이 필요하다며 DSB에 통보했다. 이에 합리적인 이행 시작 기간이 2009년 9월 1일로 결정되었다. 2009년 8월 28일 중국은 중국 해관총국 및 관련 기관이 법령 125의 폐지에 관한 공동 법령을 공포하였으며, 9월 1일부터 자동차부품의 수입 관세를 10%로 통일하겠다고 발표하였다. 2009년 8월 31일 DSB 회의에서 중국은 공업정보화부와 국가발전개혁위원회가 2009년 8월 15일 <자동차 산업 발전 정책>에 자동차부품의 수입에 관한 규정의 이행을 정지한다는 공동 법령을 발의했다는 내용을 제출했다고 하였다. 이에 따라 중국은 DSB의 권고와 결정에 일치하는 관련 조치를 이행하였음을 선언하게 된다.

② 중국의 출판물, 오락영상물 등에 대한 제소(DS363)

a. 소송 배경 및 제소국의 주장

중국이 WTO 가입 당시 승인했던 서비스 무역개방과 연관되는 문제로 중국이 WTO에 가입한 후 서비스 무역에 대한 첫 번째 제소이다. 중국은 수입출판물, 오락영상물 등에 대해서 국영기업만 수입할 수 있는 권한을 주었으며, 수입 영화는 2개의 국영기업으로 유통채널을 제한하였다. 또한, 외국인투자기업이 수입출판물의 유통서비스에 종사하는 것을 금지하고 있었다. 미국은 중국 정부의 (1) 개봉 영화의 수입 필름, 시청각 홈 엔터테인먼트 제품(예를 들어 비디오카세트와

DVD), 사운드 레코딩과 간행물(예를 들어 책, 잡지, 신문과 전자 출판물)에 대한 거래의 권리를 제한하는 특정 조치, (2) 출판물에 대한 유통서비스를 하는 외국 공급업체와 시청각 홈 엔터테인먼트 제품에 대한 시청각 서비스(유통서비스 포함)를 하는 외국 공급업체에 대한 시장 접근을 제한하거나 차별하는 조치라고 주장하였다. 미국은 중국 정부의 이러한 조치가 외국 기업의 수입 권한과 유통서비스 권리를 제한하고 있으며, 이것은 외국 상품 및 서비스에 대해 차별하는 조치라며 2007년 4월 10일 중국의 출판물과 영상오락물에 대한 무역권과 유통권 규제에 대해 WTO에 협의를 요청하게 된다.

b. 소송 경과 및 결과

2007년 4월 10일 미국은 중국의 출판물과 영상오락물에 대한 무역권과 유통권 규제에 대해 WTO에 제소한다. 6월 5일과 6일 양일간 양국은 협의를 진행하였으나 합의에 도달하지 못한다. 약 4개월 뒤인 2007년 10월 10일 미국은 패널설치를 요구하지만, 중국은 이를 거부한다. 다음 달 27일 전문가 패널 구성이 완료되었으며, 호주, 캐나다, 일본, 한국, 대만은 제3자로 패널에 참가하여 의견을 제출한다. 2009년 6월 23일 최종보고서가 발표되고 같은 해 8월 12일 패널의 최종보고서는 미국의 입장을 대부분 지지하며, 중국이 외국의 출판물과 영상오락물에 대해 자국 시장에 진입 제한 조치를 하는 것은 WTO 규정과 중국의 WTO 가입 당시의 승인사항에 위배된다고 판결한다.

2009년 9월 22일 중국은 패널보고서의 법률 특정 문제와 패널에 의한 특정 법적 해석에 대해 상소 기구에 항소하였으며 13일 뒤인 10월 5일 미국 정부 역시 상소하게 된다. 2009년 12월 21일 WTO 분쟁 해결기구는 상소 절차를 거쳐 최종적인 상소 기관 보고서를 발표하였는데 최종보고서는 대부분의 쟁점에 대해 패널의 평결을 지지한다고 하였다. 2010년 1월 19일 회의에서 DSB는 항소기구 보고서와 수정 보고서를 채택했다.

2010년 2월 18일 DSB 회의에서 중국은 DSB 권고 및 판결을 시행하겠다는 의도를 DSB에 통보했다. 중국은 이 분쟁이 문화 제품에 대한 중요한 규정과 관련되어 있어 권고와 결정을 구현하는데 합당한 시간이 필요하다고 하였다. 2010년 7월 12일 중국과 미국은 DSB의 권고 및 의결을 이행하기 위한 합리적인 기간은 항소기구 채택 일자와 패널보고서로부터 14개월이 되어야 한다는 데 합의했다고 DSB에 통보했다. 따라서 합리적인 기간은 2011년 3월 19일까지로 합의하였다. 2011년 4월 13일 미국과 중국은 DSU 제21조 및 제22조에 따라 합의 절차에 대해 DSB에 통보했다.

2012년 2월 22일 DSB 회의에서 중국은 문제가 되는 대부분의 조치에 대한 수정을 완료했으며 최근에는 영화와 관련된 조치에 관하여 미국과 양해 각서(MOU)에 서명했다고 하였다. 미국은 양해 각서(Memorandum of Understanding)에 공식 서명하는 것을 고대하고 있으며 상황을 계속 모니터링할 것이라고 말했다. 2012년 3월 23일의 DSB 회의에서 중국은 연극 출품 영화와 관련된 것을 제외하고는 DSB 권고 및 판결의 완전한 이행을 보장했다고 밝혔다. 2012년 5월 9일 중국과 미국은 2012년 2월 22일 DSB 회의에서 언급 한 양해 각서(MOU)에 명시된 바와 같이 연극 출품 영화와 관련된 핵심 요소를 DSB에 통보했다. 2012년 5월 24일 DSB 회의에서 중국은 모든 필요한 조처를 했으며, 따라서 DSB 권고 사항을 준수했다고 밝혔다. 미국은 양해 각서가 중요한 진전을 보였으나 최종 결의안은 아니라고 밝혔다.

③ 각종 원자재의 수출과 관련된 조치에 대한 제소(DS394)

a. 소송 배경 및 제소국의 주장

이 분쟁은 중국이 여러 가지 원자재 수출에 부과하는 네 종류의 수출 억제에 관한 것이다. 중국은 2001년 WTO 가입 당시 수출 제한을 없애겠다고 약속하였지만 2008년 금융위기 이후 원자재 수출 한도를 대폭 줄여왔다. 중국은 기술 제품뿐만 아니라 일상용품을 생산하는 데 사용되는 각 원자재의 주요 생산국으로 수출 제한 대상 원자재는 다양한 형태의 보크사이트, 코크스, 형석, 마그네슘, 망간, 실리콘 카바이드, 실리콘 금속, 황색 인과 아연이다. 미국은 수출 제한으로 희소성을 창출하고 국제 원자재 시장에서 가격 상승을 초래했다는 점을 주장했다. 또한, 중국 내수 산업에 원재료 가격을 낮추고 안정적으로 제공하며 중국에 상당한 이점을 제공한다고 보았다. 이에 2009년 6월 23일 미국은 중국으로부터 다양한 형태의 원자재 수출에 대한 중국의 규제와 관련하여 WTO에 중국과의 협의를 요청했다. 미국은 32개 조치를 인용해 중국이 수출에 대한 제한을 부과하고 미공개 제한 조치가 추가되었으며 이로 인해 미국의 이익에 직간접적으로 부정적 영향을 주었다고 주장하였다.

b. 소송 경과 및 결과

2009년 6월 23일 미국과 EU는 중국이 각종 원자재 수출에 관해 수출관세나 수출 쿼터의 방식으로 규제하고 있다며 이러한 수출 규제 조치에 대해 WTO에 중국과의 협의를 요청하게 된다. 2009년 8월 21일 멕시코도 이 사안으로 협의를 요청한다. 소송 당사국 간에 2009년 7월과 9월 두 차례의 협의를 진행하였으나 합의에 이르지 못하고, 2009년 11월 4일 미국은 패널설치를 요청한다. 2009년 11월 19일 회의에서 DSB는 패널설치를 연기했으며, 약 한 달 뒤인 2009년 12월 21일 패널이 설치되었다. 2010년 3월 29일 패널이 구성되었으며, 2011년 4월 1일 패널은 최종보고서를 제출하였고 같은 해 7월 5일 최종보고서 승인이 이루어져 회원들에게 회람되었다. 중국은 이에 대해 환경보호를 위해 원자재 수출 제한이 필요하다며 환경보호를 위해 수출 제한을 허용하고 있는 WTO 규정 제20조를 들어 반박하였지만, 중국의 원자재 수출 제한은 부당하다는 판결을 내렸다. 이에 중국은 8월 31일 특정 법률문제와 패널보고서의 법적 해석에 항소하기로 했다고 통보했다. 다음 달인 9월 6일 미국 역시 특정 법률문제와 패널보고서의 법적 해석에 대한 항소 결정을 통보했다.

2012년 1월 30일 상소 보고서가 회람되었다. 2012년 2월 22일 회의에서 DSB는 항소기구 보고서에 의해 수정된 항소기구 보고서와 패널 보고서를 채택했다. 2013년 1월 17일 중미 양국은 DSU 제21조 및 제22조에 따라 합의 절차를 DSB에 통보했다. 2013년 1월 28일 DSB 회의에서 중국은 2012년 12월 28일 중국 관세청이 2013년 관세 이행 계획을 공표했다고 발표했다. 2012년 12월 31일 중국 상무부와 중국 관세청은 2013년 수출 허가 관리 대상 물품 목록을 공동으로 발표했다. 통보에 따르면 특정 원재료에 대한 수출관세 및 수출 쿼터 적용이 철회되었다. 두 가지 고지는 2013년 1월 1일에 발효되었다. 이러한 조치를 통해 중국은 이 분쟁에서 DSB의 권고와 판결을 완전히 이행했다.

④ 미국산 발전기용 전기강판에 대한 반덤핑 및 상계관세 부과에 대한 제소(DS414)

a. 소송 배경 및 제소국의 주장
2009년부터 반덤핑 및 상계관세 부과조치로 중미 양국 간의 통상 분쟁이 심화되기 시작하였다. 2009년 미국의 반덤핑 및 상계관세 조사의 60% 이상이 중국을 대상으로 한 것이었으며 중국 역시 이러한 조치에 적극적으로 대응하였다.

2009년 12월 10일 중국 상무부는 미국산 방향성 전기강판에 대해 반덤핑 및 상계관세, 러시아산 방향성 전기강판에 대해 반덤핑 관세 부과 예비판정을 내린다고 발표하였다. 이에 따라 미국산은 10.7~25%의 반덤핑 관세와 11.7~12.0%의 상계관세가 부과되고, 러시아산은 4.6~25%의 반덤핑 관세가 부과되게 되었다. 2010년 4월 15일 중국 상무부는 최종판정을 발표하였으며, 2010년 9월 15일 미국은 미국산 발전기용 철강(GOES)에 상계관세 및 반덤핑 관세를 부과한 조치와 관련하여 중국의 산업자원부에서 정한 공지 번호 21과 부가사항을 포함하여 WTO에 중국과의 협의를 요청한다. 중국이 보조금이라 본 것은 2009년 미국 경기회복 및 재투자 법 그리고 주 정부 조달 법 규정의 "미국산 제품 우선 구매"이다. 미국은 중국의 이러한 조치가 SCM 협정 제10, 11.2, 12.3, 12.41, 12.7, 12.8, 15.1, 15.2, 19, 22.2(iii), 22.3, 22.5, 반덤핑 협정의 제1, 3.1, 3.2, 3.5, 6.9, 12.2, GATT 1994의 제VI와 일치하지 않는다고 주장하였다.

b. 소송 경과 및 결과

2010년 9월 15일 미국은 중국의 미국산 발전기용 전기강판(GOES)에 대한 반덤핑 및 상계관세 부과에 대해 WTO에 제소한다. 2010년 11월 중미 양국은 협의를 진행하지만, 합의점을 찾지 못한다. 2011년 2월 11일 미국은 패널설치를 요구하게 되고, 2011년 3월 25일 패널이 설치되었다. 2011년 9월 15일~16일에 패널은 제1차 공청회를 개최하고, 2012년 6월 15일 패널보고서가 회람되었다. 2012년 7월 20일 중국은 항소하기로 했으며, 패널보고서에서 다루는 특정 법적 문제 및 법적 해석에 항소했다. 2012년 10월 18일 상소 보고서가 회람되었으며, 2012년 11월 16일 상소 기구의 보고서에 의해서 완성된 상소 기구 보고서와 패널보고서가 채택되었다. 2012년 11월 30일 중국은 WTO 의무를 존중하는 방식으로 DSB 권고안 및 의결을 이행하기로 했다.

2013년 2월 8일 미국은 DSU 제21.3조 (c)항에 대해 구속력 있는 중재를 통해 합리적인 기간을 결정할 것을 요청했다. 2013년 5월 3일 중재 보고서가 회원들에게 회람되었다. 2013년 8월 19일 중국과 미국은 DSU 제21조 및 제22조에 따라 합의 절차를 DSB에 통보했다. 2014년 1월 13일 미국은 DSU 제21.5조에 따라 협의를 요청했다. 2014년 2월 13일 미국은 패널설치를 요청했다. 2014년 2월 26일 DSB는 가능한 경우 미국이 제기한 문제를 원래의 패널에게 회부하는 데 동의했다. 2014년 3월 17일 패널이 구성되었다. 2015년 7월 31일 제21.3조 (C)에 대한 패널보고서가 회람되었다. 2015년 8월 31일 회의에서 DSB는 준수 보고서를 채택했다. 2015년 8월 31일 중국은 2015년 4월 10일에 미국산 "GOES" 수입품에 대한 반덤핑 및 상계관세 조치가 만료되었음을 DSB에 통보했다.

⑤ 중국 희토류, 텅스텐 및 몰리브덴의 수출 관련 조치(DS431)

a. 소송 배경 및 제소국의 주장

희토류, 텅스텐 및 몰리브덴에 대해 중국은 수출을 제한하고 있는데 이들은 다양한 종류의 전자 제품 생산에 사용되는 원자재이다. 중국은 세계 희토류 사용량의 90% 이상을 생산하고 있는 국가로 2007년 무렵부터 희토류를 국가전략자원으로 규정하고 환경보호와 난개발 등의 명분으로 생산, 유통, 수출에 대한 전면적인 관리를 시행하고 있다. 중국은 이 제한 조치가 천연자원의 보존과 관련되어 있으며 광업으로 인한 오염을 줄이는 데 필요하다고 주장했다. 이 제한은 하류 재화를 생산하는 중국 산업에 대상 물질에 대한 보호된 접근을 제공하도록 고안되었다고 주장하면서 불만이 제기되었다. 이것은 수출관세, 수출 쿼터, 무역권 세 가지로 이에 2012년 3월 13일 미국은 중국의 희토류, 텅스텐 및 몰리브덴에 대한 수출 규제 조치에 대해 WTO에 제소하게 된다.

b. 소송 경과 및 결과

2012년 3월 13일 미국은 중국의 희토류, 텅스텐 및 몰리브덴 등에 대한 수출 규제 조치에 대해 WTO에 제소한다. 이러한 제한에는 양적 제한 관리와 관련된 수출관세, 수출 쿼터, 최소 수출가 요구 사항, 수출 허가 요건 및 추가 요구 사항 및 절차가 포함된다. 2012년 6월 27일 미국은 패널설치를 요청했다. 2012년 7월 10일 회의에서 DSB는 패널설치를 연기했다. 2014년 3월 26일 패널보고서가 회람되었다.

2014년 4월 8일 미국은 패널보고서에서 다루는 특정 문제와 패널이 발전시킨 특정 법적 해석에 대해 상소 의사 결정을 DSB에 통보했다. 항소에서 미국은 상소 기구가 패널 절차의 후반 단계에서 제소국이 제출한 10개의 패널 전시회를 거부하겠다는 결정이 DSU 제11조 및 제12.4조와 일치하지 않는다는 사실에 관해 확인 요청을 했다. 항소가 전제된 조건 중 하나가 충족되지 않았기 때문에, 상소 기구는 미국의 항소에 대해 통지하지 않았다.

2014년 4월 17일 중국은 동일한 사항에 대한 EU와 일본이 각각 제출한 DS432와 DS433이라는 두 가지 분쟁에서의 패널보고서에 대해 각각 상소를 제기했다. 상소 기구는 DS431, DS432 및 DS433의 상소 절차를 단일 상소 기구 본부에 합하고 세 상소 절차의 시간표를 맞춘

후 세 번의 모든 절차에 대해 구두 청문회를 개최했다. 2014년 8월 7일 상소 기구는 단일 문서로 3개의 항소기구 보고서를 발표했다. 2014년 8월 7일 상소 보고서가 회람되었다. 중국은 패널의 최종 결론에 대해 항소하지 않았지만, 패널의 추론 및 특정 중간 결과에 대해 제한된 양상을 호소했다. 중국의 항소심은 중국의 가입 규약과 기타 WTO 협정의 특정 조항, 그리고 WTO 회원국이 철저한 천연자원을 보호하고 보존하는 권리 사이의 체계적인 관계를 명확히 하는 것을 의도했다.

2014년 9월 26일 DSB 회의에서 중국은 WTO 의무를 존중하는 방식으로 DSB의 권고와 판결을 이행하기로 했다. 중국은 합리적인 기간이 필요하다고 덧붙였다. 2014년 12월 8일 중미 양국은 DSB 권고 및 판결을 이행하기 위한 합리적인 기간은 상소 기구 및 패널의 보고서가 채택일로부터 8개월 3일이 되어야 한다는 데 합의했다고 DSB에 통보했다. 따라서 합리적인 기간은 2015년 5월 2일까지로 했다. 2015년 5월 20일의 DSB 회의에서 중국은 상무부와 중국 관세청의 통지에 따라 DSB에 희토류, 텅스텐 및 몰리브덴에 대한 수출관세 및 수출 쿼터 적용 및 희토류와 몰리브덴을 수출하는 기업이 WTO 규칙과 일치하지 않는 것으로 판명된 무역권리에 대한 제한이 제거되었다. 이와 관련하여 중국은 DSB의 권고와 판결을 완전히 이행했다. 그러나 미국은 DSB의 권고와 판결을 완전히 준수했다는 중국의 평가를 인정할 수 없다고 하였다. 2015년 5월 21일 중국과 미국은 DSU 제21조 및 제22조에 따라 합의 절차에 대해 DSB에 통보했다.

(4) 중지 사례

① 중국의 수출보조금 문제에 대한 제소(DS387)

a. 소송 배경 및 제소국의 주장

중국 정부는 자국 상품의 해외인지도 제고와 판매촉진을 위해 중앙 정부 및 지방정부의 다양한 부서에서 여러 가지 수출보조금 프로그램을 시행하고 있다. 여기에는 수출업체에 대한 직접적인 현금 지급이나 업체들에 대한 특혜융자, 낮은 요율의 보험료 그리고 신상품 연구개발에 대한 자금 지원 등이 있다. 그러나 미국은 중국의 유명상품 수출보조금 프로그램(重點支持和發展出口名牌商品)이 유명상품 여부와 관계없이 가전, 의류, 농산품, 식품, 경공업품 등 거의 모든 중국 제품에 지원되고 있어 이에 불공정무역에 해당한다고 주장하며 2008년 12월 19일 멕시코와 함께 WTO에 제소하게 된다. 미국은 이러한 보조금, 융자 및 기타 인센티브뿐 아니라 관련된 이행조치에 중국의 유명상품과 수출 브랜드가 다수 포함되어 있다고 하였다. 미국은 이러한 조치가 SCM 협정 제3, 농업 협정 제3, 9, 10과 일치하지 않는다고 주장하였다. 또한, 중국의 가입 의정서 1항의 12.1뿐만 아니라 1항의 1.2와도 일치하지 않는다고 주장하였다. 게다가 이러한 수출보조금은 수입제품에 해당하지 않기에 GATT 1994의 제3조 4항과도 일치되지 않는다고 주장하였다.

b. 소송 경과 및 결과

2008년 12월 19일 미국과 멕시코는 중국 중앙정부와 지방정부가 실시하고 있는 유명상품 수출보조금 프로그램들에 대해 WTO에 중국과의 협의를 요청한다. 2009년 1월 19일 과테말라 역시 같은 문제로

WTO에 협의를 요청한다. 2009년 2월 5일부터 6일까지 양일간 소송 당사국 간 협의가 진행되었으며, 2009년 12월 18일 중국은 문제가 된 수출보조금에 대한 프로그램을 중단하겠다고 약속하며 이 사안은 중지되었다.

2) 현재 진행 중인 사례

(1) 협의 요청

① 중국의 풍력발전설비에 대한 보조금 조치(DS419)

a. 소송 배경 및 제소국의 주장

2010년 10월 미 무역대표부는 미국 철강노동자연합회의 요구에 따라 중국 정부의 풍력발전설비 생산 기업에 대한 보조금 조치 조사에 착수한다. 미 무역대표부는 중국 정부가 자국의 풍력발전설비 제조 기업들에 자국의 부품만을 사용할 때에만 보조금을 지급해 외국 기업들의 부품 수출을 차단한다고 하며 이것은 WTO 규정에 위배되는 것이라고 주장하였다. 그러나 중국 정부는 보조금이 지구 온난화를 막기 위해 청정에너지를 지원하기 위한 것이기에 해당 규정을 위반하지 않았다고 주장하였다. 2010년 12월 22일 미국은 이에 대해 WTO에 제소한다.

미국은 그 조치가 수입품보다 국내 수입품 사용에 달린 보조금, 기금 등을 제공하는 것처럼 보이기 때문에 결과적으로 SCM 협정 제3조와 일치하지 않는 것으로 보인다고 주장했다. 또한, 미국은 중국이 이러한 조치를 통고하지 않았기 때문에 GATT 1994 제16조 1항과 SCM 협정 제25.1조, 제25.2조, 제25.3조 및 제25.4조를 준수하지 못하는 것으로 보았다. 게다가 중국이 WTO 공식 언어 중 하나 또는 그 이상으로 이 조치들을 번역하지 않았기 때문에, 또한 가입 의정서(중국의 가입에 관한 WP.43의 334항이 포함되어있는 한도 내에서)의 제1부 1.2항에 의거한 의무를 준수하지 못한 것으로 보았다.

b. 소송 경과 및 결과

2010년 12월 22일 미국은 철강노조 명의의 진정서를 제출하는 방식으로 풍력 발전 설비(전체 유닛 및 그 일부 포함)를 제조하는 기업에게 보조금이나 기금을 제공하는 이 사안에 대해 WTO에 중국과의 협의를 요청했다. 2011년 1월 12일 EU가 협의에 참여할 것을 요청했으며, 2011년 1월 17일 일본이 협의에 참여할 것을 요청했다. 2011년 2월 16일 중미 양국은 협의를 진행하였다.

② 중국의 자동차와 자동차부품 산업에 영향을 미치는 특정 조치 (DS450)

a. 소송 배경 및 제소국의 주장

2011년 8월 30일 미 상무부는 중국 정부가 지원하는 불공정 보조금의 효과를 상쇄하기 위해 중국산 일부 철제 타이어 휠과 아연도금 강선 제품에 대해 각각 26.24~46.59%와 21.59~48.9%의 예비 상계관세를 차등적으로 부과하여 징수하기로 하였으며 최종 판결은 2012년 1월에 결정되었다. 철제 타이어 휠은 트럭이나 버스 등 자동차부품에 광범위하게 사용되고 있으며, 아연도금 강선은 농업, 자동차제조업, 건축, 설비 등 기타 공업 등에 널리 사용되고 있다. 이에 대해 일부 투자분석가들은 미국 경제의 하락과 보호무역주의의 심화 및 정치적 배경 등으로 오바마 정부가 들어선 이래 중국에 대한 무역제재 조치가 잇따라 취해지고 있다고 주장하였으며, 중국 정부는 모든 형태의 보호무역주의를 강력히 반대한다고 하였다.

2012년 9월 17일 미국은 정부 보조금, 대출, 정부 수입, 상품 및 서비스 제공 및 중국 자동차와 자동차부품 기업에 대한 수출실적에 따른 기타 인센티브 등의 형태로 보조금을 제공하는 특정 조치에 관한 내용에 대해 WTO에 중국과의 협의를 요청했다.

b. 소송 경과 및 결과

2012년 9월 17일 제소 중인 사안이다.

③ 중국의 특정 국내 생산 항공기에 대한 조세 조치(DS501)

a. 소송 배경 및 제소국의 주장

2015년 12월 8일 미국은 중국의 자국산 항공기 판매와 관련한 조세 조치에 관해 WTO에 중국과의 협의를 요청했다. 미국은 중국이 자국산 여객기 보호주의 정책을 펼친다며, 수입 중소형 여객기에 17%에 이르는 부가가치세를 물리면서 중국에서 생산된 여객기에는 부가세를 부과하지 않고 있다고 주장했다. 미국은 그 조치들이 GATT 1994 제제3조 2항, 제3조 4항, 10조 1항과 중국의 가입 의정서의 제1부의 2(C)(1) 및 2(C)2와 가입 규약 1.2항 (WP.43의 334항을 포함) 등과 불일치한다고 주장하였다. 이 사안은 최근 중국이 중소형 여객기 상용화에 이어 대형 여객기 상용화에 박차를 가하는 가운데 나와, 미국이 중국 여객기의 부상을 견제하고 있다고 보인다.

b. 소송 경과 및 결과

2015년 12월 8일 중국의 자국산 항공기 판매와 관련한 조세 조치에 관해 WTO에 제소했다. 2015년 12월 18일 캐나다와 EU가 협의에 참여할 것을 요청했다. 2015년 12월 21일 일본이 협의에 참여할 것을 요청했다. 이어서 중국은 DSB에 캐나다와 EU의 협의 요청에 동의했다고 통보했다.

④ 중국의 1단계 알루미늄 생산자에 대한 보조금(DS519)

a. 소송 배경 및 제소국의 주장

2017년 1월 12일 미국은 중국이 1차 알루미늄 생산자들에게 제공하는 보조금 관련 협의와 관련하여 중국과의 협의를 요청했다. 미국은 중국이 국내 알루미늄 업계에 국유은행을 통해 저리 융자를 주고 석탄과 전기도 염가로 공여하고 있다고 했다. 또한, 중국 알루미늄 업계가 보조금에 상당하는 이런 지원을 받아 제품을 생산해 수출하면서 국제 알루미늄 가격을 교란하고 있으며, 결과적으로 국제가격의 저하를 불러와 미국기업에 불이익을 입혔다고 주장하였다. 미국은 그 조치가 SCM 협정 제5(c), 6.3(a), 6.3(b), 6.3(c), 6.3(d) 그리고 GATT 1994의 제16조 1항과 일치하지 않는다고 주장했다.

b. 소송 과정 및 결과

2017년 1월 12일 미국은 중국의 1단계 알루미늄 생산자에 대한 보조금에 대해 WTO에 제소하였으며 진행 중이다.

(2) 패널 절차

① 중국의 특정 원재료에 대한 수출관세(DS508)

a. 소송 배경 및 제소국의 주장

2016년 7월 13일 미국은 중국이 항공기나 자동차 등에 사용하는 9가지 광물인 안티몬, 코발트, 구리, 흑연, 납, 마그네시아, 탈크, 탄탈륨 및 주석에 대한 중국의 수출관세에 관해 WTO에 중국과의 협의를 요청했다. 미국은 중국의 가입 규약에 비춰볼 때 직·간접적으로 미국에 발생하는 이익을 무효로 하거나 손상한 것으로 보인다고 간주하였다. 미국 정부는 또한 중국이 구리, 납, 그라파이트(흑연) 등의 광물에 5～20%의 수출관세를 부과하여 자국 산업을 경쟁에서 유리하게 하고 있다고 주장하였다. 미국은 주장된 제한 사항이 중국의 가입 규약 제1부의 제2항(A)(2), 5.1, 11.3 및 가입 규약 1.2항 및 GATT 1994 제11조 1항(11조 1) (중국의 가입에 관한 특별조사위원회 보고서의 83, 84, 162 및 165항을 포함)과 일치하지 않는다고 주장하였다.

b. 소송 경과 및 결과

2016년 7월 13일 미국은 항공기나 자동차 등에 사용하는 9가지 광물에 대한 중국의 수출관세에 관해 WTO에 중국과의 협의를 요청했다. 2016년 7월 19일 미국은 다양한 형태의 안티몬, 크롬, 인듐, 마그네시아, 활석 및 주석의 수출 제한에 관한 보충 협의를 요청했다. 2016년 10월 13일 미국은 패널설치를 요청했다. 2016년 10월 26일 회의에서 DSB는 패널설치를 연기했다. 2016년 11월 8일 회의에서 DSB는 패널을 설립했다. 브라질, 캐나다, EU, 인도, 인도네시아, 일본, 카자흐스탄, 한국, 멕시코, 노르웨이, 러시아, 싱가포르, 대만, 베트남은 제3자 권리를 가졌다.

② 중국의 특정 농산물에 대한 관세율 쿼터(DS517)

a. 소송 배경 및 제소국의 주장

2016년 12월 15일 미 무역대표부(USTR)는 중국이 미국산 옥수수나 쌀, 밀 같은 자국 곡물 수입을 부당하게 제한해 국제 협약을 위반한 혐의로 WTO에 중국과의 협의를 요청했다. 미국은 그 조치가 중국의 의정서 제1부 1.2항 (보고서의 문단 116을 포함하는 한도 내에서 중국의 가입에 관한 당사국 회의)과 일치하지 않는 것으로 보인다고 주장했다.

또한, 미국은 중국이 저율 관세 할당(TRQ·tarriff-rate quotas)으로 알려진 복잡한 수입 장벽을 불투명하고 예측 불가능하게 운영해 미국 곡물업자들에게 불이익을 줬다고 주장했다.[14] 미 무역대표부는 "중국의 TRQ 정책은 WTO 규정에 어긋나며 고품질의 곡물을 경쟁력 있는 가격으로 중국 소비자들에게 수출하려는 미국 농업계의 기회를 제한하고 있다"라고 주장했다. 미국이 지난해 중국에 수출한 밀, 쌀, 옥수수는 3억 8,100만 달러로 2013년의 23억 달러와 비교하면 1/6 수준으로 폭락했다. 반면, 중국이 돼지 사료로 이용하는 콩 수출액은 지난해 105억 달러에 달했다. 이에 따라 중국의 부당한 무역장벽으로 인한 미국의 농업 수출 피해액이 최대 35억 달러에 이른다는 게 미국 측의 설명이다.

이 제소는 중국이 자국의 시장경제 지위를 인정하지 않는 미국과

---

14) TRQ는 작은 회사가 큰 회사와 동등한 입장에서 중국에 수출할 수 있도록 기회를 보장하기 위해 쿼터로 정한 수량까지 낮은 관세율을, 쿼터를 초과하는 물량에 대해선 더 높은 관세율을 각각 적용하는 제도다.

EU를 2016년 12월 12일 WTO에 제소한 데 이어, 이틀 뒤인 14일 GM 등 미국 자동차회사에 반독점 규정 위반 혐의로 벌금을 부과할 것으로 알려진 것과 관련해 미국이 반격에 나선 것으로 해석된다.

b. 소송 경과 및 결과

2016년 12월 15일 미국은 중국의 특정 농산물에 대한 관세율 쿼터에 대해 WTO에 중국과의 협의를 요청한다. 2017년 8월 18일 미국이 패널설치를 요청했으나, 2017년 8월 31일 회의에서 DSB는 패널설치를 연기했다. 2017년 9월 22일 회의에서 DSB는 패널을 설립했다. 2018년 2월 1일 미국은 사무총장에게 패널 구성을 요청했으며, 2018년 2월 12일 사무총장이 패널을 구성했다. 2018년 8월 9일 패널 위원장은 DSB에 패널이 당사자와의 협의 후 채택된 시간표에 따라 2019년 2분기에 당사자에게 최종보고서를 발행할 것으로 추정했다.

③ 중국의 지식 재산권 보호에 관한 특정 조치(DS542)

a. 소송 배경 및 제소국의 주장

2018년 2월 22일 중국의 경제 침략을 표적으로 하는 대통령 행정명령(Presidential Memorandum Targeting China's Economic Aggression)에 서명하면서 중국산 IT(정보기술), 의료 및 바이오 항공기 등 첨단 분야 등에 대한 고율 관세 부과를 예고하였다. 이들 제품은 미국의 지식 재산권을 침해했을 뿐 아니라 불공정 경쟁을 하고 있으며, 이런 침해가 중국 정부 차원에서 이루어졌다는 것이다. 합작사 등을 이용한 기술 이전 요구, 외국 기업 특허 기술에 대한 무단 사용 방조, 국가 주도의 해외 투자를 활용한 기술 탈취, 해킹을 통한 정보 수집 등이 있다. 이번 행정명령은 중국의 지재권 관련 형태가 미국 종합무역법 301

조를 위반하고 있는지에 대해 2017년 8월에 USTR이 착수한 조사결과에 근거하고 있다. 미국은 이들 산업에 대해 300~600억 달러의 관세를 부과할 예정이라고 하였다.

미국은 이튿날인 2018년 3월 23일 지식 재산권 보호와 관련된 특정 조치에 관해 WTO에 중국과의 협의를 요청했다. 미국은 그 조치가 TRIPS 협정 제3, 28.1(a)와 (b) 그리고 28.2에 위배된다고 주장했다.

b. 소송 경과 및 결과

2018년 3월 23일 중국의 지식 재산권 보호와 관련된 특정 조치에 대해 WTO에 제소했다. 2018년 10월 18일 미국은 패널설치를 요청했으나 2018년 10월 29일 회의에서 DSB는 패널설치를 연기했다. 2018년 11월 21일 회의에서 DSB는 패널을 설립했다. 호주, 브라질, 캐나다, 이집트, EU, 인도, 일본, 카자흐스탄, 한국, 뉴질랜드, 노르웨이, 싱가포르, 스위스, 대만, 터키 및 우크라이나는 제3자 권리를 가졌다. 2018년 12월 12일 미국은 사무총장에게 패널 구성을 요청했으며, 2019년 1월 16일 사무총장이 패널을 구성했다.

④ 미국의 특정 제품에 대한 추가 의무(DS558)

a. 소송 배경 및 제소국의 주장

2018년 7월 16일 미국은 미국에서 발생한 특정 제품에 대한 중국의 추가 의무 부과와 관련하여 WTO에 중국과의 협의를 요청했다. 미국은 그 조치가 GATT 1994의 제1조 1항, 제2조 1항(a) 그리고 제2조 1항(b)와 일치하지 않는 것으로 보인다고 주장했다.

b. 소송 경과 및 결과

2018년 7월 16일 미국의 특정 제품에 대한 추가 의무 부과와 관련하여 WTO에 중국과의 협의를 요청했다. 2018년 10월 18일 미국은 패널설치를 요청했다. 2018년 10월 29일 회의에서 DSB는 패널설치를 연기했다. 2018년 11월 21일 회의에서 DSB는 패널을 설립했다. 브라질, 캐나다, 이집트, EU, 과테말라, 인도, 인도네시아, 일본, 카자흐스탄, 멕시코, 뉴질랜드, 노르웨이, 러시아, 싱가포르, 남아프리카 공화국, 스위스, 대만, 태국, 터키, 우크라이나 및 베네수엘라가 제3자 권리를 가졌다. 2019년 1월 7일 미국은 사무총장에게 패널 구성을 요청했다. 2019년 1월 25일 사무총장이 패널을 구성했다.

V. 나오며

현재 중미 관계에 있어 상호이익은 나날이 증대되고 있으며 경제통상 분야에서의 상호 의존도는 계속 증가하는 추세이다. 이러한 가운데 중미 양국의 무역액이 증가하면서 각자의 이익 수호를 위한 무역 분야에서의 갈등과 마찰도 증가하였다. 중국의 대미 무역 마찰 원인은 1) 미국의 무역수지적자 중 중국이 차지하는 비중이 현재 47.2%로 가장 큰 비중을 차지하고 있으며, 2) 현재 중국이 산업구조 고도화를 통해 산업경쟁력을 높이고 있고, 3) 중국의 기술 및 과학 경쟁력이 빠르게 상승하며 미국과의 격차를 줄이고 있는 것 등으로 볼 수 있다. 미국의 경우 특히 대중국 무역적자로 중국과의 무역에 있어 여러 문제를 제기하여왔는데 미국은 미국시장의 문제점에 대해 부분적으로는 인정하였지만, 중국시장이 폐쇄되어있고, 불공정 무역관행이 빈번하며, 덤핑이나 지식 재산권을 보장하지 않는 부분에 대해 끊임없이 문제를 제기하며 중국과 관련 분쟁을 일으켜왔다.

중국의 대미 무역 마찰 주요 형식은 반덤핑, 반보조금, 위안화 평가 절상 등으로 나타나는데, 중국이 미국에 제소된 사안들을 살펴보면 반덤핑, 상계관세 보조금 등의 '산업피해 구제 제도'와 관련된 분쟁이 많으며 그중 상계관세 보조금과 관련된 것이 10건으로 가장 많았다. 이것은 덤핑 및 보조금 지급 여부 등을 판정하기 위한 기준의 결여, 피해 산정에 있어 자의성이 개입될 여지가 큰 것 때문이라 하겠다. 중국의 미국에 대한 제소는 반덤핑, 상계관세 등을 통한 미국의 수입제한 조치의 자의적 운용에 관한 분쟁이 대부분이다. 총 15건의 제소 중 반덤핑이 6건으로 가장 많았으며, 그다음은 보조금과 상계관세 조치로 5건이었다.

미국의 이러한 수입 규제 조치의 증감은 미국의 경제성장률 변화와 대통령 선거 시기와 밀접한 관련이 있었다. 이것은 미국의 정치경제 체제에서 정치권에 대한 산업계의 영향이 크기 때문이다. 예를 들어 2000년 1T 버블 붕괴로 미국 경기가 둔화되어 있는 상황에 클린턴 정권에서 부시 정권으로 교체될 당시나, 2008년 말 글로벌 금융위기 당시 오바마 민주당 후보가 당선된 후, 그리고 2016년 대통령 선거를 앞두고 미국기업들의 수입 규제 요구가 증가하였으며 수입 규제가 강화되었다. 2016년의 경우, 특히 세계적으로 공급과잉 문제를 겪고 있는 미국 철강업계를 주축으로 보호무역주의 요구가 강했다. 게다가 공화당 트럼프 후보가 중상주의적 발언을 지속하여 보호무역주의 기조가 더욱 강화되었다. 보호무역주의 기조는 세계경기 회복 둔화와 2016년 11월 미국 대통령 선거 등 일시적인 요인과 중국의 중성장 기조 및 이에 따른 일부 산업의 공급과잉 심화 등 구조적 요인이 복합적으로 영향을 준 것이다. 중국경제가 중 성장 기조로 전환되면서 철강 등 과거

호황기에 투자를 확대했던 산업들의 공급과잉이 발생하고 이러한 산업의 밀어내기식 수출이 지속되면서 국가별로 자국의 산업을 보호하기 위한 수입 규제가 확산하였다고 하겠다. 미국의 경우 대통령 선거를 앞두고 기업들의 수입규제조치에 대한 요구가 거세지며 수입 규제에 대한 양적 증가뿐 아니라 반덤핑 및 상계관세 조사 대응 시 절차적 부담을 가중하고 있다.

2018년 12월 1일 중미 양국은 90일간의 통상전쟁 휴전에 합의하고 협상을 하였다. 트럼프 행정부는 만약 2019년 3월 1일까지 합의도출에 실패한다면 기존 2000억 달러 규모의 대중 301조 규제 관세율을 10%에서 25%로 인상할 것이라고 하였다. 중국은 대미 무역적자 감소를 위해 미국 농산물 구매 확대에 합의하고 미국산 대두를 최대 500만 톤을 구매하겠다는 데에 합의했다고 한다. 그러나 중국의 산업지원금, 기술 이전 및 자국 경제구조 개선 관련 합의도출은 없었다.

2018년 12월 8일 중국 개혁개방 40주년 기념식에서 시진핑 국가주석은 미국과의 무역 갈등과 한시적인 무역협상을 의식한 것처럼 적극적인 개방 의지를 드러내긴 하였지만, 다자무역체제에 대한 지지와 패권주의에 대한 반대 의지를 드러냈다. 시 주석은 "중국의 발전은 세계를 떠날 수 없으며 세계도 번영을 위해 중국이 필요하며", "중국은 적극적인 개방정책을 통해 전면적인 개방 구조를 형성할 것"이라고 하였다. 그러나 "자신의 의지를 남에게 강요해서도 타국의 내정 간섭과 강자임을 믿고 약자를 깔보는 것을 반대한다"라며 최근 미국의 보호무역주의에 대해 비판을 드러냈다. 또한 "중국의 발전은 어떤 국가에도 위협을 주지 않을 것이며 중국은 영원히 패권을 추구하지 않을 것"이라고 강조하였다. 이를 통해 중국은 미국이 중국을 압박하지 않으면 중국 역시 미국에 대해 압박을 하지 않을 것이지만 미국의 압박이 심해지면 적극적인 대응을 할 것이라는 것을 짐작할 수 있다. 중국의 분쟁에 대응하는 자세는 WTO 분쟁사례를 통해서도 잘 알 수 있었다.

2011년 10월 기준 총 18건의 중미 양국의 WTO 분쟁 중 중국의 제소는 6건이었다. 진행 중인 2건을 제외한 4개 사안에서 합의가 1건으로 25%, 패널 이상이 3건인 75%로 다른 분쟁국들의 양자 간 합의와 같은 원만한 합의보다는 패널 또는 상소 절차 등 정식 분쟁 해결 과정을 통해 문제를 해결하고 있었다. 그러나 중국의 피소 건에서는 7건의 분쟁 사안에서 3건이 합의로 마무리되었다. 약 7년 후인 2019년 1월 말의 경우 그 차이는 더욱 잘 드러난다. 중국이 미국을 제소한 총 15건 중 진행 중인 사안인 7건을 제외한 8건 중 양자 간 합의로 해결된 분쟁은 여전히 1건이다. 나머지 7건은 패널 절차 이상까지 가서 해결되었다. 그러나 중국 피소건의 경우 기해결 사안 총 15건 중 패널 절차 이전 합의에서 끝나는 경우 5건, 패널 절차 이후까지 가는 건이 10건으로 합의로 해결하는 비중이 1/3로 높은 편이다. 따라서 중미 양국의 분쟁 해결 과정에서의 특징은 다음과 같다. 1) 중국의 피소 건은 일반적인 WTO 회원국들처럼 패널 절차 전 합의를 통한 해결 건수가 많지만, 중국의 제소 건에서는 합의를 통한 해결이 미미하다. 2) 중국의 제소 건은 패널 평결로 끝나는 것보다 상소까지 가는 경우가 많다.

중미 무역 분쟁의 본질은 첨단기술과 글로벌 경제 패권을 차지하기 위한 것으로 양국의 분쟁은 소강상태에 놓였다 다시 발발하며 지속할 것이다. 그러나 당분간 이러한 기조는 지속하겠지만 극단적인 무역 전쟁이 발발할 가능성은 비교적 낮다. 중국의 경우 보복관세 카드를 제시하기에 대미 수입 규모가 대미수출 규모보다 터무니없이 작기 때문이다. 중국의 경우 미국의 대중 수출액이 1,299억 달러에 불과해 맞대응한다고 해도 중국이 받는 타격에 미치지 못하는 수준이다. 2018년

7월 현재 대미 관세 부과할 수 있는 규모는 1,052억 달러에 불과했다. 미국의 경우 미국의 정치경제 상황의 악화로 중미 양국의 무역 마찰이 중국의 대미 수입량 증가에서 완화될 수도 있지만 없어지지는 않을 것이다.

따라서 중미 양국의 무역 마찰은 미 경제 상황이 마찰 완화 가능성에 큰 변수로 나타날 것으로 보인다. 그러나 이것 역시 중미 무역 마찰이 극단적으로 흐르게 하는 데 영향을 미치지는 않을 것이다. 그 이유는 정치 경제 관료들의 부정적 의견이 빠르게 확산 중인 데에 있다. 경제 상황 악화를 비판하고 있는 미 산업계는 트럼프 행정부의 관세 부과에 의존하는 통상정책을 비판하고 있으며 의회 또한 트럼프 대통령의 통상 규제 발동 권한을 제한하려는 움직임이 있다. 미국 상원은 관세 부과 결정에 의회가 참여할 수 있도록 하는 법안을 통과시켜 트럼프의 무역 분쟁에 제동을 걸 것으로 예상되기 때문이다.

참고문헌

곽복선 외 4,『중국경제론』, 박영사, 2012.

김익수,『중국의 WTO 가입이 동아시아와 한국경제에 미치는 영향』, KIEP, 1999.

김동하,『현대중국경제와 통상제도』, 부산외국어대학교 출판부, 2012.

김현진, "WTO에서 맞붙은 글로벌 경제의 두 거인들", KOTRA, 2012.09.19. (https://news.kotra.or.kr/user/globalBbs/kotranews/5/globalBbsDataView. do?setIdx=244&dataIdx=116540(검색일:2018.10.21)

박월라 외,『중국의 보조금 현황과 주요국의 대응사례 연구』, KIEP, 2011.

서석흥·서창배·장지혜,『중국의 WTO 분쟁사례 연구』, 경제·인문사회 연구원, 2011.

신꽃비·라미령·권력주, "미·중 통상 분쟁의 영향:301조에 따른 상호 추 가관세 부과를 중심으로", KIEP 오늘의 세계 경제, 2018.09.20

양평섭,『중국의 WTO 가입 이후 산업별 개방계획과 그 영향』, KIEP, 2000.

양평섭,임호열,이효진, "미국 신(新)행정부의 대중국 통상정책과 한·중 경 협에의 영향", KIEP, 2016.11.21

왕기공·김민영, "WTO 가입 5년, 중국 산업 정책의 변화와 경제적 성과", 지역발전연구 제6권 제2호, 2007.

윤여준,권혁주,김원기,김종혁, "미국 신정부 통상정책 방향 및 시사점: 미중 관계를 중심으로", KIEP, 2018.01.15

정민·홍준표·한재진, "무역 전쟁이 중국의 대미수출에 미치는 영향과 시 사점", 현대경제연구원, 2018.07.11

정인교, "중국 WTO 가입의 경제적 효과와 정책 시사점", KIEP, 2001.

채욱 외,『WTO 무역 분쟁의 추이와 한국 관련 분쟁 사안에 대한 종합평 가 및 정책 시사점』, 대외경제정책연구원, 2001.

뉴시스, "미국, 알루미늄 산업에 보조금 중국 WTO 제소", 2017.01.13, http://www.newsis.com/view/?id=NISX20170113_0014638132&cID=1 0430&pID=10400(검색일:2018.11.01)

아주경제, "외교분쟁 중국, 미국에 WTO 제소로 맞불", 2013.12.04., https:// www.ajunews.com/view/20131204140233589(검색일:2018.11.01)

연합뉴스, "중국, '160억 달러 규모 제품에 관세 부과' 미국 WTO에 제소",

2018.08.23 https://news.naver.com/main/read.nhn?mode=LS2D&mid=shm&
sid1=104&sid2=231&oid=001&aid=0010292434(검색일:2018.12.08)

연합뉴스, "'돌파구는 없었다'…미중, 빈손으로 협상 종료", 2018.08.24,
https://news.naver.com/main/read.nhn?mode=LS2D&mid=shm&sid1=1
04&sid2=231&oid=001&aid=0010293053(검색일:2018.12.08)

중앙일보, "'하나의 중국' 파문 하루 만에…, 시진핑, 미국 WTO 제소",
2016.12.14 http://www.koreadaily.com/news/read.asp?art_id=4848219
(검색일:2018.12.08)

중앙일보, "미·중 2차 관세 폭탄…160억 불에 상호 25%", 2018.08.24,
http://www.koreadaily.com/news/read.asp?page=1&branch=&source=&c
ategory=economy&art_id=649303(검색일: 2018.12.08)

해럴드경제, "협상 모드 하루 만에 반전…美 1000억 달러 추가관세 vs 中은
WTO 제소", 2018.04.06, https://news.naver.com/main/read.nhn?mode=
LSD&mid=sec&sid1=001&oid=016&aid=0001376729(검색
일:2018.12.08)

和訊, '入世10年中國主動利用WTO爭端解決機制述評', 2011.12.05, http://news.
hexun.com/2011-12-05/136001060.html(검색일:2018.08.25)

中國商務部, "關於對原産於美國的部分進口商品加徵關稅的公告", 2018.04.15,
http://www.mofcom.gov.cn/article/ae/ai/201808/20180802772616.shtml
(검색일:2018.10.18)

新華網, "中國駐美大使館關於美公布對華301調查徵稅建議的聲明", 2018.04.04.,
http://www.xinhuanet.com/world/2018-04/04/c_1122636126.htm(검색
일:2018.08.09)

Charlie Chung, "대두 수출 5백만 톤으로 끝난 미·중 통상 협상, 변동 없는
무역전쟁 심화 리스크", KOTRA, 2019.02.02, http://news.kotra.or.kr/
user/globalBbs/kotranews/5/globalBbsDataView.do?setIdx=244&dataIdx
=172628(검색일:2019.02.10)

KCIF, "향후 미중 분쟁 심화 요인 및 대응전략", 2018.07.09

KIEP 북경사무소, "중·미 타이어 통상 분쟁과 중국 내 반응", 2009.12.28.

KIEP 북경사무소, "미·중간 '중복부과' 분쟁에 대한 WTO 판정의 주요 내
용과 시사점", 2011.05.04.

KIEP 북경사무소, "중국 WTO 소송 10년: 사안별 배경, 경과와 판결",
2012.03.22.

KIEP 북경사무소, "중·미 태양광전지 제품의 통상 분쟁과 중국 내 반응", 2012.08.08

KIEP 북경사무소, "중국 WTO 가입 15주년 회고와 전망", 2017.01.26

KOTRA, "미중 무역 전쟁과 일본의 대미 통상정책 방향", 2018.11.30, http://news.kotra.or.kr/user/globalBbs/kotranews/5/globalBbsDataView.do?setIdx=244&dataIdx=171387(검색일:2018.12.21)

USTR, "WTO Case Challenging Chinese Subsidies", http://www.ustr.gov/countries-regions/china(검색일:2018.06.12)

WTO, https://www.wto.org

제3장

중국 에너지 정책의 패러다임 변화와
지속 성장에 관한 담론

중국 에너지 정책의 패러다임 변화와
지속 성장에 관한 담론

| 박미정 |

Ⅰ. 들어가며

올해로 중국은 개혁개방정책을 시행한 지 40주년을 맞이한다. 지난 1978년 덩샤오핑 시대가 개막된 이래 포스트 사회주의적 성격을 띤 글로벌 시장경제 체제를 구축해오며 고도의 경제성장을 지속해왔다. 현재 중국은 규모 면에서 명실공히 세계 경제의 한 축으로 자리 잡았다. 개방정책 추진 당시 중국의 1인당 GDP는 379달러, 도시화 비율은 10.6% 수준에 불과하였고 농촌 빈곤 인구가 2억 5000만 명이나 되는 그야말로 낙후된 농업국이었다. 2018년 1인당 GDP는 9,000달러를 넘어섰으며 개방정책 초기의 150배 수준으로 성장하였다. 하지만 최근 2014년 12월 중국 정부는 중앙경제공작회의에서 공식적으로 신창타이 시대의 도래를 천명하고 이에 대한 대응을 강조하였다. '신창타이(新常態; New Normal)'는 '고도 성장기를 지나 새로운 중속 성장 시대로의 진입'을 의미하는 용어로 신(新) 성장 패러다임으로 전환하는 중국의 경제 상황을 반영하고 있다. 덩샤오핑 이래 이어져 온 고속 성장시대가 막을 내리고 평균 경제성장률 6% 시대 즉, 신창타이(新常態) 시대가 열린 것이다.

이러한 경제 상황의 변화 속에서 에너지 수급문제는 국가안보를 위협하는 불안 요인으로 부상되었다. 급속한 경제성장은 막대한 에너지 소비를 낳았으며 2010년 에너지 소비량에서 미국을 추월한 데 이어 매년 세계 최대 소비 수준을 기록하고 있다. 특히 2000년대 이후로 에너지 수급의 대외의존도가 지속해서 증가하는 모습을 보이며 만성적인 에너지 부족 상태가 심화하여왔다. 2005년부터 2015년까지 대외의존도는 6.0%에서 16.3%까지 증가하였고, 특히 원유와 천연가스의 대외의존도는 2015년에 각각 60.69%(2005년 39.5%), 31.89%(2005년 −6.4%)까지 증가하며 에너지의 안정적 공급이 심각한 문제로 대두되었다. 중국의 에너지자급률은 다른 국가들에 비해 상대적으로 높은 수준이지만 주로 석탄에 집중되어 있고 원유 및 천연가스의 생산이 소비증가 추세를 충당할 만한 수준에 미치지 못함에 따라 수입이 급증한 것이다. 현재 에너지의 안정적 확보 문제는 향후 지속적인 경제성장을 위한 핵심 국정 사안이며 중국 정부는 "에너지 절약, 에너지구조 다원화 및 효율화, 환경 친화" 등을 근간으로 하는 국가에너지 전략 마련에 총력을 기울이고 있다.

본 연구는 2000년대 이후 중국의 에너지 관련 정부 정책 분석을 통해 에너지 정책의 변화 추이를 파악하고 향후 패러다임의 방향성을 도출해보는 데 목적을 두고 있다. 지금까지 중국의 에너지 정책 노선 및 소비 변화가 한국과 동북아 지역의 에너지 수급 정세에 일정한 영향을 미쳐온 점을 고려해 볼 때 국가 간 적절한 대응 혹은 협력을 위한 방향성을 고찰해보는 측면에서 연구 의의를 기대한다.

Ⅱ. 주요 에너지 부문별 수급 현황

1. 석탄

중국은 세계 최대의 석탄 생산국이자 소비국이다. BMI(Business Monitor Inter- national) Research사가 최근 펴낸 미래예측보고서 'Industry trend analysis: global forecast to 2027' 자료에 따르면 중국의 석탄 수요는 연평균 0.5% 정도씩 증가하는데 이는 지난 10년간의 증가 속도(4.2%)에 비하면 대폭 줄어드는 것이라고 지적하였다. 하지만 2위 소비국인 인도에 비해 2~3배 수준을 유지하고 있으며 석탄소비량도 2017년 6억 5,200만 톤에서 2027년 6억 4,700만 톤(전망치)으로 거의 변화가 없을 것으로 예측된다.

중국 국가통계국(NBS)은 2018년 석탄 생산량이 36.8억 톤이며 전년 대비 4.5% 증가한 것이라고 발표하였다. 이는 2015년 이후 최고점을 기록한 것으로 중국 정부는 국제사회의 화석에너지 사용 규제 추세를 의식이라도 한 듯 기후변화로 인한 한파로 겨울철 수요가 급증하고 신규 광산들이 개발되어 생산량이 증가한 것이라고 설명하였다. 한편 중국 정부가 새로 개발을 승인한 석탄 사업은 2018년 한 해에 66.4억 달러(한화 7조 5천억)를 기록하였으며 매년 신규 사업이 증가하는 추세이다. 환경적 이유로 노후화된 소규모 탄광을 폐쇄하는 대신 신규 개발을 대거 허용하고 있기 때문으로 파악되고 있다. 주요 생산지는 산서성(山西省:9억 7,500만 톤), 내몽고(內蒙古:9억 톤), 섬서성(陝西省:5억 200만 톤), 귀주성(貴州省:1억 7,000만 톤) 등이 있다. 매년 1억 톤 이상의 석탄을 생산하는 주요 대형 생산 기업으로 중국신화집단(4억 3,300만 톤), 산서동매집단(1억 7,300만 톤), 중매능원집단(1억 6700만 톤), 산동능원집단(1억 3,400만 톤) 등이 있으며 국유기업에 속한다.

2000년대 이후 중국의 석탄소비량은 많이 증가하였다. 정부 주도로 공업화와 도시화가 급격히 진행되면서 전력, 철도, 건축 등 석탄 산업이 신속하게 발전하게 된 데 원인이 있다. 지난 2013년 최고점을 기록한 이후 점차 소비 감소 추세에 있긴 하지만(2013년 42.4억 톤 ⇨ 2016년 39억 톤), 산서성, 섬서성, 내몽고 등 서부지역의 석탄 소비량(2005년 4억 4,500만 톤 ⇨ 2016년 11억 3,000만 톤)이 중부 굴기 전략과 서부대개발사업의 진전에 따라 대폭 증가했음을 알 수 있다. 대체로 중국의 1차 에너지 생산에서 석탄의 비중은 점차 감소하고 천연가스와 비화석에너지의 비중은 증가하는 추세이다. 중국 정부는 2020년 이후 석탄소비량이 연평균 0.33%씩 감소하여 2030년에는 39억 톤가량 소비될 것으로 예측한다.

2. 석유

중국의 원유 생산량은 매년 증가세를 보인다. 2018년 3.2억 톤을 생산하였으며 세계 5위의 원유 생산국에 속한다. 반면 한 해 원유 소비량은 생산량의 두 배에 해당하는 6.3억 톤이다. 따라서 절반에 가까운 원유를 수입해서 충당하는 셈이다. 중국의 석유 소비는 2017년 기준으로 하루 소비량이 12,800천 배럴이며 세계 총소비량 중에 23.2%를 차지하고 있는 것으로 나타났다. 중국은 2000~2015년 사이 연평균 6.2%의 석유 소비증가율을 기록하였는데 수송 부문이 총 석유 소비량의 49%를 차지하여 중국의 석유 소비증가를 이끄는 것으로 나타났다. 이는 경제성장에 따라 개인의 소득수준이 향상되면서 중국 내 자동차 판매량 증가가 영향을 미친 것으로 분석된다.

중국의 국영 에너지기업인 중국석유천연가스집단(CNPC)은 향후 중국의 에너지 소비량이 2040년 정점에 달할 것이며 2040년 연간 에너지 소비량은 석유로 환산하면 40억 6000만 톤에 달할 것으로 전망했다. 이는 기존에 내놓았던 전망에 비해 수요 정점 시기가 밀려난 것이며 에너지 소비량도 더 커질 것으로 예상한다. 하지만 장기적으로는 내다보면 승용차의 연비 기준 강화, 인구증가세 감소, 경제구조 전환 등으로 중국의 석유 소비가 점차 감소하게 될 것이라는 전망도 있다.

중국 석유 수요를 살펴보면 13·5 규획(2016~2020년) 기간 연평균 2%씩 증가해 2020년에는 6억 1,000만 톤, 2020~2030년에는 증가세 둔화로 매년 0.8%씩 증가해 2030년에는 6억 6,000만 톤을 기록하고, 2025~2030년에는 최대치(6억 7,000만 톤)에 달할 것으로 전망되고 있다. 전기자동차 관련 기술 개발이 빠른 속도로 이루어져 시장규모가 커지면 석유 수요의 최대치는 예상보다 앞당겨질 가능성도 있다. 수송 다각화, 석유화학산업 성장, 재생 에너지 보급 확대 등은 향후 중국 석유 수요 추세에 영향을 미치는 중요한 요인이 될 것이다.

석유의 대외의존도가 점차 높아지면서 중국 정부는 국제유가의 결정권에서 일정한 지분을 확보하려는 방안을 추진하고 있다. 국제유가의 변동에 따라 에너지 수급에 영향을 받게 되는 위험 요인을 해소해 나가려는 의도로 파악할 수 있다. 이에 상하이 국제에너지거래소(INE)를 통해 위안화를 사용한 원유선물거래를 시작하고 원유의 위안화 결제를 허가하는 국가에서의 수입을 확대한다는 방침을 내렸다. 특히 미국발 셰일가스 혁명으로 나타난 공급과잉 현상이 석유 시장에서의 교섭권을 판매자가 아닌 구매자 주도로 전환할 가능성이 제기되며 러시아, 이란 등 주요 판매국들과 긴밀한 협력 관계를 유지하면서 미국산 원유 도입도 검토하고 있다. 구매력 확대와 구매 노선의 다각화, 위안화를 통한 원유 결제 조치 등의 후속 정책 조치를 통해 중국은 국제유가를 결정하는 영향력을 행사하는 의도를 드러내고 있다.

석유 수입처는 다변화될 것으로 보이지만 여전히 중동이 큰 비중을 차지할 것으로 전망된다. 세계 주요 산유국의 향후 원유 생산 추세를 근거로 2020년 이전에는 주로 중동, 아프리카, 러시아, 중남미 지역에서 원유를 수입하고 2020년 이후로는 중동과 미주 지역에서 수입하게 될 것으로 예측된다.

3. 천연가스

중국의 천연가스 소비는 비교적 낮은 수준이어서 향후 발전 잠재력이 높게 평가되는 편이다. 2015년 세계 1차 에너지 소비에서 천연가스가 차지하는 비중은 24%인데 비해 중국의 경우에는 6%에 불과하였다. 신재생 에너지원의 핵심 기술이 확보되고 개발비용이 낮아지기 전까지는 천연가스가 가장 현실적인 대체 에너지원이 될 것으로 보인다. 천연가스 소비량은 2020년에 290Bcm,[1] 2030년에 480Bcm에 달할 것으로 전망되고 있으며 1차 에너지 소비에서 천연가스가 차지하는 비중이 12%(2030년)를 넘어설 것으로 예측한다.

중국 천연가스 수급 상황을 보면 2020년 중국산 천연가스 공급능력은 175Bcm, 수입산 천연가스 공급능력은 155Bcm에 달해 국내산 공급능력이 수입보다 많을 것으로 전망되며 안정적이라고 할 수 있다. 2030년이 되면 각각 235Bcm, 265Bcm으로 증가해 수입산 공급능력이 국내산을 추월할 것으로 전망되긴 하나 최근 국제유가 하락세 등의 영향으로 중국 천연가스 수요가 약세를 보여, 천연가스 시장 성장에는 어느 정도 한계가 있을 것으로 보인다. 국가에너지국(NEA)은 '탄층 가스(CBM) 탐사·개발 행동계획(2015.2.3.)'을 발표하며 2020년까지 3∼4개의 CBM 산업단지를 건설하기로 하고 연간 40Bcm의 CBM을 생

---

[1] bcm'은 'billion cubic meter'의 약어로서 10억 입방미터를 가리킨다. 가로, 세로, 높이가 각각 1km일 때 1bcm이 된다.

산해 100% 사용하는 것을 목표로 설정한 바 있다. 셰일가스 자원 탐사·개발은 중국 정부가 중요시하는 부분이나, 경제, 기술, 환경, 시장, 파이프라인 시설 등 일련의 문제와 가장 큰 문제인 시장의 수요 부족으로 인해 기업들은 거액의 자본을 투입하여 셰일가스 탐사·개발을 적극적으로 추진하기 어려운 상황이다.

중국 서북, 서남, 동부지역에 이미 해상수송을 통한 천연가스 수입 채널이 구축된 상태이며, 동북지역의 중국-러시아 동부노선(Sila Sibiri 가스관)도 건설되고 있어 2025년 파이프라인을 통한 연간 천연가스 수입능력은 100Bcm, 2030년에는 130~160Bcm까지 증대될 것으로 전망되고 있다. 현재까지 11개의 LNG 터미널이 운영되고 있고, 7개가 승인을 받아 건설 중이어서 2020년이 되면 LNG 터미널의 수용 능력은 연간 7,000만 톤에 달하고, 2030년에는 연간 8,000만 톤을 넘어서 수입 수요를 만족시킬 수 있을 것으로 전망된다.

2015년 기준 197.3Bcm을 기록하여 세계 총소비량 3,468.6Bcm의 5.7%를 차지하고 있는 것으로 나타났다. 중국은 산업 부문이 총 천연가스 소비량의 34%를 차지하여 중국의 가스 소비증가를 이끌고 있다. 그러나 2015년 중국의 천연가스 소비증가율은 3.3%p에 그쳤는데 이는 최근 저유가 기조가 이어지면서 그동안 소비증가를 유인하였던 천연가스의 가격 경쟁력이 타 에너지원과의 경쟁에서 영향력을 발휘하지 못했기 때문으로 보인다. 중국의 천연가스 가격은 정부의 규제로 수입되는 가격보다 낮게 책정되어 판매되었다. 최근 저유가 현상으로 2015년 중국 내 석유 가격(m^3당 3.02위안)이 천연가스 가격(m^3당 2.88위안)과 비슷한 수준까지 하락하면서 더 이상 천연가스의 낮은 공급가격이 소비 증대의 유인이 되지 못하고 있다. 그럼에도 국제에너지기구(IEA)는 장기적으로 중국의 천연가스 소비가 연평균 4.7%의 증가율을 유지하며

2040년 590Bcm까지 증가할 것으로 전망하였다. 특히, 산업 부문과 더불어 발전부문 및 건물부문이 복합적으로 중국의 천연가스 소비증가를 주도할 것으로 예측하였는데 이는 중국 정부가 녹색성장, 기후변화 대응 등 친환경발전의 중요성을 강조하고 있어 향후 각 부문에서 석유와 석탄을 대체할 수 있는 천연가스의 소비증가 때문일 것으로 분석된다.

4. 신재생에너지(可再生能源)

수력발전 설비용량은 2016~2020년 동안 연평균 13GW씩 증가해 2020년에 총 설비용량은 약 380GW, 그중 양수발전 설비 규모는 45GW에 달할 것으로 전망된다. 야루장부강(雅魯藏布江), 진사강(金沙江), 누강(怒江) 등 세 개의 하류는 중국 수력발전의 중점 개발 하류로 해당 하류에 건설되는 수력발전 설비용량은 150GW로 추산될 만큼 잠재력이 대단히 크다. 12·5 기간 수력발전소 건설 프로젝트 심사·승인이 생태환경 보호 갈등과 거주민 이주 등 문제로 지체되면서 실제 추진된 프로젝트는 예상보다 적어 향후 5년간 상업 가동될 수력발전소 수가 많지 않을 전망이다.

중국은 2017년 기준으로 운영 중인 원전은 총 37기이며, 설비용량은 36GW 수준에 달하고 있다. 중국 정부는 원자력발전 개발에 우라늄 자원, 건설부지 등 인프라가 풍부한 이점을 활용해 360GW 규모(내륙지역 160GW, 연해 지역 200GW)의 원전건설이 가능할 것으로 자신하고 있다. 현재 중국의 원전기술은 선진국 수준으로 평가받고 있으며 원전건설 기준은 점차 국제화, 표준화 단계에 접어들고 있다. 3세대 원전이 대규모 상업화가 되기까지는 아직 시간이 걸리고 내륙지역에 건설 계획 중인 30GW 규모 원자로 모델이 아직 확정되지 않은 상황이므로 중국의 핵 안보 계획 마련과 3세대 원전 시범프로젝트 추진이 영향을 받을 것으로 예측된다.

중국의 풍력 발전용량은 2017년 신규 설비용량이 15GW이며, 누적 설비용량은 164GW로 전체 설비용량의 9.2%를 차지하였다. 그중 중 동부 및 남부 지역이 25.6%, 삼북(三北:동북, 화북, 서북)지역이 74.4% 를 차지하고 있다. 2020년까지 중국의 풍력 발전 설비용량 200GW(그 중 신규 해상풍력발전 설비용량은 11.51GW)를 목표로 하고 있으며 실 제 설비용량은 250GW에 달해 목표치를 달성할 것으로 전망된다. 2020 년대 후반에는 풍력 발전비용이 석탄발전(發電)보다 저렴해 육상·해상 풍력 발전 개발이 활발해질 것으로 내다보고 있다. 매년 약 20GW의 신규 설비가 건설되어 2030년이 되면 풍력 발전 누적 설비용량이 450GW에 달하고, 전체에서 차지하는 비중은 18.8% 수준에 달할 것 으로 예측된다. 그러나 전력망 건설 부족으로 인한 기풍(棄風)[2] 문제 가 중국 풍력 발전 개발을 더디게 할 수 있다는 전망이 나오고 있다.

중국의 태양광 발전은 2017년 말 기준 설비용량이 130GW(발전소 100.6GW, 분산형 29.7GW)로 13·5 규획 중 설정한 목표치(110GW) 를 초과 달성하였다. 2020년 중국 태양에너지 설비용량은 160GW에 달할 것으로 내다보고 있으며 그중 태양광 발전소는 80GW, 분산형 태양광은 70GW, 태양열발전은 10GW를 기록할 것으로 전망하고 있 다. 특히 분산형 태양광 개발은 복잡한 시스템 연계과정, 재원조달 및 설치 장소 선정의 어려움 등으로 인해 2020년까지 개발 수준이 예상 보다 낮을 것으로 예상한다.

중국 정부가 매년 에너지로 이용 가능한 바이오매스 총량이 4.6억 tce인데 반해, 실제 이용률은 7.6%(3,500만 tce)에 불과해 개발 잠재력

---

[2] 기풍(棄風)이란 송전망 접속능력 부족, 전력공급의 불안정성 등으로 인해 완공된 풍력발전기를 가동 하지 못해서 풍력 자원을 에너지로 활용하지 못하는 현상이다.

이 상당히 높게 평가되고 있다. 2017년 바이오매스 신규 설비용량은 2.7GW, 누적 설비용량은 15GW로 전년 대비 22.6% 증가하면서 안정적인 증가세를 보인다. 2020년에 바이오매스 발전설비용량은 15GW에 달해 상업화 개발이 가능해질 것으로 전망되고 있다. 국가에너지국(NEA)은 '바이오매스 열병합발전을 활용한 현급 도시 및 농촌 지역의 청정에너지 난방공급 시범프로젝트 추진 관련 통지(2017.8.4)'에서 시범프로젝트를 통해 현급 도시 및 농촌 지역에서 연료로 사용하는 석탄을 바이오매스로 대체하고, 바이오매스 열병합발전을 활용한 난방공급을 확대·보급할 계획을 제시하였다. 또한 국가발전개혁위원회(NDRC) 등 6개 중앙부처는 '천층 지열 에너지개발·이용 가속화를 통한 북부 난방공급 지역의 석탄사용 감소 및 대체 관련 통지'를 발표하고 징진지(京津冀:베이징, 천진, 하북성) 및 주변 지역을 중심으로 2020년까지 지열 에너지의 이용 개발 계획을 밝혔다.

5. 전력(電力)

중국의 전력 소비는 2000년 이후 연평균 11%의 증가율을 기록하며 급증하는 추이를 보이다가 세계 경제 불황의 여파로 중국경제도 영향을 받으며 전력 소비 증가세가 주춤하는 양상을 보인다. 중국의 전력 소비는 2015년 기준 4921.3 TWh[3]로 산업 부문이 소비의 63%를 차지하여 중국의 전력 소비를 견인하고 있다. 뒤이어 가정 부문이 15%, 상업 및 서비스 부문이 14%, 기타 부문이 7% 순인 것으로 나타났다. 2016~2030년 연간 전력소비량은 2.7%의 증가세를 보이고 그중 13·5 기간에는 연평균 4.0%씩, 2020~2030년에는 2.3%씩 증

---

3) TeraWatt/hour or year(테라와트: 와트는 1초 동안 소비하는 전력이며 테라와트는 1조 와트에 해당)

가할 것으로 내다보고 있다.

　주목할 만한 점은 비화석에너지의 발전설비용량이 꾸준히 증가하고 있다는 것이다. 2015년 중국의 비화석에너지 발전설비용량은 2010년 대비 8.1%p 증가한 약 35.0%를 기록하였는데, 중국 정부는 향후 더욱 엄격하게 화석에너지 소비억제 정책을 추진할 예정이어서 발전부문에서 비화석에너지의 비중은 지속해서 증가할 것으로 예상한다. 특히 중국 정부는 현재와 같은 화석연료 중심의 발전원(發電源) 구성으로 발생하는 환경문제를 최소화하면서 중국 내 급증하는 전력수요를 안정적으로 충족시키기 위하여 원전 확대정책을 추진하고 있다. 2016년 중국 전력기업협회가 발표한 자료에 따르면 2015년 중국 전체 발전량 중 원자력 발전량은 전년 대비 29.42% 증가한 것으로 나타났다. 중국 정부는 최근 8기의 원전건설을 승인하며 원전의 설비용량을 현재의 약 30GW에서 약 58GW까지 증대시키겠다는 계획을 밝혀 향후 원전 발전 비중은 더욱 큰 폭으로 확대될 것으로 예상한다.

Ⅲ. 중국 정부의 시기별 에너지 관련 법규 및 제도

　다음은 개혁개방정책 이후 해당 시기별 경제발전 규획에 나타난 중국 에너지 정책의 거시적 방향성을 토대로 구체적으로 살펴볼 것이다. 중국 정부의 에너지 정책에 관한 법규와 제도를 시기별로 분류하여 요약하면 다음과 같다.

1. 에너지 공급 활성화(1979~2000년)

　개혁개방 이후 중국은 농업, 에너지, 교통, 과학 방면을 전략적 중점 사안으로 선정하고 경제발전 전략 목표를 수립하였다. 이 시기는 경제 개발 5개년 계획 중 6·7·8·9차에 해당한다. 에너지 부문은 에너지 절약 석탄공업, 석유공업, 전력공업, 농촌에너지로 구성되어 있다. 제6차 계획 강요에 따르면 80년대 중반 화동(華東), 화북(華北), 베이징 지역을 중심으로 전력, 화학공업, 교통 발달 등으로 인한 에너지 소비가 급증함에 따라 향후 5년간 1,303개의 에너지 절약사업(연평균 에너지 절약률 2.6~3.5%)을 추진한다는 목표를 제시하였다. 또한, 중국 정부는 에너지 인프라 구축과 함께 에너지기술 개발을 중점적으로 추진한다고 밝혔다. 특히 38개 중점 과학기술 연구개발 항목에 에너지개발 및 에너지 절약 기술이 포함되어 있으나 구체적인 기술을 명시하지는 않았다.

6·5 계획(1981~1985)에서 에너지 절약 및 사용량 절감에 대한 공론화가 중점이었다면 7·5 계획(1986~1990)에서는 에너지 공급에 대한 인식이 제고되었다는 특징이 나타났다. 시장의 수요를 충족시키기 위해 에너지와 원자재의 안정적 공급이 전제되어야 함을 명시하였다. 특히 이 시기에는 광둥(廣東), 푸젠(福建) 등 4대 경제특구의 전력수요를 충족하기 위해 광둥에 원전을 건설하고 전력 사용 관리와 전력망 통제 등 종합적인 전력망 구축에 본격적으로 착수했다는 것이 특징이다. 천연가스 부문의 중점 개발 과정에서도 에너지 정책의 패러다임 변화를 읽을 수 있다. 에너지 산업의 균형 발전을 위해 천연가스 중점 개발지역을 확대하였고 해외 선진기술과 관리 경험을 적극적으로 도입하기 시작하였다.

8·5 계획(1991~1995)의 가장 큰 특징은 최초로 신에너지(新能源)라는 용어를 사용했다는 점이다. 이와 함께 화력발전의 청정이용, 에너지 절약 등 신기술의 발전을 통한 에너지 소비 절감 계획과

200MW급 원전건설 계획도 포함되었다. 9·5 계획(1996~2000)에서는 에너지구조의 개선이 최초로 제시되었다. 전력 생산을 중심으로 하며, 석탄을 기반으로 석유와 천연가스 탐사 및 개발을 강화하고, 신에너지를 적극 발전시킴으로써 에너지구조를 개선하겠다는 의지를 표명하였다. 1997년 중국 에너지 정책(中國能源政策)을 발표한 리펑(李鵬) 당시 총리는 중국의 에너지 저효율성, 비합리적인 에너지구조, 불균형한 지역분포, 전력공급 부족 및 불안정성 등의 문제점을 지적하며 이를 해결하기 위해 석탄, 석유, 전력, 원자력, 신재생에너지 등의 발전 방향을 제시하였다. 특히 청정에너지 자원으로 원자력의 안정성과 신뢰성을 강조하였다. 이후 10·5 계획 기간 동안 원자력 분야의 대대적인 발전 추진이 이루어졌다. 또한, 에너지 절약을 정책의 최우선으로 두고 에너지의 무분별한 소비를 규제하는 제도를 마련하였다. 수력, 태양광, 풍력 등 재생 에너지의 개발 및 상용화를 중점적으로 추진함으로써 지속 가능한 발전전략에 대한 미래 방향성을 확인할 수 있다.

2. 에너지 수급 안정화(2001~2010년)

2000년대 초 중국은 지도부 교체(2002)와 함께 제10차 경제개발(2001~2005) 시기로 접어든다. 에너지 문제의 심각성과 중요성에 대한 중국 지도부의 인식은 90년대 말부터 진행해온 일련의 국가적 조치에서 이미 잘 나타나고 있다. 우선 중국 정부는 에너지 문제를 에너지 수급문제와 정책 및 전략문제로 이원화시키면서 이를 보다 효율적으로 해결하기 위하여 관련 국유기업의 구조조정과 개혁을 단행하였고 에너지 문제에 관한 연구를 강화하기 위해 연구조직을 설립하였다. 10·5 계획 시기에는 에너지구조의 최적화와 함께 특히 환경보호 강화를 중점 국정 전략으로 채택하였다. 무엇보다 에너지 안보 개념이 처음으로 등장하였다는 점이 가장 큰 특징이다. 해외 석유와 천연가스 공급기지 건설, 전략적 석유비축, 석유 수입의 다변화 등 안정적인 공급 노선을 확보하기 위한 적극적 방안들을 추진하였다. 또한, 청정석탄 제조 기술 개발과 천연가스의 탐사·개발, 천연가스 수입으로 소비비중을 제고하는 등 환경보호 차원의 친환경 에너지개발에 주력하는 모습을 보였다. 전력체제 개혁을 명시하며 합리적인 전력가격 책정 메커니즘을 확립한다는 방침을 수립하는 동시에 지속해서 농촌과 도시 간의 전력망을 구축하였다. 북부, 중부, 남부 세 지역의 송전망을 건설하고 서전동송(西電東送: 서쪽의 전력을 동쪽으로 송전)이라는 기본적인 구도를 형성하여 각 성과 지역의 경계를 넘어 송전망 연계를 구축하는 광역 전력망을 구축하는 시기였다.

11·5 규획(2006~2010)에서는 에너지 소비 절감 및 환경오염문제 완화가 중요한 부분을 차지하고 있다. 에너지 효율성 제고와 함께 에너지의 안정적 수급을 위한 조치들이 구체적으로 제시되었다. 개혁개방 당시보다 에너지 소비가 2배로 급증하자 산업구조 고도화, 과다소비형 산업 제한, 경제성장 방식 전환 등의 에너지 절약계획을 수립하였다. 과학기술 진보와 에너지효율 제고를 위해 중점분야, 중점 사업, 주요 제품과 주요 소모성 설비의 효율 기준을 선정하여 추진하는 등 에너지 절약형 경제구조로 전환하기 위한 제도 정비에 착수하였다. 특히 에너지 고소비 산업의 비중을 감축하고 에너지 절약 기술의 개발 및 보급을 통해 기술적인 에너지 절약을 추진하면서 에너지 생산, 운송, 소비 등 각 부문에 제도 구축과 관리 감독을 강화할 것을 주문하였다.

또한, 급속한 경제성장으로 환경오염문제가 심각하게 공론화되면서 에너지 과소비를 줄이는 정책들이 발표되었다. 당시 중국 사회과학원에서 조사한 '전 세계 환경오염이 가장 심각한 20개 도시' 순위 가운데 중국의 16개 도시가 포함되었으며 대기오염에 의한 사망자 수는 매년 40만 명을 상회한다는 충격적인 발표가 있었다. 이에 따라 에너지 산업 부문에서 경제성과 청정성의 두 가지 목표를 설정하고 에너지 개발 이용으로 인한 환경파괴를 최대한 줄이면서 에너지와 환경의 조화로운 발전을 추구해나갈 것을 중점 전략에 포함했다. 자원 절약형 친환경적 사회 건설로 선순환 경제발전을 이어가겠다는 국정 방향성을 제시하였다.

재생 에너지의 발전(發電)을 위해 세수 및 투자 우대정책을 추진함으로써 재생 에너지의 생산 및 소비 제고를 장려하겠다는 계획도 포함하였다. 이전 계획들과 달리 재생 에너지 분야의 구체적인 발전 목표가 제시되었다는 데에 차별성이 있다. 풍력 발전의 발전을 위해 10만 kW급 대형 풍력 발전 플랜트를 30기 건설하고, 네이멍구, 허베이, 장쑤, 간쑤 등에 100만kW급 풍력발전단지를 조성한다는 계획을 수립하였으며 에너지 절약 및 고효율 이용 강화를 정책 방향으로 선정하고 에너지 절약 역량을 강화한다고 밝혔다. 전력 부문에서는 화력발전을 중점적으로 유지하되 고효율·친환경 플랜트로서의 전환을 추진한다고 밝혔다. 이러한 정책 조치를 통해 중국이 환경 정책과 연계한 에너지 정책을 본격적으로 추진하기 시작했다는 사실을 확인할 수 있다. 종합적으로 11·5 규획 기간 중 연평균 10%의 경제성장률을 기록하며 세계 2위의 경제 대국으로 부상한 중국은 에너지 이용 효율 제고와 에너지 절약을 통해 이산화탄소 배출량을 많이 감소시키는 등 과학기술과 환경보호 분야에서도 일정한 성과를 거두었다고 평가할 수 있다.

3. 물질문명과 생태환경의 조화: 친환경 에너지(2011~2020)

2012년 시진핑(習近平) 정권 출범 이후에도 이전의 질적 성장 위주의 발전 모델이 계속 이어지며 경제 안정화가 추구되었다. 12·5 규획(2011~2015)은 에너지 생산 및 이용 방식의 전환, 기후변화 대응, 에너지 절약 및 관리 강화, 에너지 분야의 과학기술혁신 등이 강조되었다. 중국의 안정적 경제성장과 친환경 에너지개발 및 자원 절약을 통한 지속 가능한 발전에 초점이 맞춰져 있다.

12·5 규획의 에너지 부문 주요 목표는 에너지 소비 총량 및 에너지효율 제고, 에너지 생산과 공급능력 확보, 국가 종합 에너지 기지 건설, 생태 환경보호 등으로 요약된다. 특히 신장(新疆), 서남(西南), 산시(山西), 네이멍구(內蒙古) 동부, 오르도스 분지 등 서부지역에 5대 에너지 생산기지를 구축하고, 동부 연해 지역에 원전 개발 벨트를 구축하겠다는 목표를 제시하면서 에너지 수급 기지 확보에 주력하는 모습을 보였다. 이 시기 가장 중요한 특징 중 하나는 경제성장 방식을 수출중심에서 내수시장 확대로 전환하였다는 점이다. 지역 간 빈부격차 축소와 균형 발전계획은 어느 정도 성과를 거두었다는 정부 자체 평가가 있기도 하였으나 낙후된 서부 지역과 동북지역의 공업기지, 중부 내륙의 식량 생산기지, 에너지원자재기지, 하이테크 산업 기지 등은 그다지 성과를 내지 못하였다.

녹색 경제를 부각하며 지속 가능한 발전노선을 추구한다는 구상을 밝힌 점도 특징으로 꼽을 수 있다. 자원 절약형 친환경적 사회 건설을 통해 온실가스 배출 감축, 저탄소기술 확대, 기후변화에 적극 대응 등 환경친화적 순환경제에 초점을 맞추기 시작하였다. 이를 위해 1차 에너지에서 비화석에너지의 사용 비중을 11.4%까지 높이고 단위 GDP당 에너지 소비 16% 절감, 주요 오염물질의 배출량 절감 등 구체적인 목표를 제시하였다. 에너지 절약과 오염물질 배출 감축을 장려하기 위한 제도적 장치를 구축한 것도 새로운 특징이다. 에너지 절약 및 오염물질 배출 감축과 관련된 법률적 규제와 표준을 제정하고 심사를 강화하는 등 모든 부문에서 에너지 절약과 환경보호를 실현함으로써 지속 가능한 발전 노선을 뒷받침하겠다는 의지를 표명한 것으로 이해할 수 있다.

<표 1> 12·5 규획 에너지 부문 주요 내용

구분	주요 내용
에너지 수급구조 최적화	-수력, 풍력, 원전, 태양열발전 등 친환경 에너지 이용률 증가 -에너지 소비 절약 관념 확산 -도시가스 수송망 개선 -재생 가능한 에너지의 합리적인 이용 촉구 -에너지 소비에서의 비화석에너지 비중 증대
에너지 산업구조 전환	-전통에너지산업과 신에너지 산업 간 상호개발 및 연계 이용 추진 -대형 에너지 기지 건설 적극적으로 추진 -각종 에너지 산업 간, 관련 산업 간 협력 활성화 -에너지 관련 산업의 집약적이고 효율적인 발전 추진
에너지 기술혁신 촉진	-풍력, 태양열, 바이오매스, 원자력, 스마트그리드, 신에너지 자동차 새로운 에너지기술의 발전 촉진 -점진적으로 선진기술, 설비 및 제품 수출 -중국 고유의 신에너지 산업 발전 촉진
에너지 거시적 조정시스템 구축	-과학적·합리적 에너지개발과 이용을 위한 거시조정시스템 구축 -기후변화에 대한 대응력 제고 -비상대비체계 완비 -에너지에 대한 국가의 종합적인 통제력 강화 -에너지 기반시설 건설 및 에너지 공공서비스 체제 구축
에너지 관련 시스템 개혁	-에너지 가격, 세제, 유통시스템 등 관련 부문의 점진적 개혁추진 -민간부문의 에너지 시장 진입 허용 -민주적이고 현대적인 에너지 시장 체제 구축
에너지 정책 및 표준체계 정비	-에너지 정책과 표준체계를 정비하여 에너지 산업의 발전 지원 -지속 가능한 에너지 산업 시스템 구축
국제 협력 확대	-해외 자원 적극 개발 -에너지 산업의 대외개방 및 에너지 무역 확대 -양자 간, 다자 간 협력 메커니즘 통해 국제교류 확대 -에너지 안보 확보

출처: "중국 에너지 부문 12·5 계획 평가 및 13·5 계획 전망", *world energy market insight weekly*, 2015.

전략성 신흥산업의 육성 및 발전 분야에 환경보호, 신에너지, 신에너지 자동차 등이 포함된 점도 주목할 필요가 있다. 구체적으로 태양열 이용 및 태양광 발전, 풍력 발전 기술 장비, 스마트그리드, 바이오에너지, 하이브리드자동차(HEV), 전기자동차(BEV) 등이 언급되고 있다. 에너지의 다각적이고 청정한 발전, 에너지개발 구도의 최적화, 에너지 운송노선 건설 등을 통해 에너지 생산 및 소비 방식의 전환을 추진한다고 계획도 명시하였다. 12·5 규획 기간의 가장 중요한 성과가 수출중심에서 내수시장 중심으로 경제성장 방식을 전환한 것이라 한다면 13·5 규획은 지난 11·5 규획에서 명시했던 전면적인 소강사회 건설에 대한 마무리 평가를 받게 되는 것이라 할 수 있다. 중국 정부는 13·5 규획이 종료되는 2020년까지를 에너지 정책에 대한 전략적 방향 전환 시점으로 인식하고 「에너지발전전략 행동계획(2014-2020)」을 통해 중장기적 에너지 전략과 목표를 제시하였다.

가장 큰 특징은 현대화된 에너지체계 구축과 생태환경의 개선을 기본방향으로 한다는 것이다. 중국 정부는 에너지 혁명으로 규정하며 에너지 생산 방식 및 공급구조를 재정비하고 에너지 고효율화, 안정적 공급망을 구축하는 데 총력을 기울였다. 기존 계획에도 포함된 현대화된 에너지 저장 및 운송 체계 구축 이외에도 스마트 에너지체계를 구축한다는 내용이 포함되어 있다. 특히 전력수요 관리의 최적화, 스마트그리드 구축 가속화, 에너지 및 정보 분야의 신기술 융합 등은 차세대 에너지 정책의 방향이 환경 친화와 기술 고도화를 지향하고 있음을 반영하는 것이다.

중국 정부는 생태환경의 개선을 위해 생활 방식과 생산 방식의 녹색화, 저탄소 수준 제고, 탄소배출량의 저감, 오염물질 배출량 감축 등을 목표로 제시하였다. 환경오염의 주범인 석탄의존도 감축을 위해 청정에너지 비중을 확대하고 있다. 중동부 지역과 남부 지역에 분산식 풍력 발전과 분포식 태양광 발전의 발전을 가속하고, 닝샤(寧夏)에는 신에너지 종합시범지구, 칭하이(靑海)와 장자커우(張家口)에는 재생에너지시범지구를 조성한다는 것도 주목할 만하다.

<표 2> 13·5 규획 에너지 부문별 주요 내용

구분	주요 내용
비화석 에너지	-2020년까지 비화석에너지 비중 15%로 증대 -2020년까지 천연가스 비중 10% 이상으로 제고 -2020년까지 석탄 비중 62% 이내로 억제
수력발전	-2020년까지 전통 수력발전 총 설비용량 약 3.5억kW로 증대 -진사강(金沙江), 야룽강(雅礱江), 다두허(大渡河), 란창강(瀾滄江) 등을 중심으로 대형 수력발전단지 건설 -지역 환경에 따라 중소형 수력발전소, 양수발전소 건설 -집중형과 분산형 병행, 외부송출 및 현지처리 방식 결합
풍력 발전	-2020년까지 풍력 발전 총 설비용량 2억kW 달성 -네이멍구 서부와 동부, 허베이 북부, 지린, 헤이룽장, 산둥 등 9개 대형 풍력발전단지 및 전력송출 프로젝트 추진 -남부와 중동부 지역에 분산형 풍력 발전 확대
태양에너지 발전	-2020년까지 태양광 발전 총 설비용량 약 1억kW 달성 -태양광 발전단지 건설 추진 -분산형 태양광 발전 시범구역 선정, 태양광 발전 시범사업 시행 -태양광 발전 계통연계 서비스 강화 -공공건물 및 공공산업단지 등에 지붕형 분산형 태양광 발전 추진
원자력 발전	-2020년까지 원자력발전 총 설비용량 5,800만kW로 확대 -현재 건설 중인 원전 설비용량 3,000만kW 이상 달성
전력망	-전원(電源)과 전력망에 대한 종합계획 수립 -피크 부하관리 등 에너지 공급능력 확보 -유휴 풍력·수력·태양광 발전소(棄風, 棄水, 棄光) 문제 해결

출처: "중국 에너지 부문 12·5 계획 평가 및 13·5 계획 전망", *world energy market insight weekly*, 2015.

2017년 태양광 발전 규모는 꾸준한 증가세(전년 대비 11% 증가)를 보였으며 바이오매스 발전(發電)설비용량도 빠르고 안정적인 증가세(전년 대비 22.6%)를 보인다. 하지만 석탄은 중국 경제성장을 견인하는 중추적 에너지 자원으로 비록 석탄소비량이 마이너스성장을 보이긴 하나 청정에너지원으로 대체하기엔 아직 요원하다고 볼 수 있다. 스모그 등으로 환경문제가 심각한 현실을 고려하면 당분간 청정에너지 개발이 국정 주요 화두가 될 것은 분명해 보인다.

중국 정부는 13·5 규획 시기에 대해 환경문제의 중요한 전환기라고 규정하고 자원 활용과 환경오염 처리방식 및 생태계 환경 전반에 대해 언급하였다. 2015년 1월 발표된 '국가 환경보호 13·5 규획 기본 노선'에서는 환경의 질을 개선해야 할 중대한 시점이라는 점을 강조하고 있다. 오염물질의 총량 제한 시스템, 대기·수질·토양의 오염 방지 계획 시행, 습지·산림·해양을 포함한 3대 생태계 관리 등 환경보호를 강화해야 할 시점에 왔다고 밝히고 있다. 기존의 오염물질 총량 제한 체계를 유지하되 오염물질 총량에 대한 집중 관리가 필요한 지역과 부문을 새롭게 추가하고 지역별·유형별로 대기의 질을 관리하도록 관련 규정을 엄격히 제정하였다.

Ⅳ. 중국 에너지 정책의 패러다임 변화와 지속 성장 방안

21세기 들어 국제유가의 지속적인 상승, 세계 에너지 시장의 불안정, 에너지 수입 경쟁 등 일련의 에너지 문제는 국제사회에 심각한 위협 요인이 되었다. 중국 최고 지도부의 에너지 안보에 관한 관심은 2005년 전 총리 원자바오(溫家寶)가 "에너지 안보는 중국의 경제성장과 사회안정, 국가안보에 중요한 전략적 이슈"로 규정한 데서 잘 나타나고 있다. 전 국가주석 후진타오는 2006년 7월 러시아 상트페테르부르크에서 열린 G8 회의에 참석해 중국의 새로운 에너지 안보관을 공식적으로 발표하였다. "글로벌 차원에서 상호 협력해야 하며 다원적 발전을 위한 '신에너지 안보관'을 수립해야 한다"는 것이 주요 내용이다. 즉 에너지 문제는 한 국가의 범위를 넘어 전 세계적 문제라는 인식을 바탕으로 에너지 생산국과 소비국 간 소통 강화를 통해 글로벌 에너지 거버넌스를 구축해나가야 한다는 것이다. 이러한 신에너지 안보관에 근거하여 후진타오 집권 후기 중국의 에너지 외교는 산유국과의 관계 증진 외에도 다자간 기구나 에너지소비국과의 협력을 동시에 중시하는 방향으로 나아갔다. 2010년 4월 원자바오는 "에너지 안보는 국가 경제와 민생, 국가 안전에 영향을 미친다."라고 강조하였다. 중국 정부는 국가에너지위원회를 설립해 에너지 관련 전략과 정책을 연구했다.

중국의 에너지 정책은 시진핑 정부에 들어와서 후진타오 집권 때와는 다른 새로운 함의를 내재하게 된다. 이는 국제 정세의 변화에 기인한 것으로 국제 원유 수급 상황이 불안정해지면서 국제유가가 지속해서 상승하자 중국의 경제가 휘청거리기 시작한다. 2014년 6월 시진핑 국가주석은 중앙재무영도소조(中央財務領導小組) 제6차 회의를 통해 "에너지 안보는 국가 발전, 국민 생활의 향상, 사회질서의 안정을 위해 대단히 중요한 요소이다. 에너지 수급구조를 개선하고, 세계의 새로운 추세에 적절히 대처하며, 국가 차원의 에너지 안보 확립을 위한 에너지 혁명을 추진해야 한다"라고 밝혔다. 주목할 점은 에너지 생산과 소비혁명이다. 중국 정부는 13·5 규획을 통해 에너지 혁명의 구체적 계획을 제시하면서 미세먼지 해결과 기후변화에 대한 대응을 위한 전략을 제시하였다. '에너지발전전략 행동계획(2014~2020)', '에너지 안보 발전전략', '에너지 생산 및 소비혁명 전략(2015~2020)' 등이 해당한다. 이러한 중국의 에너지 관련 계획들은 기본적으로 에너지 소비의 총량통제, 청정 석탄사용, 석탄의 고 효율적 이용, 신재생에너지 등 청정에너지 개발, 에너지시스템 개혁을 주요 내용으로 한다. 2014년 11월 중국 국무원에서 공표한 '에너지발전전략 행동계획'은 절약, 청정, 안전이라는 전략적 방침에 기초하여 지속 가능한 현대적 에너지체계를 구축하는 데 목적을 두고 있다. 이러한 정책의 핵심은 지속 가능한 경제발전을 위한 에너지원의 안정적인 확보이다.

2000년대 이후 중국은 에너지 수요 증가를 감당하지 못하며 에너지 사용의 절반 이상을 수입에 의존해야 했다. 중국 정부는 광범위한 에너지 외교를 이어가며 주요 에너지소비국과의 다자간 협력 틀을 구축하는 작업을 확대하였다. 특히 2006년 12월에 열린 5개국 에너지 장관 회의4)는 국제 에너지협력의 틀에서 주요 에너지소비국 간 협력을 강화하고 과도한 에너지 확보 경쟁을 피하는 수준에 그치긴 했으나 다자간 에너지협력의 필요성을 강조하고 있다. 2000년대 중반 이전까지 에너지효율 및 절약은 단순히 환경보호 차원의 한 수단으로 여겨졌으며 관련 법률체계도 명시적인 의미 정도만 전달하는 형태였다. 하지만 2005년대 중반 이후부터 에너지효율을 중국의 지속적 성장의 중요 요인으로 여길 만큼 그 중요도가 커졌고 구체적으로 에너지효율을 개선하기 위한 법률체계도 마련되기 시작하였다. 대표적으로 2007년에 개정된 에너지 절약법에는 산업, 수송 및 건물부문 등에 에너지효율 증진을 위한 주관 담당 부서, 절약 방안, 지원계획 등 구체적인 에너지효율 이행 및 관리 감독 계획 등이 포함되었다. 산업 부문에서는 에너지 다소비 산업의 규제 및 관련 제도 등이 강화되면서 에너지 과다소비산

---

4) 중국을 포함한 미국, 일본, 한국, 인도 등 세계 석유 소비량의 절반 가까이 차지하는 주요 에너지소비국 간의 고위급회의로서 국제에너지 안보와 전략적 석유비축, 에너지구조의 다원화 및 대체에너지 개발, 투자 및 에너지 시장, 국제 협력의 주요 도전과 우선 영역, 에너지 절약과 에너지효율 제고 등 5개 영역에 대한 광범위한 토론으로 진행되었다.

업의 구조조정을 정부 차원에서 주도하는 움직임을 보였다. 청정에너지 사용 확산을 유도하는 보조금 및 세제 혜택의 정책도 차츰 확대되고 있는 것을 알 수 있다. 더불어, 수송 부문에서도 연비 개선, 친환경 차량과 저 배기량 차량의 보급 확대를 촉진하기 위한 지원 및 관리 감독이 강화되고 있으며, 공공 부문에서는 에너지효율이 우수한 제품을 선정해 정부 조달 품목에 이를 우선 구매하도록 의무화하는 제도 도입이 점차 확대되고 있었다.

2005년 세계 각국의 온실가스 배출 감축을 핵심으로 한 교토 의정서가 발표되면서 중국의 에너지 전략은 두 가지 측면에서 도전에 직면하게 되었다. 첫째, 중국은 에너지 자원의 수요가 많이 증가하는 추세로 대외의존도가 계속 상승하고 있다는 점이다. 둘째, 중국 내 에너지 이용 효율성이 높지 않다는 점이다. 에너지 이용 효율이 낮으면 에너지 자원의 낭비를 초래하고 에너지 생산과 사용 과정에 온실가스 배출, 지질구조 변화와 환경오염 등 일련의 문제가 발생할 수 있다. 따라서 11·5 규획부터 중국 정부는 에너지 절약을 중점 조항으로 두고 국내 공급을 우선시하는 신에너지 전략을 발표한다. 또한, 국제 협력을 통해 안정적 에너지체계를 구축하여 지속 가능한 발전을 촉진한다는 방침을 제시하였다. 당시의 신(新)에너지 안보관에 따른 에너지소비국 간의 대화와 협력 증진이라는 중국 에너지 외교 패러다임의 새로운 변화로 평가할 수 있다.

5세대 지도부로 교체된 이후(2012) 에너지 관련 정부 정책들은 에너지 절약과 효율화 사업 확대에 초점이 맞춰져 있다. 「12·5 에너지 절약 및 온실가스 감축 종합성 업무 방안」과 2012년 10월에 발표한 「중국 에너지 절약」은 총체적으로 에너지 소비억제를 강화하는 조치들이다. 에너지원 총량과 강도에 대한 조정과 생활 전력 소비를 절약형 모드로 전환하도록 하는 에너지 절약형의 생산 소비 체계 구축 방안을 포함하고 있다. 2013년 1월 북경에서 개최한 전국에너지 업무회의에서는 에너지체계 개혁을 통한 소강사회(小康社會) 건설을 기본방향으로 제시하고 있다. 주목할 점은 근본적 변화라는 차원에서 제시된 에너지 생산과 소비혁명의 추진에 대해 다음의 다섯 항목을 들어 명시하였다.

첫째, 에너지 소비 총량 규제와 절약 우선 방침이라는 에너지 소비 혁명의 추진을 통해 불합리한 에너지 소비를 억제한다.

둘째, 국내에 기초한 공급체계 구축과 석탄의 청정·에너지 공급 혁명의 추진을 통해 다원적 공급체계를 구축해나간다.

셋째, 에너지기술 혁명의 추진을 통해 산업 업그레이드를 이룬다.

넷째, 시장 체제에 기초한 에너지시스템 혁명을 통해 에너지발전의 새로운 길을 열어나간다.

다섯째, 전방위적 국제 협력강화를 통해 개방조건의 에너지 안보를 실현한다.

에너지 소비 총량 규제의 경우 중국의 미래 에너지 프로젝트 건설과 심사 비준에 직접적인 영향을 미칠 수 있다. 즉 철강, 시멘트, 유색금속 등 에너지 고소비 산업의 발전이 억제되고 환 발해, 장강 삼각주, 주강 삼각주에 석탄을 주 에너지원으로 하는 공장의 신축이나 확장건설이 엄격히 통제될 가능성이 크다. 에너지 '혁명' 시스템은 중국 정부의 장기적 에너지원 수급 전략 방향을 짐작게 한다. 전반적으로 생산량보다 소비량이 많은 현시점에서 에너지 절약이 강조되고 신재생에너지와 관련된 단어의 빈도수가 증가하는 것은 중국의 에너지 정책 패러다임이 수급 중심에서 점차 친환경, 효율 우선, 지속 가능한 발전 등으로 전환되고 있음을 방증하는 것으로 이해할 수 있다.

최근 들어 중국에서 에너지효율 산업의 개념에 대한 정보 및 인식 부족은 에너지 절약산업 활성화의 주요 난관 중의 하나로 여겨진다. 우리나라에서는 에너지효율 및 절약에 대한 인식이 크게 개선되고 있지만, 대중에게는 아직 생소한 영역일 수 있다. 그러나 장기적으로 에너지효율 산업의 저변을 넓히고 산업 규모가 확장되기 위해서는 에너지 절약, 효율 산업에 대한 인식제고가 필요하다. 이런 관점에서 한중 양국의 에너지 절약, 효율 산업의 인식제고를 위한 양국 협력이 의미가 있다. 또한, 중국에서는 에너지 공급자, 엔지니어링 업체, 시설제조업체, 건설업체 등 에너지효율 산업에 포함된 다수의 기업이 상이한 서비스 및 기술을 제공하고 있어 에너지효율 사업에 대한 공통적인 인식을 어렵게 하거나 신뢰 구축을 저해하기도 한다. 따라서 중국에서 에너지효율 사업의 개념, 에너지효율 개선사업의 계약 관행에 대한 이해나 사업의 신뢰성 제고를 위해서 홍보를 강화할 필요가 있다. 한국에너지공단 등을 통해서 에너지효율 사업의 모델 표준화나 신뢰성 있는 방법론 제공 등 노하우 전수를 통해서 중국 정부의 제도화를 유도하고 정책 신뢰성, 사업 환경 위험을 줄여나가는 노력이 필요할 것이다.

현시점에서 중국 에너지 정책의 패러다임 변화에 대한 움직임을 보다 구체적으로 살펴보면 다음과 같다.

첫째, 심각한 환경오염에 대응하기 위해 에너지의 생산·소비 구조의 개선을 모색하는 등 중장기적인 경제발전을 위한 에너지 확보 정책을 추진하고 있다.

둘째, 화석에너지의 비중을 줄이면서 비화석에너지의 비중을 높여나가고 있다. 소비 비중이 가장 높은 석탄의 청정이용을 추진하고 있으며 환경오염에 영향이 적은 천연가스와 신재생에너지, 원전 사용을 확대하는 경향이 나타나고 있다.

셋째, 전력 부문에 대한 중요성을 강조하고 있다. 신재생에너지를 이용한 발전이 확대되고 있음에도 불구하고 미흡한 송배전 체계로 인해 전력 누수가 심각한 상황에 직면하여 전력망 부문의 개선 정책이 지속해서 공포되고 있다.

넷째, 국제에너지 시장에서의 역할 증대를 모색하고 있다. 석유, 신재생에너지, 원전 부문에서는 전 세계적으로 영향력을 행사하는 국가로 꼽히며 국가 전력망 역시 전력판 일대일로로 평가되는 글로벌 에너지 연계(GEI)구상을 통해 자국의 표준과 시스템, 설비 등을 전 세계로 확산하려는 움직임을 보인다.

이러한 특징은 중국이 에너지 공급을 우선한 정책에서 에너지 생산과 소비 체계의 개선을 중시 정책으로 차츰 전환되고 있다는 사실을 나타낸다. 또한, 환경친화적이고 지속 가능한 발전을 위해 천연가스, 신재생에너지 등 환경오염을 최소화하는 질적 성장 노선으로 전환되고 있음을 시사한다. 특히 대대적인 투자와 강력한 규제 정책을 통해 자국의 관련 산업을 발전시키고 이를 기반으로 국제사회에서의 정당성을 확보하고 발언권을 강화하며 영향력을 제고하고 있다. 이는 자국 중심의 규범을 확산하는데 결정적인 역할을 할 것으로 보인다.

개방정책이 시행된 지 40여 년이 지났으나 여전히 중국에서의 사업 여건은 불안 요인이 크다. 현 중국의 에너지 관련 움직임은 전 세계적 공통 관심사이며 중국의 에너지 소비 추세가 국제에너지 시장에 미치는 영향을 고려하면 우려스럽기까지 하다. 따라서 중국의 사업 환경에 대한 정확하고 자세한 정보와 이해는 대단히 중요하다고 할 수 있다. 한중 양국은 기후 여건, 지리적 환경, 보존 자원 등이 상이함에 따라 에너지 소비 행태에서 큰 차이를 보인다. 한국의 에너지 절약 또는 효율 개선 기술 등이 중국에서 효과적으로 적용되기 위해서는 중국의 특수성을 고려한 현지화 노하우가 필요한 이유이다. 이는 지금까지 국내에서는 고려되지 않았던 다른 분야의 지식이나 변수 요인까지도 고려해야 함을 의미한다. 따라서 중국진출을 위해서 현지에 더욱 적합한 기술이나 제원을 갖추거나 연관 분야에 관한 중국의 지역별 정보를 반드시 검토해야 할 것이다. 에너지효율 사업의 중국진출을 구상함에도 마찬가지이다. 국내 에너지효율 사업자들의 중국진출을 촉진하거나 현지에서의 사업 위험을 낮추기 위해서는 중국의 수송, 산업, 건물 등 부문별 에너지효율 산업 시장정보, 주요 기업 정보, 현지 조달 방법, 법 제도 및 인허가 제도 등에 관한 다양한 정보제공시스템이 필요하다. 이와 관련하여 에너지효율 산업에 대한 지역별 진출여건을 분석한 중국 에너지효율 산업 보고서 등을 발간하는 것도 도움이 될 수 있다.

에너지 효율화 방면의 사업 진출을 위해서는 먼저 차세대 기술을 선점 확보할 필요가 있다. 현재 한국은 공장 또는 산업 부문에서 온실가스를 감축하기 위한 친환경 공정 기술이나 산업은 아직 초기 단계 수준에 머물러 있다. 불확실성과 큰 비용이 수반되는 온실가스 감축 기술의 신규 개발을 위한 투자에는 위험과 부담이 상존한다. 추가적인 신규정책을 만들거나 중복적 지원보다는 에너지신산업 확산전략과의 접점을 활용하여 에너지 절약과 친환경 공정의 강점을 살린 사업 모델을 발굴하여 장기적으로 구축할 수 있도록 하는 정책이 지속해서 추진될 필요가 있다. 에너지효율 산업의 수출산업화를 위해서 우리 기업의 중국진출에 필요한 실무지원과 중국의 지역별 특성을 고려한 특성화된 해외 진출 지원이 필요하다. 특히 중국의 지방정부의 정책, 신규프로젝트 발굴, 인허가, 법무 등을 위한 지원서비스를 할 수 있는 에너지절약산업 해외 진출 지원 자문단이 필요하다. 중국진출을 위한 전 단계에 걸친 현장밀착 지원을 통해서 중국 사업에 노하우가 없는 국내

중견기업들이 중국 사업 진출계획을 수립하고 이를 이행하거나, 애로 사항을 사전에 예방하는 데 적절한 지침이 될 수 있다.

중국은 표준 이행의 적합성 및 효과성 평가시스템이 미흡하고 표준 개정을 위한 정보 및 분석도 국제표준을 따라가지 못한다는 지적을 받고 있다. 에너지효율 표준을 비롯하여 국가표준 전반에 걸쳐 독자적 표준체계를 고수하고 있는데 이는 자국 상품에 대한 보호 장벽으로 비친다. 이러한 중국의 표준제도가 국제표준에 완전히 부합되도록 개선되기를 기다리는 건 어려운 현 상황에서 우리 기업들이 이에 대한 정확하고 신속한 정보를 공유하도록 하는 시스템 구축이 반드시 필요하다. 장기적으로는 중국의 표준제도가 국제표준과 부합되도록 인식과 이해를 확대해나갈 필요가 있다.

2015년 중국 정부는 외상투자산업지도목록(外商投資産業指導目錄) 개정을 통해서 외국인 투자 가능 분야를 대폭 확대하고 에너지 절약 항목을 허가항목에서 장려항목으로 새롭게 분류한 것은 긍정적 여건 변화로 평가할 수 있다. 장려항목은 여러 우대정책의 대상이 될 수 있는 산업군으로 정의되고 있으므로 혜택 조건에 관한 정보를 정부에서 제공한다면 기업들의 진출에 크게 도움이 될 수 있을 것이다. 현재 중국 정부가 환경문제에 적극적으로 대응하는 기조로 바뀌면서 에너지 절약, 효율 개선 등의 분야에 있어서 더욱 적극적인 외국 기업 투자유치 방침을 갖고 있으므로 이러한 흐름을 활용한 사업기회 발굴을 위해서 정보 제공은 매우 시기적절한 조치가 될 것이다. 이와 관련하여 협력 가능한 분야로 스마트시티 구축사업, 노후 산업단지 에너지 효율화 사업, 에너지 진단 사업 등을 고려해볼 수 있다. 스마트시티의 경우 최근 중국 내 급속한 도시화로 인해 발생한 여러 환경적 문제의 해결방안이 될 수 있다. 경제발전 측면에서도 그 필요성이 꾸준히 확대되고 있어 향후 우리나라의 기술우위와 에너지 수요관리 사업 추진 경험 노하우를 토대로 중국시장 진출이 기대되는 사업이라고 할 수 있다. 중국 정부는 노후 산업단지 지역의 경제 활성화 목적으로 재정비 사업을 추진하고 있다. 한국 역시 노후 산업단지를 에너지 융복합산업단지로 재정비하는 사업을 시행하고 있어 향후 우리의 경험과 노하우를 토대로 중국시장 진출이 기대되는 사업이라고 할 수 있다.

현재 전 세계적으로 친환경·고효율 에너지시스템을 구축하기 위한 노력은 계속되고 있다. 중국은 ICT 기술을 접목한 에너지 절약 장비 제조업을 개발 육성하고 국가전략 차원에서 시장 확대와 신성장 동력화를 추구하고 있다. 한국도 국제경쟁력을 지속해서 향상하고 중국시장에의 진출을 성공적으로 이끌기 위해서 국내 협업 체계를 강화할 필요가 있다. 에너지효율 사업의 중국진출은 에너지효율 기술, 고효율 제품, 사업 전략, 재원마련 등 다양한 요소가 효과적으로 결합할 때 성공적인 결과를 기대할 수 있다. 정부 부처 간 협업과 함께 민간단체나 기관과의 협력이 필요할 수 있다. 정부는 에너지효율 사업을 위한 협력이 원활히 이루어질 수 있도록 자문위원회 등을 구성하여 국내 사업자들의 중국진출에 적절한 중개 역할을 해야 할 것이다. 민간 협업을 위해서는 업계, 연구소 및 대학이 함께 참여하는 협의체를 구성하여 기술 협력에 관한 논의를 진행하는 것이 적절할 것으로 보인다.

한중 양국은 2013년 에너지 절약 분야 협력강화에 관한 양해각서(MOU)를 체결한 바 있다. 각서에 따르면 양국은 에너지 절약 기업 간 교류협력 추진, 중국 내 노후 산업단지 에너지 효율화 사업 공동추진, 에너지 절약 분야 협력 메커니즘 구축, 공동 R&D 사업 발굴 및 추진, 공동 관심의 에너지 절약 의제 논의 등 중점 협력 사업을 제시하고 있다. 향후에도 정부 및 유관기관 간 협약에 대한 후속 사업을 지속 추진할 필요가 있다. 특히 공동사업 개발 시 기존의 노후 산업단지의 후속 연계 사업 개발뿐 아니라 우리나라의 에너지신산업 등과 연계할 수 있는 사업 발굴 논의가 검토되어야 할 것이다. 더 나아가 이러한 협력 사업의 성과를 활용해 인도 및 동남아 등 최근 에너지 수요가 급증하면서 에너지효율 개선에 관심이 많은 국가에 공동 진출 사업 기회 모색도 고려되어야 할 것이다. 또한, 중국의 에너지효율 사업에 지방정부의 관여도가 높다는 점을 고려할 때 양국 지방정부 간 협력체계를 강화하고 지방정부 수반의 외교 활동도 매우 중요하다고 볼 수 있다. 중국의 경우 지역 간 경제발전 수준도 차이가 커서 지방정부마다 에너지효율 사업에 대한 정책 의지는 온도 차가 있을 수 있다. 따라서 한국 정부는 중국 특정 지역의 특수한 상황에 대한 이해를 높이고 우리 기업들이 이러한 점들을 고려한 진출 전략을 수립할 수 있도록 지원해야 할 것이다.

현재 중국 정부는 자국의 안정적 에너지 수급을 위하여 다각적 정책 수립과 외교적 노력을 기울이고 있다. 국내적으로 강력한 환경정책이 제13차 5개년 계획 기간에도 지속하고 있으며 수도 베이징을 포함한 대도시 지방 정부들 역시 자체적으로 다양한 에너지효율 개선 정책들을 추진하고 있다. 이에 따라 에너지효율 시장을 비롯한 환경산업 전반이 탄력을 받게 될 전망이다. 수시로 중국 정부의 정책이 가변할 수 있는 특수성을 고려해볼 때 한중 양국 간 에너지효율 개선 부문 협력에서도 중앙정부 차원에서의 다양한 채널을 통해 중국과의 협력 메커니즘을 강화하는 것이 매우 중요하다.

중국은 에너지효율 분야에 있어서 선진기술 도입 등을 이유로 미국, EU, 일본 등 선진국 및 IEA와 같은 국제기구들과도 활발하게 협력을 진행 중이다. 우리 정부도 에너지효율을 포함한 에너지 부문 전반에 걸쳐서 적극적으로 중국과 협력 관계를 맺고 다양한 협력 프로그램 시행을 통하여 이를 공고히 하는 것이 필요하다. 중국의 경우 지방정부 차원에서도 각기 다른 에너지효율 개선 정책들을 적극적으로 시행하고 있다. 지방정부 차원의 교류 활성화를 통해 현지의 정확한 시장정보를 제공하고 지역 내 우수한 중소기업들이 중국에 진출할 수 있는 기초를 마련해 줄 수 있는 정책을 검토해야 한다. 또한, 최근 중국 정부가 에너지 안보 제고와 산업경쟁력 확보 차원에서 에너지기술 개발을 가속하고 있어 향후 한중 양국 간의 에너지효율 관련 기술 격차는 좁혀질 가능성이 크다. 따라서 우리나라가 중장기적으로 중국 에너지효율 시장에서 경쟁력을 확보하기 위해서는 에너지 수요관리에 대한 기술우위를 앞세워 중국과의 협력을 모색해 볼 필요가 있다.

현시점에서 중국 정부는 자국 일방의 외교 노력만으로는 에너지 수급에 한계가 있다는 점을 인식하고 있다. 오히려 미국, 유럽 등 서방국가는 물론이고 주변국들의 경계와 우려를 초래함으로써 국제적·지역적 분쟁을 가져올 수 있다는 판단이 선 것으로 보인다. 21세기 들어 글로벌 금융위기와 유럽 외환 위기를 겪으며 강대국들의 에너지 수급 전략도 많은 변화가 나타나고 있다. 현재 세계적으로 에너지 산업의 구조조정도 가속화되고 있으며 시장 경쟁도 더욱 치열해지는 양상이다. 따라서 중국은 주요 에너지소비국들과의 양자 간, 다자 간 협력을 강화하면서 국내 에너지 소비 시스템의 초점을 절약과 효율화에 맞춰 리모델링 해나가고 있다. 특히 동아시아 지역 차원에서 에너지 공급체계의 안정적 공동 구축, 에너지 수송로의 안전, 에너지 절약 및 대체에너지 개발 등 다양한 측면에서 광범위한 협력 의사를 표명하고 있다. 중국에 가장 인접한 에너지소비국인 한국의 관점에서 보면 중국의 거시적 에너지 정책 흐름과 세부 전략들을 충분히 연구하고 검토해야 할 필요가 있다. 시시각각 돌변하는 국제 정세에서 한국의 국가 이익에 제대로 부합하는 에너지협력을 끌어내기 위해서는 중국의 에너지 정책 패러다임의 방향성에 대해 지속해서 관심을 가지고 정확히 파악해야 할 것으로 판단된다.

Ⅴ. 나오며

개혁개방 이후 글로벌 경제 체제에서 중국은 자국의 안정적 에너지 수급을 위하여 다각적 정책 수립과 외교적 노력을 기울여 왔다. 현재 중국 정부의 강력한 환경정책은 제13차 5개년 규획 기간에도 지속할 것으로 전망되며 수도 베이징을 포함한 대도시 지방 정부들 역시 자체적으로 다양한 에너지효율 개선 정책들을 추진하고 있다. 이에 따라 에너지효율 시장을 비롯한 환경산업 전체가 빠르게 성장할 것으로 예상한다. 중국 정책의 불안정성을 고려해볼 때 한중 양국 간 에너지효율 개선 부문 협력에서도 중앙정부 차원에서의 다양한 채널을 통해 중국과의 협력 메커니즘을 강화하는 것이 매우 중요하다.

중국은 에너지효율 분야에 있어서 선진기술 도입 등을 이유로 미국, EU, 일본 등 선진국 및 IEA와 같은 국제기구들과도 활발하게 협력을 진행 중이다. 우리 정부도 에너지효율을 포함한 에너지 부문 전반에 걸쳐서 적극적으로 중국과 협력 관계를 맺고 다양한 협력 프로그램 시행을 통하여 이를 공고히 하는 것이 필요하다. 중국의 경우 지방정부 차원에서도 각기 다른 에너지효율 개선 정책들을 적극적으로 시행하고 있다. 지방정부 차원의 교류 활성화를 통해 현지의 정확한 시장정보를 제공하고 지역 내 우수한 중소기업들이 중국에 진출할 수 있는 기초를 마련해 줄 수 있는 정책을 검토해야 한다. 또한, 최근 중국 정부가 에너지 안보 제고와 산업경쟁력 확보 차원에서 에너지기술 개발을 가속하고 있어 향후 한중 양국 간의 에너지효율 관련 기술 격차는 좁혀질 가능성이 크다. 따라서 우리나라가 중장기적으로 중국 에너지효율 시장에서 경쟁력을 확보하기 위해서는 에너지 수요관리에 대한 기술우위를 앞세워 중국과의 협력을 모색해 볼 필요가 있다.

현시점에서 중국 정부는 자국의 일방적 외교 노력만으로는 에너지 수급에 한계가 있다는 점을 인식하고 있다. 오히려 자국의 일방적 에너지 외교가 미국 등 서방국가는 물론이고 주변국들의 경계와 우려를 초래함으로써 국제적·지역적 분쟁을 가져올 수 있다는 판단이 선 것으로 보인다. 21세기 들어 글로벌 금융위기와 유럽 외환 위기를 겪으며 강대국들의 에너지 수급 전략도 많은 변화를 보인다. 현재 세계적으로 에너지 산업의 구조조정도 가속화되고 있으며 에너지 시장의 경쟁도 더욱 치열해지는 양상을 보인다. 따라서 중국은 주요 에너지소비국들과의 양자 간, 다자 간 협력을 강화하면서 국내 에너지 소비 시스템의 초점을 절약과 효율화에 맞춰 리모델링 해나가고 있다. 특히 동아시아 지역 차원에서 에너지 공급체계의 안정적 공동 구축, 에너지 수송로의 안전, 에너지 절약 및 대체에너지 개발 등 다양한 측면에서 광범위한 협력 의사를 표명하고 있다. 중국에 가장 인접한 에너지소비국인 한국의 관점에서 보면 중국의 거시적 에너지 정책 흐름과 세부 전략들을 충분히 연구하고 검토해야 할 필요가 있다. 시시각각 돌변하는 국제 정세에서 한국의 국가 이익에 제대로 부합하는 에너지협력을 끌어내기 위해서는 중국의 에너지 정책 패러다임의 방향성에 대해 지속해서 관심을 가지고 정확히 파악해야 할 것으로 판단된다.

참고문헌

강준영 외, "중국 에너지 부문 12·5 계획 평가 및 13·5 계획 전망", world energy market insight weekly, 2015.

김정인 외, "중국 장기(2030년) 에너지 수급 전망", world energy market insight weekly, 2016.

박용덕 외, "지속 가능 성장을 위한 중국의 에너지효율 정책과 한중 협력 방안", KIEP, 2016.

산업통상자원부, "2조 전력 신산업펀드 운영계획 확정–산업부, 한전, 전력 신산업펀드운영 컨퍼런스 개최", 2016.

양의석 외, "중국 석탄의존도 감축 정책과 온실가스 감축 대응 활동", world energy market insight, 2018.

양철, "중국 에너지 정책의 패러다임 변화 실증 분석", 현대중국연구 제20 집 1호, 2018.

에너지경제연구원, 「세계 에너지 시장 인사이트」, 제18-11호, 2018.

에너지경제연구원, 「세계 에너지 시장 인사이트」, 제18-10호, 2018.

에너지경제연구원, 「세계 에너지 시장 인사이트」, 제18-7호, 2018.

에너지경제연구원, 「세계 에너지 시장 인사이트」, 제18-3호, 2018.

에너지경제연구원, 「세계 에너지 시장 인사이트」, 제17-42호, 2017.

에너지경제연구원, 「세계 에너지 시장 인사이트」, 제17-40호, 2017.

能源局網站, 『能源局新聞發布會介紹2017年新能源竝網运行情況等』, 2018.

中國核能行業協會, 『2017年1-12月全國核電運行情況』, 2018.

國家能源局, 『2018年能源工作指導意見』, 2018.

國家統計局, 『中華人民共和國2017年國民經濟和社會發展統計公報』, 2018.

國務院辦公室網站, 『推動 "一帶一路"能源合作愿景與行動』, 2017.

전희정, "중국, 2018년 에너지 정책 부문 중점 과제", world energy market insight, 2018.

전희정, "중국, 2017년 천연가스 수급실적 및 수급 안정 당면과제", world energy market insight, 2017.

_____, "2018년 주요국 에너지·기후변화 정책변화", world energy market insight, 2019.

新華網, "解讀 ≪能源發展戰略行動計劃(20142020年)≫三叁看點", 2014.

經濟通, "中國國內生產總值今年增長率或逾7.5%", 2014.

經濟參考报, "多部委督促落實頁岩氣 "十二五"規劃", 2014.

汪洋 외, "新型城市化和生態環境協調發展研究—中部6省省會城市比較時角", 『環境保護科學』, 第42卷 第3期, 2016.

劉耀彬 외, "中國新型城市化包容性發展的區域差異影向因素分析", 第34卷 第5期, 『地域研究與開發』. 2017.

李珒 외, "中國新能源汽車產業的政策變遷與政策工具選擇", 中國人口·資源與環經, Vol. 27 No. 10, 2017.

中共遼寧省委, 『關于制定國民經濟和社會發展第十三個五年規劃的建議』, 2015.

中共中央國務院, 『關于全面振興東北地區等老工業基地的若干意見』, 2016.

毕磊, "新常態下中國跨越中等收入陷穽問題研究", 遼寧大學, 2016.

國家質檢總局對, 《能源效率標識管理辦法》, 2016.

國家統計局, "中國統計年鑒 2015", 2015.

國務院, 《國家應對氣候變化規劃(2014-2020年)》, 2014.

_____, 《國民經濟和社會發展第十二個五年計劃》, 2011.3.

_____, 《節能與新能源汽車產業發展規劃(2012—2020年)》, 2012.

_____, 《能源發展十二個五年規劃》, 2013.

_____, 《深化標準化工作改革方案的通知》, 2015.

能源與交通創新中心, 《2016中國乘用車燃料消耗量發展年度报告》, 2016.

財政部, 《關于2016-2020年新能源汽車推广應用財政支持政策的通知》, 2015.

中國汽車工業協會, "2015年度汽車工業統計年报", 2016.

제4장

저항의 물결: 중국식 민주주의의 성장통인가
아니면 서구식 민주화로 가는 징후인가?

저항의 물결: 중국식 민주주의의 성장통인가 아니면 서구식 민주화로 가는 징후인가?

| 김태욱 |

"20세기 후반 '개혁개방' 운동이 일어남으로 인하여 중국은 마오쩌둥 시대의 보편적인 빈곤과 절대 독재에서 벗어나서 민간의 부와 민중의 생활 수준이 대폭으로 개선되었으며 개인의 경제 자유와 사회권리 등의 일부분이 회복되었다. 그리고 공민 사회가 생겨나기 시작하여, 민간의 인권과 정치 자유에 대한 목소리가 날로 커졌다. 집권자도 시장화와 사유화의 경제개혁을 진행하는 동시에 '인권 무시'에서 '인권존중'으로 변화하기 시작하였다.

중국 정부는 1997년과 1998년에 연달아 중요한 국제인권 규약에 사인하였다. 2004년 전국인민대표회의는 '인권을 존중하고 보장한다'라는 조항을 헌법에 추가하였고, 올해에는 <국가인권행동계획>을 제정하고 실행할 것을 약속하였다. 그러나 지금까지의 이러한 정치적 진보는 어디까지나 종이 위에서만 멈추어 있을 뿐이다. 법률은 있지만, 법치는 없고, 헌법은 있지만, 헌정은 없는 것은 모두가 알고 있는 중국정치의 현실이다. 집권그룹이 여전히 철권통치를 유지하고 있으며, 정치개혁을 거부하고 있기에 다양한 부패사건들이 터져 나올 뿐만이 아니라, 법치는 세워지지 않고, 인권은 사라졌으며, 도덕은 땅에 떨어졌다. 사회의 양극화는 날로 심해져 가고, 경제의 기형적인 발전은 자연환경과 인문환경 모두에 막대한 타격을 주고 있다. 공민의 자유와 재산 그리고 행복을 추구할 권리는 제도적인 보장을 받고 있지 않다. 각종 사회모순과 불만은 날로 쌓여가고 있다. 특히 정부와 국민 사이의 대립 강도가 세지고, 집단 시위의 횟수가 날로 늘어나고 있다. 이러한 통제력 이탈 현상들은 현재 정치체계의 쇠락은 이미 변화하지 않을 수 없는 단계에 접어들었다."

<08헌장 전문(前름) 중에서>

Ⅰ. 들어가며: 중국 사회주의의 종말

2008년 12월 중국의 민주화를 촉구한 류샤오보(劉曉波)의 '08헌장(零八憲章)'은 중국 지식인 303명이 서명하고, 공산당 일당독재 폐지와 인권 보장, 사법 독립, 언론·종교·집회·결사의 자유 등을 요구했다. 류샤오보는 이 헌장 작성을 주도한 혐의로 체포되고, 국가 전복 선동죄로 기소되어 11년형을 선고받았다. 1989년 봄, 톈안먼(天安門)에서 시위가 벌어졌을 때 미국에서 귀국해 현장으로 달려갔고, 다른 지식인 3명(허우더젠(候德健), 가오신(高新), 저우둬(周舵))과 단식 투쟁을 벌여 '톈안먼의 4군자'라고 불렸던 인물이다. 30년간 민주화 투쟁을 벌였던 류샤오보는 2010년 노벨평화상을 수상하지만, 감옥에서 이 소식을 듣는다. 2017년 7월 13일 간암으로 랴오닝성 선양의 중국 의대 부속 제1 병원에서 사망한다.

개혁·개방 40년간 중국의 경제는 괄목상대하게 발전하였다. 1978년에서 2017년까지 39년간 중국의 연평균 경제성장률은 9.59% 성장하여, 1인당 GDP는 39.5배, 국내총생산(GDP)은 56.6배 증가했다. 또한, 공업생산액은 173배, 무역액은 199배, 예금액은 3090배가 증가했다. 1978년 1억 6,700만 달러에 불과하던 외환보유고는 2017년에 3조 1,399억 달러로 세계 최고의 외환보유국이다.

그러나 경제성장과 비례해야 할 민주화 수준은 진전이 없다. 오히려 시진핑 시기 들어 퇴보하고 있다는 평가가 지배적이다. 본 장에서는 지난 40년간의 민주화 과정을 분석해 보고 중국이 말하고 있는 '중국식 민주주의는 가능할 것인가?'를 살펴볼 것이다. 개혁·개방 이후의 일련의 저항의 물결이 중국식 민주주의로 가는 단순한 성장통인지, 아니면 서구식 민주주의로 가는 징후인지를 분석해 보려고 한다.

II. 민주화의 서막: 민주의 벽

베이징 시단(西單) 교차로 동쪽 길 북쪽 인도에 버스정류장 몇 개가 설치돼 있었다. 이 버스정류장 뒤에 약 200m 길이의 낮은 회색 담장이 있었다. 이곳을 오가는 사람이 많아서 항상 사람들은 이 낮은 담장에 구인 광고나 전단지를 붙여 사람들의 이목을 끌었다. 1978년 봄부터 몇몇 사람들이 이곳에 대자보를 붙이기 시작했고 대자보를 보는 사람들이 점점 많아졌다. 자발적으로 모여드는 사람 때문에 민주의 벽(民主牆)에 붙은 크고 작은 벽보에는 많은 내용이 담겨 있었다. 누명을 쓴 사람의 호소, 비판과 제안, 악행의 폭로, 새로운 소식 등이 실리다 나중에는 정론(政論)이 주를 이루었다. 그중 가장 많이 다루어진 것은 민주와 법제의 문제였다.

개혁·개방정책의 추진으로 일부 지식인들을 중심으로 정치개혁의 요구가 늘어나고 있었다. 덩샤오핑은 1978년 개방정책을 추진하면서 농업, 공업, 국방, 과학의 4대 현대화를 주창하였다. 1978년 12월에 웨이징성(魏京生), 런완딩(任畹町) 등이 시단 민주의 벽(西單民主牆)에 정치적 주장을 담은 대자보를 붙이기 시작했다. 이것이 유명한 웨이징성의 '5개 현대화'이다. 웨이징성은 당국이 주창하는 4대 현대화라는 공식 노선이 실질적으로 성취되기 위해서는 제5의 현대화인 민주화가 필요하다고 주장하였다. 즉, 경제발전과 군사발전을 넘어서는 인간적, 정치적 차원의 현대화를 포함해야 한다고 주장하였다. 시단 민주의 벽이 크게 발전했던 동력 중의 하나가 덩샤오핑의 지지였다면, 그 가치가 하락했다고 판단한 덩샤오핑에 의해 베이징에는 다시 겨울이 찾아 왔다. 런완딩(任畹町), 류칭(劉青), 황샹(黃翔) 등이 줄줄이 체포되고 3월 29일에는 웨이징성이 체포되었다. 10월 16일 웨이징성은 징역 15년의 중형을 선고받았다. 죄명은 외국인에게 군사기밀을 제공하고 프롤레타리아와 사회주의 제도를 반대하는 선동을 했다는 것이었다. 12월 6일 베이징시 인민 정부는 '시단 벽'에 대자보 붙이는 것을 금한다는 통고를 발표했다. 1980년 9월 제5차 인민대표대회 3차 회의에서는 헌법을 개정할 때 헌법에 이전까지 규정되어 있던 4대 (대명, 대방, 대자보, 대토론)의 조문을 삭제했다. '민주의 벽(Democracy Wall)' 운동은 1989년 톈안먼(天安門) 사태로 이어졌다.

웨이징성(魏京生)

웨이징성(魏京生, 1950.5.20)은 중국의 반체제 인사며, 인권운동가이다. 그는 1950년 베이징에서 인민해방군 퇴역 군인의 아들로 태어났으며 16세 때인 1966년에 문화대혁명이 일어나자 홍위병에 참여했다. 이후 그는 1969년에 인민해방군에 입대했으며, 1973년에 제대한다. 군 제대 후 베이징 동물원에서 전기 기술자로 근무했다. 1970년대 말에는 인민의 자유와 민주를 강조하고 지식인들에게 다양한 자유가 부여되는 베이징의 봄이 찾아 왔다. 덩샤오핑 시기는 미·중 수교와 더불어 개방이 이루어지면서 민주화에 대한 기대감이 고조되어 가고 있었다. 이러한 배경 속에서 1978년 베이징 시단(西單)에 웨이징성과 같은 여러 인사가 대자보를 붙여 민주주의를 알렸다. '민주의 벽' 대자보 사건을 주도한 그는 '민주가 필요한가 아니면 독재가 필요한가'라는 제목의 대자보에서 '덩샤오핑(鄧小平)은 새로운 독재자'라고 정면으로 비난했다. 그는 79년 3월 검거돼 「반혁명선전선동죄」로 15년형을 선고받고 14년 6개월간 형을 살았다. 기소장에 따르면, 그는 79년 2월 중국과 베트남 간의 국경 분쟁 때 중국군 주요 지휘관의 이름과 병력 현황에 관한 정보를 외국 기자에게 넘겨줬다는 것이다. 또 78년 12월부터 이듬해 3월까지 반혁명적 글을 유포해 인민을 선동했다는 것이다. 그러나 진짜 이유는 그가 79년 3월 발표한 한 글에서 최고지도자 덩샤오핑을 노골적으로 비난했기 때문이다. 그는 "덩샤오핑이 인민의 고통과 기본권을 회복하는 데 신경을 쓰지 않고 민주화운동을 분란책으로 본다면, 그것은 그가 민주주의를 원치 않기 때문이다"라고 주장했다. 그는 특히 덩을 민주주의를 외면한 신독재주의자라고 묘사했다. 이 글이 발표된 지 며칠 뒤 웨이징성은 기소돼 약식 재판에서 15년형을 선고받았다. 1993년 웨이징성은 2000년 올림픽을 베이징에 유치하려는 대서방 화해 제스처의 일환으로 석방되지만, 1994년 4월 1일에 반혁명 혐의로 다시 체포되었으며 1995년 11월 21일에 열린 재판에서 징역 14년을 선고받았다. 이후 그는 1997년 11월 16일에 병보석으로 석방되어, 미국으로 망명길에 오른다. 1994년에 올로프 팔메상과 로버트 F. 케네디 인권상, 1996년에 사하로프상, 1997년에 전미 민주주의 기금상을 수상했다. 현재 미국 워싱턴에서 중국 민주화운동을 벌이고 있다.

III. 1989년 베이징의 봄

1989년은 경제개혁의 실패로 50%에 이르는 인플레이션이 나타나 중국 각처에서 사재기 열풍이 불던 시기였다. 또한, 1989년은 공교롭게도 프랑스혁명 200주년이 되는 상징적인 해였다. 중국 내부적으로는 제국주의에 저항한 5·4운동 70주년, 공산당 정권수립 40주년 및 '민주의 벽' 운동 10주년이 되는 해이기도 했다. 과학자이자 인권운동가였던 팡리즈(方勵之) 등이 '민주의 벽' 사건으로 수감 중인 웨이징성(魏京生)과 다른 정치범들의 석방을 촉구하는 편지를 덩샤오핑에게 보내는 등의 민주화운동을 전개하는 가운데, 4월 15일 후야오방(胡耀邦, 1915~1989)이 사망하였다.

그의 사망은 민주화를 열망하는 사회적 분위기에 기름을 부었다. 학생들과 시민들은 1976년 저우언라이(周恩來) 사망 때와 마찬가지로 자체적으로 추모식을 거행하였고, 장례식인 4월 22일에는 10만 명이 집결했다. 언론과 결사의 자유를 요구하는 시위는 정치 민주화를 요구하는 구호로 확산되었으나, 중국 정부는 수용하지 않았다. 해결책을 찾지 못하는 가운데 시민들의 정치적 개혁 및 인권 요구가 강조되면서 급기야 톈안먼 사태가 시작되었다. 자발적으로 모인 많은 학생과 시민들이 정부에 민주화를 요구하였으나, 리펑(李鵬) 총리는 민주화 요구를 반정부 소요사태로 규정하고 '혼란스러움'을 비난하면서도 방치하였다. 5월 13일 시위를 하던 학생 3천여 명이 단식에 돌입하였는데, 그날은 바로 사회주의 개혁·개방의 상징이던 소련의 고르바초프가 중국을 방문하는 날이기도 했다. 단식 중이던 학생들이 병원에 실려가고 각국 각지에서 동참시위가 일어나는 가운데에도 중국의 지도자들은 어떠한 선택도 내리지 못했다. 이러한 상황들은 마침 중·소정상회담을 취재하러 베이징에 모인 각국의 기자들을 통해 전 세계에 중계되었고, 세계인들은 중국의 미래가 민주화의 과정으로 전환될 가능성을 조심스럽게 예측하기도 했다. 그러나 중국 지도부의 선택은 그러한 예상과 달랐다. 5월 20일 마침내 계엄령을 선포한 중국 정부는 군대를 앞세워 톈안먼광장을 진압하려고 했다. 시민들의 '저항'이 있었으나 정부의 의지는 단호했고 결국 10만여 명이 모여 있던 톈안먼광장 시위대를 해산시키는 '피의 진압'이 전개되었다. 처음부터 상황이 악화된 것은 아니었다. 초기에 계엄군들은 시민들의 저항 때문에 '작전'을 제대로 전개할 수 없었다. 대부분의 상황이 많은 서방 기자들에 의해 전세계에 전달되었고, 중국 정부에 대한 국제적인 비난이 쏟아졌다. 그러나 상황은 결국 정부의 의지대로 종료되었고, 이후 중국에서 대중들의 민주화를 요구하는 대규모 시위는 30년이 흐르도록 더이상 재발하지 않고 있다.

피의 진압 이후 민주화 시위의 상징이었던 팡리즈는 미국대사관으로 피신 후 미국으로 망명하였으며, 여러 시위 주동자들도 중국을 떠나 반체제 인권운동을 전개하고 있다. 위대한 실패로 끝난 톈안먼 사태는 여전히 중국의 정치적 장래를 좌우하는 중요한 역사적 고리로서 기능하고 있고, 중국 민주화의 초석을 놓았다는 점에서 의의가 있다.

6월 4일 이후 당국은 톈안먼 광장과 베이징 주요 지역의 국면을 장악했지만, 산발적인 항의는 계속되고 있었다. 이러한 저항은 대부분 계엄군에 의해 진압되었다. 동시에 당국은 민주화운동의 주동 세력을 체포하기 시작했다. 1개월 정도의 기간 동안 당국에 의해 총살, 체포, 감금, 수용, 수용심사, 조사당한 사람들은 6·4 학살 이후 가장 먼저 정치적 수난을 당했다.

1989년 6월 30일 당시 천시퉁(陳希同) 베이징 시장은 인민대표대회에서 민간인 3,000여 명이 부상했고 대학생 36명을 포함해 200여 명이 사망했다고 보고한 바 있다. 하지만 기밀 해제된 미국 백악관 문건에는 톈안먼과 창안제(長安街)에서 8,726명이 학살(massacre)되었고, 이 밖의 베이징 지역에서 1,728명이 목숨을 잃어 사망자가 1만 명이 넘는다는 조사 결과를 담고 있다. 또 기밀 해제된 영국의 외교 문건에도 당시에 사망한 학생, 시민, 군인의 수가 1만 명을 넘었다는 국무원 소식통의 전언을 기록하고 있다.

제1차 톈안먼 사태

1976년 1월 저우언라이(周恩來, 1898~1976) 총리가 사망하자 마오쩌둥은 유해를 이틀간만 공개하고 추모식에도 나타나지 않는다. '4인방'은 조문도 허용하지 않았다. 그러나 그해 4월 4일 청명절, 베이징 톈안먼(天安門)광장에는 100만 명이 넘는 시민들이 꽃다발과 현수막을 내걸고 그를 추모했다. 이튿날 새벽, 4인방의 지시로 꽃다발과 현수막이 전부 치워지자 추모대회는 4인방을 성토하는 시위장으로 급변했다. 1976년 4월 5일 인민 군중이 톈안먼 광장에 모여서 저우언라이에 대한 애도를 요구하고 장칭(江靑) 등 '4인방(장칭, 왕훙원, 장춘차오, 야오원위안)'의 정책에 대한 불만을 표시했다. 마오쩌둥의 동의 아래 당국에서는 경찰과 노동자 규찰대를 배제한 채 몽둥이로 이 광장의 군중 운동을 폭력 진압했다. 그 후 388명이 체포되고 수감 되었다. 왕훙원 등의 보고를 들은 뒤 마오쩌둥은 덩샤오핑이 이 군중 운동을 책동했다고 믿었다. 4월 7일 중앙정치국에서는 화궈펑(華國鋒)을 중국공산당 중앙 제1 주석과 국무원 총리에 임명하는 결의와 덩샤오핑의 당 내외 모든 직무를 박탈하는 결의를 통과시켰다. 하지만 그해 9월 마오쩌둥이 사망하고, 10월에 장칭 등 4인방(四人幇)이 체포되자, 1977년 7월 당 제10기 3중전회에서 덩샤오핑은 당 부주석에 복권되어 전권을 장악하게 된다. 덩이 권력을 장악함으로써 1976년 '톈안먼 사건'은 재평가 받기 시작한다. 1978년 11월 '혁명적 행동'이었다는 재평가를 받고 중고등학교 역사 교과서에 실리게 되었다. 제1차 톈안먼 사태가 덩샤오핑이 피해자였다면, 제2차 6·4 톈안먼 사태는 덩샤오핑이 가해자로 등장한다는 것이 역사적 아이러니입니다. 1976년 '4·5 사건'은 1989년 톈안먼 사태와 구별하기 위해 '제1차 톈안먼 사태'로 불린다.

IV. 우칸(烏坎) 사건

광둥성 루펑(陸豐)시 우칸(烏坎)촌 주민 2만여 명은 2011년 9월부터 지방정부의 토지 강제수용과 공무원들의 보상금 착복 등에 항의하며 시위를 벌였다. 12월에는 마을주민 대표가 의문의 죽임을 당하면서 갈등이 최고조에 달했다. 시위가 계속되자 공안 당국은 강경 진압이 불가피하다는 견해를 고수했다. 그러나 왕 서기는 끝까지 대화와 설득으로 풀어야 한다는 원칙을 포기하지 않았다. 결국, 체포했던 시위 참가자들을 풀어주고 자유 선거를 시행하겠다고 약속하면서 시위가 중단되었다. 광둥성 동부 루펑시 우칸촌 주민 지도자 린쭈롄(林祖戀)이 2012년 1월 15일 이 촌의 공산당 당서기에 임명되었고 우칸촌은 린 서기를 중심으로 당 지도부가 새로 만들어져, 3월 우칸촌에서 열린 촌민위원회 선거에서는 린쭈롄이 촌 공산당 서기에 이어 다시 주임에 선출되었다. 부주임에는 양써마오(楊色茂)가 뽑혔다. 우칸촌은 직접선거로 촌 지도자를 선출함으로써 중국 민주주의의 새로운 모델로 인식되었다. 그러나 2014년 10월에 2011년 당시에 시위를 주도하고서 촌민위원회 부주임으로 선출됐던 홍루이차오(洪銳潮)와 양써마오(楊色茂)에게 뇌물수수죄를 적용해 각각 징역 4년형과 2년형을 선고했고, 토지 문제도 5년이 지나도록 해결되지 않고 있다. 성, 시, 현 등 상급 기관은 모두 더 이상 우칸촌에 눈길을 주지 않았다. 린쭈롄(林祖戀)은 2016년 6월 우칸촌 내 부당한 토지수용 문제를 외부에 호소하고 집단진정을 결정하기 위한 집회를 열려고 하던 중 공안에 의해 강제로 체포되었다. 린쭈롄은 6월 15일 웨이보에 "19일 주민총회를 열어 '상팡'(上訪, 하급기관 민원처리에 불복해 상급기관에 직접 민원을 내는 행위) 여부를 결정할 것"이라면서 "우리는 더 큰 희생을 치를 각오가 돼 있다"라고 밝혔다. 린쭈롄의 웨이보는 순식간에 전 세계로 퍼졌고, 이것이 발단이 되어 17일 밤 공안이 부패 혐의로 그를 체포한 것이다. 그는 우칸촌의 건설 사업과 관련된 뇌물로 44만 3천 위안을 수뢰한 혐의로 기소되어 2016년 9월 초 뇌물수수 혐의로 37개월 징역과 20만 위안 벌금형을 선고받았다. 우칸촌 주민들은 린쭈롄이 연행된 이후 80여 일간 린쭈롄의 석방과 마을 토지 반환을 요구하는 거리행진을 벌였으며, 이 과정에서 70여 명이 체포됐다. 린쭈롄은 1심 판결에 불복해 항소했으며 항소심 심리에서 우칸촌 내 건설 사업 등과 관련해 뇌물을 받았다고 인정한 기존 자백을 철회했다. 그러나 중급인민법원은 2016년 10월 20일 린쭈롄에게 징역 37개월형과 20만 위안 벌금형을 선고한 1심 판결을 확정한다(중국은 2심제를 채택하고 있다). 이로써 중국 광둥(廣東)의 작은 어촌마을 우칸(烏坎)촌의 풀뿌리 민주주의 실험이 사실상 막을 내리게 되었다.

Ⅴ. 쑨즈강(孫志剛) 사건

　　2003년 후베이 우한(武漢) 과학기술학원을 졸업한 쑨즈강(孫志剛)은 광저우의 의류회사에 취업했다. 직장 때문에 광저우(廣州)로 주거지를 옮긴 쑨즈강은 3월 17일 저녁 11시쯤 신분증을 소지하지 않고 외출한 후 경찰의 검문을 받고 합법적 증서, 고정적 주소, 안정적 수입이 없는 '3무인원(三無人員)'으로 붙잡혀 파출소로 끌려갔다. 이후 3월 18일 새벽 2시에 수용송환대기소로 보내졌다. 다음날 친구가 수용송환대기소에 전화했을 때는 이미 쑨즈강은 수용인원들을 치료하는 구호치료소로 옮겨진 상태였다. 간호사 기록에 의하면 쑨을 접수한 시간은 3월 18일 밤 11시 30분이다. 19일 친구가 다시 면회신청을 하자 구호치료소 측은 친족만 보증인 자격이 있다며 거절했다. 그리고 20일 정오 무렵 그의 친구가 또다시 병원에 전화하자 치료소 측은 쑨의 사망 소식을 전한다. 당시 치료소 측이 밝힌 쑨즈강의 사망요인은 심장병이었다. 그러나 쑨즈강이 수용소에서 돌연 사망했다는 점과 평상시 쑨즈강의 건강상태를 고려했을 때 심장병이라는 사망요인이 납득되지 않는 가족의 주장으로 부검을 실행한 결과 사인은 구타로 밝혀졌다. 이 사건이 외부로 알려지고 언론과 대중의 관심을 받으면서 정부에 사건의 진상규명과 '수용송환제도(收容遣送)'에 대한 정책개혁의 요구가 확산되었고, 결국 정부는 이 사건에 대한 철저한 진상규명과 제도 폐지라는 결단을 내렸다. 원자바오 총리는 6월 20일 '도시 유랑걸인 구조관리방법(城市生活無著的流浪乞討人員救助管理辦法)'이라는 새 법안을 발표하고, 8월 1일부터 이 법이 시행됨과 동시에 '수용송환제도'는 폐지토록 했다. 이처럼 쑨즈강 사건은 사건 발생 이후 3개월 여의 짧은 기간에 빠르게 여론을 형성하고 정부 정책의 전환이라는 쾌거를 이루었다.

결국, 수사 결과 쑨즈강은 구호치료소의 간병인인 차오옌친(喬燕琴)과 같은 방의 리하이잉(李海嬰) 등에 의한 구타로 사망한 것으로 확인되었고 6월 9일 쑨즈강 사건의 1심 판결로 주범 차오옌친은 사형과 종신 정치권리 박탈, 리하이잉은 사형집행유예, 다른 1인은 무기징역에 처해졌다. 기타 9인은 3~15년 징역형에 처해졌다. 이 사건과 관련된 경찰, 구호치료소 책임자 및 의사와 간호사는 모두 6인으로, 이들은 직무유기죄로 각각 2~3년의 징역형에 처해졌다.

이 사건은 처음 『난팡도시보(南方都市報)』에 쑨즈강의 석연치 않은 죽음이 보도된 것을 계기로 시츠후퉁(西祠胡同) 등 인터넷 공간에서 이 사건에 대한 비판 여론이 거세게 일어났다. 인터넷 여론의 확산은 전국인민대표대회가 정식 의제로 채택하기에 이르렀다. 결국, 임시거주증, 검문, 유랑인 수용소 등과 관련된 불합리한 법규를 개정하게 한 결과를 이끌어낸다. 2003년 인터넷 핫 이슈 "쑨즈강 사건(孫志剛事件)"은 인터넷을 통해 정부에 대한 거침없는 비판이 분출되었다는 점에서 진정한 의미에서 공론장으로서의 인터넷의 의미에 주목하게 한 계기가 된다.

VI. 홍콩의 탈중국화

1. 우산혁명(雨傘革命)

청나라는 1842년과 1860년의 두 차례의 아편전쟁에서 영국에 패하면서 '난징조약'과 '베이징조약'을 체결하게 되고, '난징조약' 제3조에 따라 홍콩 섬을 영국에 할양하게 된다. 1984년 9월 26일 이른바 '홍콩반환협정'(영·중 공동선언)이 이루어지면서 1997년 7월 1일 홍콩은 중국으로 반환되었다. 중국은 1984년 영국과 '공동 선언'을 통해 홍콩 주민의 기본권과 자유를 보장한다고 선언했다. 중국은 또 홍콩을 접수하면서 50년 동안 홍콩을 '일국 양제(一國兩制: 한 국가 두 체제)' 원칙에 입각해 홍콩인들의 자유를 보장키로 했다(홍콩 기본법 제5조 "홍콩특별행정구는 사회주의 제도와 정책을 시행하지 아니하며, 원래의 자본주의 제도와 생활방식을 유지하고 50년 동안 변동하지 아니한다"). 그러나 사회주의 중국이 홍콩의 자본주의 체제를 보장한다는 이 약속이 아직도 쟁점이 되고 있다. 1984년의 중·영 공동선언이나 홍콩기본법에 따르면 홍콩에선 주권 이양 이전과 같이 언론·출판·표현의 자유가 보장되어야 함에도 이와 충돌하는 일들이 발생하고 있다. 홍콩인들은 중국 중앙정부 비판 등 언론의 자유가 날이 갈수록 침해받고 있다고 인식하고 있다. 중국의 '일국'과 홍콩의 '양제'라는 인식이 충돌하는 것이다.

2014년 8월 31일 전국인대는 2017년 행정장관 선출방식, 입법위원 구성과 선출방식에 대한 정치개혁안인 「8.31결정」을 발표했다. 8월 31일, 중국은 제12차 전국인민대표대회 상무위원회(第十二屆全國人民代表大會常務委員會)에서 2017년 홍콩 특별행정장관 선출 방안에 대해 다음과 같이 발표한다.

'2017년 행정장관선거는 보편 선거로 진행된다. 이를 위해 대표성을 가진 후보추천위원회를 조직하고, 위원회에서 반 이상의 지지를 받은 2～3명의 후보가 행정장관 입후보자가 된다. 선출된 장관은 중앙정부의 승인을 받는다.'

「8.31결정」은 기존 방식보다 더욱 강화된 후보 선출방식을 제시하며 실질적으로 민주파 의원의 행정장관 후보 진출 가능성을 차단했다. 홍콩인들은 '반중(反中)적인' 인물을 후보자에서 배제하려는 법안이라며 반발했다. 홍콩의 민주 세력들도 '그것은 거짓의 민주주의'라며 반대했다. 홍콩의 민주파 리더들은 런춘잉(梁振英) 정관의 사임, '8·1결정'의 철회를 베이징과 홍콩 정부에 요구했다. 홍콩인들은 보통 선거권에 입각한 자유선거 실시와 렁춘잉 행정장관의 즉각 사퇴를 요구하며 시위에 돌입했다. 9월 22일 홍콩의 주요 대학들이 동맹 휴학을 선언하고 민주화 요구에 먼저 나서게 된다. 그러나 시위 초반에는 시민참여가 저조했다. 9월 26일과 27일, 양일간 밤부터 아침까지 고등학생들까지 참여한 학생들의 시위가 벌어지고 50여 명의 학생이 체포되면서 시위가 본격화되기 시작한다.

집회 도중 홍콩 경찰이 시위를 진압하기 위해 최루가스를 사용했고 시민들은 들고 있던 우산으로 분사되는 최루액을 막으며 공권력과 맞섰다. 그때 최루액을 맞고 부서지던 노란색 우산이 홍콩 시민혁명의 상징물이 되었고 이후 시위참가자들은 노란색 우산을 펼쳐 들고 중국 당국에 대항하는 집회를 진행했다. 이 사건을 전환점으로 반중 시위에 부정적 입장이었던 중도파 시민들이 반중으로 돌아서게 된다. 세계 곳곳에서 벌어진 지지 집회에서도 노란색 우산이 홍콩 민주화의 상징물로 사용되었다. 그래서 2014년 홍콩 민주화 시위에 '우산 혁명'이라는 이름이 붙게 된 것이다.

시위가 본격화되면서, 반중과 친중의 대립, 시위대와 홍콩 마피아의 충돌 등이 이어지는 가운데 홍콩 사회에서 여론이나 계층을 둘러싼 분열상이 표면화되었고, 중국 공산당은 사태의 전개를 주시하며 국내외를 향해 단호한 입장을 견지했다. 중국공산당이 가장 경계한 것은 국내 상황에 불만이 있는 본토의 대학생들이 홍콩 대학생들과 반응하여 시위가 본토로 확산되는 것이었다. 중국 정부는 시위가 본토로 확산되는 것을 차단하기 위해 2014년 국경절 기간에 중국 정부가 자국민의 홍콩 비자 신청을 제한하거나 인터넷 감시·검열 기능을 강화해 홍콩 시위가 본토로 파급되는 것을 봉쇄했다. 그 같은 노력(?)으로 홍콩의 반중 시위가 중국 본토로 파급되는 일은 발생하지 않았다.

홍콩의 우산 혁명은 이후 시위가 장기화되면서 힘이 분산되고 시민들의 피로감도 누적되면서 동력을 상실해 간다. 그러면서 2014년 12월 11일 마지막까지 시위 현장에 남아있던 학생들이 연행되면서 우산혁명으로 상징되었던 노란 우산은 74일 만에 막을 내리게 되었다. 시위 목표였던 행정수반 직선제도, 시위 도중 내세웠던 런춘잉 행정장관의 퇴진도 이뤄진 게 없다. 하지만 홍콩 내에서는 여전히 실패가 아닌 미완의 혁명이라는 인식이다. 우산시위가 홍콩의 정체성을 강화하며 민주화의 토대를 마련했다는 평가다. 중국당국이 감추려고 하지만 우산시위는 중국 공산당이 가장 두려워하는 분리독립에 대한 경각심을 불러일으켰다.

정부 통계에 따르면 우산혁명 기간 동안 955명이 체포되었다. 시위가 끝난 후에도 홍콩 정부는 48명을 추가로 체포했다. 대부분 민주화 시위와 관련된 주요 인물들로 이들은 '불법 집회' 및 '미허가 집회' 등 다양한 혐의로 체포되었다. 이렇게 체포된 시위대 중 상당수는 이후 석방되었다. 우산 혁명 이후 체포된 48명은 베니 타이(戴耀延·54) 홍콩대 교수, 추 이우밍(朱耀明·75) 목사, 찬 킨만(陳健民·60) 홍콩중문대 교수 등 주요 활동가들로(베니 타이, 추 이우밍, 찬 킨만 세 사람은 2013년 'Occupy Central With Love and Peace(도심을 점령하라)' 운동을 시작해 이듬해 학생들의 우산 혁명 시위를 촉발하는 데 결정적인 역할을 했다), 이들은 2015년 체포될 당시 '불법 집회' 혐의를 받았지만 같은 해 3월 '공적 불법 방해(public nuisance)'로 혐의가 바뀌었다. 이들은 불구속 상태에서 재판을 받아 왔고, 2019년 4월 24일 웨스트카우룽(西九龍) 법원은 우산 혁명을 주도한 베니 타이, 찬 킨만 교수에게 '공중방교죄'를 적용해 각각 16개월 징역형을 선고했다. 재판부는 우산 혁명의 또 다른 주역인 추이우밍 목사에 대해서는 건강 상태와 사회 공헌 등을 고려해 징역 16개월에 집행유예 2년을 선고했다.

2017년 3월에 실시된 행정장관 간접선거에서 강경 친중파인 캐리 람(林鄭月娥)이 당선된다. 선거 전 최종 여론조사에서 캐리 람의 지지율은 32.1%로 존 창 전 재무사장(52.8%)에 크게 뒤지고 있었다. 범민주파 시민단체가 6만5000명을 대상으로 실시한 '찬반 가상투표'에서 96.1%의 홍콩 시민이 캐리 람을 반대했다. 그러나 대부분 친중파로 구성된 선거인단은 중국 중앙정부의 지지를 받고 있는 캐리 람에게 투표했다. 캐리 람은 강경한 친중파 정치인으로, '우산혁명' 시기 시위대를 강제 해산시켜 중국 지도부의 신임을 얻었고, 선거기간에 장더장(張德江) 전국 인민대표대회 상무위원장의 지지로 당선이 예상되었던 인물이다.

캐리 람(Carrie Lam, 林鄭月娥)

캐리 람은 1957년 홍콩 서민 거주지 완차이(灣仔)의 저소득층 가정 출신으로 홍콩대 재학 시절에는 학생 시위에 참여하는 운동권 학생이기도 했다. 캐리 람은 1980년 홍콩 정부에서 공무원 생활을 시작하여 27세이던 1984년 영국 케임브리지대학 연수 중에 같은 대학 수학자인 중국인 람시우포(林兆波)와 만나 결혼했다. 남편과 두 아들은 현재 국적이 영국이지만 캐리 람은 2007년까지 영국 국적을 유지하다 현재는 중국 국적으로 알려져 있다. 캐리 람은 2007년 홍콩발전국 국장에 취임한 이후 많은 시민단체들의 반대에도 불구하고 영국 통치를 상징하는 역사적 건축물인 퀸스피어(Queen's Pier·황후부두) 철거를 강행했다. 2011년에는 대륙에 가까운 신계(新界·New Territory) 지역의 불법 건축물 단속으로 시민들의 지지를 받았으나 2012년에는 행정청 2인자인 정무사장에 취임하고 2014년에는 '우산 시위'을 주도한 대학생 등 약 1천 명을 체포하는 등 강경 진압을 주도했다. 중국 정부의 지원으로 2017년에는 홍콩 행정장관 선거에 출마하여, 선거인단 1,200명(현 재적인원 1,194명)의 과반인 601표보다 176표 많은 777표를 얻어 압도적인 승리로 사상 첫 여성 행정장관에 선출되었다. '민주파'의 지지를 받아온 온건 친중파 존 창(曾俊華) 전 재정사장은 365표, 우쿽힝(胡國興) 전 고등법원 판사는 21표를 얻었다.

지난 2003년 '국가안전법'(國家安全法)을 입법하려다, 홍콩 주민들

의 행동 자유를 침해할 우려가 있다는 이유로 홍콩 시민들은 대규모 반대 시위를 벌였고 결국 철회되는 과정을 경험한 바 있는 홍콩이 선거제도 직선제 요구는 끝내 이루지 못했다. 우산 혁명의 사례에서 보면, 2003년 '국가안전법'(國家安全法)은 일시적으로 철회되었지만 언제든지 입법화가 재추진될 수 있다는 방증으로 아직도 진행형이다.

2003년에 기본법 제23조의 이행입법(국가보안법)을 반대하는 시위는 당시 50여만 명의 주민들이 입법초안의 통과를 반대하기 위한 시위에 참여하였다. 기본법 제23조는 "홍콩특별 행정구는 자체적으로 모든 국가반역, 국가분열, 반란선동, 중앙인민정부 전복 및 국가기밀 절 취행위를 금지하고, 외국의 정치성 조직 또는 단체의 홍콩특별행정구에서의 정치활동의 진행을 금지하며, 홍콩특별행정구의 정치적 조직이나 단체와 외국의 정치적 조직이나 단체와의 연계를 금지해야 한다"고 규정하고 있다.

우산혁명의 실패에도 불구하고 2015년 10월에 시행된 구의원 선거에서 우산 혁명에 참여한 학생들이 선거에 출마해 대거 당선되었다. 구의원 선거 후보로 출마한 우산 혁명 참가자는 총 50명으로, 이 중 9명이 구의원으로 당선되었다. 2016년 4월에는 우산혁명을 이끌었던 조수아 웡(黃之鋒)과 네이선 로(羅冠聰) 주도로 데모시스토(Demosisto, 香港衆志)라는 신당을 창당한다. 학민사조(學民思潮)를 해체한 후 새롭게 조직된 데모시스토 당은 전 학민사조 위원장 조수아 웡이 당의 비서장을, 전 홍콩학련(香港專上學生聯會) 비서장인 네이선 로가 주석을, 전 학민사조의 대변인인 오스카 라이(黎汶洛)가 부주석을 맡았다. 그해 9월 4일에 치러진 홍콩 입법회 선거에서 네이선 로 데모시스토 당 주석이 6석이 걸린 홍콩섬 지역구에 출마해 역사상 최연소 의원으로 당선되었다.

2. 2019년 홍콩 범죄인 인도법 반대 시위

아편전쟁 이후 홍콩은 영국에 할양되었고(1941~1945년까지는 일본이 점령) 식민지 기간에 홍콩은 자유 시장경제체제로 무역·금융 중심의 현대화된 도시국가로 성장하였다. 1997년 중국으로 반환과 함께 시행된 '홍콩특별행정구 기본법'은 홍콩에 넓은 자율권과 특정한 권리를 보장하는 일종의 미니 헌법과 같다. '일국양제' 원칙에 따라 홍콩은 향후 50년간 사법적 독립성을 유지하고 홍콩 자체의 법률과 경제 체제 등의 독립성을 보장받았다. 그런데 중국의 홍콩에 대한 내정 간섭은 갈수록 강화되고 있어, 홍콩인들 사이에 위기감이 고조되고 있다.

일국양제

그 주요 내용을 요약하여 보면 다음과 같다. 첫째, 홍콩지역은 중국 중앙정부에 직속되는 특별행정구(이하 특구)가 되며, 국방과 외교권을 제외한 모든 분야에서 고도의 자치권을 향유할 수 있다. 둘째, 특구는 독자적인 행정, 입법, 사법권을 부여하며 현존의 사법제도를 그대로 유지한다. 셋째, 특구의 대표는 현지 주민들에 의해 구성한다. 다시 말해서 선거 및 협의를 거쳐 선출하고 중국 중앙이 임명한다. 넷째, 현행의 경제 제도 및 생활 방식은 존속한다. 다섯째, 현지 화폐는 그대로 통용한다. 여섯째, 중국 중앙은 세금을 징수하지 않는다. 일곱째, '홍콩 차이나'라는 이름으로 국제조직과의 관계를 갖는다. 마지막으로 일국양제라는 제도는 50년간 불변한다.

2019년 6월 9일 홍콩에서 중국과의 '범죄인 인도 법안(송환법)' 개정안에 반대하는 반송중(反送中, 중국 송환 반대) 시위가 발생했다. 주최 측 103만 명이 참여했다. 16일에는 200만 명이 거리로 나와 '송환법 완전폐기'와 '캐리 람 퇴진'을 외치자, 캐리 람 행정장관은 사과 성명을 내고 "정부가 개정안 추진을 중단했으며 이를 다시 추진할 시간표는 없다"며 앞으로 입법 활동 재개와 관련해 어떤 계획도 없다고 밝

혔지만 홍콩 시민들의 거리 행진은 계속되고 있다. 7월 21일 특히 흰 옷을 입은 정체불명의 남성들이 시민들을 폭행한 '백색 테러'가 발생하면서 시위는 격화되고 있으며 중국 당국의 계엄령까지 언급되는 상황으로 치닫고 있다. 시위가 반중(反中)이나 홍콩의 독립 성격으로 확대되는 양상을 보이고 있어 중국 정부의 강력한 통제가 예상된다.

홍콩 시위대를 향한 백색테러

2019년 7월 21일 밤 10시 45분쯤 백색테러가 홍콩 북서부 위앤롱(元朗) 지하철역을 덮쳤다. 각목과 쇠파이프를 손에 든 흰색 셔츠, 마스크 차림의 건장한 남성 수십 명이 역 안으로 몰려오더니 검은 옷을 입은 사람은 남녀노소를 가리지 않고 무차별로 폭행하기 시작했다. 범죄인 인도 법안 완전 철폐 시위에 갔다가 귀가하던 검은 옷차림 참가자들과 일반 시민, 기자들이 폭행을 당했다. 시민들은 플랫폼으로 달려가 객차 안으로 피신했지만, 백색 옷의 남성들은 객차 안까지 따라 들어와 둔기를 휘둘렀다. 역 개찰구와 플랫폼 주변은 온통 핏자국으로 얼룩졌다. 부상자 중에는 만삭의 임신부도 있었고, 민주파 입법회(의회) 의원인 램척팅(林卓廷) 의원을 포함한 최소 45명이 다쳤고 1명은 중태에 빠졌다. 백색 옷의 테러는 밤 11시 15분 경찰관들이 도착할 때까지 30여 분간 계속됐다. 경찰은 이들이 사라진 뒤에야 현장에 나타났다. 이들의 배후가 홍콩 내 친중파라는 의혹이 제기되고 있다. '범죄인 인도 법안'에 반대하는 시위에 맞서 공권력을 지지하고 질서 회복을 촉구하는 대규모 친중 집회도 홍콩 도심에서 열리고 있는데, 홍콩반환 이후 홍콩 내 중국인이 전체인구의 10%를 차지하고 있어 친중 집회의 규모도 상당할 것으로 예상된다. 친중 진영은 경찰과 정부를 지지한다는 의미에서 흰색 옷을 입고 맞불 시위를 벌여왔다.

2018년 2월 타이완에서 발생한 살인사건이 법안 발의의 계기를 마련했다. 2018년 2월 타이완으로 발렌타인데이 여행을 떠났던 찬퉁카이(陳同佳, 19)는 임신한 여자 친구 푼히우윙(潘曉穎, 20)을 목 졸라 살해하고 시신을 가방에 넣어 타이페이 지하철역 근처에 버리고 홍콩으로 돌아왔다. 찬퉁카이는 절도와 돈세탁방지법 위반 혐의로 재판을 받는 과정에서 여자 친구 살해를 자백했다. 그런데 홍콩은 속지주의를

채택하고 있어 찬퉁카이를 살인죄로 처벌할 수 없어 결국 살인 사건에 대해서는 기소하지 못하고 절도죄 등으로 징역 29개월을 선고했다. 홍콩 정부는 찬 씨를 타이완으로 인도하고 싶었지만 타이완과는 범죄인 인도조약이 체결되어 있지 않아 찬 씨를 대만으로 송환할 수 없었다. 이에 홍콩 정부는 홍콩과 범죄인 인도조약을 맺고 있지 않은 나라들을 상대로 '범죄인 인도법' 체결을 추진했다. 범죄인 인도 법안 개정안에서는 중국 본토를 포함해 타이완, 마카오 등 범죄인 인도 조약을 맺지 않은 국가나 지역에도 사안별로 범죄인을 인도할 수 있도록 했다.

그러나 타이완 여행 중에 임신한 여자 친구를 살해하고, 홍콩에서 체포된 홍콩인 대학생을 살인죄로 처벌하기 위해 법안을 발의했다는 설명을 홍콩인들은 과연 믿을까? 행정장관의 송환법 폐기 선언에도 불구하고 완전한 철회를 요구하는 홍콩인들의 저항은 거세지고 있고, 이것에 대처하는 중국 정부의 태도도 물러설 가능성은 없어 보인다. 중국정부가 홍콩을 티베트나 신장 위구르와 같은 선상에 놓고 관리하겠다고 한다면, 더 큰 저항에 직면할 수 있다.

그런데 왜 홍콩인들이 이 법에 저항하는 것일까? 홍콩은 중국으로 반환된 이후에도 중국과는 '범죄인 인도' 조약을 체결하지 않았다. 중국 사법제도의 불신으로 공정한 재판에 대한 우려와 홍콩 내 반중 인사 또는 인권운동가를 본토로 송환하는데 악용될 수 있다는 우려가 크다. 홍콩 시민들은 범죄인 인도법이 개정되면 홍콩에 대한 중국의 통제가 더 강화될 것을 우려하고 있다. 실제 2015년 5명의 홍콩 서적상들이 중국에 납치·억류된 사건이 발생했고 이 사건이 송환법 반대 시위의 도화선이 되었다. 홍콩 시민들은 범죄인 인도 법안이 체결되지 않은 상황에서도 중국 정부의 눈 밖에 난 인사들이 중국으로 납치·억류되는데, 송환법이 개정되면 누구의 안전도 장담할 수 없다는 위기감

이 확산되면서 송환법 시위를 촉발시켰다. 6월 9일 시작된 시위가 계속되면서 15일 캐리 람 홍콩 행정장관이 범죄인 인도 법안 추진 연기를 발표했다. 그러나 이 법안이 2003년 국가안전법 파동으로 법안이 철회된 사례와 같이 홍콩인들의 승리로 끝날지는 더 지켜볼 필요가 있다. 미·중 무역 분쟁이라는 외부 요인이 크게 작용하여 한발 물러났지만, 중국 정부가 계속해서 홍콩의 중국화를 시도하리라는 것은 부인할 수는 없다.

홍콩 퉁뤄완(銅鑼灣, Causeway Bay) 서점주들 납치 사건

퉁뤄완(Causeway Bay) 서점은 1994년 람윙키(林榮基)가 처음 문을 열었다. 이후 2014년 '마이티커런트(巨流)미디어유한공사'에 매각했는데 구이민하이(桂民海, 34%)와 리포(李波, 34%), 뤼보(呂波, 32%) 등 세 명이 주주가 됐다. 린은 서점 점장으로서 계속 경영에 참여했다. 퉁뤄완은 정치 풍자 서적 등 중국에서 출판하거나 판매할 수 없는 책을 파는 곳으로 유명했다. 특히 '시진핑과 그의 여섯 여인(Xi and His Six Women)'은 시진핑 주석의 사생활을 다루면서 퉁뤄완 서점은 중국 당국의 타깃이 되었다. 2015년 10~12월 출판·서점상 5명이 잇달아 실종되는 사태가 벌어진다. 먼저 3대 주주 중 하나인 뤼보가 2015년 10월 14일 사라졌고 3일 뒤엔 태국 파타야 아파트에 있던 구이민하이가 실종됐다. 10월 24일께는 직원 청지핑과 서점 점장인 람윙키가 선전에 갔다가 실종되었다. 다섯 번째로 실종된 리포는 2015년 12월 30일 홍콩에서 실종되었다. 납치 사건의 실상은 2016년 6월 홍콩으로 돌아온 람윙키가 6월 16일 홍콩 민주당의 호춘옌(何俊仁) 입법회 의원을 만나 그날 저녁 긴급 기자회견에서 실종 사건의 전말을 폭로하면서 알려지게 되었다. 그는 "5개월간 독방에 감금된 채 변호사 등 외부와 소통이 금지됐다"며 "조사요원들은 '서점 고객 명단을 넘겨주면 석방하겠다'고 제안했다"고 주장했다. 그러나 실종된 5명 중 서점 주주인 구이민하이는 현재까지 행방이 묘연한 상태다. 람윙키 역시 2019년 4월 홍콩 정부가 인도법을 통과시키려 하자 신변에 위협을 느끼고 타이완으로 이주했다.

Ⅶ. 경제적 권리에서 정치적 권리로:
군체성 사건(Masses incidents)은 진화하는가?

지난 40년간 중국경제가 발전하면서 경제발전에 의한 부작용 또한 여러 곳에서 나타나고 있다. 그중의 하나가 군체성 사건의 지속적 증가다. 군체성 사건(Masses incidents)은 중국 사회에서 발생하는 광범위한 대중시위로 '집단적 저항행위'로 규정할 수 있다. 군체성 사건은 참여자 규모가 지속해서 확대되고, 대중들의 행동이 갈수록 격렬해져 왔다. 또한, 대중 행동의 연대성이 지속해서 제고되고 있고, 참여자의 범위가 갈수록 확대되고 있으며, 관련된 사회적인 이슈 역시 지속해서 확대되고 있다. 2000년 이후 공개된 시위는 대개 노동 쟁의, 토지 취득, 강제 철거, 환경오염 등과 관련된 사건으로 촉발되었다. 1989년 톈안먼 사태가 무력으로 진압된 뒤 사회적 충돌은 민주화 투쟁에서 노동자, 농민의 권리를 찾으려는 투쟁으로 발전한다. 특히 경제적 권리에 대한 투쟁이었다. 경제가 발전하면서 부를 축적한 인민들이 자신들의 경제적인 권리를 보호하기 위하여 민주주의의 발전 및 사회의 공적업무에 대한 참여 요구를 확대하고 있다. 이러한 상황에서 인터넷 기술의 발전과 함께 이루어진 신매체의 발전은 인민들의 권익의식과 민주 의식의 발전을 추동하는 결정적인 힘으로 작용하고 있다. 특히 최근 중국의 군체성 사건의 특징을 살펴보면, 과거에는 대부분 경제적인 이익과 관련된 주장을 제기하면서 폭발적인 분노를 표출하는 형태로 나타났다면, 시위형태가 더욱 조직화하고 있으며, 제기하는 주장도 정치·경제적 요구를 복합적으로 추구하는 양상으로 전환되고 있다. 또한, 2011년 9월부터 2012년 4월까지 진행된 광둥성(廣東省) 우칸촌(烏坎村)에서 나타난 농민시위에서 볼 수 있듯이, 인터넷의 발전으로 사이버공간이 대중동원과 담론형성을 위한 중요한 공간으로 작용하면서,

한 지역에서 발생한 군체성 사건이 지역적인 경계를 뛰어넘어 많은 지역으로부터 동시에 연쇄적인 호응과 반응을 불러일으키면서 군체성 사건에 대한 새로운 발전을 끌어내고 있다. 집단 시위의 질적인 측면뿐 아니라 양적인 측면에서도 급속히 증가하고 있는데, 1994년대 연 1만 건 이하이던 군체성 사건이 2006년 90,000건, 2008년 127,000건, 2010년에 180,000건으로 급증하여 20년간 20배 이상 증가했다. 이 중에서 100인 이상이 참여한 군체성 사건이 2010년 163건, 2011년 172건, 2012년 209건으로 점차 증가하는 추세다.

집단 시위가 가장 빈발하는 곳은 광둥(廣東)성 등 경제가 발달한 곳이다. 2000년 초부터 2013년 9월 말까지 중국 전역에서 일어나는 100인 이상 군체성 시위 871건 가운데 267건(30.7%)은 광둥성에서 발생했다. 군체성 시위가 경제적으로 빈곤한 서부나 오지에서보다 부유한 지역에서 더 많이 발생한다는 사실은 중국공산당을 더욱 긴장시키고 있다. 집단 시위의 가장 큰 원인은 노사 분규로 전체의 30%에 달한다. 다음은 정부의 부당한 법 집행(174건)이다. 노사 분규와 정부 관리의 부당한 법 집행이 중국 집단 시위의 2대 원인이라는 사실은 중국공산당의 지속적 집권을 위협하는 중대한 요소다.

군체성 사건(群体性事件)

군체성 사건은 중국 사회에서 발생하는 광범위한 대중시위를 일컫는 말로, 이 용어는 1994년부터 등장하여 대중시위를 일컫는 다양한 말 중의 하나로 사용되기 시작하다가, 2003년부터는 이 용어로 통일되어 사용되고 있다. 다수의 학자는 중국의 군체성 사건을 '사회운동'이나 '혁명'이 아닌 '집단적 저항행위로 규정짓고 있다. 즉 이들은 중국의 군체성 사건을 초보적이고 전통적인 항쟁방식으로, 우발적이고, 일상적인 쟁점을 둘러싼 것이며 지속성이 없는 것으로 규정짓고 있다. 또한, 제도 내적인, 또한 비제도적인 행위이고, 지방적인 것에 국한되어 있으며 전국적이거나 초국가적인 것이 아니다. 대부분 반응적인 이익 추구이고, 주동적인 가치추구는 아주 드물며 우발성과 분산성, 특수성을 지닌 것으로 규정짓고 있다. 그러나 군체성 사건이 인터넷 매체와 결합하면서 향후에 어떻게 진화될지는 예상할 수 없다.

VIII. 민족갈등 - 민족 독립운동

1. 티베트

티베트는 역사적으로 중국의 영토였던 적은 없었다(13세기 이후 몽골족이 세운 원나라의 지배를 받았으나 티베트인들은 그것이 중국의 지배는 아니라고 주장한다). 19세기 쇄국정책을 취하면서 신비로운 땅 티베트에 대한 신화화는 계속되었고 지정학적 이유로 티베트를 손에 넣고자 제국들은 서로 충돌했다. 한때 세계제국 당(唐)을 위협할 정도로 세를 과시했던 티베트의 운명은 1900년대 초반에 이르러 영국과 청(淸) 사이에 끼인 상태가 되었다. 히말라야산맥과 쿤룬산맥으로 둘러싸인 해발고도 3800m의 척박한 오지에 삶의 터전을 마련하고 외부 세계와 단절된 채 소박한 삶을 꾸려오던 티베트인들의 운명은 20세기 들어서면서 달라졌다. 제2차 세계대전 이후 인도와 중국이 국민국가로 독립하고 국경을 놓고 다투면서 티베트는 충돌의 최전선이 된다. 중국은 현재의 티베트 자치구와 윈난성, 쓰촨성, 간쑤성 일대를 영토로 복속했고, 인도는 카슈미르 지역을 병합했다.

중국은 1949년 11월 24일 달라이 라마에 반대하여 베이징에 와 있던 판첸 라마의 라디오 방송을 통해 티베트를 '해방'해야 한다고 주장하기 시작했다. 중국 정부는 1950년 1월 1일 티베트를 해방할 의도가 있다는 사실을 발표했다.

1950년 10월 7일 중국은 대규모의 병력을 동원, 티베트를 군사적으로 공격하기 시작했다. 티베트는 11월 10일 유엔에 중국의 침략을 막아 달라고 호소했지만, 중국 군대는 티베트 전체를 장악했다. 중국 정부는 달라이 라마를 형식상의 통치자로서 라싸에 남아 있도록 허락했다. 1951년 티베트와 체결하는 <17개 조 협의>에서는 티베트의 주권

이 귀속되는 대신에 민족자치를 시행할 것이며, 티베트의 종교 자유와 풍속습관 및 종교지도자의 지위 보장, 그리고 사회주의 개혁을 강행하지 않을 것 등이 명백히 규정되어 있다. 통일 전선 전술의 대상으로써 달라이라마, 판첸 라마 등의 기존 통치 지위를 승인했으며, 이들의 포섭을 통해 자연스럽게 티베트 통치를 진행하고자 했다.

그러나 1959년 중국 정부는 '민주개혁'을 통해 티베트 전통사회를 해체하기 시작했다. 1959년 티베트 정부 및 지배 엘리트가 중국의 억압적인 소수민족 정책에 저항하여 독립시위를 했으나 중국이 시위 진압을 위해 병력을 대거 투입하면서 희생자가 속출했고 시위는 실패했다. 12만여 명에 달하는 이들이 무참히 학살당했고, 불교사원 6,000여 곳이 파괴되었다. 달라이 라마 14세는 8만여 명의 티베트인들과 함께 티베트를 탈출하여, 히말라야산맥을 타고 다람살라로 망명한다. 같은 해 다람살라에 티베트 망명 정부를 세운 달라이 라마는 60년간 비폭력 독립운동을 이어왔으며 1989년 이런 공로로 노벨평화상을 수상한다.

1959년 라싸에서 독립시위가 실패한 후 티베트는 중국 중앙정부의 강압적 통치하에서 침묵했으나 1989년 3월 <라싸 사건> 30주년을 맞아 승려들을 중심으로 대규모 독립시위가 발생했고, 2008년 3월 14일에는 중국의 무력 통치에 대한 불만이 쌓이면서 티베트인들이 독립을 요구하는 대규모 반중국 시위가 발생했고 진압 과정에서 사망자가 발생했다. 2008년 베이징 올림픽을 앞두고 전 세계에 티베트의 존재를 알리고자 했다.

티베트인들의 독립을 위한 염원에도 불구하고 티베트의 정신적 지도자 달라이 라마가 없는 티베트가 어디로 갈 것인가는 예측하기가 쉽지 않다. 티베트 분리독립을 지탱해 온 달라이 라마가 이미 고령이고, 후계 구도도 아직 확립되지 않은 상황에서 티베트의 독립은 멀어만 보인다.

2. 신장 위구르

신강위구르자치구에 거주하는 위구르족의 현재 인구 2,095만 명 중 965만 명(46%)이 위구르족이고, 한족은 823만 명(41%)이다. 알타이어 계통의 독자적인 언어를 사용하고 있고, 이슬람 수니파 무슬림이다.

이 지역은 중앙아시아를 연결하는 고대 실크로드의 길목에 있는 교통요충지다. 청나라 초기만 해도 줄곧 독립을 유지해 왔다. 하지만 1759년 만주족 황제인 청의 건륭제에 의해 정복당했고 이후 청에 맞서 간헐적인 독립 상태를 유지하다 1884년 청 말 정치가 좌종당(左宗棠)이 이 지역을 재정벌한 다음, 청의 직할령으로 완전히 복속되었다. '신강성(新疆省)'이란 말도 이때 나왔다. 이후 위구르족은 무력 투쟁으로 두 차례 독립을 쟁취하기도 했으나 중국은 1949년 이 지역을 다시 합병한다.

장제스의 국민당을 지지하는 신강 지역 군벌세력이 마오쩌둥의 동생 마오쩌민 처형한 것이 영토 복속의 빌미로 작용하였다. 1955년 9월 30일에 이 지역은 신강위구르자치구로 확정되었다. 위구르족은 지금까지 독립운동을 지속해서 해 오고 있다. 이 때문에 여러 차례 유혈 사태가 발생했고 독립세력의 테러 공격도 끊이지 않았다.

중국 정부는 그동안 위구르족의 독립운동을 뿌리 뽑고자 가혹한 탄압 정책을 추진했다. 마오쩌둥이 위구르족에게 완전한 자유를 주겠다고 했던 약속과 달리, 중국 정부는 위구르족을 자국 문화에 동화시키고 이 지역을 자국 땅으로 만들려고 노력해왔다. 실제로 중국 정부는 위구르족의 종교, 문화, 언어 등을 금지하거나 철저히 통제하고 있다. 예를 들어 수염을 기르거나 베일을 머리에 쓰는 행위는 처벌 대상이다. 최근에는 이슬람 종교 행사의 핵심인 라마단도 금지했다. 정치적 집회 등은 총기 사용을 포함한 강경 수단을 동원해 진압한다.

위구르족의 일부 독립운동세력이 독립 국가를 세우고자 1990년대 동투르키스탄 이슬람 운동(ETIM)이라는 무장단체를 만들었다. ETIM은 중국 관공서나 경찰서를 공격하는 등 저항운동을 활발하게 벌여왔다. ETIM은 2000년대를 거치면서 알카에다와 탈레반, 우즈베키스탄 이슬람 운동(IMU) 같은 이슬람 극단주의 세력과 국제적으로 연대하면서 이슬람 극단주의 테러단체로 변신했다. 중국 정부는 ETIM을 없애려고 무자비하게 소탕 작전을 벌였다. 이 때문에 ETIM 조직원은 물론, 위구르족 독립운동세력들이 아프가니스탄, 파키스탄, 태국, 터키 등으로 피신하거나 망명했다. ETIM은 파키스탄에서 알카에다와 IMU 다음으로 강력한 외국계 테러세력이 되기도 했다. ETIM은 알카에다의 세력이 약화되자 IS와 연계하고 있다.

신강위구르자치구에선 테러 사건이 끊임없이 발생하고 있다. 최근에는 베이징 등 대도시는 물론, 중국의 다른 지역에서도 위구르족의 테러 공격이 있었다. 2009년 신장 자치지구 수도인 우루무치 지역에서 일어난 폭동 사건으로 약 200명이 사망했다. 사망자는 대부분 한족이었다. 그 이후 소요사태가 수차례 발생했는데 신장 지구 밖에서도 신장 분리주의자들의 테러로 지목된 사건이 있었다. 2013년 10월 중국 베이징 톈안먼광장에서 자동차 한 대가 군중을 덮쳤다. 지난 2014년 7월 경찰서와 관공서에 일어난 사태에서는 최소 96명의 사망자가 발생했다. 2016년 8월에는 주키르기스스탄 중국대사관 앞에서 자폭테러가 발생하기도 했다. 2015년 8월 태국 방콕 폭탄테러 사건도 ETIM의 소행이었다. 외국인을 포함해 20명이 사망한 당시 사건은 터키로 가기 위해 밀입국한 위구르족 109명을 태국 정부가 중국으로 강제 송환한 데 대한 보복이었다. 2017년 2월, 신장 지구에서 5명이 칼에 찔려 사망한 뒤로 중국 당국의 단속은 지금까지도 계속 강화되고 있다.

인권 감시단체인 '휴먼라이츠워치'는 위구르인들이 특히 철저한 감시 속에서 살고 있으며, DNA와 생체인식 샘플을 당국에 제출해야 한다고 밝혔다. 이 단체 보고서에 따르면 26개 '민감 국가'로 분류된 곳에 친척이 있는 위구르인들이 검거됐으며 백만 명은 구금 상태라고 전했다. 또, 수용소 내 사람들은 중국어를 강제로 배워야 하며, 자신들의 신앙을 비판하거나 포기하도록 강요받는다는 내용도 포함돼 있다.

IX. 나오며: 저항의 물결과 민주주의

중국의 개혁·개방은 지난 40년간 눈부신 경제발전을 이룩하였고, 세계 최강 국가 미국을 위협하는 유일한 국가로 자리하고 있다. 그러나 자유, 인권, 평등 등 인간의 기본권이 지켜지는 민주주의 수준은 어떠한가? 국가 경제가 발전할수록 국민의 민주주의에 대한 열망이 증가하여 자본주의와 친화력이 큰 민주주의로 발전한다는 일반적 이론은 아직 중국에서는 거리가 있어 보인다.

영국의 경제분석기관인 이코노미스트 인텔리전스 유닛(EIU)이 집계하는 '민주주의 지수(Democracy index) 2018'에서 중국은 독재국가로 분류되어 130위, 미국의 국제인권단체 '프리덤 하우스'가 발표한 '2018 세계 자유 보고서'에서도 중국은 180위(14점)로 자유롭지 못한(not free) 국가로 분류되어 있다. 추세를 보더라도 지난 수십 년간 개선된 부분은 거의 찾아보기 힘들다.

중국은 1989년 이후 특별히 민주화에 대한 저항이 증가하고 있다는 증거는 없다. 그러한 안정의 원인을 경제발전과 더불어 강력한 권위주의 때문이라는 분석도 있다. 그러나 중국인들은 소위 중국식 민주주의에 대해 계속 만족을 할 수 있을까? 중국에서 민주주의는 갑자기 올 수 있다. 외부적으로는 조용하게 보이지만, 내부적으로 내부 에너지가 계속 쌓여 있는 상태다. 70년대부터 민주화에 대한 요구가 계속되어왔고, 강력한 억압이 성공하여 민주화가 실패는 했지만, 파편적으로 민주화를 위한 조건은 갖추어져 있다고 평가할 수 있다. 인터넷 자유도는 최하위이지만 보급률이 높아지고 있어 계속적인 통제는 쉽지 않을 것이다. 또한, 군체성 사건의 성격도 점차 변화하고 있다. 군체성 사건이 초창기에 경제적 권리를 찾기 위한 시위였다면 시간이 갈수록 정치적 권리를 요구하는 시위로 변화하고 있다. 그동안 중국정치를 떠받치고 있던 권위주의도 정치적 욕구의 변화에 따라 연성 권위주의로의 변환은 불가피하다. 개혁·개방 시기 중국경제가 파레토식 개혁(Pareto-improving economic reform)을 통해 부작용을 최소화하였듯이 정치 변화도 파레토식 개혁을 통해 연착륙시킬 수 있는 지혜가 필요하다. 민주주의로의 정치개혁 없이 중국이 지속해서 발전하는 데는 한계에 도달해 있음을 자각해야 할 것이다.

지금까지 살펴본 바와 같이, 중국식 민주주의라는 실체를 파악하기가 쉽지 않다. 그렇다고 서구식 민주주의로의 전환도 아직 미미하다. 그러나 중국에서 벌어지고 있는 저항운동의 기저에는 적어도 서구식 민주화를 요구하는 갈망이 내재하고 있음은 부인할 수 없는 사실이다.

참고문헌

가토 요시카즈 지음, 정승욱 옮김,『붉은 황제의 민주주의 : 시진핑의 꿈과 중국식 사회주의의 본질』, 한울 출판사, 2008.

김창경 외,『중국문화의 이해』부경대학교출판부, 2018.

김태욱, "중국의 국가와 시민사회",『미래정책연구』, 제2권 제1호, 2017.

김태욱, "해바라기 운동과 우산 운동에서 나타난 반중(反中) 시위의 정치적 함의",『지역과 정치』제2권 제1호, 2019, pp. 89~110.

노영돈·최영춘, '홍콩 기본법에 관한 연구- 홍콩 기본법상 고도자치권을 중심으로 -',『법학논총』제31집 제4호, 2014.

류샤오보, 김지은 옮김,『류샤오보 중국을 말하다 : 인권 사각지대 중국에서 민주화를 향한 20년간의 기록』지식갤러리: 한국물가정보, 2011.

박광득, '홍콩 민주화 시위와 일국양제의 전망에 대한 연구',『대한정치학회보』 22집 4호, 2014년 11월: 299~316.

왕단, 송인재 옮김,『왕단의 중국 현대사』, 동아시아, 2013.

유현정, '중국의 민주주의 현실에 대한 분석과 전망',『세종정책연구』2011.

이기현, '중국 농민저항과 국가-사회관계의 새로운 조정',『국제지역연구』 제15권 제1호, 2011, pp. 61~82.

이정남, '민주주의에 대한 중국의 인식: 비교 역사적 관점을 중심으로'『아 세아연구』제54권 3호, 2011.

이정남, '중국 군체성 사건의 새로운 변화와 특징: 분절적 저항행위에서 사회운동의 맹아적 형태로'『국가전략』제21권 2호(여름호) 2015.

이정남, 인터넷 시대의 출현과 중국 군체성 사건의 발전- '신공민운동'을 사례로-,『韓中社会科学研究』, 제14권 제2호, 2016.

이종화, '홍콩의 집단 기억과 시위 그리고 정체성 정치',『중소연구』, 제42 권 제3호, 2018 가을. pp. 157~189.

이홍규, '중국식 민주주의와 정치참여: 기층 선거의 성과와 한계',『세계지 역연구논총』27집 1호

임동균, '동아시아의 새로운 민주주의: 숙의 민주주의의 현황과 미래', 아시아지 역리뷰「다양성+Asia」2018년 9월호(1권 2호), 서울대아시아연구소.

정주영, '중국의 새로운 의제설정 방식의 등장과 공론장의 변화: 쏜즈강·탕후이 사건에 대한 분석', 중소연구, 제41권 제1호, 2017 봄. pp. 109~152.

홈, 샤론·모셔, 스테이시, 김상호 옮김, 『중국이 감추고 싶은 비밀』, 미래를 소유한 사람들, 2008.

Diamond, Larry Jay, *Democracy in East Asia,* Johns Hopkins University Press, 1998.

Francis, Corinna-Barbara, The Progress of Protest in China: The Spring of 1989, *Asian Survey,* Vol. 29, No. 9 (Sep., 1989), pp. 898-915.

Heurlin, Christopher, *Responsive authoritarianism in China : land, protests, and policy making,* Cambridge University Press, 2016.

Wright, Teresa, State Repression and Student Protest in Contemporary China, *The China Quarterly,* No. 157 (Mar., 1999), pp. 142-172.

기사

(문화일보) 홍콩 200만 시위 촉발시킨 '범죄인 인도 법안' 2019.06.21.
　　　http://www.munhwa.com/news/view.html?no=2019062101033303013001

'시진핑 여인들' 파려다 실종…이 공포가 홍콩 시위 불렀다. https://news.joins.com/article/23497741

(월간조선)홍콩판 '철의 여인' 캐리 람 행정장관 親中정책으로 일관해온 그의 앞으로의 행보는? 2019.7.
　　　https://monthly.chosun.com/client/news/viw.asp?ctcd=E&nNewsNumb=201907100011

[어제의 오늘] 1935년 달라이 라마 14세 출생 – 경향신문 http://news.khan.co.kr/kh_news/khan_art_view.html?art_id=201107052127565#csidx6e28d9b8be259aaaa6242f7063bcea5

위구르 무슬림: 중국 신장위구르 무슬림 탄압 사태 총정리 https://www.bbc.com/korean/international-45715450

(조선일보) 실종됐던 홍콩 서점상 "중국이 날 납치해 5개월 감금" 2016.06.18.
　　　http://news.chosun.com/site/data/html_dir/2016/06/18/2016061800199.html

(중앙일보) [유상철의 차이 나는 차이나] 홍콩 시위 뒤엔 '반시진핑 서점' 5인 실종 사건 있었다. 2019.06.17.
　　　https://news.joins.com/article/23498244

(주간조선) 홍콩의 새 통치자 캐리 람의 고민, [2451호] 2017.04.03.
　　　http://weekly.chosun.com/client/news/viw.asp?ctcd=C03&nNewsNumb

=002451100017

홍콩 시위: 시위 중 폭력사태까지 빚어져…주말에 추가 시위 예상 https://
www.bbc.com/korean/international-48632304

홍콩 '범죄인 인도법' 무기 연기됐지만…위기의 '일국양제' http://www.newsis.
com/view/?id=NISX20190613_0000679357

[홍콩반환 20주년] ⑤굴욕의 역사 딛고 중국몽(夢) 실현 https://www.yna.co.
kr/view/AKR20170623086900083

홍콩 '범죄인 송환법' 반대 고공 농성 30대 시위자 투신 사망 http://news.
chosun.com/site/data/html_dir/2019/06/16/2019061600999.html

홍콩 시위대 노린 '백색 테러' … 만삭 임신부까지 부상, 2019.07.23.
http://news.chosun.com/site/data/html_dir/2019/07/23/201907230021
3.html

Why is there tension between China and the Uighurs? https://www.bbc.com/
news/world-asia-china-26414014

제5장

양안 관계:
과거, 현재 그리고 미래

양안 관계: 과거, 현재 그리고 미래

| 박범종 |

Ⅰ. 들어가며

1940년대 국공내전에서 국민당이 패배하자 1949년 10월 1일 중국 공산당이 베이징에 중화인민공화국을 수립했고, 국민당은 1949년 타이완섬으로 이주해 중화민국을 세웠다. 이때부터 시작된 양안관계는 분열된 지 70년을 맞고 있다.

중국과 대만의 양안관계는 그동안 많은 변화와 난관을 거치면서도 여전히 누가 중국의 정통성을 갖고 있는가와 국제사회에서의 주도권 행사라는 측면에서 경쟁 상태에 놓여있다. 왜냐하면, 양안관계는 주변 국인 동북아와 미국뿐 아니라 전 세계에 미치는 영향이 크기 때문이다. 무엇보다도 대만은 1971년 10월 UN 총회에서 중국으로서의 대표권을 중화인민공화국에 넘겨주고, 상임이사국 지위를 잃으면서 외교적 영향력도 약해지고 있다. 또한, 현재 중국의 강력한 영향력으로 인해 대만을 중국 일부로 보는 국가들도 늘어나고 있으며, 대만과의 외교 관계도 단절되고 있다. 이러한 양안관계는 1978년 이전까지 30여 년간 폐쇄적이었다가 덩샤오핑(鄧小平)의 등장으로 인해 조금씩 변화하기 시작했다. 개혁개방 정책을 시행한 덩샤오핑은 대만에도 문호를 개방하며 '일국양제(一國兩制)'라는 개념을 통해 평화통일에 대한 청사진을 제시하였다. 하지만 대만은 이에 대해 중국과는 접촉, 협상, 타협하지 않는다는 3불(不) 정책을 고수했으며, 1987년 대만이 중국에 대하여 문호를 개방할 때까지 지속하였다.

1980년대 후반 이후 양안은 기본적으로 교류협력 기조를 유지하면서, 1992년 싱가포르에서 최초의 정치적 회담을 통해 '92공식(九二共識)'에 합의를 하였다. 이러한 '92공식' 합의 이후 중국은 일관되게 '하나의 중국'과 '일국양제(一國兩制)'를 주장하며, 대만에 1992년에 있었던 '92공식'을 받아들일 것을 요구하였다. 그에 반해 대만은 정권의 변화에 따라 중국의 요구에 대한 반응이 달랐고 이는 해협 양안 정세에 커다란 영향을 미쳤다.

최근 중국공산당은 티베트족이나 위구르족이 분리독립을 추진하지 못하도록 직접 억제력을 가하고 있으며, 대만 독립문제에 대해서도 '반분열국가법'을 제정하는 등 확고한 위치에 서 있다. 한편, 대만의 중화민국 내 주요 정치세력인 중국국민당도 대만인들의 탈 중국화 독립 움직임에 원론적인 반대 및 우려 의사를 표명하고 있다. 즉, 중국은 지도부의 변화와 관계없이, '일국양제'와 '하나의 중국'에 대해 일관된 입장을 견지하고 있지만, 대만은 정권별 변화에 따라 다소 차이를 보인다. 다시 말해서, 여전히 민족 통일을 달성하려는 중국의 공산당 정부와 중국에 보조를 맞추면서 경제 회복을 위한 '활로 외교'를 외치는 대만의 국민당 정부 그리고 독립 국가 건설을 포기하지 않으려는 민주진보당(민진당) 등 타이완 내 독립세력 간의 양안관계에 관한 입장의 차이가 존재하며, 대만을 중간지대로 운용하려는 미국의 '전략적 모호성'까지 복잡하게 얽혀져 있다.

따라서 이 글에서는 2018년은 중국 개혁개방 40년을 맞은 해이기에 덩샤오핑 이후 대만 총통의 정당별 집권에 따른 양안관계의 변화를 살펴보고자 한다. 특히 양안관계에서 도출된 주요개념인 '하나의 중국',

'92공식' 그리고 '일국양제'에 대해 살펴보고, 대만정치의 변화가 양안 관계에 어떠한 영향을 미치는가를 정권별로 살펴보고자 한다.

Ⅱ. 주요개념: '하나의 중국(一个中国)', '92공식(九二共識)', '일국양제(一国两制)'.

현재 대만은 여러 가지 측면에서 중국과 밀접한 관계를 맺고 있어서 양안관계는 대만의 생존과도 직결된다. 중국에서 흔히 말하는 '양안(兩岸)'은 바로 대만해협(台灣海峽, Taiwan Straits)을 사이에 둔 양안 즉 '대만해협 양안(台灣海峽兩岸)'을 말하며, '양안관계(兩岸關係)'는 바로 대만해협 양안의 중국과 대만의 관계를 말하는 것이다. 과거 장제스(蔣介石)가 집권하던 중국국민당 시기에는 이데올로기적 이념 투쟁으로 인하여 양안 간에는 교류와 접촉이 전혀 없었다. 즉, 중국이 개혁개방 정책을 시행하기 이전 30년 동안 양안관계는 철저히 정치적으로 격리되어 있었다. 그리고 인적교류 및 각종 정보 또한 양안의 관방에 의해 완전히 차단되어 있었다. 그뿐만 아니라 중국의 무력침공을 두려워한 대만은 상대적으로 '반공 대륙' 또는 '광복대륙'의 기치 아래 대만이 중국을 구할 수 있는 부흥기지임을 강조해 이념적 갈등이 극에 달해 있었다. 하지만 중국이 개혁개방 정책을 추진하기 시작한 1979년 이후 양안관계는 조금씩 변하기 시작했다.

1987년 말부터 대만이 중국 친척 방문을 허용하면서 양안 간 교류가 시작되었다. 그 후 30여 년 동안 인적·사회적·문화적·경제적 교류 교역뿐만 아니라, 양안의 정당들이 상호 정치적 대화를 진행하는 관계로 발전하였다. 이러한 양안관계에서 가장 쟁점화되는 것은 양안 간 정부 차원의 정치협상인 '하나의 중국'에 대한 정치적 견해 차이 즉 '주권논쟁'이다. 즉, 양안관계라는 표현에는 '하나의 중국' 원칙에서도, 현실적으로는 하나가 아닌 중국과 대만의 모호한 정치적 관계 등을 함축하고 있다.

특히 2000년 이후의 양안관계는 대만의 야당이었던 민진당의 집권으로 대만 독립과 이를 막으려는 중국과의 대립이 격해졌다. 중국의 관점에서 대만은 홍콩과 마카오와 같은 중국의 일부분으로 '일국양제 (一国内制)' 정책으로 대만의 주권을 회수하여야 한다고 주장하는 반면, 대만은 대만 중심의 통일은 불가능할 뿐만 아니라 관심이 없기에 독립된 하나의 국가로 남는 것이 대만의 실리를 찾을 수 있다고 인식하였다.

이처럼 양안관계는 1949년에서 1978년까지 무력대항, 군사대치 그리고 정치적 대립이라는 현상을 유지했지만, 덩샤오핑이 1978년 개혁개방 정책을 시행한 이후 대만과 조금씩 평화적 분위기가 형성되기 시작했다. 그리고 1987년에서 2008년까지 민간차원의 교류가 시작되었고, 경제교류를 통한 양안 간의 경제성장과 더불어 정치적 협상을 통해 양안 간 긴장이 완화되고 있다. 이러한 과정에서 '하나의 중국,' '일국양제' 그리고 하나의 중국에 대한 '92공식'에 대해 다양한 해석이 나오고 있다.

1. 하나의 중국(一个中国)

'하나의 중국'[1]은 중국 대륙과 홍콩, 마카오, 대만은 나뉠 수 없는

---

1) '하나의 중국'은 중일전쟁 종결 이후 1945년경 국공 양당의 연합정부 결성과 상호 간의 정통성 대립을 둘러싼 논쟁에서 하나의 중국 원칙이 태동하였다. 이렇듯 하나의 중국 원칙은 수십 년 동안 중국 내 모든 정치세력에서 당연하게 받아들여지고 있다.

하나이고 '국제적으로 인정받은 합법적인 중국 정부는 오직 하나'라는 주장이다. 주로 양안관계에서 거론되는 주장이며 중국 내 소수민족 문제와 관련해 티베트, 위구르 등의 분리독립 요구를 일축할 때도 자주 거론된다. 따라서 '하나의 중국' 원칙은 중국의 통일문제와 직결되고, 대만의 정체성 유지라는 두 측면이 결부되어 서로 양보할 수 없는 민감한 사안이다.

중화인민공화국은 헌법에서 타이완을 "중화인민공화국의 신성한 영토의 일부분(台湾是中华人民共和国的神圣领土的一部分)"이라고 밝히고 있다. 반분열국가법 제2조에 따르면 "전 세계에는 오직 하나의 중국만이 있으며(世界上只有一个中国), 중국 대륙과 타이완은 하나의 중국에 속한다. 중화인민공화국은 어떠한 수단이든 명분이든 타이완의 독립을 시도하는 행위는 절대 허용하지 않을 것이다"라고 밝히고 있으며, 제5조는 하나의 중국 원칙에 대한 지지는 국가의 평화적 통일의 기초라고 규정하고 있다. 따라서 중화인민공화국이 주장하는 '하나의 중국' 원칙은 "중국=중화인민공화국"이라는 등식에 기초하고 있다. 그리고 중국은 대외적으로 자국과 외교적 관계를 맺는 나라들에 하나의 중국 원칙을 수용할 것을 요구했고, 한국, 미국, 일본 그리고 UN도 중화인민공화국을 유일한 중국 내 합법 정부로 동의 또는 존중하고 있다.[2] 반면 대만은 '중화민국'을 유일한 합법 정부로 주장하며 본토 회복을 통한 '하나의 중국' 실현을 목표로 내걸고 있다. 중화민국은 여전히 1949년 이후 상실한 중국 대륙과 몽골 등지의 영유권을 포기하지 않고 있다. 중화민국 헌법에 따르면 "중화민국 영토의 변경은 국민대회의 의결을 통해서만 가능하며 그 외의 방법으로는 불가능하다(中華

---

[2] 공식적인 관계에서만 국한되며, 실제로 중화민국과 비공식적인 관계를 맺는 것은 묵인되고 있다. 예로 중화인민공화국의 수교국들은 중화민국을 대상으로 하는 대사관과 유사한 기능을 하는 대표부를 두고 있고, 자국에 중화민국의 대표부를 설치하는 것을 허용한다.

民國領土, 依其固有之疆域, 非經國民大會之決議, 不得變更之)"라고 명시하고 있다. 영토의 변경을 위해서는 입법원(立法院) 재적의원 1/4 이상의 발의와 재적의원 3/4 이상 출석에 출석의원 3/4 이상의 찬성을 거쳐야 하며 국민대회 대표의 전체 2/3 이상 출석한 가운데 3/4 이상의 동의를 얻어야 한다. 따라서 중화민국 정부는 여전히 중국 대륙을 중화민국의 강역에 포함하고 있다.

즉, 중화민국이 지지하는 '하나의 중국' 원칙은 "중국=중화민국"이라는 등식에 기초하고 있다. 공식적으로 중화민국은 중화인민공화국의 불법성을 고수하고 여전히 중화민국이 중국을 대표하는 유일한 합법 정부라는 입장이다. 그러나 1971년 10월 UN 총회에서 중국으로서의 대표권을 중화인민공화국에 부여하는 UN 총회 제2758호 결의안이 통과되면서 중화민국은 상임이사국 지위를 잃은 뒤부터 외교력의 차이가 현저히 벌어져 국제적으로 강력하게 내세우지는 못하고 있다. 1978년 대만 총통에 오른 장징궈는 쌍중 승인이라는 카드를 꺼내는데, 한마디로 두 개의 중국 이론이었다. 즉 중국과 대만이 각각 대등한 중국 정부로서 공존하되 '하나의 중국' 원칙에 따라 통일을 계속 논의하자는 얘기였지만, 이미 국력으로나 국제적 위상으로나 대만을 압도하고 있는 중국은 이를 묵살하였다. 그리고 대만은 1991년 본토 회복 무력사용 포기를 선언하고, 1995년 분리 통치를 선언했다.

대만에서는 현재 국민당과 친민당 등 범람연맹은 공식적으로 '하나의 중국' 정책에 동의하는 견해이지만 민주진보당과 대만단결연맹 등 범록연맹 쪽에서는 중국과 대만은 서로 다른 두 나라라는 주장에 기초해 완전한 독립을 주장하고 있다. 특히 민주진보당의 천수이볜(陳水扁)이 집권한 이후부터는 하나의 중국 원칙이 타이완 내에서 치열한 논쟁의 대상이 되었다.

2. 92공식(九二共識)

1949년 이후 대립체제를 유지해오던 양안관계는 1978년 덩샤오핑 정권 이후 변화했다. 중국은 하나의 국가 내부에 자본주의 체제와 사회주의 체제를 공존시킨다는 '일국양제' 원칙에 따른 평화통일 방안을 제안했다. 그러나 대만은 중국 정부의 공세가 '평화를 위장한 통일 전선의 일환'으로 인식하고 불접촉·불담판·불타협의 소위 '삼불 정책'으로 대응했다. 그러나 1970년대 후반부터 홍콩을 통한 양안 간 민간 차원의 교류와 간접 무역은 꾸준히 진행되어왔고, 대만 정부의 폐쇄정책은 한계에 부딪혔다.

1987년 11월부터 현역 군인과 공무원을 제외한 중국에 친척을 둔 대만인의 중국 방문이 허용됐고, 1991년 5월 '반공 대륙정책'을 포기함으로써 대만 역시 평화정책으로 전환을 시도했다. 1990년 이후 대만과 중국의 교류·협력이 확대되자 각각 반관반민의 협상 기구인 해협교류기금회와 해협양안관계협회를 설립해 실질적인 정부 간 대화를 추진해왔다.[3]

1992년 11월 홍콩에서 열린 중국 해협양안관계협회(海峽兩岸關係協會: 海峽會)-대만 해협교류기금회(海峽交流基金會: 海基會) 간의 회담에서 하나의 중국을 인정하기로 합의했다. 이를 '92공식'(九二共識. 1992 Concensus)라고 한다. 92공식은 "'하나의 중국(一个中国)'이라는 원칙에 상호 동의하되, 그 표기는 중화인민공화국과 중화민국 각자의 해석에 따른 명칭을 사용(一中各表)한다"라고 합의한 것을 말한다. 따

---

3) 중국 해협회와 대만 해기회는 양안 교류 과정에서 발생하는 다양한 문제를 해결하기 위해 만든 반관반민 단체다. 당시 '삼불 정책'을 고수하던 대만이 중국 정부와 공식적으로 접촉하지 않으면서 교류 과정의 문제를 해결하기 위해 1990년 11월 해기회를 설립했고, 중국도 1991년 12월 해기회의 비공식적 협상 창구로 해협회를 설립했다. 해기회는 대만 행정원 대륙위원회로부터 권한을 위임받아 운영되며, 해협회도 중국의 국무원 대만판공실의 관할하에 있다.

라서 이러한 '92공식'의 '일중각표(一中各表)'는 '하나의 중국'이라는 원칙에 대해 중화인민공화국과 중화민국이 각자 자신의 대표성을 주장하고 있고, 상호 묵인한다는 점에서 일종의 현상유지론이라는 해석도 있다. '92공식'은 제한적이나마 비교적 안정적인 양안관계의 기초가 되었지만, 양측의 해석은 조금 다르다. 중국은 "대만이 중국 주도의 통일을 인정했다"라고, 대만은 "중화민국의 독자성을 인정했다"라는 상반된 해석을 내세우고 있기 때문이다. 그럼에도 양안관계의 궁극적 지향점인 통일에 대해 일정 부분 합의를 끌어내었다는 데 의미를 두기도 한다. 그러다가 대만 본성인 출신으로 총통에 오른 리덩후이가 '양국론'을 꺼내면서 대만 독립 분위기를 고조시켰고, 2000년에는 천수이볜이 집권하면서 사실상 대만독립론이 하나의 중국 원칙과 격렬하게 맞서는 양상이 되었다. 중국 관점에서 볼 때 대만독립론은 하나의 중국 원칙을 깨는 것이기 때문에 인정할 수 없었다. 그 후 2008년 후진타오 주석과 미국 부시 대통령의 전화통화에서 중국이 '일중각표'가 '92공식'의 핵심정신임을 공식적으로 인정했다고 보는 설도 있다. 그러나 일부 이론가들은 이미 92년 홍콩회담 이후 중화인민공화국이 중국의 유일한 합법 정부임을 강조하지 않고, 대만이 '하나의 중국'을 중화민국으로 해석하는 것을 묵인했다고 주장한다. 따라서 중국은 '하나의 중국' 원칙을 기본으로 하되, '각자 해석'은 부분적으로 수용해왔다고 볼 수 있다. 그리고 '92공식'에 있어 중국은 '하나의 중국'을 강조하지만, 대만은 '각자 해석'을 더 강조하고 있다. 하지만 이러한 '92공식'의 모호성이 오히려 갈등과 긴장의 완충지대를 만들어 양안의 어려운 시대를 극복할 수 있는 기반이 되었다는 해석도 있다.

3. 일국양제(一国两制)

일국양제(一国两制, One Country Two Systems)는 1984년 덩샤오핑과 마거릿 대처가 '연합성명'에서 1997년 홍콩 주권 반환 후 50년간 중국이 외교와 국방에 대한 주권을 갖되 홍콩에 고도의 자치권을 부여하기로 합의한 국제적 사건에서 비롯되었다. 이것은 "홍콩의 주권 회복 이후에도 2047년까지 50년간 홍콩에 자본주의 체제를 허용한다"라는 내용으로 중화인민공화국이라는 하나의 국가 안에 사회주의와 자본주의라는 서로 다른 두 체제를 공존시키는 것을 의미한다.[4] 이러한 일국양제는 덩샤오핑이 중국은 사회주의를 신봉하고 있고, 대만은 삼민주의를 신봉하고 있으니, 양안문제를 평화적으로 해결하기 위해 양안 간에는 '한 국가 두 체제'를 실행하는 것이 좋을 것이라는 의견을 제시한 덩샤오핑의 중국 통일정책으로 볼 수 있다. 따라서 일국양제는 일국이 당연히 중화인민공화국이며 대만은 중앙정부의 통치하에 지방정부임을 전제하고 있다. 또한, 이러한 일국양제는 중국공산당이 국가발전의 과업을 달성하기 위해선 평화로운 국제환경 조성이 필수적이라고 인식해 무력을 통한 해결이 아닌 평화적 방법으로 주변국과의 영토분쟁을 해결하려는 시도이다. 하지만 이러한 중국의 주장에 대해 대만은 '일국'이 중화인민공화국이라는 중앙정부로 설정되어 있고, 대만을 하나의 지방정부로 격하시키는 것이어서 받아들일 수 없다는 견해이다. 또한 '일국양제'는 사회주의 체제하에서 자본주의를 유지하는 지역성 체제이므로 대등한 상태의 통합이 아니라는 것이다.

---

4) 홍콩의 주권 회복과 동시에 중국 대륙의 사회주의를 홍콩에 강요하지 않겠다는 덩샤오핑의 제의를 대처 총리가 받아들여 홍콩의 주권을 중국에 반환하도록 결정됐다. 주권 반환 이후 홍콩은 외교와 국방권만 중국에 넘기고 중국의 특별행정구(SAR: Special Administrative Region)로 남았다. 홍콩특별행정구의 헌법에 해당하는 기본법(Basic Law) 제5조는 "홍콩특별행정구는 사회주의 제도와 정책을 시행하지 아니하며, 원래의 자본주의 제도와 생활 방식을 유지하고 50년 동안 변동하지 아니한다"라고 규정하고 있다.

덩샤오핑의 '일국양제'는 이후 포르투갈의 식민지였던 마카오가 1999년 중국으로 주권이 귀속될 때도 적용됐고, 앞으로 대만이 중국과 통일할 때에도 적용하려고 한다. 중국은 '일국양제(一國兩制)'만이 대만 문제를 해결하는 최선의 모델이라고 선전하면서 대만이 이를 수용한다면 대만의 화폐·군대·관세구역·정부조직 체계 등을 존속할 수 있다고 주장한다. 그러나 중국의 진정한 의도는 대만이 '중화민국' 국호를 포기토록 하고 대만을 일개 지방정부로 격하시키려는 의도로 대만 정부는 파악하고 있다.

최근 미중 간 무역 및 외교 갈등이 커지는 가운데 시진핑(習近平) 중국 국가주석이 홍콩과 마카오에 '일국양제(一國兩制)'를 강조하며 내부결속 다지기에 나섰다. 시진핑은 2018년 1월 12일 베이징(北京) 인민대회당에서 캐리람(林鄭月娥) 홍콩 특별행정구 행정장관, 추이스안(崔世安) 마카오특별행정구 행정장관 등 홍콩과 마카오의 '개혁개방 40주년 축하사절단'을 만나 중화민족의 위대한 발전역사를 함께 쓰자고 역설했다. 그는 13일 사절단에 "신시대의 국가 개혁개방 과정에서 홍콩, 마카오가 특수한 위치에 있으며 여전히 대체 불가능한 역할을 하고 있다면서 홍콩과 마카오 교포들은 애국심으로 국가의 개혁개방 사업에 동참하고 국가의 발전과 중화민족의 위대한 부흥 시대를 함께 열어가자"라고 밝혔다. 이에 캐리람 장관 등 사절단 일행은 "국가의 개혁개방이 없었다면 홍콩과 마카오의 발전은 없었을 것"이라면서 개혁개방과 '일국양제' 실천에 지지를 보냈다.[5]

---

5) https://www.yna.co.kr/view/AKR20181113042500083?input=1179m(검색일 2018.11.29.)

III. 대만 정권에 따른 양안 문제에 대한 시각

중국 지도부는 1949년 국민당 정부가 퇴각해 세운 대만은 원래 중국 영토로 일개 '반도들의 한 성(省)'으로 인식6)하고 있으나, 대만은 공식적으로 본토 회복을 통한 '하나의 중국'의 실현을 목표로 내걸고 있다. 1971년 중국에 유엔안보리 상임이사국 자리를 내준 대만은 1991년 본토 회복을 위한 무력사용 포기를 선언한 데 이어 1994년에는 독립 국가를 선언하는 현실적 입장으로 바뀌었다. 특히 중국에서 1978년 덩샤오핑 체제가 출범하고, 1978년 개혁개방 정책을 시행하면서 양안관계는 기존의 질서와 달리 현실적인 관계로 전환하게 되었다. 그리고 1987년 10월 대만이 중국본토에 대한 친지 방문을 허용하기 전까지 중국의 '삼통사류(三通四流)'7)와 '대만의 삼불 정책(불접촉, 불담판, 불타협)'이 첨예하게 대립하고 있었다. 하지만 장징궈(蔣経国)가 집권 말기 정치개혁조치와 더불어 시행한 중국본토방문 허용 조처는 반공의 불변 및 국가 안전의 확보와 중국의 대만에 대한 통일 전선 자제, 전통윤리 및 인도적 차원이라는 대원칙하에서 시작되어 사회교류, 문화교류 및 경제·무역교류의 확대를 가져오게 된다. 그리고 장징궈 시대 중화인민공화국은 자본주의 체제의 중화민국을 적대시하지 않고 무력 수단에 따른 '타이완 해방' 구호에서 평화통일 구호로 노선을 바꾸게 된다. 또한, 대만은 1991년 2월 19일 해협교류기금회(海峽交流基金會: 海基會로 약칭), 중국은 해협양안관계협회(海峽兩岸關係協會: 海峽會)라는 반관반민 형태의 중재 기구를 설립해 관방 대화를 시작하였

---

6) 중화인민공화국은 대만 문제는 동서 양대 진영의 냉전 결과가 아니라 국내문제이다. 즉 양안 문제가 내전의 산물이기 때문에 대만 정권은 중국의 일개 지방정부에 불과하다는 것이며, 대만이 정치 주체로서 국제사회의 일원이 될 수 없다고 주장한다.

7) 삼통사류(三通四流)는 통상, 통항, 통우(通郵)와 경제교류, 문화교류, 과학기술교류 및 체육 교류를 지칭한다. 이것은 주로 대만 문제의 평화적 해결과 양안 간의 교류확대를 제안한 것이다.

다. 따라서 1987년 중국과 대만 간의 교류가 확대되기 시작한 리덩후이(李登輝), 천수이볜(陈水扁), 마잉주(馬英九) 그리고 현 정권인 차이잉원(蔡英文) 시대의 양안관계 변화와 전망에 대해 살펴보고자 한다.

1. 리덩후이(李登辉) 시대

1988년 장징궈(蒋经国) 총통이 사망한 후, 당시 부총통이었던 리덩후이(李登輝)가 중화민국 헌법에 따라 총통직을 수행했다. 그리고 1990년 국민당 대표 대회에서 제8대 대만 총통으로 정식 당선되었다. 당시 리덩후이는 이미 대만의 당·정·군의 대권을 장악하여 외교 및 중국 정책의 주도권을 쥐고 있었으며, 대만 출신의 리덩후이 총통이 탄생함으로써 대만의 대중국 정책은 변화하기 시작하였다. 특히 리덩후이의 집권 시기 대만정치는 세대교체기로 대만 본토 출신의 엘리트들이 국민당과 민진당의 주류를 형성하면서 대륙인을 중심으로 누려왔던 정치 및 경제 지위를 서서히 대만 출신들이 확보해 나가기 시작했다.

리덩후이 총통은 통일정책에서도 대만의식을 강조하면서 '반통일분리주의(反統一分離主義)'를 추구하였고, 1990년대 초 신당이 창당되기 전 국민당의 강력한 경쟁상대로 등장한 제1야당인 민주진보당(민진당)이 '대만독립'을 당헌에 명시하면서 대만 독립운동이 가시화되었다. 즉, 과거 국민당 정권하의 대중국 정책은 '삼민주의 통일 중국'이라는 구호로 일관했으나 리덩후이가 집권한 이후 장징궈 시대 주장하던 '하나의 중국' 원칙을 수정해 중국 대륙의 통일과는 거리가 먼 분리주의 정책을 취하면서 대만이 하나의 국가로 독립하여야 한다는 '대만 독립'이라는 구호가 나타나기 시작하였다.

1990년 이후 리덩후이는 정부 산하에 '국가통일위원회(國家統一委

員會)'를 설치하고, 중국 업무를 총체적으로 관장하는 '대륙위원회(大陸委員會)'를 설치하였다. 또한, 1991년에는 양안 통일에 대한 능동적 견해를 담은 '국가통일강령'[8]을 제정하면서 '하나의 중국' 원칙이 유연해졌다. 그리고 중화인민공화국과 적대적 태도보다는 실용적인 태도로 양안관계를 풀어가고자 했다. 하지만 '하나의 중국' 원칙을 부정한 것은 아니었으며, 중화민국 헌법 조문에는 통일 이전의 요청에 따라 헌법을 다음과 같이 개정한다는 문구를 전문에 넣었다. 1990년에는 '1국 2정부론(一國兩府論)', 1991년에는 '하나의 중국'과 '2개의 대등한 정치적 실체', 1993년에는 '하나의 중국'과 이를 지향하는 단계적인 '두 개의 중국' 정책이 있었다. 특히 1993년 4월에는 제3차 국공합작으로 불린 해기회와 해협회 간의 구왕(辜汪) 회담이 성사되고 1994년 후롄(胡連) 회담, 후송(胡宋) 회담으로 양안관계는 급물살을 타는 듯했다.

이러한 정치적 상황에서 국민당은 이 기간에 심각한 내분을 거쳐 주류와 비주류 간의 파벌 싸움으로 전체적인 힘이 약화되었다. 1993년 8월 국민당의 커다란 계파인 '신국민당연선(新國民黨連線)'이 국민당을 탈당하여 신당을 창당하였다. 이는 국민당이 대만으로 이주해온 이후 처음 있는 대분열이었다. 신당은 창당 이래 2, 3년 만에 당세가 크게 확대되어 대만의 제3당이 되었다.[9] 그리고 신당은 반대만독립, 반금권, 반부패, 반특권(反臺灣獨立, 反金權, 反腐敗, 反特權)의 정치적 주장을 제기하고 자신을 국민당과 민진당을 제어할 수 있는 정당이라

---

8) '국가통일강령'은 머리말, 목표, 원칙, 과정 등 4개 부분으로 구성되었으며, 그 요지는 크게 4가지이다: ① 하나의 중국을 견지하면서 중국통일을 추구한다. 그러나 하나의 중국은 중화인민공화국이 아니다. ② 평화통일을 견지하며 무력사용을 반대한다. ③ 대만지역 인민들의 권익존중이 통일의 전제조건이 되어야 한다. ④ 평화통일은 단계별로 추진되어야 하며 그에 대한 시간표는 없어야 한다(黃昆輝 1992.10:16～17).

9) 신당은 1994년 성장·시장선거에서 전국 지지율 5%의 벽을 넘었고 1995년 말 입법위원 선거에서 급부상하였다. 신당의 총 득표율은 12.9%이고 164석 중 21석을 획득하여 총 의석의 12.8%를 점하였다. 이는 신당이 국민당에서 분리 독립했을 당시의 7석보다 14석이 더 많아 200%의 증가를 나타냈었다(彭維學 1996.1:14～15).

고 표방하였다. 게다가 일부 당원의 참신성과 대중성에 힘입어 창당 초기에는 상당한 유권자의 신임을 얻었다.

1995년 12월 제3대 입법위원 선거에서 대만정치는 국민당이 절반을 넘지 못하는 국민당, 민진당, 신당 3당 정립의 구도를 나타내게 되었다. 이러한 힘의 세력 변화는 각 정당 사이에 합종연횡을 가져왔다. 먼저 선거가 끝난 후 민진당과 신당은 '대화해'라는 명칭으로 야당 합작의 기본 틀을 구성하였다. 양당은 입법원에서 두 차례에 걸친 정치개혁과 정책합작을 추진하였으나 실패로 돌아갔다. 그리고 1996년 3월 대만 총통선거를 앞두고 양안관계는 다시 긴장감이 높아졌다. 중국과 대만을 '특수한 국가 대 국가의 관계'로 보는 '양국론'을 주창한 국민당의 리덩후이 총통의 재당선이 유력시되면서, 중국은 이를 견제하기 위해 대만해협에서 세 차례(1995.7, 1995.8, 1996.3)의 미사일 발사 훈련을 강행했다. 이러한 정치 군사적 불안과 금융시장의 불안, 증시 폭락, 황금, 달러 구매의 폭등이 이어지면서 대만경제와 사회 분위기는 매우 악화하기 시작했다.

그 후 1996년 말부터 국가발전회의가 개최되어 국민당과 민진당 양당이 정책합작을 강화하면서 제4차 헌법 개정을 진행하였고 신당은 소수정당으로 전락하였다. 이러한 과정에서 민진당은 분열의 위기를 맞게 되었다. 급진적 대만 독립파인 '대만 교수협회', '장로교회', '대만독립연맹' 등은 당 지도부의 애매모호한 대만독립노선과 국민당과의 연합정부 구성을 통한 정권 참여방식에 불만을 품고 1996년 10월 6일 민진당에서 분리·독립하여 '건국당'을 창당하였으나 대중 지지기반이 미약해 군소정당으로 전락했다. 이러한 격렬한 각축과 힘의 변화를 통해 국민당은 다시 집권당으로 주도적 위치를 공고히 하게 되었다.

이러한 변화 속에 재집권에 성공한 대만 출신인 리덩후이는 1999년

지나친 중국에의 경제의존을 걱정하여 동남아로 투자노선을 바꾸는 남향정책을 시행했고, 그는 1999년 7월 "중국과 대만은 별개"라며 공식적으로 '양국론(兩國論)'을 내세워 대만의 독립을 주장하였다. 이처럼 국민당은 '양국론'을 주장하면서 통일보다는 현상유지, 독립 국가로서의 지위획득에 더욱 집중했다. 즉 대만의 주권국가 지위를 획득하고, 대륙이 경제발전과 정치적 민주화가 상당히 진척된 후에 대등한 위치에서 통일에 관한 정치협상을 추진할 수 있음을 강조했다. 이러한 국민당 정부 리덩후이 총통의 '양국론' 주장에 대해 중국은 무력사용 불사 등 강경한 태도를 보임으로써 양안관계는 긴장 상태에 놓이게 되었다.

2. 천수이볜(陈水扁) 시대

2000년 총통선거에서도 예외 없이 중국 대륙에서 불어오는 '북풍'이 강하게 몰아쳐 선거 막바지에 이르러 '양안관계'가 선거의 주요 변수로 떠올랐다. 이 당시 양안관계에 대한 행정원 대륙위원회의 여론조사 결과를 보면, 중국이 주장하는 '일국양제' 통일방안에 대해 유권자들의 78.8%가 반대를, 9.8%만이 찬성을 표시하였다. 대만 정부가 견지하고 있는 '대등한 입장에서의 양안 관방 접촉원칙'에 대해서는 80.9%의 유권자가 찬성하였고, 67.9%가 정치협상 문제에 있어 중국 측의 성의가 부족하다고 느꼈다. '양안 직항'문제에 대해 78%가 조건부 개방(국가안전, 존엄과 대등의 원칙하에서의 개방)을 지지하고 있고 10.1%만이 무조건 개방을 지지하고 있었다. 특히 대만의 독립에서는 '현상유지 후 재결정' 35.2%, '영원한 현상유지' 19.3%, '현상유지 후 독립' 12.5%, '현상유지 후 통일' 19%로 '현상유지'에 대한 입장이 54.5%에 달했다. 이러한 대만 국민의 인식과 맞게 평소 대만 독립을 주장해온 민진당의 천수이볜(陳水扁) 후보는 선거전에 뛰어들면서 중국 측의 반발을 의식해 양안관계에 대해 보다 유화적인 '신중간 노선'을 채택하였다. '두 국가 간의 특수한 관계'로 양안관계를 규정하고 '대만 독립' 등 중국을 자극할 수 있는 발언은 되도록 삼갔다. 그리고 천수이볜은 타이완은 '중화민국'을 국호로 하는 주권 독립 국가임을 분명히 하면서, 중국이 무력사용을 하지 않는다면 대만 독립을 선언하지 않겠다고 밝혔다. 교류협상과 관련해서 천수이볜 후보는 다양한 통로를 통한 대화와 협상의 진행, 조건부의 삼통(三通) 등을 제의했다. 그 결과 중국의 전쟁 위협 속에 3월 18일 실시한 대만 총통선거에서 야당인 민진당의 천수이볜 후보가 승리해 대만의 10대 총통이 되었다.[10] 이것은 반세기에 걸친 국민당 집권 시대를 마감하고 최초의 여야 정권교체를 이룩한 것이다. 한편 천수이볜 총통은 5월 20일 취임연설에서 비록 '하나의 중국' 원칙에 대한 직접적인 언급은 회피하였지만, '사불일몰유(四不一沒有)'를 발표한다. 중국공산당이 타이완에 대한 무력행사의 의도가 있지 않다면, 자신의 임기 중에는 첫째 독립을 선언하지 않고, 둘째 국호(國號)를 변경하지 않고, 셋째 양국론(兩國論)을 헌법에 넣지 않고, 넷째 통일과 독립과 관련한 국민투표를 시행하지 않으며, 끝으로 국가 통일 강령과 국가 통일 위원회의 폐지라는 문제도 없을 것이라는 내용이었다.

2000년 천수이볜(陳水扁)이 당선되었지만, 입법원에서는 국민당, 그리고 국민당과 같은 이데올로기를 지지하는 친민당, 신당(이를 泛藍이라고 함)이 다수를 점하였다. 하지만 2000년에 집권한 천수이볜 민진당 정부가 대만의 자주독립을 주창하고 공세적인 외교를 추진하면서

---

10) 중앙선거위원회는 이날 저녁 천 후보가 497만 7천737표로 39.30%를 득표, 466만 4천932표(36.84%)를 얻은 무소속 쑹추위(59) 후보와 292만 5천513표(23.10%)를 얻은 국민당 렌잔(63) 부총통을 누르고 새 총통에 당선됐다고 발표했다.

중국의 후진타오 정권과는 대립각을 세웠고 양안관계가 냉각되었다. 그럼에도 천수이벤 총통은 2000년 12월 31일 『21세기 담화』에서 주권논쟁을 초월한 양안 간의 통합과정을 제시하면서 양안 교류는 무역 분야부터 시작해 문화적 통합을 이루고 상호신뢰를 증진한 후 양안의 항구적인 평화를 이룰 수 있는 정치통합구조를 세워야 함을 역설하였다. 이것은 정치논쟁의 보류를 주장하면서 경제무역 분야에서 최대한의 연계를 통해 경제적 발전과 사회적 불안을 감소시키려는 의도로 파악된다. 따라서 중국과의 경제교류 확대와 이를 통해 경제발전을 도모하기 위해 '소삼통' 실시를 선언하고, 2001년 1월 1일부터 금문도(金門島)와 마조도(馬祖島) 지역에 소삼통을 시험적으로 실시했다.

민진당의 천수이벤 총통은 2002년 대만과 중국은 각각 1개의 국가라는 뜻의 '일변일국론(一邊一國論)'을 발표하였다. 그리고 양안관계는 천수이벤 총통의 집권 이후 극도로 냉각되었고 대만의 공식 독립을 위한 국민투표를 시행하겠다고 발언했다. 그 결과 중국의 후진타오 집권기의 양안관계는 중국의 대만 정책에 대한 대만 정부의 호응, 수용 정도에 따라 기복을 보였다.

민진당 정부는 하나의 중국에 대한 논쟁보다는 대만의 역사와 문화적 실체를 재확인하는 '정명' 운동을 전개했으며, 그 정책의 하나로 국영기업의 중화, 중국 명칭 삭제, 신헌법 제정 등을 추진했다. 이러한 민진당의 대만화 작업에 대해 중국의 후진타오 체제는 강온 양면전략으로 대응했다. 예를 들어 후진타오는 2004년 5월 17일 중국 중앙대만 사무판공실과 국민의 대만사무판공실 공동명의로 발표된 '호칠점(胡七點)'을 통해 양안의 화해 협력 확대조치를 제안하였다.

중국의 대만 정책은 소위 '호칠점(胡七點)'으로 상징되며, 구체적인 내용은 ① 양안의 대화, 담판, 협상재개 ② 적당한 방식의 양안 간 연계 유지 및 협상을 통한 교류 상의 각종 문제해결 ③ 전면적 삼통(三通)실현 ④ 대만의 산업구조 및 경제 상황을 고려한 경제협력의 긴밀한 안배와 호리호혜(互利互惠) 강화 ⑤ 다양한 인적교류의 강화 ⑥ 화해 협력 분위기에서 대만 주민이 추구하는 평화, 사회안정, 경제발전 실현 ⑦ 대만지구의 국제적 지위 및 그에 상응한 활동 공간 문제의 협상 등이다. 반면 대만 문제에 대한 단호한 의지를 '사개결불(四個決不)'로 표현했다. 이것은 ① '하나의 중국' 원칙에 있어 절대 동요하지 않는다. ② 평화통일을 쟁취하기 위한 노력을 절대 포기하지 않는다. ③ 대만 인민의 영원을 관철하는 방침을 절대 포기하지 않는다. ④ 대만 독립, 분열 활동과 절대 타협하지 않는다는 것이다.

그럼에도 민진당 정부의 집권기에 지속된 대만의 정체성 강화와 분리독립 움직임에 대해 중국의 후진타오 정부는 2005년 3월 14일 대만이 독립을 추진할 시 '비평화적인 수단'을 사용하여 이를 저지하겠다는 내용의 '반국가분열법'을 제정했다. 이에 대만은 강하게 반발했고 천수이볜은 2006년 2월 27일 국가통일위원회와 국가통일강령의 폐지를 결정했다. 그리고 천수이볜은 임기 말 헌법을 개정해 중화민국을 대만화하기 위해 2008년 3월 22일, 천 총통이 추진한 '타이완' 명의의 유엔 가입에 대한 국민투표를 시행한 결과 찬성률 35.8%로 부결되었다. 이러한 과정에 대해 중국은 2008년 베이징 올림픽을 포기하더라도 '타이완 독립을 묵과하지는 않는다'라는 사실상의 선전포고에 가까운 최후통첩을 보냈다. 이처럼 대만과 중국은 정치적 강변 일변도의 강경정책을 시행했지만, 양안 교류협력 확대에 대한 민간차원의 현실적 요구는 받아들였다.

3. 마잉주(馬英九) 시대

2008년 중국국민당의 마잉주(馬英九)가 총통에 오르면서 중국과의 협력 분위기가 고조되었고, 양안관계의 양상을 크게 변화시켰다. 국민당의 마잉주는 2008년 3월 총통선거에서 민진당과 구별되는 친(親)대륙적 정책을 내세웠고, 소위 삼안(安定, 安心, 安全)에 입각한 양안의 평화정착, 경제협력을 통한 대만경제의 재도약을 주요공약으로 내세웠다. 그리고 마잉주가 집권하면서 양안관계에 있어 평화 공영을 표방했다.

2008년 국민당이 재집권하면서 마잉주 총통은 중국과의 관계개선으로 대만의 경제적 활로를 찾으려고 하였고 이를 위하여 '92공식' 원칙에 따라 '당대당' 협의 창구를 확대했다. 동시에 반관반민 기구인 대만 해기회(海基會)와 중국 해협회(海協會)의 협상 기능을 복원해 정부 간 협의를 대행했다. 이러한 노력의 결과 특히 2008년 11월 중국의 천원린(陳雲林) 해협회 회장과 대만의 장빙쿤(江丙坤) 해기회 이사장과의 만남이 대만에서 이루어졌다. 그리고 양회 회담에서 양측이 삼통에 합의함으로써, 평일 전세기 운항, 해운 직항 개설, 전면적 우편 교류 시행 등 전면적 삼통(통상, 통항, 통신교류)이 이루어졌다. 중국은 이에 ECFA(양안 경제협력 기본협정)의 체결로 화답하고 WHA, 세계민항기구 등에 옵서버로 참여할 수 있게 하는 등, 외교휴전을 통하여 대만의 국제공간에 약간의 여유를 주었다. 또한, 마잉주의 대륙정책은 '양안의 통일을 반대하고(不統), 대만 독립을 추구하지 않으며(不獨), 무력을 동원하지 않는다(不武)'라는 소위 삼불(三不) 정책에 기반했으며 중국도 이를 긍정적으로 평가했다.

마잉주 정부는 양안 경협 확대의 필요성을 인식하고, 국민당이 절대다수를 차지했던 입법원은 2009년 6월 12일에 양안 교류의 종합지침

인 '양안 인민 관계 조례(臺灣地區與大陸地區人民關係條例)'의 제38조
와 제92조를 수정해 화폐 금융 교류 제한을 대폭 완화했고, 중국 인민
폐의 대만 유입과 환전을 허용했다. 그리고 2008년 7월 이후 시행된
전세기의 양안 직항, 샤먼-진먼(金門)의 소삼통(小三通) 확대 및 중국
인 대만 관광 활성화를 통한 활로 외교에 역점을 두었다.

이러한 마잉주 정부의 대륙 지향적 실용노선은 적극적 지지를 받았
으며, 2009년 5월 후진타오 주석도 우보슝(吳伯雄) 국민당 주석을 접
견하는 자리에서 국공 양당의 정치적 신뢰와 협력의 중요성을 강조했
다. 그리고 2009년 7월 27일에 보낸 마잉주 총통의 국민당 주석 당선
축하 전문에서는 중화민족의 '위대한 부흥'을 위한 국공 협력과 양안
의 '16자 방침(正視現實, 建立相信, 擱置爭議, 共創雙瀛)'을 강조했다.

2008년 마잉주는 대만의 경제적 침체를 양안관계의 관계개선을 통
하여 해결하려고 노력하였고 그것의 결정체가 2010년의 ECFA[11] 체
결이다. 2010년 ECFA 체결로 상징되는 양안의 상생 공영은 양안 주
민의 절대적인 지지를 받았으며, '대립갈등->현상유지->상생공영'으로
이어졌다. 이를 통해 상생공영 수준을 크게 제고하는 동시에 2012년
마잉주는 재선의 기반을 굳히게 되었다.

2012년 총통선거에서 가장 큰 쟁점은 '92공식'에 대한 실효성과
2008년 이후 마잉주 정부가 추진한 'ECFA'의 성과 및 부작용에 관한
문제였다. 이에 대해 국민당은 기본적으로 양안의 정치적 관계에 대한
소모적 논쟁보다는 중국과의 '윈-윈(win-win)'을 확대하자는 태도였고,
민진당은 양안의 평화공존은 필요하지만 '92공식'에 대해서는 부정적
이었다. 또한, 국민당의 마잉주 정부는 'ECFA'체결로 인해 2010년 경

---

11) ECFA, 양안 경제협력 기본협정, 2010년 중국과 대만이 체결한 FTA로 가는 기본협정이다. 이 협
정의 특징은 EHP, 즉 조기 수확 프로그램에 있다. 이는 향후 관련된 협정을 하나씩 체결해 나가되
시급한 항목은 먼저 서로 개방하는 것으로 하였다.

제성장률이 10.8% 높아졌고, 양안 교역량도 증가했음을 주장하였다. 반면 민진당은 양안 경협의 긍정적인 영향은 인정하지만, 대만경제가 중국에 종속되고 있으며, 심각한 양극화가 초래되고 있다고 지적했다. 이러한 두 쟁점에 대해 대만 국민과 주요 대기업 총수들은 마잉주의 정책을 적극 지지했다. 그 결과 국민당의 마잉주는 2012년 총통선거에서 재집권에 성공하게 된다.

하지만, ECFA 체결의 효과가 미미하여 체결한 해인 2010년 한 해만 기대심리로 10%대의 반짝 성장을 기록하였고 그 뒤로 경제침체는 지속되었다. 게다가 외자 유치를 위한 개방정책으로 인하여 외자가 들어오기는 하였지만, 오히려 그것이 자본시장으로 들어가 특히 부동산 값만 상승시켰고 이로 인하여 빈부 차이만 늘어나는 효과가 나타났다. 높은 실업률, 부동산 가격의 폭등으로 인한 빈부 차이 증가, 장기간 경기침체(2000년부터 시작된) 등으로 인해 마잉주의 양안 정책이 공격을 받기 시작하였다. 2014년 3월 ECFA의 후속 조치 중 양안 서비스 무역협정의 체결에 반대하는 학생들이 입법원과 행정원을 점거하고 농성을 벌인 사건이 발생했다.[12] 이처럼 정권에 대해 민심이 이반된 사건이 발생해 국내적으로 혼란스러운 상황에서도 마잉주 정부는 대만 대륙위원회 주임과 중국대만 사무판공실 주임의 회담(2014.6), 주리룬 국민당 주석과 시진핑 주석의 베이징 회담(2015.5) 그리고 마잉주 총통과 시진핑 주석의 싱가포르에서의 첫 정상회담을 2015년 11월 7일에 개최했다.[13] 두 정상은 "우리는 끊을 수 없는 형제이자 피로 이

---

12) 특히 2008년 학생운동을 주도했던 린페이판(林飛帆)은 SNS를 통하여 이를 널리 알렸고, 순식간에 많은 학생이 동조하여 입법원과 행정원을 점거하는 사태로 발전한다. 이것이 바로 '해바라기 운동'이다.

13) 1949년 중국과 대만이 분단된 이후 중국과 대만의 지도자가 각 정부의 대표 자격으로 만난 것은 처음이다. 그간 대만은 계속 정상 간의 회담을 요구해왔으나, 중국은 대만을 정부로 인정하는 것으로 간주될 수 있어서 계속 거부해 왔다

어진 가족"이라며 '하나의 중국'이라는 원칙을 다시 확인했다고 말했다. 그리고 2015년 11월 7일 전격적으로 열린 양안 정상회담에서 마잉주와 시진핑이 만나면서 사실상 하나의 중국 원칙에 변화가 생기기 시작했다. 왜냐하면, 대만 총통과 중국 주석 간의 정상회담이 되어버렸고, 분단 60여 년 만에 서로가 각기 다른 국가를 세웠음을 암묵적으로 묵인하였기 때문이다. 그리고 마잉주 총통은 2016년 1월 신년사에서 양안 교류의 성과와 '92공식'의 중요성을 재차 강조했다. 그의 임기 중 양안은 총 23개 협의를 맺었고, 중국과 대만 간 직항은 하루 최다 120편에 이르렀다. 그뿐만 아니라 양안의 무역량과 관광객 교류가 연인원 1,800만 명을 넘어서 양안 관계는 더욱더 긴밀해지고 있다.

4. 차이잉원(蔡英文) 시대

2016년 1월 16일, 대만에 두 번째 정권교체가 실현되었다. 689만여 표를 얻은 민진당 후보 차이잉원(蔡英文)이 381만여 표를 얻은 국민당의 주리룬(朱立倫)을 상대로 대승을 거두었다. 차이잉원의 득표율은 56.12%, 국민당의 31.04%와 친민당(親民黨)의 12.84%를 합친 것보다 많았다. 그 결과 2016년 5월 20일 차이잉원이 중화민국의 제14대 총통(總統)으로 취임하였다. 중화민국(이하 대만) 역사상 최초의 여성 총통이고 2000년에 이어 또다시 민진당(民主進步黨) 소속의 총통이 나오면서 양안관계는 마잉주(馬英九) 집권 시기의 협력 관계와는 정반대의 흐름으로 정치지형에 변화가 예상된다.

2016년 총통선거에서도 가장 큰 쟁점은 양안 문제이며, 그중에서도 '92공식(九二共識)'이 가장 뜨거운 쟁점이었다. 국민당과 친민당이 '92공식 일중각표(一中各表)'를 토대로 중화민국 현상유지, 협력 원원, '구동존이(求同存異)' 등 '92공식'의 방향을 전면에 내세웠지만, 민주진보당(민진당)은 양안 현상유지, '중화민국 헌정체제'를 내세웠다.

민진당은 공식적으로는 대만 독립이나 '하나의 중국 원칙' 폐기를 주장하지는 않고, 중화민국의 독자적인 주권성을 주장하고 있다. 그리고 차이잉원은 선거운동 중 1992년의 양안 양회가 회담한 역사 사실을 부인하지 않는다고 말했으며, 당선 후인 1월 21일 쯔여우스바오(自由時報)와의 인터뷰에서 1992년 양안의 양회가 상호이해와 구동존이의 입장에서 공통의 인식과 이해에 도달했다는 역사적 인식과 성과를 소중히 여겨 양안의 평화와 안정을 추동할 것이라고 말했다. 따라서 '92공식'을 긍정도 부정도 하지 않은 차이잉원이 선거에 승리했다. 그리고 중국에서는 시진핑을 핵심으로 한 제5세대 지도부가 출범하면서 중국의 대만정책과 양안관계의 변화 가능성을 예견했다. 왜냐하면, 시진핑이 1980년대 이후 20년을 대만과 인접한 푸젠(福建), 저장(浙江) 지역에 근무하면서 자신의 정치적 기반을 다졌고, 누구보다도 양안관계를 잘 이해하고 있다고 보기 때문이다. 또한, 2016년 1월 당선된 차이잉원 대만 총통 당선자는, 무턱대고 대만 독립을 추구한 천수이볜과는 달리 현실을 인정하고 '하나의 중국' 원칙을 이해하고 존중한다는 성명을 발표하였기 때문이다. 하지만 대만 선거 이후, 시진핑 주석을 비롯한 중국 지도자들은 '92공식'은 양안이 양호한 교류를 진행하는 전제조건임을 강조했으나, 차이잉원 정부는 양안에 있어 '하나의 중국'이라는 핵심 원칙을 부정하면서 공개적으로 '양국론(兩國論)'과 '일변일국론(一邊一國)'을 주장하고 있다. 또한, 차이잉원은 민진당의 색채가 강한 인사를 양안 및 외교정책에 배치해두고, 대외적으로는 양안관계의 현상유지를 주장하면서 대내적으로는 탈중국화(혹은 대만화) 정책을 취했다. 그리고 대외정책 분야에서 기존의 정책과 차별성을 두고 있다. 마잉주(馬英九) 시절의 친미(親美), 우일(友日), 화중(和中) 정책에서 연미(聯美), 친일(親日) 원중(遠中)으로의 외교 기조 전환을 통하여 미, 일과 친하게 지내고 이를 이용하여 중국을 견제하려는 외교기조를 추구하고 있다. 이에 중국은 국제사회에서 대만의 공간을 압박하고, 중국 여행객의 대만여행을 제한하는 동시에, 국민당과 국민당계 지방정부의 수장들을 중국으로 불러서 대만의 분열을 획책하는 등의 양면작전을 펴고 있다. 또한, 중국은 대만의 국제회의 참가 방해와 대만의 수교국과 수교를 맺는 등의 외교 공세로 국제사회에서 대만을 고립시키고 있다.14) 특히 중국은 6월에는 대만의 최장 수교국인 파나마와 수교하면서 국제사회에서 대만을 외교적으로 더욱 고립시키고 있다. 즉, 차이잉원이 집권함에 따라 양안관계는 마잉주 시기 정치안보 영역에서의 전면적인 완화, 경제 및 사회 분야의 긴밀한 교류로부터 안보적 대치, 정치적 교착, 경제 및 사회교류가 위축되는 '긴장 속 평화' 상태로 전환하였다. 또한, 양안 간의 대치상황이 계속되면서 양안 정부와 민간의 대립 정서가 확산하여 '긴장 속 평화'에서 '무언의 대치' 상태로 발전하고 있다.

차이잉원 정부는 '신남향정책'을 대선공약으로 제시하며 중국 이외 동남아 국가와의 교류를 추진하고 있다. '신남향정책'은 마잉주 정부의 친중국 노선의 양안 정책과 대비되는 대외경제정책으로 아세안 국가와 경제교류협력 강화를 통해 대만의 경제성장을 모색하는 것이다. 이것은 경제적으로 대만의 중국의존도를 낮추고, 경제의 다변화 및 국제경쟁력 강화를 위한 시도로써 양안관계에서 현상유지를 통한 대만의

---

14) 중국의 대만에 대한 외교 고립 압박은 차이잉원과 트럼프 통화에 의해 촉발되었다. 2016년 12월, 차이잉원과 트럼프 간의 통화에서, 트럼프는 미중 수교 후 중국은 유일한 정부로 인정하고, 미-대만 지도자가 직접 통화하지 않았던 외교 전통을 깼다. 또한 트럼프가 차이잉원을 대만 총통으로 호칭하면서, 중국은 대만의 우방국 상투메프린시페와 수교하며 대만과 외교 관계를 단절시켰고, 2017년 5월 킴버리 프로세스(다이아몬드 거래 관련 국제회의) 회의석상에서 대만대표단을 쫓아냈다. 그리고 2009년 이래 옵서버 자격으로 참가하던 세계보건총회(WHA) 참여를 무산시켰다.

미래 전략으로 볼 수 있다.

2017년 1월 1월에 있었던 총통과 입법원 선거에서 민진당은 모두 승리를 거두었다. 이는 대만 민주화 이래 처음 있는 일이다. 그래서 이번 선거 결과를 민진당의 완전집권이라고 부른다. 민심과 대만 정체성의 증가, 국민당의 자중지란, 세대교체 실패 등은 민진당이 이번 선거에서 완전한 집권을 이룩한 주요 배경이 된다. 이러한 대만의 선거에 따른 정치적 변화에 대해 중국의 시진핑(習近平) 정부가 정치·외교적으로 국민당과 교류를 유지하면서 민진당과의 교류를 거부해 양안관계는 다소 악화되고 있다. 특히 2017년 10월 개최된 제19차 당 대회에서 시진핑 정부는 "일국양제를 견지해 조국 통일을 추진한다"라는 제목하에 향후 5년간 양안 정책을 제시했다. 중국 정부는 차이잉원 정부가 대륙정책과 대만의 분리주의 통일정책을 취하고 있는 데 대해 강한 우려감을 나타내고 있다. 따라서 차이잉원 정부의 '탈중국화 정책'이 지속하는 한 시진핑의 2기 정부는 정치 경제적으로 대만을 강하게 압박함으로써 긴장 관계는 지속될 것이다. 하지만 대만 주민에 대해서는 다양한 기회와 혜택을 제공해 대만의 민심이 중국의 영향력을 수용하도록 장기적인 양안 통합정책을 추진할 것으로 전망된다. 특히 시진핑의 2기 정부는 1990년대 중반 이후 지속된 양안관계의 교류는 확대하면서 '일국양제'의 개념을 적용해 점진적으로 통합과 통일을 이루려는 정책을 지속할 것이다.

하지만 차이잉원 집권 이후, 양안관계는 마잉주 시기의 '뜨거운 교류(熱交往)'에서 '긴장 속 평화(冷和平)'로 전환되었다. 차이잉원 당국이 '하나의 중국'이라는 기본원칙을 거부하고 대만에서 '탈중국화'를 비롯한 '대만 독립' 정책을 추진함으로써 양안관계의 불확실성과 리스크가 현저히 증가하고 있으며 양안관계가 더욱 복잡하고 심각해지고 있다.

이러한 상황에서 2018년 11월 24일 차이잉원 총통의 중간 평가로 볼 수 있는 대만 지방선거에서 국민당이 승리하였다. 이것은 차이잉원 정부시기 계속되는 성장 둔화와 청년 실업 문제를 해결하지 못한 것에 대해 실망과 대만 국민이 급격한 변화를 거부하고 안정을 요구한다는 분석이다.15) 이것은 차이잉원 정권이 들어서고 중국의 정치, 경제, 문화 등의 단절로 인한 양안관계의 긴장 관계가 경제적 위기를 초래했다는 인식일 수도 있다. 예를 들어 차이잉원 정부는 양안 정부 간 유일한 연락창구인 국무원 대만판공실(國台辦)과 대만대륙위원회(陸委會) 간 소통 채널을 2016년 5월 20일 공식적으로 폐쇄하였고, 수년간 지속되었던 양안 '양회'-대륙의 '해협양안관계협회'와 대만의 '해협교류기금회'- 간의 제도적 협상 기제도 중단했다. 또한, 양안 간의 경제협력, 사회, 문화, 교육 분야, 민간교류 등이 확연히 줄어들었다. 더 나아가 대만의 국제정치적 공간의 축소와 국제경제무역에서의 배제 등이다. 이러한 여러 가지 주요한 사안으로 인해 대만 국민의 삶이 위협받고 있다. 그럼에도 차이잉원 정부는 여전히 '92공식'과 '일중각표' 수용 거부를 통하여 대만의 정체성 견지와 신남향정책을 통해 자신의 정치적 기반을 유지할 수밖에 없다. 또한, 중국 관점에서 보면, 양안 경제는 상호보완적인 관계라서 대만과의 경제교류는 필수적이다. 따라서 차이잉원 정부는 양안관계에서 실현 불가능한 통일과 독립에 집착하기보다는 우선 상생과 공영의 길을 선택하고, 긴장과 협력 속에 현상유지를 고집할 것으로 전망된다.

---

15) 이번 지방선거와 함께 시행된 국민투표 안건 중, '2020년 도쿄 올림픽 등 국제대회에서 타이완(Taiwan)이라는 이름을 사용하는 데 동의하는가'라는 항목이 부결된 것이 이를 뒷받침한다.

<표 1> 주요 대만 총통의 대륙정책 비교

	양안 관계의 정의	양안 교류와 협상	양안 경제정책	통일인식 및 방향
리덩후이(李登輝) 총통 (1990.3-2000.2)	• '특수한 국가 대 국가의 관계' • '양국론(兩國論)'	• 국가통일위원회 설치 • 대륙위원회 설치 • 구왕(辜汪) 회담 • 후롄(胡連) 회담 • 후송(胡宋) 회담	• 실용주의 • 남향정책실시	• '국가통일강령' 제정 • 반통일 분리주의추구 • 통일보다는 현상 유지
천수이볜(陈水扁) 총통 (2000.3-2008.2)	• 두 국가 간의 특수관계 • '일변일국론 (一邊一國論)'	• 평화협정체결과 정상회담 촉구 • 완충지대 설치	• 강본서진 (强本西進) • 조건부의 '삼통 (三通)' 개방과 투자제한조치 철폐. • 민간교류 확대	• '하나의 중국' 원칙 대신에 독립 국가 노선 강조 • 대만의 정체성 회복 운동 • 반대륙적 분리 독립
마잉주(馬英九) 총통 (2008.3-2016.2)	• 국가 대 국가의 관계가 아닌 특수한 관계 • '92공식' 인정	• 정상회담개최 • 친(親)대륙적 정책 • '92공식' 원칙에 입각한 '당대당' 협의 창구 확대 • 삼안(三安, 安定, 安心, 安全)에 입각한 양안의 평화정착	• 양안 경협 확대 • 삼통 실시 • 화폐 금융 교류 제한을 대폭 완화 • 중국인 대만 관광 활성화	• 3불(三不) 정책 :양안의 통일을 반대하고(不統), 대만 독립을 추구하지 않으며 (不獨), 무력을 동원하지 않는 다(不武)
차이잉원(蔡英文) 총통 (2016.3~현재)	• '92공식'에 대 한 중도적 입장	• 연미(聯美), 친일 (親日) 원중(遠中) 외교	• 신남향정책	• 양안관계의 현상유지 • 탈중국화(혹은 대만화) 정책

Ⅳ. 나오며: 양안관계를 통해 본 중국의 미래

2018년은 중국 개혁개방 40년을 맞은 해이기에 덩샤오핑 이후 대만 총통의 정당별 집권에 따른 양안관계의 변화를 살펴보았다. 왜냐하면, 양안관계의 전개와 발전은 중국의 개혁개방과 일정한 함수관계가 있기 때문이다.

덩샤오핑의 개혁개방정책 이후 대만의 정권변화에 따라 양안 문제가 긴장과 대립에서 화해와 평화로 변화로 다시 긴장과 대립 관계로 포물선을 그리고 있다. 그리고 여전히 정치적 분야에서는 '하나의 중국'과 '92공식'을 둘러싸고 격렬한 대립과 갈등을 겪고 있다. 특히 강력한 대만독립성향을 지닌 민주진보당(민진당)의 출범은 양안관계에 있어 긴장 관계를 가속하고 있다. 하지만 경제적으로는 대만과 중국은 상호 의존의 필요성이 높아지면서 양안관계는 장기적으로 현상유지의 상황이 지속할 것으로 보인다. 왜냐하면, 개혁개방 이후 중국 지도부의 교체는 대만 정책의 변화로 직결되지 않았고, 중국의 체제적 속성과 '일국양제'의 통일방식에 대한 확고부동한 위상으로 인해 정책의 변화폭은 미미했기 때문이다. 하지만 대만의 대륙정책이 지도부 교체에 따라 큰 편차를 보인다는 점이 양안관계의 전망을 어렵게 하는 것도 사실이다. 따라서 긴장과 갈등이 끊이지 않는 양안관계에서, 대만 당국의 '하나의 중국' 원칙과 '92공식'에 대한 입장은 여전히 양안관계 해결의 핵심 요인이다. 따라서 대만 총통의 시기별로 양안관계에 대한 태도와 교류와 협상, 경제정책, 그리고 통일인식에 있어 차이를 보인다.

먼저, 국민당의 리덩후이(李登輝: 1990.3~2000.2) 총통 시기에는 양안관계를 '특수한 국가 대 국가의 관계'로 규정했으며, '양국론(兩國論)'을 주장했다. 그리고 양안 교류와 협상을 위해 국가통일위원회와 대륙위원회를 설치했다. 또한 구왕(辜汪) 회담, 후롄(胡連) 회담 그리고 후송(胡宋) 회담 등을 개최하였다. 양안 경제정책은 실용주의에 근거해 동남아 지역을 토대로 한 '남향정책'을 실시하였고, 통일인식에서는 '국가통일강령'을 제정하고, '반통일 분리주의'를 추구하였다.

둘째, 민진당의 천수이볜(陈水扁: 2000.3~2008.2) 시기에는 양안관계를 '두 국가 간의 특수관계'로 파악하고 '일변일국론(一邊一國論)'을 주장하였다. 그리고 평화협정체결과 정상회담 촉구 및 완충지대를 설치해 양안 교류를 유지했다. 양안 경제정책에서는 '강본서진(强本西進)' 정책과 조건부의 '삼통(三通)' 개방과 투자제한조치 철폐를 시행하였으며, 민간교류를 확대하였다. 통일인식에 서는 '하나의 중국' 원칙 대신에 독립 국가 노선을 강조했으며, 대만의 '정체성 회복 운동'과 '반대륙적 분리독립'을 주장하였다.

셋째, 국민당의 마잉주(馬英九: 2008.3~2016.2) 시기에는 양안관계를 '국가 대 국가의 관계가 아닌 특수한 관계'로 인식했으며, '92공식'을 인정하였다. 양안 교류에서는 친대륙적 정책을 추진했으며, '92공식' 원칙에 입각한 '당대당' 협의 창구를 확대하고 삼안(安定, 安心, 安全)에 입각한 양안의 평화정착을 추진했다. 양안의 경제정책으로 '양안 경협'을 확대하고, 삼통 실시 그리고 중국인의 대만 관광 활성화 등을 적극적으로 추진했다. 통일정책에서는 양안의 통일을 반대하고(不統), 대만 독립을 추구하지 않으며(不獨), 무력을 동원하지 않는다(不武)는 '삼불 정책'을 추진했다.

넷째, 차이잉원(蔡英文: 2016.3~현재) 시기에는 양안관계에 있어 '92공식'에 대해 중도적 태도를 보이며, 연미(聯美), 친일(親日) 원중(遠中) 외교를 취함으로써 중국과 긴장 관계를 만들고 있다. 경제정책에서는 중국과의 교류를 벗어나 '신남향정책'을 추진하고 있다. 또한, 통일정책에서는 양안관계의 현상유지를 선호하고, 탈중국화(혹은 대만화) 정책을 추진하고 있다. 따라서 차이잉원 시대로 접어들면서 앞선 정권과는 달리 '하나의 중국' 원칙과 '대만 독립' 정책을 둘러싸고 투쟁이 격화되고 있다. 시진핑은 '일국양제'에 기초한 통일정책을 시도하고 있으며, 강온 양면정책을 통해 차이잉원 정권을 압박하고 있다. 반면 차이잉원은 '탈중국 정책'을 통해 대만의 독자적 주권성을 주장해 양안의 긴장과 대립의 관계가 지속되고 있다. 하지만 중국과 대만은 양안관계에 있어 자국의 이익 추구라는 관점에서 정치적인 대립과는 달리 경제교류 민간교류는 지속적으로 확대해 양국의 현실적 이익을 추구할 것이다.

참고문헌

강준영, "개혁-개방과 양안관계: 삼불통에서 소삼통까지", 정재호 편,『중국 개혁-개방의 정치경제 1980-2000』, 까치, 2002.

김애경, "중국공산당 제19차 당 대회 이후 양안관계 전망",『현대중국연구』 19권 3호, 2017.

김원곤, "대만 주체의식의 확산이 양안관계에 미치는 영향", Asia-pacific journal of multimedia services convergent with Art, Humanities and Sociology, vol 8, no7, July, 2018.

류동원, "대만 주요 정당의 대중국정책과 2000년 총통선거",『21세기 정치학회보』, 10(1), 2000.

문흥호, "제5세대 지도부의 출범과 양안관계", 전성홍 편저,『공산당의 진화와 중국의 향배』, 서강대학교 출판부, 2013.

문흥호, "대만 문제와 양안관계", 서울: 폴리테리아, 2007.

문흥호,『대만 문제와 양안관계 60년』, 중앙일보 중국연구소, 현대중국학회 (서울 중앙Book), 2010.

박광득, "마잉주 등장 후 양안관계의 변화와 문제점",『정치, 정보연구』 제 13권 2호, 2010.

박광득, "兩岸 經協이 兩岸關係에 미치는 影響",『정치정보연구』, 14(1), 2011.

백지윤, "양안관계의 패러다임 전환은 가능한가?",『외국학연구』 제35집, 2016.

신창, "긴장 속 평화에서 무언의 대치까지: 양안관계 평가 및 전망",『성균 차이나브리프』, Vol.5 No.3, 2017.

윤경우, "양안관계를 통해 본 남북한 관계 발전의 신(新)전략",『人文社會科 學研究』, Vol.47, 2015.

이규태, "대만해협 양안관계와 남북한 관계의 비교연구",『대만연구』, (1), 2011.

지만수, 이승신, 여지나, "중국 대만 ECFA의 주요 내용과 시사점",『오늘의 세계 경제』, 제2010권 7호, 2010.

편집부, [시사 포커스] 양안관계 : 대만 측 시각.『전략연구』, 2005.

臺灣 國防部, "軍事情勢與國家安全", 中華民國九十三年 國防部報告書, 2004.12. 臺灣.
李義虎, 『海峽季風』, 北京: 文化藝術出版社, 1996.
黃昆輝, "國家統一綱領與大陸政策", 『中共研究』, 26卷 10期, 1992.
范世平, "北京不應誤判蔡英文的善意". 自由時報. (2006.1.27.).
鄧小平, 『鄧小平文選』 (第3卷) (北京: 人民出版社 1993)

人民日報 2005/3/14.
中國時報 2000/1/14; 2/17; 2/18
中國時報 2000/1/4.
中國時報 2000/12/31.
中國時報 2000/3/4
中國時報 2000/5/21

民主進步黨黨綱, http://www.dpp.org.tw/history.php(검색일 2018.11.30.)
https://www.yna.co.kr/view/AKR20181113042500083?input=1179m(검색일
        2018.11.29.)

제6장

———

중국 개혁개방 40년과 중국영화의
단계적 발전 현상 탐색

중국 개혁개방 40년과 중국영화의
단계적 발전 현상 탐색

| 이강인 |

Ⅰ. 들어가며

1978년 12월 18일 베이징 징시 호텔에서 74세인 덩샤오핑이 22일까지 열린 중국공산당 11기 제3차 중앙위원회 전체회의(11기 3중전회)에서 더 이상 계급투쟁을 하지 않고 중국을 개혁개방의 길로 나가겠다고 천명하였다. 중국의 오랜 역사에 있어서 거대한 전환점을 가지고 오는 순간이었다. 덩샤오핑은 1978년 12월 중앙경제공작회의에서 그 유명한 '실사구시'와 '사상해방'을 연설하면서 개혁개방을 출발시켰다. 당시 부총리였던 덩샤오핑은 마오쩌둥의 후계자였던 화궈펑 당 총서기의 '범시론'을 배격하고 개혁개방을 당의 기본 노선을 채택했다. 이는 권력투쟁에서 덩샤오핑이 승리를 거둔 것이며, 그의 시대가 도래함을 의미하는 것이기도 하다.

중국 정부는 1982년 1월 제1호 문건을 통해 안후이성 샤오강촌의 노동방식이 사회주의에 어긋나지 않는다는 결정을 내리고 85년에는 문혁의 상징이었던 인민공사를 폐지했다. 덩샤오핑은 '중국의 개혁은 농촌에서 시작됐고, 농촌 개혁은 안후이성에서 시작됐다'라며 새로운 경제방식을 추진할 것을 강조하였다.

1979년 1월 덩샤오핑은 미국 백악관을 방문해 지미 카터 대통령을 만났다. 중국에서 공산당이 집권한 1949년 이후 중국 지도자로서는 처음으로 미국에 간 역사적인 사건이었다. 그리고 중국을 '점-선-면'으로 하는 경제 전략을 실행하였고, 개혁개방 정책은 1992년 덩샤오핑의 이른바 '남순강화'를 통해 본격적으로 실행하게 되었다. 그리고 2001년에 WTO에 가입해 대외 개방을 촉진했다. 중국을 세계 경제 무대에 본격적으로 등장시킨 역사적 사건이었다. 이러한 지속적인 개혁개방을 이루면서 중국은 40년 동안 엄청난 경제적 발전을 이루었다. 실제로 보면, 세계 경제에서 중국이 차지하는 비중은 1978년에 1.8%에 불과했지만, 2017년에는 18.2%로 높아졌다. 국민 1인당 GDP도 8천800달러로 약 155배 상승했다.

이러한 중국의 개혁개방은 미국과 서방이 바라는 중국의 민주화가 가속화될 것으로 기대한 것도 작용하였다. 톈안먼 사태 이후 중국이 정상적인 자유시장 경제, 민주주의, 인권을 보장하는 법치국가로 발전할 것으로 기대했기 때문이다. 그리고 중국경제도 WTO 가입 이후로 급성장하게 되었다. 그러나 결과는 미국의 기대와는 달리 지난 중국의 개혁개방 40년은 중국 특색의 사회주의 건설의 역사로 발전하게 되었고, G2라는 용어를 생성시킬 정도로 발전하였다.

또한, 중국의 경제발전으로 인해 중국의 인민들 생활과 문화 수준 역시 급속하게 그리고 지속해서 발전하게 되었다. 위에서 살펴본 대로 1인당 GDP의 약 9천 달러 수준은 괄목상대할 정도이며, 중국의 5대 대도시를 따로 보면, 거의 중진국 수준으로 약 1만 달러 이상의 생활 수준을 보인다.

이러한 지속적인 경제발전은 중국인들의 문화 수준과 라이프스타일을 변화시켰다. 특히 문화대혁명으로 인한 사상통제와 경제의 수준 이하는 중국인들의 생활을 핍진하게 만들었고 이에 대한 욕구가 지속해서 쌓이는 결과도 초래하게 되었다.

그리하여 1989년 톈안먼 사태라는 정치적 사건의 돌발과 민주사회에 대한 열망, 그리고 대중문화에 대한 열망이 크게 일어났다. 특히 록가수 최건의 '일무소유'에서 보듯이 중국 대중은 자신의 억눌린 욕망을 노래라는 도구를 통해 분출하고자 하였고, 음악, 영화, 미술, 오락 등의 대중문화를 향유하기를 바랐다.

이러한 일련의 정치적 경제적 발전으로 보면, 중국의 개혁개방 40년은 작금의 시점에서 매우 의미가 있는 시점이기도 하다. 따라서 본 글에서는 중국의 개혁개방 40년을 살펴보는 데 있어서 정치와 경제를 다루는 대신, 대중문화의 한 축인 중국의 영화를 중심으로 중국의 개혁개방을 살펴보고자 한다. 그리고 이들 영화를 통해 중국의 정부 정책이 어떻게 시대의 변화에 맞게 대처하고 있으며, 또 중국의 영화감독들은 어떻게 이러한 시점에서 적응하고 있는지를 살펴보고자 한다. 그리고 이들의 변화는 곧 중국 인민들에게 영향을 끼치기에 이들 영화와 관련된 중국의 정책과 감독들을 살펴보는 것은 큰 의미가 있다고 본다.

II. 중국영화의 새 시대 진입

1. 문화혁명의 풍랑을 맞았던 비극의 세대 : 제4세대(문화혁명 이후)

1976년 10월, '4인방'이 물러나고 1978년 12월 공산당 11대 3중전회가 열릴 때까지 중국영화는 배회의 단계를 거쳤다. 1978년 12월 중국공산당 11대 3중전회의 개최는 시대의 획을 긋는 위대한 의의가 있으며, 계급투쟁을 요강으로 삼았던 노선이 종결되고, '사상해방, 실사구시'의 방침을 제출하여 많은 문제가 점차 해결되었고, 개혁·개방과 사상해방 운동은 문예계의 해방을 대대적으로 촉진 시켰다.

영화 예술가들의 창작 열정도 봇물 터지듯 쏟아져 1979년 이후 짧은 몇 년 동안, 중국영화는 거대한 변화가 일어났다. 단일 유형의 영화(희극식 영화)에서 다미학, 다형태, 다풍격 영화로 분화되었다. 한 가지 유형의 영화(정치 예술영화)에서 예술영화, 선전영화, 상업영화, 실험적 영화 및 다원교차 영화로 분화되었다.

제3세대 감독은 제2세대의 학생들이었고 그들이 빛을 발하던 시기는 중국의 1950·1960년대이다. 제4세대 감독은 대부분 '문혁' 전에 베이징영화학원(또는 상하이 영화학교 및 영화촬영소 자체배양)을 졸업했으며 그들은 오랫동안 원로감독의 조수를 했다. '4인방'이 물러난 후, 70년대 말 80년대 초에 비로소 독립하여 영화를 찍을 기회가 주어져 자기의 예술적 재능을 보여주었다. 예를 들어 장누안신, 우텐밍, 씨에페이, 황지엔중 등이 있다.

그들의 선배들인 제3세대 감독들이 사회주의 사실주의를 확립시키며 중국영화를 이끌어 갈 무렵, 제4세대 감독들은 소련에서 초빙해온 교수 밑에서 연출, 연기지도를 받게 되었다. 그러나 그들은 1966년부터 1976년까지의 문화혁명이라는 시련 앞에서 그들의 꿈을 접을 수밖에 없었고, 다음을 기약해야 했다. 그러나 그 기나긴 기다림이 끝난 직후에 다시 새로운 생각으로 나타난 젊은 세대인 제5세대 감독과 동일 선상에서 영화를 만들 수밖에 없었기에 그들을 비극적인 세대라고 부르고 있다.

제4세대 감독들이 그려낸 작품들을 보면 인간관계의 모순, 새로운 결혼제도의 폐해, 세대 간의 단절 그리고 문명과 전통의 충돌, 억압받는 여성 등을 그려냈다. 제4세대 감독들은 하나의 창작군으로서 매우 분명한 공통점이 있다. 그것은 곧 그들의 서로 다른 풍격의 작품에서 모두 사람에 관한 관심을 분명하게 표현하고 있다는 것이다. 이전의 영화감독에 비해 그들은 정치 주제에 대한 열정을 직접 표현해내지 않고 간접적인 방식을 더욱 많이 채용하여 표현하였다. 주제를 배경으로 바꾸어 인생에 대해 전방위적인 발굴과 표현을 하는 데 착안점을 두었다.

이들이 이렇게 사람에 공통된 주제를 다루는 것은 다음과 같은 이유라고 볼 수 있다. 제4세대 감독의 대다수는 신중국성립 이후에 성장하여 성인이 된 사람들이다. 중국 건국 후 진보적 방향을 향해 발전하려는 적극적인 분위기가 그들의 세계관, 인생관, 가치관을 형성하는 데 아주 큰 영향력을 끼쳤다. 그들은 비록 10년 재난의 문혁을 겪으면서도 이전의 1950년대가 그들에게 남겨준 찬란한 이상, 굳건한 믿음, 진지한 추구, 청년의 낭만주의적 색채 등등은 오히려 그들의 마음속 깊은 곳에 뿌리를 내리게 되었다. 그리고 그들은 기본적으로 치열한 전쟁 시기를 직접 경험하지 못했다. 이 때문에 제3세대와는 달리 작품 속에서 영웅 정서를 품고서 시대의 영웅주의를 그다지 표현하지 못했다. 그들은 시대를 원경으로 삼고 보통의 소인물을 전경에 두고서 세세한 곳으로부터 인간, 인성 그리고 따뜻하고 아름다우며 건강하고 적극적인 면에 관심을 두었다.

중국영화는 제4세대에 이르러서야 비로소 사회계급과 계급투쟁을 드러내는 외부형태를 핵심으로 삼는 거대한 서사 구조에서 벗어날 수 있었으며 일찍이 금지구역에 들어 있던 인간의 영혼, 개인의 운명, 정감, 욕망, 인성의 깊은 함의에 관한 주제들을 발굴하고 표현하기 시작하였다. 그러나 그 반면에 사회 및 인생의 추악한 면에 대한 발굴은 오히려 충분하지 못한 면도 있다. 이 때문에 그들의 작품은 역사에 대한 심각하고 절실한 정도가 약한 편으로 평가받고 있다.

제4세대는 중국 영화사에서 계승과 전승의 역할을 한 세대라고 할 수 있다. 그들의 황금시대는 주로 1980년대에서 1990년대까지였다. 소수의 감독을 제외하고는 대부분 이미 주목할 만한 작품을 거의 창작하지 못하였다. 하나의 감독군으로서의 제4세대는 이로부터 중국영화의 역사 무대에서 사라지게 되었다.

제4세대의 대표적 감독으로는 우톈밍(吳天明)이 있다.[1] 그는 제5세대 감독들의 대부로 평가받고 있다. 그는 제5세대들이 데뷔하기 전 짧은 기간 동안 중국영화를 이끌었던 제4세대 감독 가운데 한 사람이다. 제4세대 감독들은 60년대에 영화교육을 마쳤지만, 문화혁명의 여파로 데뷔할 기회를 얻지 못하다가 뒤늦게 감독이 되었는데, 사회주의 리얼리즘 영화의 미학과 양식을 집중적으로 교육받았지만, 서구 영화를 접할 기회는 별로 얻지 못한 감독들이기도 하다.

1979년 데뷔한 우톈밍은 70년대 말에서 80년대 초까지 <부표 없는 강(沒有航標的河流, 1982)>, <인생(人生, 1984)>, <낡은 우물(老井, 1984)> 등의 영화를 찍었고 이 중 <부표 없는 강>은 중국문화부 선정 최우수 작품상을 타기도 했다. 또한 <낡은 우물>은 도쿄영화제 그랑프리를 수상한 제4세대 영화의 대표작이다. 그러나 그는 감독으로서의 성가를 올리는 데 집착하기보다 새로운 미학을 주창하며 동시대에 등장한 제5세대 감독들에게 기회를 주고 지원하는 일에 관심을 쏟았다.

우톈밍은 1983년에 시안 스튜디오 소장에 선출되면서부터 열악한 스튜디오를 개선하고 젊은 작가를 발굴하는 작업을 시작했다. 그는 중

---

1) https://m.post.naver.com/viewer/postView.nhn?volumeNo=20668527&memberNo=12175785&search
Keyword=%EC%98%AC%EB%A6%BC%ED%94%BD%20%ED%8C%8C%ED%81%AC&searc
hRank=1224 (검색일: 2019.6.14)

국영화에 새로운 바람을 몰고 올 감독들을 차례로 시안 스튜디오로 불러 모았다. 그들이 바로 다음 세대를 이어갈 후배들인 제5세대 감독들이다. 천카이거와 장이머우가 1985년 <황토지>를 만들었고, 1986년 시안 스튜디오는 텐쫭쫭의 <말 도둑>을 제작했고, 1987년 천카이거에게 <아이들의 왕>의 연출을 하게 하였다.

우텐밍은 자신의 영화 <낡은 우물>의 촬영을 장이머우에게 맡기는 한편, 이듬해 장이머우의 데뷔작 <붉은 수수밭>이 나오도록 힘썼다. 제5세대 감독들이 우텐밍을 자신들의 대부로 받드는 이유가 이런 데 있다. 그러나 중국 정부는 그를 그다지 좋아하지 않았다. 우텐밍은 1989년 텐안먼사태 이후 제5세대 감독들에게 반정부적인 영화를 만들게 했다는 이유로 문책받게 되고, 마침내 미국으로 쫓겨 가다시피 하였다. 그로부터 5년 만에 홍콩 쇼 브라더스와 베이징 청년영화 스튜디오의 합작으로 만든 영화가 <변검(The King of Mask, 1995)>이다. 이 영화는 순식간에 얼굴 가면을 바꿔 쓰는 변검술로 평생을 살아온 한 광대의 파란만장한 삶을 보여주는데, 그는 이 영화를 통해 그 자신이 겪어온 중국 현대사의 숨결을 고스란히 담아내고 있다.

2. 새로운 영화시대를 선도하는 시기: 제5세대의 등장

1976년 마오쩌둥이 사망하자 중국의 모든 예술 장르는 부활하기 시작하였다. 그 이유는 1966년 5월에 그가 내린 강령이 문화대혁명의 시작을 알렸고 이를 기회로 전국의 학생들은 자신의 배움터로서 학교가 아닌 삶의 현장을 찾게 될 수밖에 없었기 때문이다. 문화대혁명의 시대에 청소년, 청년기를 지냈던 제4세대, 제5세대 감독들은 이렇게 10대에 가졌던 마오이즘에 대한 환상이 환멸로 끝나는 것을 목격했던 세대이며, 그들이 기대하는 공산주의의 영광이 어쩌면 무의미한 것일 수도 있다는 개인적 체험을 하였다.

　또 그들은 학업을 해야 했던 시기에 당대의 농촌, 공장 지역의 실상을 직면했던 까닭에 그들의 사회인식은 책에서 가르치는 것 이상의 강한 느낌으로 남아있게 된 것이다. 한편 제5세대 감독은 베이징영화학교 78학번들이다. 문화대혁명으로 인해 1966년에 휴교령에 들어갔던 베이징영화학교가 덩샤오핑의 개혁 개방정책에 힘입어 1978년 다시 문을 열게 되었고 그 1982년 졸업생들을 일컬어 제5세대 감독이라고 한다. 연출, 각본, 촬영, 디자인, 연기의 5학과로 나뉘어 있는 이 학교는 삶의 현장에서 청소년기를 보내야 했던 20대 초반의 학생들을 받아들여 전문적인 영화인력의 충원을 시작했다. 그동안 영화를 만들 수 없었던 30세 전후의 젊은이들도 대거 영화산업에 유입되었다.

　젊은 영화학도들은 선배들의 영화를 보며 영화를 공부했으며, 자신이 자라난 시대와 사회를 영화에 담고자 노력했다. 이들이 세계 영화제에서 주목받기 시작한 시기는 1985년 천카이거가 감독을 맡고 장이머우가 촬영을 맡았던 <황토지>가 로카르노 영화제에서 입상하면서부터이다. 중국 정부는 이 영화에 대해 불만을 표시했었지만, 영국의 에딘버러와 로카르노에서 일구어낸 잇단 성공을 목격하면서 '이해할 수 없는 일'이라며 난감한 표정을 지을 수밖에 없었다. 세계 영화인들은 이 영화에 깜짝 놀라며 천카이거라는 감독의 이름을 기억했고 비로소 중국영화의 존재를 인식했다. 그들은 <황토지>의 성과가 일회성으로 그칠 것이라고 믿었다. 하지만 천카이거를 비롯한 장이머우, 톈좡좡 등의 기세는 대단하였다. <대열병>이 몬트리올에서, <붉은 수수밭>이 베를린에서 성과를 올리면서 세계 영화계는 중국영화의 전성시대가 개막되었다.

　불과 5년 사이에 세계 유명 영화제를 휩쓴 중국의 젊은 감독들을 사람들은 중국의 제5세대 감독이라고 일컬었고, 천카이거의 <패왕별희>가 칸의 황금 종려상을 수상하면서 그들에 관한 관심은 절정에 이르렀다. 중국의 제5세대 감독들은 각자 개성을 가졌다. 그들이 영화계에 입문한 시기와 세계무대에서 두각을 나타낸 시기가 비슷할 뿐, 하나로 묶을 수 있는 영화의 이론적 토대나 작품이 갖는 공통점을 꼬집어 말하기란 매우 곤란하다. 다만 이미 존재해오던 소재와 주제에 대한 불만, 영화 윤리와 형식 및 표현력의 차이, 중국의 관객들이 익숙하던 전통적 스타일에 대한 거부를 통해서 제5세대 감독들은 신선하고 당돌한 느낌마저 드는 새로운 형식미를 갖춘 작품을 계속 내놓았다.

그들의 영화는 완결된 이야기 구조나 전통적인 양식에 함몰되지 않고 자신들의 의식이 드러나는 영상에 집착하였다. 또한, 그들은 멜로드라마적 분위기 전복을 강조하였다. 중국인의 민족성과 중국 문화의 전통을 주로 다루었고 정치 현실에 민감한 주제를 언급하는 것을 피하였다.

서구의 영화인들은 중국의 이러한 새로운 감독군을 가리켜 '중국의 선봉파'라고 부르기도 한다. 그러나 1920년대 프랑스의 '아방가르드'나 1958년에서 1960년대의 누벨바그, 1970년대 독일의 새로운 영화들과 달리 그들은 어떠한 '선언'도 한 적이 없다. 그들을 한데 모을 수 있는 공통점은 '혁명 후의 사회 현실을 직시하고 과거를 반성하는 것'이며, 이와 더불어 역사적인 상황에 의해 좌절되는 인간상, 여성의 지위 향상 문제, 세대 간의 갈등, 사고방식과 생활방식의 변화, 그리고 그 변화의 절실한 필요성 등을 담아내었다.

이러한 소재와 표현 기법에서 이 시기, 이 시대의 작품들에는 제작 주체 자신들의 현실 감각에서 비롯되는 사실적인 묘사가 주를 이룬다. 천카이거의 <아이들의 왕> 같은 영화들은 일상생활의 세밀한 그 무엇을 아주 담담하게 담고 있는 작품들이다. 이 일상의 연결에서 관객들은 비 일상의 핵 혹은 시간의 축적에서 우러나는 발견, 변화의 순간을 포착하게 되는 것이다.

이미 있던 소재나 모티브, 그리고 이야기 구조에 대한 이들 세대의 공통된 불만은 그들이 전통적 스타일-예를 들면 서사 형식과 연결성을 중시하는 이야기 전개, 유형화한 인물 이미지, 전형성에 기초한 인물의 과장된 몸짓이나 말 등-을 비켜나가거나 거기에 정면으로 도전하게 했다. 그리고 그들은 자신의 작품에 관객들에게 당혹감과 신선함을 주고 불가해하다는 느낌을 들게 만드는 것에 의식적으로나 무의식적으로 쾌감을 느끼게 되었다.

기교가 없는 화면의 관계와 균형을 느낄 수 없는 공간 구도도 이 세대 영화들의 특징이다. 그전 세대들의 영화는 유연한 편집 기술에 구애되어 몽타주에 서의 연결성-비가시적 편집에 사로잡혀 있었다. 그래서 작품의 시공간적 내용이 숏의 연결에 결정적인 기준이 되었다. 그리하여 화면구도, 조명, 렌즈의 원근 조작을 위한 선택도 모두 이에 따랐다. 그러나 이 새로운 세대의 감독들은 구도 조형에 나타나는 불균형을 두려워하지 않으면서 박진성을 더하기 위해 다소 모순되는 듯한 일상을 구하는 것이었다. 광선과 색채의 독특한 도입도 이 세대 감독들의 특징이다. 그들은 이미 언급했듯이 전통적인 이야기 서술방식에 의존하지 않는 시청각적 표현을 개발, 적용했다.

종래의 영화는 항상 화면이 너무 밝다고 말하는 촬영감독 출신의 감독 장이머우의 말처럼, 이 세대는 지난 세대들이 무의식적으로 따랐던 영화적 관행과 인습들에 대해 근본적인 의문과 비판을 가하였다. 그래서 인물이 잘 보이지 않을 정도의 어두움도 과감히 작품 내에 수용하였고 또 색채에 있는 어떤 의미도 끌어내었다. <황토지>의 갈색,

<붉은 수수밭>의 붉은색 등은 영화 자체 내에서 고유한 의미로 되살아나는 것이다.

일반적으로 1989년 톈안먼 사건까지를 제5세대 영화의 존속기간으로 평가한다. 이들의 영화는 외국에서는 높은 평가를 받았지만, 정부의 탄압을 받아야만 했다. 또한, 톈안먼사태 이후 중국의 역사와 풍경을 이국적으로 보이게 만드는 오리엔탈리즘이라는 비판도 받아야 했다.

제5세대 감독들은 천안문 사건 이후 대부분 외국 자본에 의해 영화를 만들었다.

대표적 감독들로는 천카이거와 장이머우, 톈좡좡 감독들이 있다. 이들을 좀 더 구체적으로 살펴보기로 하자.

먼저 천카이거 감독을 살펴보자.[2] 그는 일찍이 장이머우 감독과 함께 중국 제5세대 감독의 선두주자이자 중국영화를 세계에 널리 알린 명망 있는 감독이다. 그의 영화적 자산은 문화대혁명의 상처에 있으며 그때 느낀 역사적 체험이 녹아 있는 영화들을 많이 만들었다.

그는 베이징영화학교 78학번으로 감독과에서 연출을 공부하였다. 그는 리얼리즘만을 신봉하던 기존의 감독들과는 달리 작가주의 영화로 중국영화를 새롭게 해석해 나가고자 하였다.

영화학교를 졸업한 후 3년간의 조감독 생활을 한 그는 어렵게 제작팀을 꾸려 초저예산으로 데뷔작 <황토지(1984)>를 만들었다. 이 영화는 강한 색채 및 중국 민요의 예술적인 조화와 암담한 중국의 역사 및 문화에 대한 고뇌를 표현하며 대중의 찬사를 받았다. 재미있는 사실은 이 영화의 촬영감독이 천카이거 감독의 라이벌이자 영화학교 동기인 장이머우이다. 그리고 이 영화는 지식인이 느끼는 혁명의 정감과 실제

---

2) https://m.post.naver.com/viewer/postView.nhn?volumeNo=20668527&memberNo=12175785&search
Keyword=%EC%98%AC%EB%A6%BC%ED%94%BD%20%ED%8C%8C%ED%81%AC&searc
hRank=1224 (검색일: 2019.6.14)

농민들이 느끼는 정서 사이의 괴리를 짚어내며 문화대혁명의 잘못된 점을 비판하고 있다. 그 때문에 중국당국의 제재를 받았고 천카이거는 이후 좀 더 우회하는 길을 택하였다.

1992년에는 <현 위의 인생>에서 중국 대륙의 아름다움, 도교의 마음, 그리고 권위의 부정과 자유인의 초상을 그렸다. 이때부터 형식미에 눈뜨며, 주제와 함께 독특한 스타일의 영상에 관심을 지니게 되었다. 그런 징후가 강해진 것은 1993년 <패왕별희>이다. 중국 전통의 경극을 바탕으로 중국 현대사의 질곡과 이성애, 동성애의 문제에 접근해 간 이 영화는 주제 자체는 많이 퇴색되고 중국당국의 입맛에 맞는 쪽이었다. 그러나 영상의 스타일은 경극이란 화려한 소재에 걸맞았다. 이 영화로 칸 영화제 대상을 받게 되었다. 그는 국제적인 성과를 얻자, 중국의 문물을 바라보는 서양인들의 시각, 즉 오리엔탈리즘으로 중국의 신비화된 왜곡을 꾀한다는 인상을 주게 되었다. 1996년 <풍월>이 그 대표적인 예이다. 화려한 스타일 속에 역사는 사라지고 탐미적 영상은 힘을 잃었다. 코즈모폴리턴 쪽으로 나아가고 있으며 이제는 중국이라는 협애한 공간을 벗어났지만, 그가 향할 방향을 잃어버린 것이다. 그러나 <투게더>, 우리나라 배우 장동건이 주연한 <무극(2005)> 등을 감독하며 명실상부한 중국 최고의 감독 중의 한 명으로 위치를 공고히 하고 있다.

두 번째로 장이머우 감독이다.[3] 그는 천카이거와 함께 중국 제5세대 감독으로 꼽히는 대표적인 감독이다. 그는 어린 시절 방직공장, 농촌에서 오랜 세월을 보내다 1978년 베이징영화학원 촬영과에 입학하면서 영화인의 길을 걷게 되었다. 졸업 후에 천카이거 감독의 영화

---

3) https://m.post.naver.com/viewer/postView.nhn?volumeNo=20668527&memberNo=12175785&search Keyword=%EC%98%AC%EB%A6%BC%ED%94%BD%20%ED%8C%8C%ED%81%AC&searc hRank=1224 (검색일: 2019.6.14)

<황토지> 등의 촬영을 맡아 이름을 알리게 되었다.

그는 1987년 <붉은 수수밭>으로 화려하게 데뷔하는데 이 영화로 베를린 영화제 금곰상을 수상한다. 그 이후의 작품은 <홍등>, <국두>에서도 데뷔작과 마찬가지로 중국의 색인 강렬한 붉은 색조로 아름다운 영상미를 선보인다. 이 영화들로 장이머우와 배우 공리는 칸, 베를린에서 계속해서 수상하여 세계적인 명성을 얻게 되었다. 그러나 너무 형식미에 치우친다는 비난에 장이머우는 현실의 역사에 눈을 돌려 <귀주 이야기> <인생> 등을 만든다.

그의 영화는 2000년대를 전후하여 많은 변화를 보인다. 이전의 영화들은 특유의 역사의식과 붉은 색감의 미학을 살린 향토적이고 서민적이며 중국적인 작가주의적 경향이 깊다. 그러나 2000년대 이후 작품인 <영웅(2002)>, <연인(2004)>, <황후화(2006)> 등에서는 중국 자본의 성장과 더불어 거대 제작비가 들어간 스케일이 큰 무협물이나 시대극을 주로 찍으면서 상대적으로 소박한 초기 작품과는 확연히 차이를 보인다. 2008년 중국의 베이징 올림픽 개막식 감독을 맡은 후 지나치게 권력과 자본 위주의 영화를 제작한다는 비판의 시선을 받기도 했다.

하지만 그가 작품에서 보여준 색감, 탁월한 감수성과 뛰어난 연출력, 역사의식이 중국 영화사에 큰 자취를 남긴 것은 누가 뭐래도 분명한 것 같다. 특히 중국적인 색채로 꼽히는 붉은 색과 황금빛을 작품 속에 예술적으로 배치하는 감각으로 정말 뛰어남을 보여주었다.

또 장이머우 감독은 신인 배우 공리와 장쯔이를 주연으로 발탁해 세계적인 여배우로 발돋움하게 한 탁월한 선구안을 가진 인재 발굴가로 평가받기도 한다. 그리고 끝으로, 톈좡좡 감독은 1952년 중국 베이징에서 태어났다. 전직 카메라맨 출신인 톈좡좡 감독은 베이징영화학교를 졸업한 후 베이징 영화 제작소에 입사해 아동영화 <붉은 코끼리

(1983)>를 내놓는다. 1984년 춘밍 스튜디오로 옮긴 그는 <9월>을 공동 연출한 뒤, 자신의 첫 작품인 <사냥터에서(1985)>와 <말 도둑(1986)>을 잇달아 내놓았다. 이어 <로큰롤 청년(1988)>, <푸른 연(1993)>을 발표하였다. 중국 역사를 담담하게 그리면서도 신랄하게 비판하고 있는 <푸른 연>은 중국 내에서는 상영 금지를 당했으나 해외의 국제영화제에서는 호평을 받았다.

3. 1990년대 이후 중국영화의 발전 시기: 제6세대의 등장

1980년대의 계몽시대를 상징하던 제5세대 영화는 1980년대 중반에 탐미적 영화미학으로 평단의 찬사를 받았으나, 1990년대를 눈앞에 두고 형식주의에 매몰되고 있다는 비판 속에서 매너리즘에 부딪히게 되었다. 농촌의 풍속 안에서 민족문화의 뿌리를 끄집어내고자 했던 그들의 영화는 톈안먼 사건을 전후로 하여 중국의 젊은이들을 뒤흔든 문화적 반항의 물결 속에서는 오히려 무력감을 드러내게 되었다.

1980년대 후반에 성년이 된 세대들은 제5세대식의 민족적인 정서보다는 차라리 최건과 같은 록 음악에 내재된 폭발하는 듯한 에너지에 더욱 열광했다. 1986년에 최건이 <일무소유>를 발표했는데 폭발적인 반응이 나왔다. 그 후 2, 3년 동안 중국의 어느 곳을 가더라도 쉽게 들을 수 있는 노래가 되었다. 그의 음악이 담고 있는바, 인간의 감정은 정치보다 더 중요하다는 메시지는 개혁개방 시기 신구 가치관의 충돌 속에서 혼란을 겪던 수많은 젊은이에게 큰 위로가 되었다. 젊은 세대의 억압된 욕망이 사회적으로 폭발했던 1989년 6월의 톈안먼광장에서도 여전히 그의 노래가 젊은이들의 상처를 위로했다.

1980년대 후반까지 미만했던 젊은 세대의 저항감은 1990년대에 경직된 정치 상황과 과열된 상업화 조류 사이에서 새로운 양상의 문화를 만들어내게 되었다. 영화에서도 그것은 이미 기성세대가 된 제5세대 그룹에 대한 세대교체가 이루어지고 있다는 것을 보여주고 있는 것이기도 하다. 또 하나 당시 중국의 예술산업 전반에 불어 닥친 구조조정이 새로운 방향으로 나가게 하는 역할을 하게 되었다. 영화의 상업화와 더불어 구조조정 바람이 불면서 상당수 국영 스튜디오가 폐쇄되었다. 영화의 예술성보다는 손익 분기점을 따져야 하는 현실 속에서 이전의 예술적, 작가주의적 창작 경향은 퇴조했다.

1990년대 이후, 영화의 생존전략은 TV와 합작하거나 아니면 적극적으로 외국 자본을 유치하거나 그것도 아니면 외국과 합작으로 영화를 만들거나 하는 등 다변화가 되는 상황이었다. 흥행성이 영화제작의 절대적인 지표로 떠오르게 됨에 따라 실패 가능성이 큰 신진 영화인들이 기용될 공간이 점차 좁아지게 되었다.

젊은 영화인들 스스로가 제작비를 조달해야 하는 상황이 되었을 때, 디지털 기술이 그들의 숨을 쉬게 해주는 역할을 하게 되었다. 다양한 디지털 기기의 발전으로 영화 제작기술은 이전과 비교할 수 없을 정도로 향상되었다. 무엇보다 제작비 절감이라는 새로운 돌파구가 생긴 것이다. 이러하다 보니 사전에 정부의 허가 없이 영화촬영에 들어가는 일이 빈번하게 일어나게 되었다. 해외영화제 출품과 관련하여 정부와 마찰하는 일도 빈번하게 일어났다. 그러나 독립영화의 본래 의미를 생각해볼 때, 1990년대 이후 중국에서도 정치적 간섭으로부터의 독립보다는 상업화의 분위기 안에서 어떻게 작가주의를 유지해 나갈 것인가 하는 문제가 더 심각하게 고민되는 상황이었다.

그런 점에서 제5세대로 향했던 시선은 점차 제6세대로 옮겨오게 되었다. 말하자면 제5세대가 기득권의 제도권 문화에 편입된 이후로 비상업주의의 순수성을 지키면서 세계성을 띤 예술영화를 중국에서 계속 만들어내는 영화계의 바람이 있었기 때문이다. 이러한 부담감은 어느 사이엔가 제6세대 영화인들이 떠안게 된 것이다.

1989년 어느 날 베이징영화대학 85학번들이 '베이징영화대학 85학번 전체 졸업생'의 명의로 <중국영화의 포스트 '황토지' 현상-중국영화에 관한 담화>라는 선언문을 발표하였다. 여기에는 우리가 잘 아는 왕샤오솨이, 러우예, 장위안, 류빙젠, 후쉐양, 우디 등이 서명하고 동참하였다. 이 글은 제5세대가 가진 문화적 정서의 핵심인 농촌 알레고리가 중국영화에 하나의 부담이 되어왔으며, 제5세대 영화의 거듭된 수상은 더욱 부담을 가중함으로써 도대체 어떻게 영화를 찍어야 할지 중국의 영화인들을 혼란에 빠뜨린다고 비판하였다. 이렇게 해서 제6세대의 존재가 세상에 드러나기 시작했다. 제5세대가 혁명 시대에 고착화된 창작 전통을 벗어버리고 세계에 나왔다면, 제6세대는 제5세대의 매너리즘에 대한 혁명을 통해 영화계 안에서의 자신들의 자리를 찾게 되었다.

제6세대의 선언이 있었던 1989년 장위안 감독은 독자적으로 조성한 자금으로 <엄마>를 제작하였다.[4] 이 영화는 간질이라는 질병을 앓고 있는 자기 아들을 치료하기 위해 온갖 방법을 다 쓰는 한 어머니의 고군분투하는 노력을 담고 있다. 제5세대의 <황토지>처럼 제6세대의 첫 작품이 된 이 영화는 1990년 프랑스의 낭트영화제에 출품되어 수상하게 되었다. 그러나 정부의 심의를 거치지 않았기 때문에 중국 안에서는 상영이 금지되었다. 장위안은 <엄마>한 편만으로 프랑스 정부로부터 10만 달러의 지원금을 받아낼 수 있었다.

그는 이 돈으로 다시 영화를 제작하였는데 그게 바로 <북경 녀석들(1993)>이다. 이 영화는 중국 영화사에서도 상당히 의미가 있는 영화

---

4) http://m.biz.khan.co.kr/view.html?artid=200801111834241&code=100100&med_id=khan (검색일: 2019.6.14)

로 평가받고 있다. 영화는 베이징에서 활약하는 록 가수들의 냉혹한 삶의 환경과 불안한 심리적 상태를 묘사한 최초의 중국 록 영화이다.

이 영화에는 제6세대적 감성과 잇닿아 있는 언더그라운드 가수인 최건, 두웨 등이 직접 출연하기도 하여 더욱 유명하게 되었다. 그러나 이 영화 역시 당국의 승인 없이 도쿄영화제에 출품됨으로써 장위안은 한 동안 중국 내에서의 극영화 촬영이 금지되었다. 그는 이후 다시 극영화를 시작한 뒤 베이징의 한 동성애자를 어느 경찰이 심문하는 하룻밤 사이에 일어난 이야기를 그린 <동궁서궁(1996)>을 거쳐, 1999년 <귀성>으로 마침내 이탈리아 베니스영화제에서 감독상을 받게 되었다.

이 영화가 국제적으로 성공을 거둘 수 있음으로써 그는 비로소 자기 영화의 국내 상영을 허가받는다. 장위안의 초기 영화제작 과정은 전형적인 제6세대의 활동방식을 대변해서 보여주고 있다. 그는 데뷔한 지 무려 10년이 지나서야 지하에서 지상으로 나와 정식으로 감독의 신분을 인정받을 수 있었다.

그럼 <북경 녀석들>을 좀 더 자세하게 다루어보자. 이 영화는 1993년 제작되어 1995년 스위스 로카르노 영화제 특별상을 받았다. 이 영화는 중국에서 상영 금지되었던 작품으로 주연은 조선족 록 가수 최건이다. 영화의 주연 배우 최건은 중국 로큰롤 음악의 황제로 서방세계에서는 반체제의 기수로 더욱 널리 알려진 가수이다. 그는 사회성 짙은 음악들을 지속해서 발표하였다. 특히 1989년 천안문사태 때 시위대가 대미를 장식하며 가슴으로 불렀던 '일무소유'는 중국본토에서만 1천만 장 이상의 판매고를 기록했다.

이 영화는 천안문사태 이후 현재 중국에서 사는 젊은이들의 방황과 삶을 사실적으로 재조명한 작품으로 하층 계급에서 생활하는 젊은이들, 목표의식을 잃고 극단적인 허무주의에 빠져버린 이 사회의 아웃사

이더들의 모습을 구체적이고 적나라하게 묘사한 작품이다.

이 영화는 이데올로기의 속박으로부터 해방을 노래한 영화이며, 정치적인 탄압과 공권력과의 마찰, 그리고 자금 압박 속에서 정치적, 경제적 독립을 통해 만들어진 영화이다. 장위안 감독은 길거리 잡종들의 감정을 정확히 감지하고 있다. 술, 마약과 더불어 그들이 내뱉는 사소한 언어들은 관객들이 내면의 방황을 이해하게 만든다.

제6세대라는 말은 사실 제5세대라는 개념에 대응하여 성립된 말이다. 그리고 제6세대 간의 창작상의 공통점은 제5세대보다도 더 일관되게 말하기는 어렵다. 굳이 특징을 말하자면 제5세대가 과거의 유산을 영화의 토대로 삼은 데 반해, 이들은 주로 자기 시대의 도시 삶을 배경으로 하였다는 것이다.

이들의 영화 서사는 제5세대보다 내면화되고 인간의 심리는 더 중요하게 취급되었다. 일상의 보통사람이 아닌 주변 인물들을 주로 영화의 주인공들로 내세웠다. 이 때문에 제5세대가 어느 정도 현실 문제를 덮어 두었던 데 비하여 이들은 선배들보다 더 뚜렷하게 현실에 다가갔다. 이들의 이야기는 당대의 중국 사회를 가감 없이 드러낸 매우 사실적인 풍속도를 보여준다. 제6세대의 영화에 와서 현실사회에 대한 사실적인 기록은 인물의 심리묘사와 함께 더욱 중요시되는 경향을 보여주고 있다.

제5세대의 영화에 등장했던 계몽적인 배역들은 제6세대의 영화에서는 찾아보기 어렵다. 주인공들은 제5세대 영화의 인물들보다도 더 깊이 자아 안에서 방황한다. 또한, 제5세대 영화의 상징처럼 등장했던 욕망은 그들의 영화 속에서는 탐색과 방랑의 모티프로 대체되었다. 제6세대에 와서야 비로소 진정한 모더니즘의 세계를 찾아내게 되었다. 그들은 이성과 집단주의에서 벗어나 더욱 내면화된 자아 중심의 모더니즘 세계 속에서 영화를 만들었다.

제6세대는 지금도 다각도로 활동 중이어서 그들의 존재 의미를 단정적으로 말하기는 어렵다. 그들은 중국영화의 미래를 짊어지고 있는 중요한 영화인들임은 틀림없다. 이들의 영화예술에 잠재된 세계성은 2000년대 들어 국제영화제에서 눈부신 약진을 보인다. 그러나 한편으로는 벌써 이들의 한계를 지적하는 비판도 나오고 있다.

우선 제6세대는 소재주의에 집착하고 있다는 한계이다. 즉 현대 중국의 정체성을 모색하는 가운데 주로 특정 소재, 특정 계층에만 몰두함으로써 제5세대와 성격은 다르지만 같은 차원의 소재주의의 한계에 봉착했다는 것이다. 그들이 영화 속에서 보여주는 비판성도 모호하다. 사회문제에 대한 비판적 시각은 제5세대보다는 직접적이지만 그 서술의 양상은 여전히 우회적이고 상징적이며 개인화되어 있다는 것이다. 그들은 태생적으로 제5세대에 비해 사회적 영향력이 미미하며 그런 까닭에 비주류성향이 강하고, 제작된 영화의 사회적 영향력도 상대적으로 크다고 할 수 없다는 것이다.

게다가 영화산업의 흐름에 따라 쉽게 제도권 안으로 진입할 가능성도 크다는 것이다. 제6세대는 변경에서 중심으로 신속하게 자리를 이동하고 있다. 이들 앞에는 산업화와 탈산업화의 모순적인 과제를 동시에 안고 있는 중국 사회를 어떻게 바라볼 것인가, 상존하는 정치적 한계를 극복하고 중국의 정체성을 영화 속에서 어떻게 표현해낼 것인가 하는 무거운 문제들을 안고 있다. 그러나 제6세대는 제작비와 여러 여건으로 인해 영화 외적인 일도 마다하지 않고 드라마 제작에 참여하는 등 1990년대 후반부터 자국의 영화 자본을 통해 주류영화시장 안으로 들어가기 시작했다.

그리고 또 하나 눈여겨볼 그룹이 있다. 이들은 제6세대의 반항적인 서사 문법과는 거리는 있지만, 대중성에 더욱 가까이 있는 듯한 비슷한 나이의 작가 그룹이다. 여기에 속하는 감독들은 해외보다 중국 내에서 보편적인 지지를 받고 있다. 제6세대의 가장 큰 한계로 지적되는 대중적 영향력은 이 그룹의 젊은 감독들에게는 매우 낙관적으로 전망된다. 이들의 영화에서 도시에 사는 젊은 여인들의 사랑은 중요한 소재가 된다.

대표적인 감독으로는 <애정 마라탕(1997)>, <목욕(1999)> 등을 감독한 장양과 그 외 몇몇 소수 감독이 있다. 제5세대 감독 중에서도 비슷한 성향의 감독이 있는데, 대표적인 사람이 훠젠치 같은 감독이다. 그의 대표작으로는 <산중의 우편배달부(1999)>, <난(2003)> 등은 농촌을 근간으로 서정적인 휴머니티를 펼쳐 보였다. 영화의 배경은 유사하지만 1980년대에 제5세대가 보여준 욕망의 내러티브와 크게 차이가 있는 것으로 대중적 정서가 가미되어 있다.

1) 지아장커(賈樟柯) 감독

지아장커는 산시 대학 미술과 1학년 때 천카이거의 <황토지>를 보고 감독이 되겠다고 결심한 후 미술과를 중퇴하고 베이징영화학교에 들어갔다. 그는 영화학교 2학년 때 뜻이 맞는 친구들과 약 2만 위안의 돈으로 첫 단편영화 <소산의 귀향>을 찍었다. 이 영화는 홍콩 독립 단편영화제에서 금상을 받았는데 이 영화로 그는 세계 영화계에 이름을 알리게 된 계기가 되었다. 중국 정부는 1996년부터 재편창(중국 국영 스튜디오) 바깥에서의 영화제작을 금지시킨 결과, 홍콩과 중국의 민간 자본 6만 달러를 가지고 찍은 독립영화 <소무>는 중국 내에서 상영 금지되었다.

그는 1998년 부산국제영화제에서 <소무>라는 영화를 들고 와서 국내 관객들에게 이름을 알리게 되어 그는 한국과 인연이 많은 감독이다.[5] 영화 <소무>는 지아장커 감독의 '고향 3부곡'(다른 두 개는 <플랫폼>, <임소요>) 중 첫 작품이다. 영화의 등장인물들은 샤오우와 메이메이의 배역을 제외한 거의 모든 출연자는 정식 배우가 아닌 감독 자신의 고향 사람들이다. 그리고 영화 공간은 감독의 고향인 펀양으로 산업화의 몸살을 앓고 있는 중국의 축소판으로 묘사하고 있다.

내용은 소매치기와 여자 종업원을 주인공으로 등장시켜 근대화와 도시화의 문제를 다룬 영화이다. 이 영화는 소도시를 배경으로 사회 하층민들의 삶을 그대로 보여주고 있다. 자본주의 경제 체제의 도입으로 소도시인 펀양은 빈부의 격차는 더욱 커지고 향락산업이 팽창하고 범죄는 늘어만 간다. 정부는 범죄와의 전쟁을 선포하고 대대적인 단속에 들어가지만, 주인공 샤오우는 아랑곳하지 않고 제 갈 길을 간다.

중국은 개혁개방 이후 국가관리 경제 체제가 물러가면서 자본주의 시장경제를 도입하는데, 이런 와중에 사회적 충격과 가치관의 혼란은 상상을 초월하는 상태로 발전한다. 감독은 펀양을 중국의 축소판으로 하고 펀양의 사람들을 중국인으로, 샤오우를 자신의 모습으로 상징하며 거친 화면으로 담아내었다. 영화는 마치 일상을 주제로 한 다큐멘터리 필름을 보고 있는 듯한 느낌이 들게 된다.

2) 장원(姜文) 감독

장원은 <부용진>, <붉은 수수밭>의 주연 배우로 잘 알려진 인물이다. 그는 94년 데뷔작인 <햇빛 찬란한 날들>을 제작하면서 제5세대 감독 이후 중국 영화계의 차세대 희망으로 떠올랐다. 그는 베이징의 한

---

5) http://mn.kbs.co.kr/news/view.do?ncd=3629215 (검색일: 2019.6.14)

군인 집안에서 태어나 중국의 유명한 중앙희극학원에서 연기를 전공했다. 출연작은 두 작품 이외에도 <송가황조> 등의 영화와 1993년 시청률이 매우 높았던 드라마 <뉴욕의 북경인> 등에 출연하기도 하였다.

장원 감독의 유명한 영화 <햇빛 찬란한 날들>은 1994년 베니스영화제 최연소 남우주연상을 받았다. 이 영화는 인기작가 왕수어의 <동물은 사납다>라는 중편소설을 각색한 작품이다. 이 영화는 제6세대 도시 리얼리즘 영화와는 확실히 다른 모습을 보여주었다. 그는 한국 관객에게 비교적 친숙한 배우이며 이 작품은 그의 감독 데뷔작이다. 베이징 중앙희극학교에 재학 중이던 17세의 샤오위는 이 영화에서 최연소 남우주연상을 받은 주목받는 차세대 스타로 등장하였다.

이 영화는 문화대혁명의 위세가 드높았던 70년대 초의 여름을 배경으로 하고 있다. 대다수 중국 사람들이 어려운 세월을 사는 동안 무구한 사춘기 시절을 보내는 아이들의 이야기를 담아내고 있다. 영화는 과거의 그리움이 묻어나는 전반적인 분위기를 연출하면서 정치적 현실과 상관없이 한 소년의 천성이란 것이 얼마나 생명을 열정적으로 추구할 수밖에 없는 것인지를 소담하게 그려냈다.

개인의 기억, 회상으로 보이는 소년의 맑은 마음과 행동은 자연스럽게 시대의 기억과 겹치고, 단순한 성장 내용을 다룬 소품 이상의 감동을 전해주는 작품이다. 이러한 내용임에도 내용상의 문제가 있다는 이유로 당국의 검열에 통과하지 못하다가 제작 1년 만에 개봉되는 해프닝이 생기기도 하였다.

3) 왕샤오솨이(王小帥) 감독

왕샤오솨이는 중국 신세대 영화감독 중에서 가장 재능 있는 감독의 한 사람으로 평가받고 있다.[6] 베이징영화학교 졸업 후 1993년 처음으로 그가 직접 각본을 쓰고 감독한 영화 <겨울날 봄날>은 분열된 현대 사회에 비판을 가하여 서구 비평가들로부터 호평을 받았다. 그러나 이 영화로 중국 영화사무소가 블랙리스트에 올랐다. 이 영화는 정상적인 생활에서 벗어난 인생을 살아가다가 관계가 소원해지게 된 예술가 부부의 이야기를 그린 것이다.

2000년 베를린 영화제에서 은곰상인 심사위원 특별상을 받은 <북경 자전거>는 자전거 한 대를 17살 두 주인공이 서로 차지하기 위해 심한 갈등을 벌이다 나중에 서로 이해하며 우정을 갖게 된다는 내용의 영화이다. 자전거는 과거 중국인들이 갖고 싶어 하는 재산 목록 1호였지만, 지금은 중국 전통의 가치가 상실되어 가는 하나의 상징이 되어 버렸다. 자전거에 집착하는 청소년의 성장 과정을 통해 잃어버린 것에 대한 가치 회복을 이야기하고자 한 것이 감독의 의도이다.

재미있는 것은 현실을 냉철하게 바라보면서도 젊은 시절의 순수한 추억을 떠올리게 하는 이 영화는 더럽고 어지럽게 비칠 수 있는 베이징의 뒷골목 정취를 아름답게 표현한 작품이다. 그러나 제6세대 감독 영화가 그렇듯 사회의 화려한 면보다는 어두운 면에 카메라를 들이댔다는 이유로 중국당국의 심의를 통과하지 못하였다.

위에서 보았듯이 중국의 영화는 당국의 검열에 민감하게 반응하게 되어있다. 과거 한국의 영화도 그러하듯이 말이다. 중국의 영화는 그들의 사회가 직면한 수많은 문제에 대한 직설적인 언급은 여전히 허용되지 않고 있다. 왜냐하면, 사회에 대한 비판은 곧 권력에 대한 저항으로 해석되기 때문이다. 이런 상황에서 제6세대 작가들이 선택할 수 있는 폭은 매우 좁다. 그들이 영화를 계속하는 방식은 권력과 타협하든지, 아니면 끝까지 그들의 감시를 피해 비밀리에 지하로 숨어들든지,

---

6) https://movie.daum.net/person/main?personId=31801 (검색일: 2019.6.14)

해외로 도피하든지 해야 할 것이다. 그러나 권력과 타협을 하게 되면, 그들은 생명과 자존을 상실하게 될 것이고, 지하로 숨어든다면, 너무 가혹한 대가를 치러야 할 것이다. 그런 의미에서 제6세대를 이야기하는 일은 곧 중국영화의 나아갈 길을 이야기하는 것과 같다고 할 수 있다.

오늘날의 중국인들은 기존의 가치가 붕괴하는 상실과 모험의 시대에 살고 있다. 혼돈의 시대일수록 예술은 오히려 자유롭게 창작을 거듭해왔다. 그리고 여기에 격랑의 역사는 창조적 힘을 발휘해왔다. 이러한 혼돈과 격랑 속에서 창조적인 힘은 이후 계속해서 새로운 모습으로 나타날 것으로 생각한다.

Ⅲ. 개혁개방과 대중문화의 통속화 현상

1. 1980년대와 1990년대의 왕수어(王朔) 현상

문화대혁명의 암흑기가 막을 내리고 중국은 덩샤오핑의 개혁개방 구호에 따라 시장경제가 점차 발전하기 시작했다. 80년대 중반 이후, 상품경제의 발전은 중국 사람들의 생활방식과 가치관에 막대한 영향을 끼치게 되었고, 영화라는 산업도 점차 상품의 가치가 있는 것으로 인식하게 되었다. 이전의 고유한 예술영역에 속해 있었던 영화라는 장르가 이제는 하나의 소비상품과 같은 것으로 인식되고 관객은 물건을 구매하는 소비자로서 자리매김하게 되었다. 이에 가세한 것이 바로 TV 산업이다.

80년대 중반에 영화의 위기에 대한 고민이 대두되었는데, 이 시기의 TV 보급과 유선 텔레비전의 발전, 비디오의 발달 등으로 인한 영화 관객들의 수요 감소는 영화산업에 치명적인 손상을 입혔고, 영화가 가지고 있었던 독점적 위치는 위협을 받게 되었다.

이러한 위기설에 왕수어 현상이 중국에 나타나기 시작했다.[7] 그의 뒤를 따라다니는 수식어가 유독 많은 까닭은 그만큼 사회 전반에 영향력이 있었고, 여러 사회문제를 시사하는 바가 컸기 때문이다. 소비주의 영화, 청년들의 심리영화, 깡패문화, 인문주의 타락, 작가 정신의 쇠락 등 수많은 호칭이 그의 현상을 대변하였다. 그러나 냉소적인 언어를 통해 보이는 기존질서에 대한 반항 정신은 그렇게 가볍지만은 않았다.

그는 소설 창작에 대해서 스스로 '노는 것'이라고 정의해 버리는 데, 이러한 모습에서도 기존의 엘리트문화에 대한 심한 반항의식을 엿볼 수 있다. 1988년 한 해 동안, 왕수어 소설을 시나리오화한 영화 네 편이 출현하였다. 그의 작품이 영화계의 좋은 소재감이 된 것은 극심한 상업경쟁의 압력이 일으킨 혼란한 사회상과 사람들의 심리를 잘 대변해주기 때문이다.

<완주(玩主)>, <윤회(輪回)>, <큰 한숨(大喘氣)>, <반쪽은 바다, 반쪽은 화염(一半是海水, 一半是 火焰)>이 바로 그의 대표적인 영화이다. 인물 형상이나 플롯의 전개 등은 당대의 다른 작가들보다 그렇게 뛰어난 것은 아니지만, 그만이 가지고 있는 언어적인 힘은 당대의 중국을 읽을 수 있는 중요한 코드가 된 것이다.

소설 작품 안에서 배어 나오는 일상적인 언어 구사를 통해 현실에 대한 야유가 흘러나오는 인물들의 대화는 '왕수어' 문학의 진미라고 할 수 있다. 이 작품들은 70년대에서 80년대 청년들의 생존 현실, 가치관, 의식구조의 변화 등을 담고 있다. 그의 작품에서 보이는 전통의 구질서와 도덕관에 대한 반항 정신은 많은 독자의 관심을 불러 모았

---

7) http://korean.cri.cn/580/2008/01/15/1@113217.htm (검색일: 2019.6.14)

고, 결과적으로 영화로 만들어져 중국 영화계에 신선한 바람을 불어넣었다.

그의 소설의 주인공들은 사회의 주변 인물들로 대부분이 주류문화 속으로 진입하지 못하고 방황하거나 배회하는 청년들이다. 80년대 중반을 넘어서면서 금전에 대한 사람들의 숭배나 욕심은 이전의 중국 사람들의 일상을 지배했던 정치적 색채를 상대적으로 얕게 만들고, 시장경제는 갈수록 극으로 치달아 모든 것이 돈으로 환산되어야만 가치가 있는 소비사회가 형성되게 된 것이다.

계획경제에서 시장경제체제로 바뀌면서 자본주의적인 논리는 사회를 더욱 깊이 지배하기 시작하였다. 이로 인해 사람들의 일상 생활방식이나 가치관도 변화하기 시작했다. 영화 자체를 하나의 상품으로 여기는 관념이 강해졌다. 그리고 사람들은 자신의 능력에 따라 생활 수준에 따라 생활 수준이 달라질 수 있다는 생각이 지배하면서 치열한 경쟁 사회에 접어들게 되었다.

이러한 시대적 상황에 따라 사람들은 보기 좋고, 즐거운 영화를 감상하길 원하게 되었고, 영화를 통해 스트레스를 해소하고 싶어 했다.

90년대의 영화시장은 상업영화들의 제작자들이 시장 논리에 맞는 영화를 제작하기 시작했다. 관객들은 자신들의 스트레스를 풀고 해방감을 느끼기 위해서 영화관람을 기꺼이 하기를 원했고, 제작자들은 그들의 심리구조와 시장경제의 논리와 접목해 영화를 만들기 시작했다. 90년대 중반 이후 중국영화의 관객 수는 완만히 상승하기 시작했는데, 이는 오락영화를 중심으로 한 상업영화에 의한 결과이기도 했다.

2. 연말연시 특선영화인 하세편(賀歲片) 영화의 발전

연말연시 특선영화-하세편이란 신조어의 탄생은 오락영화의 홍성과 밀접한 관련이 있다. 1997년 당시 중국 사람들에게조차도 이 단어는 생소했는데, 지금은 연말연시가 되면 으레 기다려지는 아주 보편적인 영화가 되었다. 본래 이 신조어는 홍콩에서 전해진 것으로 알고 있다. 1996년도에 홍콩, 타이완, 대륙에서 동시 방영했던 액션 스타 청룽이 주연한 <홍번구>라는 홍콩영화가 연말연시 특선영화로 선보인 후, 영화 제작사들은 이 성공적인 호응도를 보고 다들 연말연시에 흥행을 목표로 영화들을 제작하였다.

중국 대륙에서도 직접 자신들이 제작한 영화를 이 연중행사 때 방영하고자 하였다. 영화의 황금 기간이라 여겨지는 이 기간에는 국가의 큰 영화사들이 앞다투어 자신의 영화사에서 가장 재미있고, 잘 만들어진 영화들을 추천해 매우 치열하게 관객들을 유치하고자 하였다.

중국 대륙에서 처음 성공적으로 제작한 연말연시 특선영화인 하세편이 바로 <갑방을방(甲方乙方, 1997)>이다. 보통 하세편 영화들의 내용은 두 종류로 볼 수 있다. 하나는 설을 배경으로 하거나 소재로 한 영화들이고, 다른 하나는 설을 배경으로 하지는 않지만, 오락성이나 희극적인 요소를 부각한 영화들을 들 수 있다.

중국 대륙의 첫 연말연시 특선영화인 하세편 영화 <갑방을방>은 엄청난 수익을 올리게 되었다. 98년에 들어서자 이 놀라운 결과에 고무되어 많은 영화사가 줄지어 하세편을 내놓았다. 이는 영화시장을 향한 관객에게 초점을 맞춘 영화사들의 새로운 움직임이라고 할 수 있다.

이러한 영화들의 움직임은 유희적인 텍스트로 변화한 상품화된 영화를 잘 반영해주고 있으며, 시장경제 안에서의 중국 사람들의 심리적인 변화와 가치관을 잘 드러내 준다고 보면 되겠다. 이러한 하세편은 중국영화가 시장 논리에 의해 지배받는 대표적인 지표 현상으로 많은 것들을 시사할 수 있다.

다음으로 이러한 하세편의 대표적인 펑샤오강(馮小剛) 감독에 대해서 살펴보도록 하겠다.[8]

펑샤오강 감독의 영화는 중국 사람들에게 있어 연말이 되면 기다리게 되는 좋은 선물처럼 여겨진다. 80년대 말에 '왕수어'의 소설과 영화가 상업영화에 획을 그었다면, 그의 바통을 이어받아 90년대 중반부터 가속도를 보이며 활약한 사람이 바로 펑샤오강 감독이라 할 수 있다.

하세편이 영화산업이 시장의 생산과 소비의 시스템으로 돌아가는 상징적인 모습을 보여주는 것이라면, 하세편 하면 펑샤오강 감독이라는 이미지의 힘을 갖게 된 것은 어디에 있을까?

그의 최초의 하세편인 <갑방을방>을 통해서 살펴보자.

이 영화는 중국 대륙이 손수 만든 최초의 하세편으로, 흥행결과는 기대 이상이었다. 펑샤오강이 영화를 제작할 때 쓰는 문법들의 초점은 오로지 관객들이다. 관객의 욕망을 읽어내고, 거기에 감독 자신만의 상상력을 불어 놓고 해피엔드라는 연말연시를 위한 백일몽과 사회에 대한 비판의식을 뒤로한 농담들, 그리고 인기스타들을 앞세운 그의 영화 전략이 중국영화시장에서 히트하게 된 것이다.

영화 <갑방을방>은 소망을 들어주는 갑방과 소망을 실현하고자 하는 손님 측인 을방의 이야기로 구성되어 있다. 소시민의 내 집 마련 등 서민들의 가장 기본적인 소망과 욕망을 중심으로 여러 가지 에피소드를 감독의 상상력을 통해 만들어 나간다. 그리고 영화는 더욱 과장되고, 확대된 상상력과 이야기로 중국 사람들의 욕망을 대리만족시켜 주며 빛을 발한다. 펑샤오강의 영화에서는 중국 시민들의 욕망을 투사한 일탈의 공간이 펼쳐진 셈이다.

---

8) https://m.post.naver.com/viewer/postView.nhn?volumeNo=20668527&memberNo=12175785&searchKeyword=%EC%98%AC%EB%A6%BC%ED%94%BD%20%ED%8C%8C%ED%81%AC&searchRank=1224(검색일: 2019.6.14)

이 영화 속 인물들의 꿈 실현이나 연말연시 특선영화를 통해 잠시나마 현실을 이탈하고자 하는 관객들의 모습은 매우 닮았다. 감독은 이 허황한 이야기 속에서 '그래도 세상은 살만하지 않느냐'라는 식의 결론이나, 혹은 '인과응보'의 고전적인 신화의 믿음을 스토리 속에 적당히 버무려 집어넣었다.

<꼭 기다릴 거야(不見不散)>란 영화는 젊은 남녀가 미국에서 우연히 만나 사랑하게 되는 이야기이다. 여주인공 리창은 남자는 사회적으로 능력이 있어야 한다는 믿음을 가진 보편적인 미혼 여성이고, 류위엔은 유유자적한 생활을 좋아하고 하루하루가 즐거우면 그만이라는 소시민적인 생각을 하는 욕심 없는 남자이다. 우여곡절 끝에 둘은 사랑하게 된다.

여기서 우리는 펑샤오강 감독이 소시민의 욕망을 재미있는 농담으로 풀어 낼 줄 아는 이야기꾼이라는 것을 알 수 있다. 감독이 지향하고자 하는 영화 스타일은 바로 소비시장이 영화상품의 전형적인 한 장르인 할리우드 영화인 것이다.

그리고 상업영화의 기본 공식 중의 하나가 스타급 배우의 출연이다. 펑샤오강 감독을 하세편의 흥행보증수표라고 부를 수 있었던 것은 그 뒤에 거여우(갈우, 葛優)가 있었기 때문이다. 그는 그리 잘 생긴 외모는 아니지만, 이미지와 걸쭉한 베이징어의 시니컬한 어조를 가진 소시민적 형상의 전형이라 할 수 있다. 그는 주위에서 흔히 볼 수 있는 익숙한 생김새와 어딘가 어설퍼 보이는 성격과 행동을 지니고 있는데, 이러한 특징은 관객들에게 친근감을 제공해준다. 게다가 영화마다 등장하는 미녀 배우들과의 상대역으로서 또 해피엔드의 결합으로 매듭이 되는 그의 역할 또한 관객들의 숨어있는 욕망을 실현해주기도 한다.

나름 좋은 전략이기도 하다.

눈물 섞인 웃음과 현실에 존재하지 않을 듯한 감독의 상상력에 의지한 스토리 전개가 바로 펑샤오강 감독 특유의 스타일과 매력이라고도 할 수 있다. 물론 그의 작품 스타일이 너무 상업적인 데 치우치지 않았냐는 비난의 소리가 작지 않다. 하지만 그의 영화가 관객에게 주는 즐거움과 그에 상응하는 영화관람의 흥행지수는 그런 비난의 목소리를 무색하게 할 만큼 그의 영화 스타일을 지탱해 주는 힘이 된다.

펑샤오강의 또 다른 영화는 주선율 영화로 볼 수 있다. 펑샤오강은 저 자본의 코미디 영화에 기반을 두고 성장해왔으나, 역사극 <야연(夜宴, 2006)>을 기점으로 <집결호(集結號, 2007)>, <당산대지진(唐山大地震, (2010)>, <1924(一九二四, 2012)>를 거치면서 꾸준하게 장르에 대한 보폭을 넓혀왔다. 이 중에 <집결호>와 <당산대지진>은 장르의 외피를 두르고 있지만, 장르의 관습을 위반한다는 점에서 공통적이라 할 수 있다. 이 말이 무슨 말인지, 여기서 전쟁영화이며 블록버스터로 흥행에 성공한 영화 <집결호>에 대해서 이를 좀 더 구체적으로, 그리고 다른 시각으로 살펴보도록 하겠다.

펑샤오강은 영화 <집결호>를 통해 중국 상업영화의 새로운 장르를 개척하고 성공을 거둔 영화로 평가를 받았다. 또한 <집결호>는 중국 최초의 대형 현대물 블록버스터로, 2007년 부산국제영화제의 개막 상영작으로 선택될 만큼 지명도가 있었고 실화를 바탕으로 한 영화이며, 상업영화의 특성을 그대로 보여준 영화이다. 펑샤오강 감독은 사회주의와 민주주의의 대립이 아닌 전쟁 속에서 생겨나는 인간 내면의 갈등과 전우애와 같은 정서적 가치를 공유할 수 있는 휴머니즘 영화를 만들려고 했다. 그러나 감독의 의도와는 달리 영화의 내러티브는 현 중국의 체제에 대한 대변인적 기능으로 전락한 상업성을 표방한 전형적인 주선율 영화의 한 형태를 보여주었다는 것이다.

그리고 다른 시작에서 보면, 그동안 일상적인 소재를, 그리고 꿈을 이룰 수 있다는 소시민적 갈망을 희극적 색채로 풀어내며 중국 하세편을 이끌어온 펑샤오강 감독의 영화와는 근본적으로 다른 양상을 보이는 것이 이 <집결호>인 것이다. 위에서 말한 장르의 관습을 위반했다는 말이 이러한 의미를 두고 있다. 이 영화는 중국 내전 시기를 배경으로 하고 있다, 그는 서민들의 생활 속 애환과 그 안에 녹아 있는 유머를 주로 다루었던 이전의 색채와는 달리, 전쟁이라는 특수하고 절박한 상황에서 개인이 받는 상처에 대해 상세히 묘사하고 반성함으로써 비극적인 정서를 담아내고 있다. 그러나 이러한 개인적 비극성을 뒤로하고 또 다른 이데올로기적 코드를 영화에 숨겨두었다.

재미있는 것은 이 영화의 제작과정에 한국영화 기술이 함께했다는 것이다. 영화의 전반적인 분위기와 영화적 효과는 한국영화 <태극기 휘날리며>의 전투 장면의 분위기를 내고 있다. 당연히 한국의 특수효과팀이 참여하여 영화 속의 전쟁장면을 매우 실감 나게 하도록 도와주었다. 또 흥미로운 점은 중국의 해방전쟁과 6.25 전쟁 참전 등 1948년부터 1955년까지를 다룬 이 영화는 중국 인민해방군이 1951년 북한의 황성군 전투에 참여해 한국군과 대결하는 장면도 포함되어있다는 것이다.

그러나 앞에서 살펴보았듯이, 영화 <집결호>는 여타 다른 전쟁영화들처럼 전쟁터의 잔인한 리얼리티를 보여주는 영화이며, 리얼리즘을 차용한 중국 현대사의 편린과 영웅주의로 확대된 하나의 이데올로기 영화라는 것이다. 이 영화는 크게 두 부분으로 나뉜다. 전반부는 참혹한 중국의 현대사인 국공내전을 담고 있으며, 후반부는 주인공이 인정받지 못하는 자신과 부대원들의 명예를 회복하기 위해 나서는 과정을 그리고 있다.

전반부에서 보이는 장면들은 전쟁의 잔인함과 비인간성 속에 대비적으로 군인들의 전우애와 형제애를 조명하고 있다. 이러한 장면에는 단지 주인공의 부대원에 대한 인간미와 애국주의를 포장한 내러티브 전개로 중국이 해결해야 할 국공내전의 당위성을 확보하고 있다. 즉 영화가 보여주는 잔인한 전쟁장면은 동족 간 벌어지는 비극이나 아이러니를 보여주는 것이 아니라, 단지 당시 중국공산당 인민군의 용맹함과 희생정신을 드러내는 이데올로기적 편향성을 극복하지 못하고 있다는 것이다. 그리고 영화의 후반부는 중국의 중요한 현대사를 현 중국의 정치적 이데올로기를 홍보하는 블록버스터라는 결론에 도달하게 된다. 그리고 이것을 통하여 중국 대중들의 공통된 민족주의와 애국주의의 공통점을 발양시키려는 옌안 시대의 관습적 내러티브를 발견하기에 충분하다는 것이다.

그리고 마지막으로 특이한 것은, <집결호>에서 전사한 열사는 좁쌀 700근, 실종자는 200근으로 지급하는데, 여기서 발생하는 500근의 차이는 개인의 희생이 사적인 영역에서 망각되느냐, 아니면 공적이고 제도화된 기억으로 환기되느냐의 차이이다. 나름대로 생각해볼 만한 것이지만, 중국 사람들은 애국주의 입장에서 어떻게 받아들였는지 궁금하기도 하다.

결론적으로 정치적 담론에서 보면, 이는 또한 살아남은 한 명의 전쟁영웅과 끝까지 싸우다 죽은 그의 부하들의 전쟁영웅들을 찬양하는 영웅주의와 애국주의로 변용되어 나타난 또 다른 주선율 영화라고 볼 수 있다.

펑샤오강이 제작한 하세편 영화를 정리해보면 다음 (표 1)과 같다.

<표 1> 펑샤오강의 하세편 영화

제작 연도	영화 제목
1997년	<갑방을방(甲方乙方)>
1998년	<꼭 기다릴 거야(不見不算)>
2000년	<한도 끝도 없어(沒完沒了)>
2002년	<거물(大腕)>
2004년	<핸드폰(手機)>
2006년	<야연(夜宴)>
2007년	<집결호(集結號)>
2008년	<비성물요(非誠勿擾)>
2010년	<당산대지진(唐山大地震)>
2012년	<1924(一九二四)>

Ⅳ. 나오며

40년이라는 지속적인 경제발전은 중국인들의 문화 수준과 라이프스타일을 변화시켜왔다. 특히 문화대혁명으로 인한 인간의 근본적인 문화 욕구와 경제적 향상은 중국인들이 생활의 풍요를 바랐고 이에 대한 욕구가 지속해서 쌓이는 결과도 초래하였다. 그리하여 1989년 톈안먼 사태라는 정치적 사건의 돌발과 민주사회에 대한 열망, 그리고 대중문화에 대한 열망이 크게 일어났다. 중국 교포인 최건이라는 록 가수의 '일무소유'가 중국을 풍미하여 심지어 톈안먼 사태에도 그가 나타날 정도인 것을 보면, 중국 대중은 자신의 억눌린 욕망을 노래라는 도구를 통해 분출하고자 하였고, 음악, 영화, 미술, 오락 등의 대중문화를 향유하기를 바랐음은 분명하다.

이러한 전반적인 중국사회의 변화는 영화에도 그 변화가 나타났는데, 1980년대와 1990년대 그리고 2000년대 초반을 중심으로 그 변화의 물결이 상당히 크게 일어났다. 즉, 중국영화의 시대구분으로 볼 때, 제4세대는 80년대를, 제5세대는 80년대와 90년대를 제6세대는 90년대와 2000년대를, 그리고 제5세대와 제6세대가 2000년대 이후 동시대를 공유하면서 중국의 영화문화를 끌어오고 있음을 알 수 있다.

그리고 이 개혁개방 40년 동안 이들 감독을 통해 사상의 해방, 문화욕구의 충족, 라이프스타일의 변화를 거쳐 오는 것을 또한 알게 되었다. 영화는 그 시대의 대변자 역할을 하는 것은 두말할 필요가 없는바, 이들 감독의 영화를 통해 우리는 중국의 개혁개방 40년이라는 긴 세월을 공감할 수 있었으며, 어떻게 변화하여왔는가를 인정할 수 있다.

그러나 문화와 영화는 끊임없이 변화하고 발전하는 속성을 지니고 있다. 특히 동시대의 사상과 의식, 정치, 경제와 함께 동시에 변화, 발전한다. 따라서 앞으로 이 개혁개방 40년 이후의 40년을 되돌아보는 그 시기에 또 이들 감독과 또 새롭게 등장하는 신진 감독들이 어떤 영화로 변화 발전하는 중국을 카메라에 담아낼지 기대가 되는 것은 또 하나의 희망이 되는 것이다.

참고문헌

강계철외 지음, 『현대중국의 연극과 영화』, 보고사, 2003.

김양수, "중국 '5세대 감독'의 영화와 오리엔탈리즘", 『현대중국연구』 제4권, 1996.

루홍스,슈샤오밍 지음, 김정국 옮김, 『차이나 시네마』, 동인출판사, 2002.

마이클 라이언, 더글라스 켈너, 백문임, 조만영 옮김, 『카메라 폴리키카, 상』, 시각과 언어, 1996.

박병원, "세계화 시대, 중국영화비평 속의 '중국'독해", 『중국연구』 제37권, 2006.

박종성, 『정치와 영화』, 인간사랑, 1999.

박진숙, "오리엔탈리즘을 넘어: 킹스턴의 '여인 무사'와 영화 '뮬란'에 나타 난 뮬란의 변이", 『현대영어영문학』 제50권, 2006.

백문임, 『줌-아웃』, 연세대학교 출판부, 2001.

요아핌 패히/임정택 옮김, 『영화와 문학에 대하여』, 민음사, 2002.

육소양, 정옥근 역, 『세계화 속의 중국영화』, 신성출판사, 2005.

이종철, 『중국영화, 르네상스를 꿈꾸다』, 학고방, 2006.

이지연, "동아시아 영화의 서구에서의 순환과 오리엔탈리즘에 관련된 문제들", 『문학과 여상』, 2007.

이희승, "중국영화에 나타난 탈사회주의적 징후에 관한 연구", 『한국방송학보』, 2002.

인홍 지음, 이종희 옮김, 『중국 영상문화의 이해』, 학고방, 2002.

임대근, "중국영화 둘레 짓기", 『중국연구』 제28권, 2005

임대근, "중국영화 세대론 비판", 『중국학연구』 제31집, 2005.

정영호, 『중국 영화사의 이해』, 전남대학교 출판부, 2006.

정우석, 『중국 문예 정책의 변화와 영화』 한국외국어 대학교 대학원, 2002.

조혜영, "사실의 시인, 영화의 '민공 '지아장커가 그린 중국의 현대화", 『중국학연구』 제36집, 2006.

한국 중국현대문학학회, 『영화로 읽는 중국』, 동녘출판사, 2006.

현실문화연구 편집부, 『지아장커, 중국영화의 미래』, 현실문화연구, 1999.

후이지 쇼조 지음, 김양수 옮김, 『현대중국, 영화로 가다』, 지호출판사, 2001.

https://m.post.naver.com/viewer/postView.nhn?volumeNo=20668527&memberN
   o=12175785&searchKeyword=%EC%98%AC%EB%A6%BC%ED%94
   %BD%20%ED%8C%8C%ED%81%AC&searchRank=1224(검색일:
   2019.6.14)

http://korean.cri.cn/580/2008/01/15/1@113217.htm (검색일: 2019.6.14)

https://movie.daum.net/person/main?personId=31801 (검색일: 2019.6.14)

http://mn.kbs.co.kr/news/view.do?ncd=3629215 (검색일: 2019.6.14)

http://m.biz.khan.co.kr/view.html?artid=200801111834241&code=100100&med
   _id=khan (검색일: 2019.6.14)

https://m.post.naver.com/viewer/postView.nhn?volumeNo=20668527&memberN
   o=12175785&searchKeyword=%EC%98%AC%EB%A6%BC%ED%94
   %BD%20%ED%8C%8C%ED%81%AC&searchRank=1224 (검색일:
   2019.6.14)

https://m.post.naver.com/viewer/postView.nhn?volumeNo=20668527&memberN
   o=12175785&searchKeyword=%EC%98%AC%EB%A6%BC%ED%9
   4%BD%20%ED%8C%8C%ED%81%AC&searchRank=1224 (검색일:
   2019.6.14)

https://m.post.naver.com/viewer/postView.nhn?volumeNo=20668527&memberN
   o=12175785&searchKeyword=%EC%98%AC%EB%A6%BC%ED%9
   4%BD%20%ED%8C%8C%ED%81%AC&searchRank=1224 (검색일:
   2019.6.14)

제7장
———

중국의 민족정책은 지역갈등,
지역균형발전의 해결점이 될까?

중국의 민족정책은 지역갈등,
지역균형발전의 해결점이 될까?

| 조윤경 |

I. 들어가며

개혁개방 40주년을 맞이한 중국은 현재, 한족 및 55개의 소수민족을 포함하여 총 56개의 민족으로 구성된 다민족국가임을 주장하고 있지만, 실질적으로는 인구의 90% 이상이 한족으로 구성되어 있으며, 이들 한족이 정치·경제·사회 등 각 영역에서 중심적인 지위를 점하고 있다.

1978년 12월 18일 중국공산당 11기 3중전회에서 덩샤오핑의 개혁개방 노선 천명 이후, 중국은 지속적인 경제성장을 통해 세계 2위의 경제 대국으로 성장했고, 지난 2018년 12월 18일에 개혁개방 40주년을 맞이하며 시진핑 중국 국가주석은 앞으로도 개혁개방을 계속 추진하겠다고 밝혔다. 시진핑 주석은 개혁개방 40주년 기념 행사장의 연설에서, "개혁개방은 중화민족 발전 사상 위대한 혁명이다, 중화민족의 위대한 부흥이라는 '중국몽'을 끊임없이 노력해야 한다, 중국은 영원히 패권을 추구하지 않겠다" 등의 입장을 공개적으로 천명하였다.

이러한 미래 중화민족의 안정적인 성장을 위해, 민족 간 통합 문제는 중국 정부의 건국 이래, 줄곧 숙원과제가 되고 있다. 중국은 신중국 수립 후, 다민족 공존을 위한 민족정책을 시행하고 있으며, 중국 내에서는 현재에도 표면적으로 드러나지는 않지만, 끊임없이 소수민족들의 크고 작은 독립을 위한 투쟁이 발생하고 있다.

90% 이상을 차지하는 절대다수 한족보다는 말 그대로 '소수'에 불과하지만, 이들 중국 소수민족들은 중국 정부에서 결코 가볍게 여길 수 없는 아래와 같은 몇 가지 중요성을 가지고 있다.

첫째, 소수민족이 거주하고 있는 지역은 중국 전 국토의 60% 이상을 차지하고 있으며, 베트남·라오스·미얀마·부탄·네팔·인도·파키스탄·타지키스탄·키르기스스탄·카자흐스탄·몽골·러시아·북한 등 13개국과 국경을 접하고 있다는 전략적인 면에서의 중요성이다.

둘째, 소수민족지구에서 산출되는 우라늄·원유 등의 주요 천연·에너지 자원 및 육류·양모 등의 목축제품들은 중국의 중요 자원이라는 자원 면에서의 중요성이다.

셋째, 소수민족들의 거주지역은 대부분 인구가 희박한 지역으로 한족 지구의 과잉인구를 흡수할 가능성을 내포하고 있는 점에서 인구상의 중요성이다.

넷째, 소수민족의 통합과 안정·경제와 문화 수준의 향상은 사회주의인 중화인민공화국의 이미지를 국제적으로 제고시킬 뿐 아니라 지속적인 발전을 위해서도 불가피하다는 대외적 위신 면에서의 중요성이다.

중국의 소수민족에 대한 민족정책은 중화인민공화국의 건국 이래, 줄곧 중국 정부의 난제이며, 미래 중국의 지속적인 성장에 있어 주요 쟁점으로 부각할 수 있다.

본 글에서는 중국 소수민족의 현황과 정책 방향에 대해 살펴보고, 개혁개방 후 40년간의 소수민족 정책의 변화과정을 살펴본 뒤, 이를 바탕으로 현재까지 중국 소수민족 문제의 딜레마와 분리독립 운동 발생지역을 살펴보며 중국 소수민족 정책에 대하여 점검해본다.

II. 중국 소수민족의 현황과 정책 방향

1. 소수민족 현황과 특징

2010년 중국 국가통계국의 제6차 전국인구에 의하면, 중국의 총인구는 13억 3,972만 4,852명이며, 소수민족은 중국 전체 인구의 8.49%에 달하는 것으로 나타났다.

중국의 소수민족 인구는 건국 이후 제1차 인구조사부터 총 제6차까지 꾸준히 증가하고 있다.

<표 1> 인구조사 시기에 따른 소수민족 현황 (단위: 만 명)

인구조사 시기	인구
1953년 7월 1일	3,532
1964년 7월 1일	4,000
1982년 7월 1일	6,724
1990년 7월 1일	9,120
2000년 11월 1일	10,643
2010년 11월 1일	11,379

2010年 제6차 전국인구조사에 의하면 중국 소수민족의 인구수와 분포지역은 아래 표와 같다.

<표 2> 중국 소수민족의 분포지역과 인구 (단위: 명)

민족	분포지역	인구(명)
1. 壮族	广西、云南、广东、贵州、湖南	16,926,381
2. 回族	宁夏、甘肃、河南、山西、新疆、青海、云南、河北、山东、安徽、辽宁、北京、内蒙古、天津、黑龙江、陕西、吉林、江苏、贵州、四川、西藏、海南	10,586,087
3. 满族	辽宁、黑龙江、吉林、河北、北京、内蒙古、新疆、安徽	10,387,958
4. 维吾尔族	新疆、湖南、河南、北京、上海	10,069,346
5. 苗族	贵州、云南、湖南、重庆、广西、四川、海南、湖北	9,426,007
6. 彝族	云南、四川、贵州、广西	8,714,393
7. 土家族	湖北、湖南、重庆、贵州	8,353,912
8. 藏族	西藏、四川、青海、甘肃、云南	6,282,187
9. 蒙古族	内蒙古、辽宁、新疆、青海、黑龙江、吉林、甘肃、河北、河南	5,981,840
10. 侗族	贵州、湖南、广西	2,879,974
11. 布依族	云南	2,870,034
12. 瑶族	湖南、广西、云南、广东、贵州	2,796,003
13. 白族	云南、贵州、湖南	1,933,510
14. 朝鲜族	吉林、辽宁、黑龙江	1,830,929
15. 哈尼族	云南	1,660,932
16. 黎族	海南	1,463,064
17. 哈萨克族	新疆	1,462,588
18. 傣族	云南	1,261,311
19. 畲族	浙江、福建	708,651
20. 傈僳族	云南、四川	702,839
21. 东乡族	甘肃、青海、宁夏	621,500
22. 仡佬族	贵州、广西	550,746
23. 拉祜族	云南	485,966
24. 佤族	云南	429,709
25. 水族	贵州、广西	411,847
26. 纳西族	云南、四川	326,295
27. 羌族	四川	309,576
28. 土族	青海、四川	289,565
29. 仫佬族	广西	216,257
30. 锡伯族	辽宁、新疆、吉林、黑龙江	190,481
31. 柯尔克孜族	新疆、黑龙江	186,708

민족	분포지역	인구(명)
32. 景颇族	云南	147,828
33. 达斡尔族	内蒙古、新疆、黑龙江	131,992
34. 撒拉族	青海、甘肃	130,607
35. 布朗族	云南	119,639
36. 毛南族	广西	101,192
37. 塔吉克族	新疆	51,069
38. 普米族	云南	42,861
39. 阿昌族	云南	39,555
40. 怒族	云南	37,523
41. 鄂温克族	内蒙古和黑龙江	30,875
42. 京族	广西	28,199
43. 基诺族	云南	20,899
44. 德昂族	云南	20,556
45. 保安族	甘肃	20,074
46. 俄罗斯族	新疆、黑龙江、内蒙古	15,393
47. 裕固族	甘肃	14,378
48. 乌孜别克族	新疆	10,569
49. 门巴族	西藏	10,561
50. 鄂伦春族	内蒙古和黑龙江	8,659
51. 独龙族	云南	6,930
52. 赫哲族	黑龙江	5,354
53. 高山族	台湾、福建	4,009
54. 珞巴族	西藏	3,682
55. 塔塔尔族	新疆	3,556
미식별 민족		640,101

다수인 한족에 비해 소수의 인구로 구성된 민족이기 때문에, 소수민족이라 불리지만, 거주 분포 면으로서는 전체 국토의 64%나 차지하며 위와 같이 광범위하게 분포하고 있어서 이는 중국 정부가 결코 소수민족 지역을 포기할 수 없는 중요한 사안이기도 하다.

중국의 소수민족들은 그들만의 특징을 내포하고 있어 아래와 같이 정리한다.

첫째, 중국의 소수민족들은 광대한 지역에 분포하고 있다. 중국 전체 인구보다 극소수의 인구를 가지고 있는 소수민족이지만, 그들이 거주하고 있는 지역은 면적 면으로 볼 때 상당히 넓고, 인구밀도는 한족 거주지보다 턱없이 낮은 실정이다.

둘째, 중국의 소수민족들은 대잡거(大雜居)와 소취거(小聚居)의 형태로 거주하고 있다. 이는 넓은 지역에, 적은 인구가 살고 있다는 말로, 중국의 소수민족들은 일정한 지역에 특정 민족이 집중적으로 거주하고 있다. 어떤 지역은 아주 넓고, 어떤 지역은 아주 좁으며, 어떤 민족은 몇 개의 취거지구를 가지고도 있어 각개 지역에 분산되어 있는가 하면, 일부분만이 취거하고 나머지는 기타 민족 사이에서 나뉘어 거주하는 민족도 있는 등, 대잡거 및 소취거와 각개 민족이 뒤섞인 거주 형태를 형성하고 있다.

셋째, 중국 소수민족들의 주요 주거지역에는 자원이 풍부하다. 소수민족의 거주지역은 대부분이 고원·산맥·평원·삼림지대로 지역이 광대하고 광산 매장량이 풍부하고, 목축업이 발달해 있으며 농작물의 종류가 다양하다. 예를 들어, 내몽고와 영하는 곡류 작물, 신강은 중국 면화, 광서는 사탕수수, 서장은 쌀보리, 운남과 해남은 열대 과일의 중요한 산지이다. 또한, 소수민족 지구의 삼림 복개면적은 4,500만 헥타르로 전국 삼림 복개면적의 37%를 차지하고 있으며, 내몽고·신강·서장·청해·감숙은 중국 5대 천연 목축지로 모두 소수민족 지구에 위치하고 있다.

넷째, 중국 소수민족들의 거주지역은 변경에 가깝고 인구가 희소하며, 경제·문화는 낙후하다. 중국 소수민족들의 거주지역은 대부분 중국 변경 지대에 있고, 이는 주변의 국가와 서로 인접해 있어 국방과 인접 국가와의 관계에 매우 중요한 지리적 위치를 점하고 있다. 동시에 지역이 광대하고 위치가 궁벽하여 인구밀도가 낮고 교통 불편 등 여러 문제로 인하여 개발이 늦어져 경제·문화적인 방면으로는 낙후되어 있다.

다섯째, 각 민족은 언어문자를 보유하고 있고, 종교신앙의 자유를 가지고 있다. 중국의 55개 소수민족은 약 60여 종의 언어를 사용하고 있으며, 세계 3대 종교인 이슬람교·불교·기독교 외, 도교·샤머니즘·천주교 등 일반적으로 모두 종교를 가지고 있다. 이처럼 중국 소수민족은 국가의 종교신앙 자유 정책에 근거하여 어떠한 종교이든 신앙할 자유가 있고, 신앙할 수 있다.

이러한 중국 소수민족만이 가진 특징으로 인해 중국 정부는 소수민족에 대해 다양한 정책을 내놓을 필요성이 있는 것이다.

2. 소수민족 정책 방향과 원칙

다민족국가에서 일반적으로 시행하는 민족정책은 극단적인 형태의 '민족말살정책', 소수민족의 정체성을 상실시키고 지배민족에 흡수시키는 '동화정책', 전통문화를 유지하면서 일정한 수준의 민족적 정체성을 유지해 나가는 '융화정책', 각 민족의 합의로 연방 체제로 공존하는 '다원주의 정책' 등 네 가지로 나누어 볼 수 있다. 중국의 소수민족 정책은 소수민족의 자결권을 인정하지 않고 말살 의도 또한 없어, 기본적으로 동화와 융화의 관점으로 판단하는 것이 적절하다.

다민족국가인 중국을 하나의 정부 아래, 지속적인 국가의 발전을 도모하고자 함이 중국 소수민족 정책 수립의 배경이다. 이에 대한 직접적인 배경으로는 민족 간의 민족 평등과 민족 단결 등 소수민족 지역의 사회안정을 이룩하고 내부의 분열을 방지하며, 국경 지역의 군사적인 안정을 유지하여 계속해서 통일된 국가를 유지하는 한편, 풍부한 물자와 경제 개혁개방을 이용하여 전 중국의 사회안정과 경제발전을 도모하는 것에 있다.

중국의 소수민족 정책을 입안, 집행하는 데 있어 중앙정부 수준에서 주요 역할을 담당하는 대표적인 기관은 중국공산당 통일전선공작부(統一戰線工作部)와 국무원 소속의 국가민족사무위원회(國家民族事務委員會), 마지막으로 전국인민대표대회의 상설기구인 민족위원회(民族委員會) 등을 들 수 있다. 그 중, 통일전선공작부는 민족문제 관련 의사결정의 중축으로 작용, 국가민족사무위원회는 주로 민족정책의 집행과 감독에 관한 역할을 수행하며, 민족위원회는 전국인대에 대하여 민족문제와 관련된 건의와 자문의 권한을 지닌 형태로써 민족정책에 관여하고 있다.

세 기관 중 먼저 통일전선공작부는 중국공산당의 하부조직으로 민족문제에 관한 정책 입안과 의사결정에 있어, 사실상 최고결정기구이며, 지방 단위의 각급 당 조직에도 조직되어 있어 지역별로 소수민족 공작을 관할한다.

두 번째로 국가민족사무위원회는 국무원의 산하기관으로서 1949년 11월에 창설되었으며, 중앙과 지방 수준에서 민족정책의 집행 및 감독에 있어 주요한 역할을 수행한다.

세 번째로 민족위원회는 전국인민대표대회의 상설기관으로 형식상 민족 관련 법안의 기초와 심의 등에 대한 책임을 맡고 있으며, 전국인대에 대하여 민족문제에 관한 건의와 자문의 권한을 가지고 있는 기구이다.

이상의 세 조직 중에서 중국의 민족문제에 관한 정책을 결정하고 집행하는 데 있어 가장 중요한 역할을 담당하는 것은 통일전선공작부와 국가민족사무위원회라 할 수 있다.

중화인민공화국의 건국 이후 오늘날까지 중국의 민족정책을 추진하는 데 있어서 기본원칙은 첫째, 민족 평등의 원칙 둘째, 민족구역자치의 원칙 셋째, 분리 불가의 원칙 넷째, 통일 전선의 원칙 등 네 가지로 나뉜다.

첫째, 민족 평등의 원칙은 각 민족 간의 정치·사회·경제·문화적 평등을 의미하며, 건국 초기 소수민족 정책의 기본방침을 제시하는 '중국인민정치협상회의공동강령(中國人民政治協商會議共同綱領)-1949년 9월 29일 제정-'에서 "중국 국경 내의 각 민족은 모두 평등하며 우화 합작의 대가정을 이루고 한족중심주의(漢族中心主義)와 민족분열 행위에 반대한다"(제50조)라고 규정하고 있다. 중국 정부가 민족정책 원칙으로 민족 평등을 강조하는 것은 신중국의 민족정책이 소수민족을 억압해 왔던 청나라 시기나 한족중심주의를 표방했던 과거 국민당 정부와는 차별적이라는 점을 과시하기 위해서이고, 이는 민족통합을 유지하고 소수민족들이 국가 의식을 강화하는 데 어느 정도 기여했다.

둘째, 민족구역자치의 원칙이란 중국 특유의 독자적인 제도로서 소수민족 집중 거주지역에 대하여 자치기관을 설치하고 일정한 자치권을 부여하는 원칙이다. 민족구역자치는 중국의 민족문제를 해결하기 위한 독특한 제도 중 하나로서 강제동화가 시행되었던 문화대혁명 시기에도 외형적인 틀은 유지되었던 민족정책의 기본원칙이다. 하지만, 실질적으로는 각각의 소수민족 지구를 중앙정부에 종속시키는 지방기관이자 복수의 소수민족지구에 있어 횡적인 연합을 인정하지 않는 점에서 자치의 한계성을 지니고 있기도 하다.

셋째, 분리 불가의 원칙은 중국의 민족정책에서 무엇보다 중요시되는 제1의 원칙이라 할 수 있다. 대만과의 관계에 있어 '하나의 중국' 원칙을 일관되게 주장해 온 중국은 지금까지 민족 분리에 대한 요구는 어떠한 방법으로도 인정하지 않고 있으며, 이는 소수민족지구가 지니는 전략적 중요성뿐 아니라 대만 문제와의 관련성에도 기인한다고 볼 수 있다.

넷째, 중국의 소수민족 정책의 기본원칙 중 마지막인 통일 전선의 원칙이다. 소수민족의 주요 집거지인 변경지대는 역사적으로 중앙권력의 영향권에서 멀리 떨어져 있어 다양한 형태의 간접통치가 이루어져 왔으며, 이들 변경지역 소수민족 대부분은 이슬람·불교 등 특정 종교를 신앙하면서 종교지도자나 지방 귀족의 강력한 영향력 아래에서 통치되었다. 이로 인해 중국 정부는 이들 지역에 대하여 소수민족 고유 풍속·신앙 등을 인정하면서도 현지의 유력자들을 통해 간접통치 형식을 취해 왔다. 이는 소수민족지구에서 기존에 사회적·경제적으로 배타적 권리를 행사하였던 지배세력인 지주·자본가·종교지도자·농노주·목장주 등을 통일 전선의 대상으로 삼았다는 것을 의미한다. 통일 전선 정책은 대약진 시기와 문화대혁명 시기를 제외하고는 현재까지도 유효하다. 개혁개방 이후 재개되기 시작한 달라이 라마에 대한 회유 공작과 이슬람 지역의 종교지도자들에 대한 제도권 권력 구조로의 유인 등은 이와 같은 정책을 대변하는 것으로 볼 수 있다.

위 네 가지 원칙은 중국 정부가 건국 이후 소수민족 정책 집행 및 소수민족문제를 해결함에 일관되게 유지해 온 기본원칙이다.

III. 개혁개방기의 소수민족 정책

1958년부터 약 20년간 시행된 한족 위주의 급진적인 소수민족 정책 시행을 겪으면서, 중국의 소수민족 문제는 단기간에 해결될 수 없음이 확실해지면서, 1978년 12월 개혁개방 천명 후 이 시기부터는 근본적으로 정책을 전환하여 실용적·점진적인 사회주의 건설을 강조하였고, 각 소수민족의 다양성 및 특수성을 인정하는 다원주의적 측면에서 점진적인 융합을 추구하는 방향으로 소수민족 정책을 추진하였다.

중국이 당면한 최대 목표인 경제개발을 위하여 소수민족 지역의 자원을 효율적으로 이용하고 소수민족의 자발적인 참여를 유도하는 것이 중요하였으며 소수민족 지역에 대한 경제지원 정책을 강화하는 등의 방식으로 경제적 통합을 이루려 하였다. 또한, 이를 통하여 소수민족의 국가 의식을 강화하고 민족 이익을 보장하여 민족문제를 근본적으로 해결하려고 도모하였다. 전 국토의 60% 이상을 차지하면서 낙후한 상황에 부닥쳐 있는 소수민족 지역을 균형 있게 개발하고 소수민족 지역의 물적 자원 및 인적 자원을 적극적으로 동원하는 것은 중국 정부 현대화의 선결과제로 대두되었다.

이 시기의 정책은 경제정책, 인구정책, 문화정책으로 구분할 수 있다.

첫 번째, 경제 측면에서 소수민족 지역에 대하여 각종 특혜 및 우대를 부여하였고, 이러한 우대조치를 통하여 소수민족 지역의 경제발전과 생활 수준을 향상함으로써 장기적으로 경제적 통합을 달성하여 국가통합을 강화하고자 하였다.

두 번째, 인구정책 면에서는 중국 정부가 한족에 대하여 '1가구 1자녀' 원칙을 적용하였지만, 소수민족에 대해서는 예외적으로 2자녀 출산을 허용하였다. 이에 따라 1982년 중국 전체 인구에서 소수민족 인구의 비중이 6.62%였으나, 1990년에는 8.01%로 증가하였으며, 2000년에는 8.41%, 2010년에는 8.49%로 더욱 증가하였다.

세 번째, 문화정책 면에서도 이전에 비하여 많은 변화가 있었는데, 종교 분야를 예로 들자면, 본래 종교 활동이 금지되어 있던 공산당원도 서장자치구나 신강위구르자치구와 같이 대부분 주민이 종교를 믿고 있는 지역에서는 예외적으로 당원의 종교 활동 참여가 허용되기도 하였다.

이러한 개혁개방기의 중국 민족정책은 마오쩌둥 시대와는 달리 다변화하는 성격을 지니게 된다. 소수민족과 관련한 각 부문에 대한 평가가 진행되고 이에 대한 정책적 제안이 제시되었다. 일관되게 유지되는 방식은 ① 민족구역자치: 즉 제도와 행정 기구의 발전에 초점을 두는 것, ② 경제발전: 개혁개방기 중국의 정확한 소수민족 정책의 집행에 따라 어떻게 계수적으로 발전하였는가를 비교 분석하는 것, ③ 인구문제: 두 자녀를 허용하면서 소수민족의 인구가 어떤 방식으로 증가하고, 당의 보건정책을 선전하는 것, ④ 민족교육정책: 언어와 문자의 자유 사용과 교육이 이루어진 성과를 보이고, 지방 민족주의 반대 투쟁에 대한 기억을 없애는 것, ⑤ 민족문화정책: 전술한 출판, 방송, 문화, 예술에서 당의 보조 내용을 밝히는 것, ⑥ 민족 간부 정책: 얼마나 많은 민족 간부가 양성되었고 그들이 중앙이나 지방에서 어떤 역할을 하고 있는가를 분석함, ⑦ 민족종교와 관습정책: 문화혁명기와는 달리 당에서 배려하는 종교정책이나 각 민족의 특색 있는 관습 보호를 어떻게 하고 있는지, ⑧ 민족 관계: 결과적으로 사회주의적 민족 관계를 이루기 위해서는 어떠한 방식이 요구되는가를 선언적 의미에서 논하는 것으로 요약할 수 있다.

개혁개방기 중국의 소수민족 정책은 크게 세 단계로 구분할 수 있다. 첫 단계(1978~1984)는 정책의 집행이라는 측면에서 마오쩌둥 시대에 대한 평가 및 오류를 수정하여 1950년대 초반의 상태로 회복하는 과정으로, 이 시기에 대다수의 소수민족 지구는 여전히 개방되지 않았다. 두 번째 단계는 사회주의 초급단계와 소수민족 정책기(1984~

1997)로 사실상 덩샤오핑 시기의 소수민족 정책의 특징이 나타나는 시기이며, 중국 전역에서 경제 사회적으로 변화하는 과정을 소수민족 지구에도 응용하려고 한 기간이다. 마지막으로, 1998년부터인 전면개방기의 소수민족 정책은 질적으로 변화하는 중국 사회에서 소수민족 정책의 어떤 부분이 남아있으며 또한 그것이 시기적인 변화를 담보하고 있는가 하는 점을 고찰할 수 있는 기간이라 할 수 있다.

이에 위 세 단계로 나누어, 개혁개방기 중국의 민족정책을 아래와 같이 정리한다.

1. 소수민족 정책 회복기(1978~1984)

개혁개방 후 소수민족 정책에서 처음으로 나타난 변화는 파괴된 정권기구들을 재건하고, 탄압받던 민족 간부들의 권리를 회복시켜주는 것이었다. 이러한 소위 회복 작업은 1984년 민족구역자치법이 성립할 때까지 계속된다.

이 시기는 과거의 잘못된 소수민족 정책을 시정, 회복하기 위하여 노력하였던 시기로서, 동원체제 시기 및 문화혁명 시기의 좌파 사상적 속박에서 벗어나 민족구역 자치를 회복하기 위한 초기 단계였다. 1978년부터 덩샤오핑(鄧小平) 중심의 새로운 지도체제가 확립되면서 소수민족 정책도 문화혁명 이전으로 환원되어, 마오쩌둥 시기 말의 소수민족 권리를 되찾으려 노력하며, 정책 역시 마오쩌둥 시기의 소수민족 정책과 유사하다. 민족 간의 평등·단결·상호협조를 내세우면서, 민족 평등과 자치권 행사를 허용하였으며, 모든 민족정책은 사회주의현대화 건설에 공헌해야 한다고 표방하였다. 국가 정책목표의 최우선 순위를 경제개발에 두고 중국 정부는 정치적으로는 소수민족 지역의 자치권을 보장할 뿐만 아니라 경제적으로도 소수민족 지역에도 한족 지역과 마찬가지로 자유시장과 변경 무역을 장려하였다.

또한, 구체적인 측면에서도, 선언적인 정책 발표를 하는데, 이는 평등권의 보장, 경제문화 발전, 풍속습관 존중, 종교신앙 자유 존중, 민족사업기구의 회복 등의 내용으로 마오쩌둥 시기 초기와 비슷한 선언이다. 특이한 것은 회복문제에 있어, 소수민족출판이나 언어사용에 대해 국가가 보조하고, 소수민족 특산물을 개발하는데 국가가 나서는 등의 규정도 만들었다. 이런 규정은 후에 소위 3가지 우대정책으로 발전하는데, 이는 민족지구를 도와주는 경제정책, 소수민족의 풍속습관 존중하기 위한 상품(예로 종교용품 등)에 대해 국가가 생산 공급하는 것, 민족 간부와 종업원을 양성하는 정책이 그 내용이다.

중국은 1978년에 개정된 헌법에 "각 민족의 고유문화를 발전시키며 민족대표권을 보장하고 자치조례를 스스로 제정할 권한을 부여하고 소수민족 간부를 양성한다."라는 4개 항목을 규정하였고, 1979년 4월 25일에 공산당 전국 변방(邊防) 공작회의를 개최하여 4인방 민족정책의 잘못을 규정·새로운 민족정책을 수립할 것을 결정하였는데, 이는 개혁개방 이후 중국 소수민족 정책의 중요한 기본방침이 되었다. 1979년 5월 22일 국가민족사무위원회 제1차 위원회 확대 회의에서 중국의 국가목표인 4개 현대화 실현을 위하여 소수민족들의 적극적인 지지와 참여가 매우 필요함을 강조하였다.

1980년 중국공산당 중앙서기처 성립 후, 티베트·신강·운남·내몽고·청해·해남도 등 지역에 대한 민족정책을 논의하고 새로운 방침을 수립하였으며, 특히 1980년 4월 7일에 발표한 '티베트 공작좌담회 기요(紀要)'에서는 "민족문제는 실질적으로 계급문제"라는 이론은 민족 단결을 저해하고 국내외 적대 세력에게 이를 악용할 기회를 제공하는 잘못된 이론으로 규정하였다. 그 후 1983년 5월 후야오방(胡耀邦)

당 총서기는 소수민족 관련 6개 항목 즉 ① 민족구역의 자치권을 충분히 행사할 수 있는 여건의 보장 ② 세금의 경감 ③ 소수민족 거주지에 융통성 있는 지방정치 보장 ④ 생산 확대 및 주민 생활 개선을 위한 국가원조의 제공 ⑤ 민족문화, 교육, 과학의 발전 ⑥ 지방 간부의 승진에 있어 해당 민족 출신에 대한 배려 등을 천명하였다.

1984년 5월 제6기 전인대(全人大) 제2차 회의에서 후야오방은 다시 6개 항을 보강하여 지역 특성과 필요에 따른 경제건설 계획의 수립과 시행, 지역 특성에 부응하는 경제관리 체제 개혁, 자주적 기본건설 및 적자에 대한 국가의 보조와 대외무역의 활성화, 자주적인 민족교육의 장려 등을 허용하여 55개 소수민족은 한족과 마찬가지로 강력한 구역자치의 일원이 되었다.

2. 사회주의 초급단계와 소수민족 정책(1984~1997)

이 시기의 정책은 1984년에 수립된 '민족구역자치법'이 개정되면서부터 시작된다. 민족구역자치법의 개정은 중국의 민족정책이 정상궤도에 진입했음을 의미하는 것이었다. 이 법은 기본적인 자치권 보장 이외에도 소수민족 자치를 분명하게 명시하고 있으며, 중국의 민족정책의 집결체로 총 67조로 이루어져 있다. "평등, 단결, 공동번영의 사회주의적 민족 관계를 발전"시키는 데 목적을 둔 이 법은 1954년의 법보다 좀 더 구체적으로 민족자치에 대한 범위를 규정한 데 의의가 있다. 특히, 민족자치지방의 구획선 변경을 그 민족의 자치기관과 상의해 결정한다(제14조)거나, 자치구역(구, 주, 현)의 책임자는 꼭 그 지역 민족간부로 임명한다(17조), 각 민족이 서로의 언어를 상호 간 배우도록 규정하고 간부를 일부 의무화(49조)한 조치는 진일보한 것으로 평가된다. 민족구역자치법을 선포함으로써 민족 지역에는 다시 자치기관들이 복원되었고, 특히, 현 아래의 자치조직인 향(鄕)에도 민족 자치향을 설립할 수 있도록 조치하여 기본적인 행정조직 아래에서도 자치가 구현되도록 노력하였다. 이는 중국 정부가 소수민족을 더욱더 우대하고 자치를 인정한다는 것을 나타내기 위함이다. 그리고 이 시기는 중국 자체에서 경제가 우선시 되던 시기였기 때문에 중국 정부는 경제성장을 위해 소수민족 또한 개방하여 공동번영을 이루기를 유도하였다.

1987년 4월 17일 공산당과 국무원은 당 선전부와 국가 민족 사무위원회가 제출한 '민족공작에 있어 몇 가지 중요한 문제에 관한 보고'를 비준하고, 이어 '13호' 문건을 발표하였는데 이를 통해 개혁개방의 견지, 소수민족의 실정에 부합하는 민족 평등·민족 단결·민족진보·상호학습 및 공동번영을 새로운 시기 소수민족 지도 사상으로 규정하고 경제건설을 중심으로 소수민족의 정치·경제·문화의 전면적 발전 및 사회주의 민족 관계 공고, 각 민족의 공동번영을 기본 임무로 제시하였다.

또한, 이 시기는 국가 차원의 개혁개방 추진에 따른 시장경제 도입원칙이 '중국 특색의 사회주의'와 '사회주의 초급 단계론'으로 정리되면서 소수민족 정책도 이러한 국가의 정책목표 달성에 이바지해야 한다는 것을 강조하면서 소수민족 지역의 경제발전에 중점을 두었다. 이를 위하여 민족자치구역에 향진(鄕鎭) 기업의 허용 등 사회주의 시장경제를 도입하기도 하였다.

이 시기에는 경제발전을 중시하면서 정치적 측면에서 민족구역자치를 허용하고 문화 방면에서도 소수민족의 언어·문학 및 역사 등에 관한 연구가 활발해졌으며 소수민족 언어를 이용한 언론·출판 등과 관련하여 일정한 자유를 부여하는 범위 내에서 이를 허용하고 지원하였다. 또한, 소수민족 지역에 대한 교육 사업과 의료사업에 대한 정부의 지원도 강화하였다.

이 시기의 소수민족 정책에서 특히 강조되는 것은 국가적인 개혁개방에 따른 시장경제 도입의 원칙이 중국 특색의 사회주의와 사회주의 초급단계론으로 정해지면서 소수민족 정책도 이러한 국가정책에 복무해야 한다는 것이었다. 즉, 세계의 조류가 다민족국가에서는 민족융합이 있는 국가가 발전하고, 민족분열이 있는 국가는 멸망한 경우를 보아, 민족 단결이 무엇보다 중요한 사항이라는 것이다. 또한, 장쩌민은 90년대 중국 민족정책의 임무를 1) 소수민족지구 경제발전, 2) 사회적 진보, 3) 개방확대, 4) 민족구역자치제도 견지, 5) 진일보한 민족 단결로 요약하고 있다. 그는 소수민족문제가 가지는 장기성·복잡성·중요성에 주목하면서, 중화민족의 공동번영을 이루기 위해서는 민족 단결을 최우선 과제로 주장하여 역시 정치적인 통제를 중시하고 있다. 이론 부분에서 전술한 민족 관계에 관한 연구의 강조는 이러한 배경에서 이해할 수 있다. 이 시기 중국 민족학의 기본적 임무는 중화민족의 단결이 강조되면서, 각 민족을 어떻게 융합할 것인가 하는 점이었다. 역사적인 민족 단결의 사례와 민족융합의 사례 그리고 그 시기의 민족관계에 관한 연구가 장려되었고, 공동번영을 위한 민족 간 모순이 무엇이 있는가에 초점을 둔 것이다. 이런 민족 관계에 관한 연구는 민족 간부양성의 문제를 다시 전면적으로 내세우면서 새로운 사회주의 시기 민족 관계를 처리하는 민족 간부의 양성이 각 방면으로 시작되게 된다. 마오쩌둥 시기와 다른 점은 정치 분야보다는 주로 교육·과학·문화·위생·체육 등의 소위 전문적이고 비정치적인 영역에서의 민족 간부양성이 중시되었다는 점이다.

3. 전면 개방기의 소수민족 정책(1998~현재)

1992년 전면적 개방이 시행되고, 4연(연해, 연강, 연선, 연변) 방침이 공식화되면서 변강에 위치한 소수민족지구의 변화도 급속하게 진전되었다. 특히, 연해 지역을 중심으로 한 중국의 경제적 성장은 90년대에도 이어져 중국 사회는 새로운 질적 변화를 맞이하였다. 개혁개방 정책 시행의 결과, 덩샤오핑의 불균등 성장론에 따라 연해 지역에서 떨어진 소수민족 지역은 개방의 시기도 늦고, 개방의 혜택에서도 소외됨에 따라, 경제발전을 중심으로 한 실용적인 소수민족 정책을 추진하였다. 이러한 중국의 변화가 소수민족 사회에 미친 영향은 시장기능의 도입과 그에 따른 소수민족사회의 근본적인 변화였다. 1990년대 중반 이래 진행되어온 소수민족 사회의 변화는 1997년 제15차 대회를 고비로 중국 사회가 소위 온포(溫飽) 단계를 지나게 되면서 더욱 전국적 규모의 시장경제에 종속되게 된다. 이러한 경제적 근대화가 가져온 변화는 중국공산당이 추진해온 이데올로기적인 민족정책보다 더욱 효과적으로 중국의 소수민족 지역을 해체하고 있다. 즉 소수민족 지역의 근본적인 변화가 진행되고 있다.

1984년 공포된 것을 2001년에 '소수민족 자치법'으로 재정비하였고, 이 조항으로는 기본적인 면 이외에도 자치구역 내 제한된 범위 내 법률 제정 및 집행을 가능하게 하는 것이 있고, 각종 세금 우대조치, 대학 입학 우대조치, 범죄에 관해서도 소수민족 범죄자는 유화시키는 것이 포함되어 있다. 또 정치적인 면으로는 당 간부와 정부 관료 등을 지속해서 등용하고 있다. 그리고 개방 이후 소수민족 지역은 경제적으로 낙후하였고, 빈부격차도 심하였다. 이에 소수민족 주요 주거지를 개발하는 '서부대개발' 프로젝트와 '흥변부민' 프로젝트를 추진했다. 그러나 이 정책들은 부정적인 면도 함께 가지고 있다. 먼저 정치적인 면으로 소수민족을 계속 등용하고 있지만, 실질적 권력을 행사하는 핵심 간부는 한족으로 등용해 통제하고 있다는 점이다. 다음은 경제적인 면으로 '서부대개발', '흥변부민'은 소수민족에게 이점이기만 한 것 같지만 실상은 이 프로젝트들의 주요 수혜자는 당 간부, 관료, 국공유기업의 관리이고, 소수민족은 언어, 학력, 능력 등의 차이로 소외되었다.

Ⅳ. 중국 소수민족 문제의 딜레마와 분리독립 운동

개혁개방 천명 이후 실용적·점진적 사회주의 건설을 강조하고, 각 소수민족의 다양성·특수성을 인정하며, 소수민족 지역에 대한 경제 지원 정책을 강화하여 경제적 통합을 이루려는 등 여러 민족정책의 시행해도 불구하고, 중국 소수민족문제는 여러 딜레마에 빠져 있으므로 이를 정리하고, 이러한 문제들로 인해 발생하고 있는 중국 내 분리독립 운동이 가장 빈번히 일어나는 세 지역-민족에 대해 알아본다.

1. 중국 민족문제의 딜레마

개혁개방과 경제건설로 인해 소수민족의 지위 및 역할 역시 점차 중시되었으며, 민족 간 평등 호조와 단결 합작 또한 이미 큰 추세로 발전하여 민족문제를 해결하는데 긍정적인 요소로 작용하고 있다. 그러나, 개혁개방 시기에도 소수민족 문제에 있어 갈등과 문제점은 여전히 존재하고 있으며, 새로운 형태의 민족문제로 부각되는 실정으로, 민족문제에 있어 다음과 같은 딜레마를 안고 있다.

첫째, 개혁정책의 불완전성과 민족사업의 침체성으로 인하여 소수민족의 우대정책이 실질적으로 작용하지 않아 소수민족들의 불만이 제기되고 있다. 즉 중국 정부가 추진하려고 했던 '민족무역 3항 우대' 정책은 이미 그 역할을 하지 못하고 있으며, 중앙정부에서 민족자치구에 민족보조금을 매년 10%씩 증가시킨다는 정책 또한 실행되지 못하고 있다. 이는 중앙정부와 지방정부 간의 갈등, 동시에 발전지역과 저발전 지역 간의 갈등으로도 볼 수 있다.

둘째, 삼림과 목장 등의 분쟁으로 인하여 민족 간 충돌이 발생하고 있다. 중국 정부는 농촌에서 연합생산, 책임도급제(責任都給制)를 실시하여 토지를 가정 농가들에 분배해 주고 사용하게 한다. 이에 토지와 삼림은 각 농가와 농민들의 이익과 직접적인 연관성을 갖는 사안이므로 여러 민족이 삼림·토지·수원(水原) 등의 문제로 자주 분쟁을 일으키고 있어 민족 이익을 둘러싼 갈등이 야기되기도 한다.

셋째, 민주정치체제가 아직 정비되지 않아 소수민족권리에 대한 보장제도가 완전하지 못한 실정이다. 즉 소수민족의 언어·문자·풍속·관습·종교신앙에 대한 존중이 여전히 부족하여 소수민족들의 불만을 야기하기도 하는데, 최근에는 문예 작품이나 선정성 보도에서 소수민족의 역사·풍속 등에 대하여 합당하지 못한 왜곡된 묘사를 함으로써 소수민족들의 자존심을 상하게 하여, 민족권리에 관련한 갈등이 발생하기도 하였다.

이와 같은 크고 작은 갈등으로 인하여 향후에도 중국은 다음과 같은 소수민족 문제는 지속할 것으로 전망된다.

첫째, 민족 평등이 진일보했지만, 내면적으로는 민족 간에 사실상의 불평등은 지속되고 있다는 것이다. 민족 평등이라는 양적인 측면에서 볼 때, 사회주의 경제건설이 심화함에 따라 민족 평등은 발전하게 될 것이지만 상이한 지역 및 상이한 민족의 민족 평등 실시의 정도 차이로 인해 여러 민족 간의 경제·문화상의 불평등은 지속될 것이며, 이러한 차이는 가까운 미래에 급속히 제거될 수 없는 문제이다.

둘째, 민족 단결의 큰 추세와 민족 분열주의를 포함한 민족주의 사상의 성장이 병존하고 있다는 점이다. 개혁개방은 앞으로는 여러 민족과 여러 지역 간의 경제상 연합과 협조 및 공동의 발전을 증진할 것이다. 문화상 서로 교류하고 흡수하며 서로 이해의 폭을 넓혀 나가고 정치상의 평등과 여러 민족 사이의 상호존중은 국가의 응집력을 증대시킬 것이다. 하지만, 반면에 최근 몇 년간 중국의 일부 민족 지역-서장·신강·내몽고 등에서는 민족주의와 민족 분열주의 사상이 고양되는 추세를 보여 갈등이 예상된다.

셋째, 민족 간의 상호 협력 발전과 민족 간의 경제영역 경쟁 증대가 병존하게 된다는 점이다. 그동안 민족협력을 통하여 한족 지역은 물론 소수민족 지역에서도 정치·경제·문화·교육·과학기술 등 여러 방면에서 큰 발전을 이루었고, 한족 지역이 발전되고 서북·서남 민족 지역의 건설이 지속하는 가운데 민족 간의 협조 또한 더욱 발전하고 있으나, 상품경제의 원리상 지역 간의 경쟁은 필연적으로 유발되고, 경제영역에서의 민족 간 경쟁은 피할 수 없을 정도로 증대되고 있다는 것이다.

넷째, 민족 간 공동발전 추세와 민족 간 발전 차이가 확대되는 추세가 병존하고 있다는 점이다. 개혁개방 후 각 민족은 국가의 고무와 지원 속에서 크게 발전하였지만, 민족 자체의 발전조건과 발전과정에서의 일부 차이로 인하여 불균등한 발전이 이루어졌고, 이러한 격차는 향후에도 지속할 것이다.

다섯째, 민족 간의 교류증가와 민족의식·민족적 응집력이 확대되는 현상이 병존한다는 점이다. 개혁개방과 상품경제의 발전 그리고 교통과 통신 등의 발달에 따라 민족 간 교류의 수요와 기회는 증가하였으며, 민족 간의 공동성 역시 발전하였지만, 민족들의 각 민족의식도 보편적으로 강화되는 추세가 나타나고 민족적 개성의 발전을 요구하는 의식도 증가하게 될 것이다.

이와 같이 중국의 소수민족 정책은 '보존과 개발' 그리고 '다양성과 동화' 등의 딜레마를 안고 있다. 중국 정부는 과도한 동화정책을 피하면서 소수민족의 다양성을 어느 정도 인정하고 존속시키려고 하지만, 경제발전에 따른 소수민족의 시장화의 경향은 훨씬 빠른 속도로 진행될 것으로 보인다. 이러한 시장화는 다양성을 확보하기보다는 한족 중심의 경제에 흡수되는 결과를 낳을 수도 있을 것이다.

2. 중국 소수민족의 분리 독립운동

중국은 전 세계 최대 다민족국가이며, 중국 정부의 강력한 중앙집권적 통제 아래, 몇몇 소수민족들은 분리독립 혹은 자치 확대를 위한 투쟁을 벌이고 있다. 대표적으로 광대한 자치구를 형성하고 있는 서장(西藏)·신강(新疆) 지역을 손꼽을 수 있으며, 최근에는 과거 안정적인 지역이던 내몽고(內蒙古) 자치구에서도 빈번히 독립을 위한 시위가 발생하여, 본 장에서는 서장·신강·내몽고 등 세 지역의 분리독립운동에 대해 살펴본다.

1) 서장(西藏)

중국은 1950년 10월 인민해방군을 동원하여 서장 지역을 점령하였다. 당시 서장 지역 민족들은 유엔·인도·영국 등에 지지를 호소하며 저항했으나 중과부적이었고 이후 서장은 1951년 5월 중국 5개의 자치구 중 하나인 서장자치구로 통합되었으며, 1954년 중국-인도 협정에서 인도는 중국의 서장에 대한 통치권을 인정하였다.

중국 정부에 대한 서장의 투쟁은 폭탄테러 등의 유형으로 간헐적이지만 현재까지도 끊임없이 발생하고 있긴 하나, 그 저항 강도는 높지 않은 수준이다. 승려들 중심으로 분신자살이 저항의 수단으로 사용되는 반면, 인도에 위치한 망명 정부가 국제적으로 활발한 노력을 전개하고 있다. 이에 종교 세력의 정치 활동을 강력히 통제하고 있는 중국 정부는 중국의 문제를 간섭하는 국제사회에도 강경한 태도를 보이고, 이로 인해 달라이 라마의 활동 방향 또한 최근에는 독립보다는 자치권 확대에 중점을 두고 있으며, 새로이 망명 정부의 지도자가 된 롭상 상가이도 이런 구도에서 크게 벗어나지 않으리라고 전망되고 있다.

2) 신강(新疆)

신강의 위구르족은 1759년 청나라의 지배를 받기 시작한 이후로, 수없이 독립운동을 펼쳐 왔으며, 1865년 봉기로는 잠시 독립을 이루기도 하였다. 국공내전의 틈을 타 1933~1934년, 1943~1949년 독립적으로 동투르키스탄 공화국을 건립하기도 하였지만, 1949년 중국의 지배 체제에 완전히 편입되었다. 이후에도 무장 분리독립 운동단체인 ETIM(동투르키스탄 이슬람운동)이 주도하는 독립운동은 지속되고 있어, 중국 정부의 입장에서는 서장 지역 문제와 마찬가지로 난제이다.

중국은 소수민족들의 분리독립을 위한 저항운동을 막고 소수민족 통합을 위하여 1980년대부터 대대적으로 서장과 신강 자치구에 한족을 이주시키는 변경 안정화 정책을 추진하고 있는데, 이는 장기적인 소수민족 동화정책의 하나로 볼 수 있다. 이러한 정책으로 2000년 이후, 신강위구르자치구의 인구는 위구르족과 한족이 유사한 비율을 점하고 있고, 수도 우루무치에서는 한족의 인구 비율이 오히려 위구르족의 비율보다 훨씬 높다.

3) 내몽고(內蒙古)

현재의 몽고인민공화국은 1921년에 중국으로부터 독립하여, 1924년 11월 26일에 몽고인민공화국을 선포하였다.

반면 현재의 내몽고는 1945년 7월에 중국으로 편입되었고, 1947년 중국공산당의 지원을 받은 내몽고 자치 정부가 수립되면서 내몽고 자치구가 되었다.

문화대혁명 기간에도 내몽고는 인민당 숙청 사건이나 1995년 남몽고 민주연맹 지도자가 투옥되는 등의 사건으로 간혹 독립문제가 거론되기는 했으나, 서장과 신강과는 다르게 내몽고에서는 강한 독립운동이 발생한 사례는 없었다. 몽고 자유연맹당과 남몽고 민주연맹이 분리 독립 단체이긴 하지만, 내몽고를 벗어난 국제사회에서의 세력 및 활동은 드러나지 않은 편이다. 하지만, 2011년 5월 10일, 한 유목민이 초원을 운행 중이던 트럭에 항의하다가 사망한 사건이 발생하였다. 이 사건에서 트럭 운전사가 인종 차별적인 발언을 함으로써 대규모 반중국 시위가 발생하게 되었고 그동안 중국 정부에 대한 반감이 심하지 않았던 내몽고에서 이러한 반중 시위가 대규모로 발생한 것은 몽골족에 대한 차별과 해당 지역의 자원에 대해 무분별하게 개발을 감행했기 때문이다. 이에 중국 정부 또한 유화책으로 내몽고 자치구에 대해 경제적 지원 및 친환경 산업을 통한 경제 육성을 강조하고 있다.

V. 나오며

세계 제2 경제 대국인 중국이 개혁개방 40년을 맞이하며, 향후의 지속적인 고도성장을 위해서도 소수민족 문제 해결은 매우 중요하다. 왜냐하면, 중국의 소수민족은 인구 면에서 전체의 10%에 불과하지만, 광활한 영토와 13개 국경지대와 밀접해 있어 전략적 중요성, 풍부한 천연자원·목축제품들을 보유하고 있다는 자원적 중요성, 한족 지구의 과잉인구를 흡수할 가능성을 내포하고 있는 인구상의 중요성, 전체 소수민족의 문화적·경제적 향상이 중국의 국제적 이미지를 제고시킬 수 있을 뿐만 아니라 향후 지속적인 발전을 위해서라도 필요한 대외적 위신 면에서의 중요성 등을 가지고 있기 때문이다. 이러한 중요성 및 그들만의 특징을 가지고 있어, 중국 정부는 소수민족에 대해 개혁개방 이후에도 세 기간으로 구분하여 다양한 민족정책을 시행해 왔다.

민족 간 통합 문제는 미래 중국의 안정적인 발전을 위하여, 반드시 해결해야 할 중요한 사안 중 하나이다. 이에 분리 독립운동 발생지역은 중국 정부의 심각한 골칫거리이며, 이를 해결하기 위함이 주요 과제이다.

서장·신강·내몽고 지역을 포함하여 여러 소수민족의 분리독립 저항의 원인은 중국의 현 민족정책에 있으며, 이는 소수민족들의 경제적 차별을 감소시키고 민족적 정체성을 줄이는 등의 실질적인 정책개혁 외에는 근본 해결방법이 없다. 이에 중국 정부는 제도적·표면적인 보호우대정책이 아닌 현실을 반영한 현실적인 정책을 시행해야 할 것이다.

중국 정부가 소수민족들의 독립을 위한 투쟁에 초강경으로 대처하는 근본적인 이유는 기타 소수민족들의 독립 욕구에 지대한 영향을 미칠 뿐만 아니라, 세계 최대 경제 대국으로 성장하게 됨에 따라 국가적인 이미지에 손상을 끼칠 수 있기 때문이다.

중국 정부와 소수민족들의 분쟁은 상호 대치 입장으로 해결 전망이 불투명하며, 중국 정부는 분쟁지역에 대해 절대 양보하지 않을 것이다. 분쟁지역에 대한 세계 각국 및 인권 단체의 개입에 대해 지속해서 강경한 태도로 일관할 것이며, 이 지역들의 분쟁 사태에 대해서도 강경한 태도로 임할 것이다.

현 시진핑 체제는 보수·민족주의 색채를 띠어, 중국의 소수민족에 대한 통제는 더욱 강화될 것으로 예측된다. 중국이 국제적 패권을 포기하고자 하는 것이 아니라면 사실상 분리독립은 이루어지지 않을 것이다. 개혁개방 40주년을 맞이하며 중국은 향후에도 개혁개방 추진에 있어, 중화민족 부흥이라는 목표를 위하여, 보다 실질적이고 효율적인 정책을 지속해서 연구·시행하여, 민족 간 통합이라는 핵심 과제를 해결해 나가야 할 것이다.

참고문헌

공봉진 외, 『시진핑 시대의 중국몽-부강 중국과 G1』, 한국학술정보, 2014.
王育民(編), 『中國國情槪覽』, 吉林人民出版社, 1991.
吳仕民(主編), 『中國民族政策讀本』, 中央民族大學出版社, 1998.
박광득, "중국공산당의 소수민족 정책 연구", 대학정치학보 제12집 1호, 2004.
박병광, "중국 소수민족 정책의 형성과 전개:민족동화와 융화의 변주곡에
　　대하여", 국제정치논총, 제40집 4호, 2000
박장배, "티베트의 하늘은 누가 푸르게 하는가", 황해문화 통권 61호, 2008.
송재두, "중국의 소수민족과 경제 격차", 중국과 중국학, 2014.
이동률, "중국의 변강 및 소수민족 정책의 동북지역 함의", 중국학연구 42,
　　2007.
이민자, "2008년 티베트인 시위를 통해 본 중국의 티베트 문제", 현대중국
　　연구, 2009.
이진영, "중국의 소수민족 정책". 민족연구 9, 2002.
정혜중·김형종·유장근, 『중국의 청사 공정 연구』, 동북아역사재단, 2008.
최우길, "중국 소수민족 정책의 진화:'민족구역자치제도'의 변용과 개혁·
　　개방 초기 조선족 사회에의 적용을 중심으로", 세계한상문화연구단
　　국내학술회의 29, 2005.
허종국, "21세기 중국 민족정책의 특징과 전망 : 서부대개발을 중심으로",
　　사회과학연구 제22집 제2호, 2006.

〈인터넷〉

http://imnews.imbc.com/replay/2018/nw1700/article/5073548_23836.html
http://news.wowtv.co.kr/NewsCenter/News/Read?articleId=A201812190048&t=
　　NNv
http://cafe.daum.net/qpedpftjdakr/5nxR/17?q=%EC%A4%91%EA%B5%AD%E
　　C%9D%98%20%EC%86%8C%EC%88%98%EB%AF%BC%EC%A1
　　%B1%EC%A0%95%EC%B1%85
https://terms.naver.com/entry.nhn?docId=1053752&cid=42147&categoryId=42147
https://baike.baidu.com/item/%E5%B0%91%E6%95%B0%E6%B0%91%E6%

97%8F/117663?fr=kg_qa

http://ditu.yjdy.org/read/NDdlOTM2YjbkuK3lm73lsJHmlbDmsJHml4,oh6rmsr
vljLrliIbluIPlnLDlm74BMQE1NTABNTAwAXd3dy50bHNoLnRwLm
VkdS50dy8lN0V0MTI3L3Blb3BsZWNoaW5hL2ltYWdlcy9pbmRleDA
yLmpwZwHkuK3lm73kuLrlsIrph43lsJHmlbDmsJHml48s5oiQ56uL5Lq
U5Liq6Ieq/

http://blog.naver.com/PostView.nhn?blogId=bamboo4226&logNo=150189392858

http://nakdo.org/mboard.asp?exec=view&intCategory=0&intPage=26&intSeq=28
67&strBoardID=09SERMON&strSearchCategory=|s_name|s_subject|

http://blog.naver.com/PostView.nhn?blogId=parangsaekr&logNo=221483529989

http://www.jlcxwb.com.cn/society/content/2011-04/28/content_45646.htm

제8장

중국의 경제성장과
인구구조 변화

중국의 경제성장과 인구구조 변화

| 서선영 |

I. 들어가며

오늘날 중국은 넓은 영토, 인구 강국, 경제 대국 등 수많은 용어로 표현되고 있다. 가히 대륙(大陸)이라는 말에 걸맞게 넓은 영토에 한족을 포함한 56개 민족으로 구성된 다양한 사람이 존재하고, 단기간에 고도의 경제성장을 이룩하며 세계 제2위 국가로의 위상을 지키고 있다.

중국의 고도 경제성장 배경에는 13억 9,380만 명(2018년 기준)이라는 인구가 있다. '인구'는 국가를 이루는 근간으로 국가 경제에서 가장 중요한 인적 자원이다. 동시에 인구는 경제성장에서 매우 중요한 요소이다. 인구와 경제성장 사이의 관계를 공급과 수요측면에서 생각해보면, 국가 경제에서 공급을 생산 측면으로 볼 때 가장 중요한 생산요소 중 하나가 바로 '인구(人口)'이다. 국가 경제에서 기업은 생산을 담당하고, 가계는 소비를 담당한다. 일반적으로 생산함수는 $Q=f(K, L)$로 표현하는데, 기업의 생산(生産)이 증가하는 것이 경제가 성장한다는 것을 의미한다. 이는 자본(K)과 노동(L)이 증가하거나, 기술(f)이 진보함에 따라 가능해지기 때문이다. 따라서 인적자본 즉, 인구의 감소는 국가 경제성장의 침체 및 하락으로 이어질 수 있다. 오늘날 저출산, 인구감소 등이 노동력 부족에 의한 성장 둔화 요인으로 불리는 이유도

이와 같다. 또한, 수요측면에서도 인구가 감소하면 당연히 경제 내에 가계의 소비(지출)가 감소함을 의미한다. 국가 경제에서 생산과 소비는 순환을 반복하기 때문에 소비 측면에서도 인구가 성장에 중요한 변수임은 틀림없는 사실이다.

일부 저개발지역의 국가들을 제외하고 세계적으로 대부분의 국가가 인구 감소문제에 직면해 있다. 한 해 출생하는 신생아 수는 해마다 줄어들고 있으며, 고령사회를 넘어서 고령화 사회로 진입해 사회적으로 수많은 문제가 야기되고 있다.

이처럼 저출산과 고령화 현상이 굳어지면 국가 경제성장과 인플레이션, 경상수지, 재정 등 경제 전반에 걸쳐 영향을 미치게 된다. 19세기 많은 국가가 인구증가를 위해서 노력하였지만, 21세기 인구는 지속해서 감소세를 보인다. 이렇듯 인구정책은 특성상 그 효과를 보기 위해서는 장기간의 노력이 필요하며, 국가의 지속 가능한 성장 및 존립을 위해서도 인구감소 문제는 더 이상 미루어서는 안 되는 중요한 과제가 되었다.

II. 중국의 경제성장

1. 개혁·개방의 배경

중국은 1949년 사회주의 정권수립으로 계획경제체제(사회주의 자급경제)를 실시하였다. 그러나 정치적 이데올로기에 치우친 계획경제는 대약진운동과 문화대혁명을 거치면서 막을 내리고, 1979년 덩샤오핑이 집권하면서 피폐해진 중국경제를 되살리기 위해 '흑묘백묘론'을 내세우며 개혁·개방이 본격화되었다. 문화대혁명(1966~1976년) 직후

개혁·개방 정책이 시작될 당시 중국은 세계에서 가장 가난한 나라 중 하나였다. 그리고 제조업 기반이 약한 농업 중심의 국가성향이 강했고 심각한 정치적 혼란 및 경기침체를 겪고 있었다. 또한, 이 시기는 전체 인구 중 82%가 농촌 인구로 도시화의 진전이 본격적으로 시작되기 전이다. 특히 농촌 지역은 식량 부족난에 허덕였으며, 1인당 국민소득이 200달러 미만으로 세계 최하위권에 속했다. 중국은 인구 대국으로 노동인구는 풍부했지만, 보유 자본과 기술력 부족으로 경제발전에 기여하지 못하는 실정이었다.

오늘날 중국이 강대국으로 불리는 배경이 바로 개혁·개방 정책이다. 중국은 기존 자력갱생의 자급 자족형 경제구조를 탈피하고, 무역 개방과 적극적인 외국의 자본과 기술 유치 등 시장 개방을 본격화하는 등 사회주의 경제 체제에서 시장경제체제로 개혁정책을 단행하였다. 중국의 이러한 행보는 2001년 WTO 가입으로 더욱 촉진되는 계기가 되었다.

<표 1> 중국의 지도부와 주요 업적

	차이나 1.0 (1949~1978)	차이나 2.0 (1978~2008)	차이나 3.0 (2008~)
지도부	마오쩌둥	덩샤오핑	시진핑
주요 업적	• 마르크스-레닌주의, 마오쩌둥 사상, 사회주의 확산 • 계획경제와 중공업 우선 정책 추진 • 대약진운동 등 급진주의, 문화대혁명 등 계급투쟁 • 초기 친소련 정책에서 후반기 중·소 분쟁, 미국과 수교	• 개혁개방, 덩샤오핑 이론 사회주의 시장경제 수출주도형 성장, 선부론(先富論), 과감한 시장 개방 • 3개 대표론(장쩌민), 과학적 발전관(후진타오) 등 지도 노선 등장 • 도광양회(韜光養晦) 통한 평화적 대외환경 조성, 서방과 전면 협력	• 국유경제와 민영경제의 새로운 균형 모색 • 점진적 정치 민주화, 사회안정에 대한 컨센서스 유지 • '웨이보크라시(네티즌 민주주의)' 등장과 인터넷 영향력 증대 • 탈 도광양회를 통한 국제사회에서의 위상 재정립

2. 개혁·개방 이후 중국의 경제적 위상

중국은 개혁·개방 선언 이후 40년간 사회주의 시장경제의 발전과 대외 개방확대의 추진으로 사상 유례없는 고도의 경제성장을 이룩하며 전 세계에 막대한 영향을 미치는 제2의 경제 대국으로 급부상하였다. 중국의 대외 개방정책은 서방의 자본주의 국가들과의 무역을 확대하고, 부족한 자본과 기술을 도입하기 위해 외국인 직접투자를 적극적으로 유치하는 방향으로 이루어졌다. 이에 2010년 세계 최대의 산업 생산국가가 되었다. 중국의 성과는 하루아침에 얻어진 것이 아니다. 이는 중국이 국제사회에서 경쟁력 제고와 지속 가능한 경제성장을 위해 다양한 분야의 개혁을 시도한 노력의 결과물이다.

중국경제는 개혁·개방 이후 고도의 성장을 지속하며, 실질 GDP는 1978~2017년 연평균 9.6%의 높은 성장률을 달성하였다.[1] 2008년 미국발 서브프라임 모기지론 사태로 인한 세계 금융위기에도 불구하고 2009년 경제성장은 전년 대비 9.4%의 성장률을 기록하기도 하였다.

2018년 기준 중국의 명목 GDP는 13,457,267 백만 달러이며, 글로벌 순위는 2위로 경제 대국의 자리를 지키고 있다. 개혁·개방 이후 중국의 경제성장은 기적에 가깝다. 1978년부터 2018년까지 1인당 GDP는 156.40달러에서 9,633달러로 무려 61배가 증가하였으며, 2014년 실질구매력 기준 GDP에서 미국을 제치고 세계 1위의 자리를 차지한 이후 줄곧 경제 대국으로 불리고 있다.[2] 외화보유액은 2018년 12월 말 기준 3조 727억 달러로 단연 세계 1위의 자리를 지키고 있다.

---

1) World Bank, GDP 성장률 자료를 바탕으로 계산함(검색일 : 2019.04.20.).

2) 구매력 기준 총생산은 물가상승을 반영한 것으로 명목 GDP와는 차이가 있다.

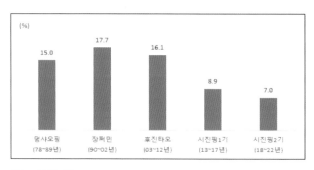

자료 : 국가통계국

<그림 1> 중국 명목 GDP 성장률의 변화

<표 2> 개혁·개방 이후 중국의 명목 GDP 변화

	1978년	2018년
국내총생산(GDP)	1,495억 달러	13조 4,572억 달러
글로벌 순위	10위	2위
세계 경제 비중	1.8%	15.1%
1인당 GDP	156.40달러	9,633달러
외화보유액	1억 6,700만 달러	3조 727억 달러

자료 : IMF(International Monetary Fund)

　1978년 개혁·개방은 중국의 경제성장의 중추 역할을 담당하였지만, 동부 연해 지역과 중서부 지역의 경제 격차를 확대했다. 이후 중국의 양적 성장의 시대가 종료되고, 시진핑 정부에 들어서면서 질적 성장 구조로 전환되었다. 과거 투자 및 제조 중심의 성장전략은 내부적 구조개혁과 자생적 경제구조로 내수 수요 증대 및 서비스업 확장에 중점을 두고 있다.

　특히 지역 GDP를 기준으로 살펴보면 광둥성은 97,277.77억 위안으로 중국의 31개 성(省) 중 30년 연속 지역 부동의 1위를 지키고 있으며, 간쑤, 하이난, 닝샤, 칭하이, 티베트 등 5개 지역을 제외한 나머지

지역의 GDP는 1조 위안을 넘어섰다. 또한, 구이저우, 티베트, 윈난 등 서부내륙 지역의 GDP 성장세가 크게 상승하고 있어 지역 간 격차는 점점 줄어들고 있다.

<표 3> 2018년 중국 31개 성(省)별 GDP 순위

GDP 순위	지역	GDP 총량(억 위안)	전년 대비 GDP 성장률(%)
1	광둥	97,277.77	6.8
2	장쑤	92,575.4	6.7
3	산둥	76,469.7	6.4
4	저장	56,197	7.1
5	허난	48,055.86	7.6
6	쓰촨	40,678.13	8.0
7	후베이	39,366.55	7.8
8	후난	36,425.78	7.8
9	허베이	36,010.3	6.6
10	푸젠	35,804.04	8.3
11	상하이	32,679.87	6.6
12	베이징	30,320	6.6
13	안후이	30,006.8	8.0
14	랴오닝	25,315.4	5.7
15	산시(陝西)	24,438.32	8.3
16	장시	21,984.8	8.7
17	충칭	20,363.19	6.0
18	광시	20,352.51	6.8
19	톈진	18,809.64	3.6
20	윈난	17,881.12	8.9
21	내몽고	17,289.2	5.3
22	산시(山西)	16,818.11	6.7
23	헤이룽장	16,361.6	4.7
24	지린	15,074.62	4.5
25	구이저우	14,806.45	9.1
26	신장	12,199.08	6.1
27	간쑤	8,246.1	6.3

GDP 순위	지역	GDP 총량(억 위안)	전년 대비 GDP 성장률(%)
28	하이난	4,832.05	5.8
29	닝샤	3,705.18	7.0
30	칭하이	2,865.23	7.2
31	티베트	1,477.63	9.1

자료 : kotra(검색일 : 2019.04.20.)

　　또한, 광둥성은 개혁·개방 이후 '세계의 공장'의 역할을 담당하며 경제 규모는 세계 12위 경제 대국인 러시아와 비슷한 수준이다. 또한, 중국 국토 면적의 1%에 불과한 장쑤성의 GDP는 1조 3,700억 달러로 호주의 GDP 1조 3,900억 달러와 비슷하다. 특히 최근에는 스마트그리드, 태양광전지 등의 에너지 산업과 철로 교통이 발달해 있으며, 중국 500대 민영기업 중 93개의 기업이 장쑤성에 있다. 그 외 산둥성은 멕시코, 저장성은 네덜란드, 허난성은 스위스 경제 규모와 비슷하다.

　　덩샤오핑에서 시진핑에 이르기까지 개혁·개방은 최대 빈곤국이었던 중국을 세계 2위에 빛나는 경제 대국으로 성장시켰다. 또한, 이 과정에서 다양한 인프라 기반시설 확충과 소득수준 향상을 통한 국민의 삶의 질 제고에 기여한 것으로 평가된다. 그러나 그 이면에는 인구감소와 고령화 사회, 빈부격차의 확대, 실업 등 다양한 사회적 문제가 야기되고 있다. 따라서 시진핑이 내세운 '중국 제조 2025' 및 '중국의 꿈(중국몽)'의 실현은 앞으로 지켜봐야 한다.

Ⅲ. 중국의 인구변화와 미래

1. 중국 인구정책의 변화

중국의 인구정책은 '출산 장려 및 인구증가 촉진' - '출산 억제' - '인구증가 억제 및 산아제한계획 시행' - '산아제한계획의 엄격한 실시 및 한 자녀 정책' - '전면적 두 자녀 정책' 등 크게 다섯 단계로 구분된다. 먼저 1단계는 신중국 설립으로 정부가 사회주의국가로의 기반 구축을 위해 출산장려책을 실시하였다. 당시 마오쩌둥은 '人多力量大' 즉 인구가 많아지면 국력이 확대되고 생산성이 올라간다고 주장하며,[3] 중국의 인구증가를 통해 노동력 확보와 생산성 증대를 도모하였다. 이에 1950년부터 출산 장려를 위해 「부대 기관 여성 간부의 낙태 제한에 관한 조치」, 「출산 억제 및 인공유산에 관한 잠정 방법」 등을 시행하였고, 다산한 산모에게는 모성 영웅 훈장을 수여하기도 하였다.

애국을 위해 다산(多産)을 독려하며 "믿을 수 있는 건 사람뿐", "기적은 사람이 이룬다" 등의 구호가 제창되었다. 이에 중국 위생부는 피임약 수입을 금지했으며, 낙태를 법으로 단속하였다. 정부주도의 출산 장려정책에 따라 중국의 인구는 급속히 늘어났으며, 1953년 첫 인구센서스 실시 결과 5억 9천만 명으로 정부의 예측보다 훨씬 많은 인구증가가 집계되었다.[4] 그러나 당시 중국경제는 생산력 낙후에 인구는 빠르게 증가하는 열악한 환경 속에 의식주를 해결하지 못하거나 의료, 교육, 취업 등 다양한 사회적 문제가 발생하였다.

단시간 내에 급속한 인구증가가 다양한 사회문제를 야기하자 베이

---

[3] 마오쩌둥은 "인력이 많으면 많을수록 더욱 훌륭히! 더욱 빨리! 더욱 크고 위대한 사회주의 건설의 결과를 달성할 수 있다"라고 믿는 다산주의자였다.

[4] 1949년 5억 4천만 명이던 인구는 1953년 5억 9천만 명으로 연평균 2.2% 증가하였다(포스코경영연구소, 2010).

징대학교 마옌추(馬寅初) 총장은 '신인구론(新人口论)'을 통해 인구통제 및 관리 등 인구 조절의 필요성을 주장한다. 마옌추의 주장은 식량생산이 인구증가에 못 미치는 상황에서 인구가 지속해서 증가할 경우 민생경제를 위협한다는 것이다. 이러한 주장은 1798년 영국의 경제학자인 맬서스(Thomas R. Malthus)가 그의 저서 ≪인구론 : An Essay on the Principle of Population≫에서 언급한 바 인구가 기하급수적으로 증가하게 되면 어느 시점부터는 식량이 부족해져서 인구수가 식량 공급을 초과한다고 하였다.5) 이 경우 식량 가격이 증가하고 사람들의 생활 수준은 떨어지게 되고, 급기야 사망률의 증가를 가져오기 때문에 출산 억제를 통해 더욱 풍요롭게 살 수 있다고 저술하였다.6)

이에 정부는 2단계로 지속적인 인구증가에 대한 산아제한 정책이 필요하다는 것을 인식하고, 1956년 제8차 전국대표대회(全國代表大會)에서 산아제한 방침을 발표하였다. 그러나 1958년 대약진운동이 시작되면서 산아제한 정책을 통한 인구통제는 제대로 시행되지 못했다. 이후 마오쩌둥이 이끈 대약진운동의 처절한 실패와 급속히 증가한 인구를 감당하기 어려워지면서 식량 부족으로 수많은 사람이 굶어 죽는 참사가 일어났다. 이후 3단계로 정부는 지속적인 인구증가가 경제발전을 저해할 것을 우려해 출산억제정책을 시행하게 된다.

중국의 출산억제정책은 정부가 한정된 자원의 배분과 국력 안정 및 강화를 위해 급격히 증가하는 인구수를 관리하기 위한 정책으로 소수민족 거주지역을 제외한 인구 밀집 지역에서 출산을 억제하고자 하였다.7) 1971년 제4차 5개년 계획에 처음으로 인구증가 문제와 관련된

---

5) Thomas R. Malthus, 1798, An Essay on the Principal of Population.

6) 맬서스의 이러한 주장은 인구증가와 동시에 사람들의 소득이 향상되면서 붕괴되었다.

7) 중국의 민족은 한족을 포함한 56개 민족으로 분류되며, 전체 인구 중 한족 91.6%, 소수민족 8.4% 비중을 차지한다. 소수민족은 문화적 민주주의는 허용되지만, 정치적 독립은 허용되지 않으며, 정부는 소수민족 보호를 위해 도시에 거주할 경우 출산 가능한 자녀 수를 2명, 농촌 지역에 거주할 경우

계획이 명시되고, 공식적으로 인구증가율을 감소시키기 위한 목표가 설정되었다. 이후 1973년 12월 정부는 '만희소(晚稀少)' 원칙을 강조하며 산아제한 정책을 확산시켰다. 당시 '결혼은 더 늦게(later), 출산 간격은 더 길게(long), 자녀 수는 더 적게(fewer)' 캠페인을 시행하였으며,8) 캠페인에 참여하지 않는 사람들은 처벌을 받거나 직장 생활에 영향을 받도록 하였다. 그 결과 출산율은 1970년 5.6명에서 1979년 2.7명으로 떨어졌다.

그러나 출산율이 감소하고 있음에도 불구하고 1978년 인구는 10억 명에 도달하게 된다. 이는 1954년 대비 3억 5,000만 명가량 증가한 것이며, 일각에서는 실제로는 더 많았을 것이라는 주장도 있다. 이에 4단계로 당시 지도부였던 덩샤오핑은 개혁·개방과 함께 더욱 과감한 정책으로 1979년 전인회에서 '한 자녀 정책(one-child policy)'을 공식 발표한다. 또한, 더욱 엄격한 산아제한((計劃生育) 정책으로 '국가계획생육(國家計劃生育)'의 선언9)과 1982년 「중화인민공화국 헌법」 제1장 25조에 '국가는 효율적인 계획생육 정책을 통해 인구증가를 경제, 사회 발전계획에 맞추어야 한다'고 규정했고, 제2장 49조에 '부부 모두 출산제한법을 지켜야 한다'고 명시하면서 기존에 권고 수준이었던 산아제한 정책은 강제성을 띠면서 엄격해졌다.10) 이 배경에는 대약진운동의 실패와 문화대혁명으로 인한 국가의 경제적 빈곤이 극에 달했던

4명까지 허용하였다.

8) 만희소(晚稀少) 원칙 : 만(늦을 晚)은 남자 25세, 여자 23세가 넘어 결혼해야 하며, 희(드물 稀)는 출산 및 임신은 4년 정도의 간격을 두어야 하고, 소(적을 少)는 최대 2명을 넘지 말아야 한다.

9) 국가는 한 쌍의 부부가 두 자녀를 출산할 것을 제창한다(国家提倡一对夫妻生育两个子女), 인구 및 계획생육법(中华人民共和国人口与计划生育法) 제18조 제1문(출처: 나무위키, 검색일 : 2019년 5월 2일).

10) 한 자녀 정책의 시행 결과 0~14세 인구는 1970년 40.3%에서 1979년 36.7%로 감소하였고, 65세 이상 인구는 3.7%에서 4.5%로 증가하였다.

시기였다. 당시 중국은 노동인구의 급증과 동시에 식량 공급이 수요에 못 미치는 등 한계에 이르며 부작용이 발생하기 시작한 시기였다.

덩샤오핑의 강력한 산아제한 정책은 특히 도시화율과 인구밀집도가 높은 베이징, 상하이, 광둥, 톈진 지역에서 엄격히 했으며, 주요 대상은 공무원 및 국유기업(혹은 관련 종사자) 종사자들이었다. 한 사람이 초과 출산을 하게 되면 마을 전체가 중절 수술을 받아야 한다고 경고하는가 하면, 비인권적인 낙태가 빈번하게 일어나고 자녀 유기와 출산을 해도 호적에 올리지 못하면 非호적 인구가 양산되는 등 다양한 사회적 부작용이 초래되었다. 또한, 규정을 어길 시 해당 가정에는 사회적 불이익과 벌금을 징수하였고, 벌금은 부부 합산 가처분소득에 따라 징수되었으며 이를 납부하기 어려운 가정에서는 영유아 유기 및 인신매매가 이루어지기도 하였다. 반면 산아제한 정책을 잘 지켜, 한 자녀만 낳는 경우 직장에서 승진 기회 제공, 급여 인상, 생활필수품 지원 등의 여러 혜택을 제공하였다.

지방정부는 국가의 산아제한 정책의 목표치를 달성하기 위해 강제로 주민들의 낙태 및 불임수술을 주도하기도 하였으며, 한때 임신한 여성이 정부의 강제 낙태를 피해 다른 곳으로 이주가 유행하기도 하였다. 이에 공무원은 임신 적령기를 맞이한 여성이 다른 곳으로 이주하는지를 감시하는 일까지 담당하였다.

정부의 산아제한 정책에 따라 주민들의 반발이 확산하자 정부는 개선책으로 1984년 19개 성(省)을 대상으로 첫째 아이가 딸이면 둘째를 낳을 수 있게 허용하는 '1.5 자녀 정책'을 실시하였다. 이후 2002년에는 산아제한 법 개선을 통해 부모가 외동일 경우 2명 출산을 허용하였다.

그러나 정부의 '한 자녀 정책'은 모든 지역에서 동일하게 적용된 것이 아니라 지역별로 출산 가능한 자녀 수가 달라서 한 자녀 정책을 적용받은 가구는 전체 가구 중 40%에 못 미쳤다. 이렇듯 정부의 엄격한 인구증가에 대한 통제는 그 효과가 작았고 인구 고령화, 남아선호에 의한 남녀 간의 성비 불균형, 노동 가능 인구의 감소 등의 다양한 사회적 문제를 야기하자 2013년 11월 제18기 3중전회에서 30여 년간 유지해오던 '한 자녀 정책'을 폐지하고, '제한적 두 자녀 정책'을 발표하였다. 인구문제에 대한 중국의 정책변화에는 저출산으로 인한 인구감소와 인구 고령화의 가속화라는 사회문제가 바탕이 되었다. 세계적으로 여러 나라가 출산율 감소에 의한 인구절벽을 우려하고 있으며, 인구 강국인 중국도 인구절벽 경고음이 울리고 있다. 이에 5단계로 저출산 및 고령화를 우려하여 인구정책을 국가의 주요 정책과제로 채택하였고, 2015년 제18기 5중전회에서 '한 자녀 정책' 폐지와 '전면적 두 자녀 정책(two-child policy)'을 발표하였다.

<표 4> 건국 이후 중국의 시기별 주요 인구정책

구분		주요 내용	특징
1단계 (1949~1953)	1949~53년	마오쩌둥 '인구가 국력' 출산 권장	부대(기관) 여성 간부의 낙태 제한에 관한 조치 출산억제제한 및 인공유산의 잠정 방법 국가 관세청의 피임용 기구 및 약물 수입 금지
2단계 (1954~1969)	1954년 이후	마인추 '신인구론' 통해 산아제한 필요성 제기 및 공론화	정부원, 위생부「피임 및 인공유산법」비준 「인구 억제 문제에 관한 지시」발표 및 산아제한에 대한 광범위한 홍보와 피임 교육 시행 국무원「산아계획 제창에 관한 지시」발표 각 성(省)・시(市)에 산아제한 위원회 설치와 지도
	1957년	마오쩌둥 인구정책 계획의 필요성 인정	
	1958년	대약진운동으로 산아제한 정책 흐지부지	
	1962년	국무원, 산아제한 관련 통지문	

구분	주요 내용		특징
	1966년	당 중앙위원회 산아제한 관련 통지문	
	1966~76년	문화대혁명 기간, 완만한 산아제한 정책	
3단계 (1970~1979)	1973년	晚稀少(결혼 늦게, 임신 적게, 둘 이상 낳지 말 것)	엄격한 산아계획 제창 관련 지시
	1978년	총인구 약 10억 명	국무원 산아제한 정책 영도소조(領導小組) 설립
	1978년 10월	가임기 여성 1명 출산 권고 (소수민족 2명)	만희소(晚稀小) 정책 제시 11기 3중전회에서 산아계획을 국가정책으로 명시(계획생육 권장) 제5회 전인회 2차 회의에서 '한 자녀 계획' 제기
4단계 (1980~2010)	1980년	신화사(新華社) 2050년 인구 40억 폭발 경고, 당 중앙 한 자녀 정책 제안	중국공산당 중앙위원회가 한 자녀 권장 '국가계획생육위원회' 설립 <인구증가 조절에 관한 전체 공산당원과 공청단원에 보내는 공개서신> 발표 1.5자녀 정책 시행을 통한 산아제한계획 완화
	1982년 9월	한 자녀 정책보고 채택, 12월 법 시행	
	1984년	산아제한 정책 부분 보완, 1.5자녀 정책(첫째가 딸이면 둘째 허용)	
5단계 (2011~현재)	2013년	제한적 두 자녀 정책, 부모 한쪽 외동일 경우 둘째 출산 허용	국가인구발전 12·5 규획을 통한 제한적 두 자녀 정책의 시범적 실시 제18기 3중전회에서 '한 가구 한 자녀 정책' 폐지, '제한적 두 자녀 정책' 실시 제18기 5중전회에서 '전면적 두 자녀 정책' 시행 발표
	2016년	한 자녀 정책 폐지, 전면적 두 자녀 허용	
	2018~19년	산아제한 정책 전면 폐지 여론 비등	

자료 : 대외경제정책연구원(2015), 국가통계국, 기타 언론 보도 자료를 활용한 재구성

2. 중국 인구 현황과 인구구조의 문제점

중국은 40년 동안 산아제한 및 출산 억제 정책을 펼쳐 왔으며 현재 전 세계적으로 인구수 1위의 타이틀을 유지하고 있다. 2018년 기준 중국의 인구는 14억 1,504만 명이며, 이들 인구의 중간 연령대는 37.3

살이다. 합계 출산율은 1.61명으로 과거에 비해 크게 낮아졌고, 인구
증가율은 0.39% 수준이다.

<표 5> 1970년 대비 중국 인구 현황

	1970	2018
인구	8억 2,479만 명	14억 1,504만 명
중간 연령	19.3살	37.3살
출산율	6.25명	1.61명
인구증가율	2.68%	0.39%

자료 : world bank, 중국 국가통계국 등 (검색일 : 2019.04.20.)

경제가 성장함에 따라 인적 자원의 질도 향상되었으며, 1949년 설
립 당시만 하더라도 80% 이상이었던 문맹률이 2000년 이후 9.1%로
떨어졌다.[11] 그뿐만 아니라 대학 졸업자 수는 2019년 834만 명으로
예상되며 교육수준 또한 크게 상승하였다.

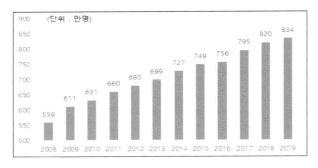

자료 : 후베이 신문(湖北) 및 기타 언론 자료 재구성

<그림 2> 중국 대학 졸업자 수

---

11) 중국 국가통계국 자료에 의하면 1949년 중화인민공화국 설립 당시 중국의 문맹률은 80% 이상을
   차지했으며, 정부는 문맹률이 국가 발전을 저해한다고 보고 1956년 문자개혁위원회를 설립하여 지
   금의 번체와 간체를 만들었다(자료: Chindia Journal 2010.06.).

또한, 평균 기대수명이 1980년대 초 평균 68세였으나, 2016년 75.4세로 남성 71.47세, 여성 79.53세로 나타났다.[12] 그러나 '한 자녀 정책'에 따른 부작용으로 중국은 전형적인 남아선호 사상 때문에 남녀 간의 성비 불균형이 극심하다. 더불어 출산율은 감소하고 있으며, 노령인구 비중은 지속해서 증가하는 문제도 심각한 수준이다. <그림 3>은 두 가지를 시사한다. 첫째 중국의 산아제한 정책이 엄격하게 시행되는 동안 양적인 측면에서 인구수는 증가했지만, 출산율은 급격히 하락하였다. 2000년 이후 출산율은 1.18명 정도로 출산율 감소문제가 사회문제로 이슈화될 만큼 심각한 수준이다. 둘째 총인구수 대비 출산율을 고려할 때 중국의 유소년과 청년층의 인구는 감소하고 있으며, 노령층의 인구 비중이 확대되고 있음을 짐작할 수 있다.

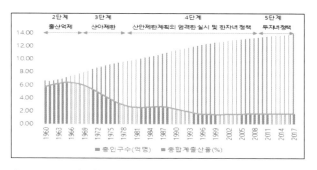

자료 : world bank(검색일 : 2019.04.20.)

<그림 3> 중국의 인구정책변화에 따른 인구 및 출산율 변화 추이

저출산과 인구 고령화로 인해 야기되는 문제들은 매우 심각하다. 사회 연금과 의료비가 축적되는 시간보다 고령층 인구가 더욱 빠른 속도

---

12) 나무위키(검색일 : 2019.04.20.).

로 증가하고, 줄어들고 있는 노동인구로 인해 임금은 상승하여 경제성장 저하 및 침체 등 부정적인 영향을 주는 악순환을 거듭된다. 이렇듯 중국 사회가 수억 명에 달하는 은퇴자를 돌보지 못하는 최악의 시나리오가 현실화될 수도 있다. 그뿐만 아니라 연기금 고갈 및 사회 복지비용의 급증 등 다양한 사회적 문제를 동반하게 된다.

중국의 심각한 고령화 현상은 출생률과 사망률 추이에서도 알 수 있다. 중국의 출생률은 '한 자녀 정책'의 실시 이후 약간의 반등을 제외하고는 지속해서 하락하고 있다. 반면 사망률은 대약진운동을 시작으로 급증했다가 1960년 이후 하락하여 일정한 수준을 유지하고 있다. 이렇듯 지속적인 인구감소에 중국 정부 역시 인구절벽에 대응하기 위해 40년 가까이 지켜온 '한 자녀 정책'을 폐지하고, '전면적 두 자녀 정책'을 도입했지만, 아직 그 효과는 미미하다. 2018년 출생률은 인구 1000명당 10.94명으로 역대 최저치를 기록했다.

출산율 감소에 영향을 미치는 요인은 구조적으로 가임 여성 인구의 감소와 경제적 요인으로 일자리 부족, 급등하는 출산 및 자녀 양육비 등이 있으며 사회문화적 요인으로 여성의 사회진출 기회의 확대로 인해 출산을 지연하거나 포기하는 여성이 증가하고 있다. 한 매체 보도에 따르면 실제로 중국 부부들을 대상으로 조사한 결과 대다수 부부가 두 명의 아이보다 한 명의 아이에 집중하고 싶다고 응답했다. 또한, 아이 한 명을 추가로 양육 시 들어가는 비용이 매우 큰 것을 우려한다고 하였다.[13]

오늘날 여성이 사회에 진출하는 속도보다 사회 전반에 걸친 인식의 변화가 늦어지면서 출산과 육아는 사회생활과 병행할 수 없는 제로섬(zero-sum)[14]적인 선택이 될 수밖에 없다. 대부분의 동아시아 국가에

---

13) 위키피디아(Wikipedia).

서 육아를 위한 복지제도와 지원이 서구의 여러 국가보다 많이 뒤처져 있는 이유도 여기에 있다. 또한, 경제가 성장했음에도 불구하고 일자리를 찾아 고향을 떠나 도시로 오는 2.7억 명의 농민공 문제도 육아·양육 문제를 악화시키고 있다. 더구나 최근 저성장 기조가 장기화하면서 청년층에서 좋은 일자리를 구하지 못해 결혼 및 출산을 포기하는 비율이 증가하고 있다.

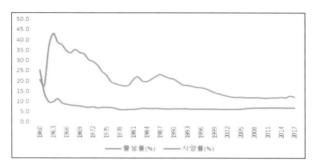

자료 : world bank(검색일 : 2019.04.20.)

<그림 4> 중국의 출생률과 사망률 추이

중국은 호구 제도를 통해 출생신고와 주민등록을 하고 있어서 사실상 인구 관리가 호구 제도에 의해 파악된다. 과거 산아제한 정책은 엄격했다. 농촌에서 자녀를 많이 출산하는 가정은 집이 철거되기도 했으며, 배급받은 식량을 압수당하기도 했다. 더욱 강력하게는 한 자녀 이상을 호적에 올리면 막대한 벌금을 납부해야 했기에, 태어나긴 했지만, 출생신고를 하지 못한 인구가 급속히 증가하였다.[15] 이처럼 호적에 올라가지

---

14) 전체의 이익이 일정하다고 가정할 때 한쪽이 이득을 보면, 반드시 다른 한쪽은 손해를 보게 되어 전체 합이 '0'가 되는 현상.

15) 1가구 1자녀 정책을 위반하고, 둘째 아이를 출산하면 베이징은 약 25만 위안(한화 4,500만 원), 상하이는 약 16만 위안(한화 2,900만 원)의 벌금을 내야 했다.

못한 아이들은 헤이하이쯔(黑孩了, 어둠의 자식)라 불리며 전국으로 양산되었지만, 국가 인구 관리 및 통계에서 제외되었다. 이들에 대한 정확한 수치를 파악하긴 어렵지만 대략 중국 전체 인구의 1%가량으로 추정을 하고 있으며, 대부분이 시골의 빈곤 가정 출신으로 알려져 있다.

헤이하이쯔들은 국민으로 인정받지 못해 의무교육을 받을 수 없고, 합법적인 취업이 불가능한 탓에 일하고도 임금을 지급받지 못하거나 가혹 행위를 당하는 경우도 빈번하게 발생한다. 그럼에도 정부의 보호도 받을 수 없어 신고조차도 못하는 등 인권유린문제가 매우 심각하다. 정부가 전면적 두 자녀 정책을 허용하였지만, 기존 헤이하이쯔들에게 호구를 허가하지 않으면 이들의 인권 문제는 해결되기는 어렵다.

최근 중국의 인구증가 둔화가 인건비 상승과 경제성장 둔화로 이어지고 있다. 근래에 빚어지고 있는 노동력 부족은 1980~1980년대 출산율 하락에 의한 것으로 일반적으로 출산율 하락은 인구 고령화 문제와 노동인구 감소 등으로 이어져 경제의 활력이 저하되고 경제성장 둔화 및 경기침체로 이어지게 된다. 이에 따라 국가의 공공재정 수입이 감소하고 인구 고령화로 인해 사회보장 지출이 확대될 경우 정부는 조세 수입 확대와 사회 전반의 복지 축소를 통해 재정 수지의 균형을 맞추고자 노력하는 과정에서 사회갈등이 발생할 가능성이 확대된다. 또한, 중국은 평균 은퇴연령이 55세로 낮은 수준에 해당하여 이를 높이는 정책이 필요하지만, 자국 내 극심한 반대로 느리게 추진 중이다.

이외에도 '한 가구 한 자녀' 정책으로 발생한 낙태와 남아 선호에 따른 남성 비율 초과 현상,[16] 80년대 태어난 아이들을 바링허우(80後), 90년대의 태어난 아이들을 주링허우(90後)로 대별하며, 이들 세대

---

16) 전통적인 남아 선호 현상으로 여아를 임신 시 낙태하는 경우가 많아 중국 사회에서 남초 현상이 심각하다.

간의 성향 차이 문제, 농촌엔 헤이하이쯔인 무호적자들이 넘쳐나고, 가정마다 외동아이를 떠받들어 키우는 소황제(小皇帝) 현상 등이 모두 산아제한 정책 때문에 비롯되었다. 중국 사회에서 외동 자녀끼리 결혼해서 아이를 낳게 되면 그 아이에게는 친척(고모, 이모, 삼촌, 외삼촌)이 없는 기형적인 가족 구조가 형성된다. 과거의 산아제한 정책은 중국의 공산성과 집체성을 강조하던 전체주의 사회에서 개인과 자기를 중시하는 개성 중심의 사회로 변모시켰다.

Ⅳ. 나오며

중국은 개혁·개방 이후 고도의 경제성장을 지속하며 세계 제2위의 경제 대국으로 자리매김하고 있으며, 중국의 비약적인 경제성장에는 무엇보다도 세계 1위를 자랑하는 '인구'가 있다. 과거 마오쩌둥의 '출산 장려 및 인구증가 촉진'과 이후 급속히 증가한 인구의 증가를 억제하기 위한 '출산 억제'정책, 덩샤오핑의 '인구증가 억제 및 산아제한계획'과 '산아제한계획의 엄격한 실시 및 한 자녀 정책'에 이어 시진핑의 '전면적 두 자녀 정책'에 이르기까지 중국의 인구구조는 많은 역사와 변화를 맞았다.

국력은 '인구'에서 나오며, '인구'는 사실상 국가의 존립 이유이다. 인구문제는 국가 성장의 근간이며, 인구감소가 지속할 경우 경제성장에 제동이 걸리며 다양한 사회적 문제를 야기한다. 그리고 중국의 엄격한 산아제한 정책은 사회제도, 가족제도, 가치관 등에서 중국 사회를 변화시켰다고 평가되고 있다.

일각에서는 고도의 성장을 거듭해온 중국경제가 낮은 출산율로 인한 인구감소와 고령화로 인해 중국경제가 위협받고 있다고 경고했다.

이에 2016년 중국은 40년간 유지해오던 산아제한 정책을 폐지하고 전면적으로 두 자녀 정책을 발표하였다. 중국의 한 자녀 정책 폐지는 심각한 저출산에 따른 노동인구 감소와 급속히 진행되고 있는 고령화 등으로 인한 경제침체를 막기 위해서이다.

과거 중국은 대대적으로 인구통제 정책을 통해 인구증가를 억제하며 가족계획에 중점을 두었지만, 인구정책 전환을 맞이하며 인구 부양에 중점을 두고 있다. 그러나 정부의 노력에도 불구하고 중국은 다른 어느 나라보다 빨리 늙어가고 있다. 인구구조가 경제성장을 촉진한다는 가정하에 정부의 인구정책은 경제성장에 많은 영향을 미치며, 저출산과 인구 고령화는 경제성장에 부정적 영향을 준다. 월스트리트저널은 2028년 이내에 중국의 60세 이상의 인구가 미국 전체 인구보다 많아질 것으로 예측한 바 있다.

중국의 노동인구가 급속히 줄어들어 경제성장을 위협하고 있지만, 정부 정책은 여전히 출산에 제한적이다. 중국의 가족계획법상 여전히 셋 이상의 자녀를 출산하는 경우 해당 가정에 사회부양비라는 이름으로 고액의 벌금을 징수하게 되어있으며, 지방정부에도 가족계획법이 준수될 수 있도록 강요하고 있다.

중국과 유사한 문화적 배경을 가진 일본, 홍콩, 대만, 마카오 지역도 정부의 출산 독려에도 불구하고 이미 하락한 출산율을 반등시키는 데 실패했다. 따라서 이제는 두 자녀 제한도 풀어 적극적인 출산 장려를 시행할 때이다. 또한, 노동인구 감소에 직면해 있는 여러 나라처럼 근로자의 은퇴연령을 높이거나, 이민자들을 수용하는 방식의 연착륙 방법을 시도해볼 수 있다. 사실 중국의 인구감소는 단연 중국만의 문제는 아니다. 중국이 경제 대국으로 세계 경제에 막강한 영향력을 미치는 만큼 세계적 차원에서 관심을 가져야 할 부분이다.

참고문헌

김창도, 2010, '중국의 1자녀 정책은 언제까지 유효할까', Chindia Journal, 포스코경영연구원.

대외경제정책연구원, 2015, '중국 전면적 두 자녀 정책 시행 배경 및 평가', KIEP 북경사무소 브리핑.

문익준, 2016, '중국의 인구구조 변화와 지역 경제성장 간의 관계: 한국과의 비교', 중소연구, 40(2), 한양대학교 아태지역연구센터.

박동준·박창현·김영근·박진호, 2009, '개혁·개방 이후 중국의 경제적 위상 변화와 향후 전망', 한국은행.

윤대엽, 2019, '중국의 인구감소와 인구개혁의 정치경제', 연세대학교 중국연구원.

정철호·김창도, 2017, '중국에 다가오는 인구절벽 충격 – 뒤늦은 정책 대응으로 충격을 피해가기는 어려울 전망', POSRI 이슈리포트, 포스코경영연구원.

한국은행, 2018, '중국경제 개혁개방 40년, 성과와 과제', 한국은행.

Thomas R. Malthus, 2011, 『인구론(An Essay on the Principal of Population)』, 이서행(번역), 동서문화사. (원전은 1798년에 출판)

'[짜이젠 계획생육] 산아제한 역사 속으로... 14억 인구 대국, 인구결핍에 신음', 뉴스핌, (2019.01.28.).

'35년 만에 '인구정책' 대전환... 중국 사회 환영 분위기, JTBC 뉴스, (2015.10.30.).

'中, 저출산·고령화에 성장 제동 걸리나... "인구학적 시한폭탄"', MK 뉴스, (2018.04.30.).

'중국 대륙에 울리는 둘째 아이들의 울음소리', 서울신문, (2015.11.24.).

'중국의 인구구조 변화와 대응 방안, 인민망, (2012.09.11.).

김외현, '14억 인구 대국 중국, 급속 고령화에 산아제한 철폐 추진', 한겨레, (2018.05.22.).

김외현, '감원, 채용 취소...중국 대졸자 취업 시장에 '한파'', 한겨레, (2019.01.07.).

노택선, '[노택선 교수의 생생 경제] (42) 인구와 경제성장', 한국경제,

(2012.07.18.).

이맹맹, '2018년 중국 31개 지역 GDP 순위', kotra, (2019.04.01.).

이창구, '中 광둥성 작년 GDP 1515조 원… 세계 12위 러 경제 규모와 비슷', 서울신문, (2018.01.28.).

www.imf.org, (검색일 : 2019.04.20.)

www.namu.wiki, (검색일 : 2019.05.02.)

www.baidu.com, (검색일 : 2019.04.20.)

www.stats.gov.cn, (검색일 : 2019.04.20.)

www.wikipedia.org, (검색일 : 2019.04.20.)

www.worldbank.org, (검색일 : 2019.04.20.)

박범종

부산대학교 정치학 박사
부경대학교 지방분권발전연구소 전임연구원
전) 신라대 한국재외국민선거연구소 전임연구원
　　부산대학교 한국민족연구소 전임연구원
　　부산외국어대학교 국제관계연구소 연구원

주요 논저
『중국 지역발전과 시진핑시대』(공저), 『부산의 정치변동과 지역발전』, 『한중 지방외교와 지역발전』(공저), 『사회문화적 접근을 통한 지역발전』(공저) 외
「이주를 통한 지속가능한 개발이 가능한가?」, 「영화 〈완득이〉를 중심으로 본 다문화 사회의 차별과 소통」, 「장소마케팅을 활용한 지역발전 효과연구: 인천과 부산의 차이나타운을 중심으로」, 「한반도 통일효과와 남북통일 인식연구-부산지역 대학생의 통일인식 설문조사를 중심으로」, 「국회의원 선거제도 개선방안 연구」, 「국제이주와 지역발전에 대한 함의: 국제이주노동자를 중심으로」, 「재외국민선거의 의의와 투표율 향상 방안」, 「18대 대선에 있어 재외국민의 정치인식과 투표행태」, 「한반도 통일의 정치·경제적 효과와 지역발전」, 「대중가요로 읽어내는 정치와 시대상」 외 다수

공봉진

호: 淸靜, 墨兒(공민규로 불림)
부경대학교 국제지역학 박사
墨兒중국연구소 소장
부경대, 부산외대 강사
전) 국제지역통상학회 회장
　　동아시아국제정치학회 편집위원장 총무이사

주요 논저
『시진핑 시대, 중국정치를 읽다』, 『중국공산당(CCP) 1921~2011』, 『중국지역연구와 현대중국의 이해』, 『이슈로 풀어본 중국의 어제와 오늘』, 『중국민족의 이해와 재해석』, 『(중국 발전의 실험과 모델) 차이나 컨센서스』(공저), 『한 권으로 읽는 중국문화』(공저), 『중국문학의 감상』(공저), 『중국 대중문화와 문화산업』(공저) 외 다수
「시진핑(習近平) 시대의 중국사회통제에 관한 연구」, 「중국 지도자 교체시기의 권력강화와 정치역학 : 장쩌민에서 시진핑까지」, 「시진핑(習近平) 시대의 중국민족정책 연구」, 「중국 '문화굴기(文化崛起)'에 관한 연구 : 화하(역사)문명전승혁신구를 중심으로」, 「중국 '사상해방(思想解放)' 논쟁에 관한 연구」, 「중국 '민족식별'과 소수민족의 정체성에 관한 연구」, 「중국 소수민족주의와 중화민족주의 : 티벳과 위구르족의 민족주의운동을 중심으로」, 「대만 원주민족의 正名運動」, 「'중화민족' 용어의 기원과 정체성에 관한 연구」 외 다수

장지혜

부산외국어대학교 중국어중국학과(지역학 박사)
대원대학교 철도항공교통계열 항공관광과 시간강사
전) 경성대학교 중국대학 중국통상학과 조교수

주요 논저
『현대중국사회: 10개의 시선 하나의 중국』(공저),『상황별로 배우는 기초중국어회화』(공저),『상황별로 배우는 중급중국어회화』(공저),『통상실무와 BCT학습을 위한 비즈니스중국어』(공저),『호텔실무 영어&중국어』(공저),『중국지역발전과 시진핑시대』(공저),『한중 지방외교와 지역발전』(공저) 외 다수
「환경과 사회변화가 도시인의 기질과 문화형성에 미친 영향-베이징, 상하이, 광저우를 중심으로」,「외자의 중국기업 M&A에 대한 산업안전논쟁의 영향과 대응방안」,「중국의 WTO분쟁사례연구: 중국의 WTO분쟁사안에 대한 종합평가 및 한국에의 시사점」외 다수

박미정

지역학 박사
부산외국어대학교 외래교수
부산과학기술대학 한중비즈니스학과 외래교수 역임
중국 산동성 옌타이(烟臺)대학 외래교수 역임
한국연구재단 연구프로젝트 참여연구원 등

주요 논저
『중국 속의 작은 나라들: 중국소수민족들의 금기와 생활예절』(공저),『韓中수교 20년(1992~2012)』(공저),『시진핑시대의 중국몽』(공저),『21세기 중국! 소통과 뉴트렌드』(공저),『중국 지역발전과 시진핑시대』(공저),『한중 지방외교와 지역발전』(공저) 외 다수
「중국의 녹색성장산업 정책에 관한 연구」,「중국 신재생에너지산업의 발전 동향 및 정책에 관한 연구」,「중국의 대기오염 감축을 위한 자동차구매제한정책의 실효성에 관한 고찰」외 다수

김태욱

전) 부경대학교, 동아대학교 강사
부경대학교 국제지역연구소 선임연구원
현) 동아시아국제정치학회·한국세계지역학회 이사
21세기정치학회 섭외이사

주요 논저
『차이나 컨센서스 : 중국발전의 실험과 모델』(공저), 『중국 지역발전과 시진핑 시대』(공저), 『중국 문화의 이해』(공저), 『중국 문학의 감상』(공저) 외
「중국의 국가와 시민사회」, 「해바라기 운동과 우산 운동에서 나타난 반중(反中) 시위의 정치적 함의」 외

이강인

부산외대 글로벌비즈니스대학 교수
국제지역통상연구원 연구위원

주요 논저
『중국 현대문학작가 열전』, 『한중수교 20년(1992-2012)』(공저), 『중국 대중문화와 문화산업』(공저), 『중국지역문화의 이해』(공저), 『시진핑 시대의 중국몽-부강 중국과 G1』(공저), 『21세기 중국! 소통과 뉴 트렌드』(공저), 『한중 지방외교와 지역발전』(공저), 『중국문화의 이해』(공저), 『중국 문학의 감상』(공저) 외 다수
「학교장치에서 보이는 영화〈로빙화〉의 교육-권력과 〈책상서랍 속의 동화〉의 규율: 권력의 의미적 탐색」, 「중국문학과 노벨문학상의 의미적 해석:가오싱젠과 모옌을 중심으로」, 「TV드라마에서 보여지는 중국 도시화에 따른 문제들에 대한 小考」 외 다수

조윤경

중국 중앙민족대학 법학 박사(민족학 전공)
동서대학교 동아시아학과 외래교수

주요 논저
『한 권으로 읽는 중국문화』(개정본, 공저), 『21세기 중국! 소통과 뉴 트렌드』(공저),
『시진핑 시대의 중국몽』(공저), 『중국 지역발전과 시진핑시대』(공저), 『한중 지방외
교와 지방발전』(공저) 외
「동북아시아 곰신화-곰전설의 연관성에 관한 연구」, 「한국과 몽골의 세시풍속 비교
연구」, 「동북공정 논쟁 이후의 한중 양국의 인식차이에 대한 비교연구」 외

서선영

부경대학교 경제학 박사
부경대학교 경제학부 외래교수
부경대학교 지방분권발전연구소 전임연구원
(재)한국공공정자은행연구원 선임연구원

주요 논저
『한-중 지방외교와 지역발전』(공저), 『사회문화적 접근을 통한 지역발전』(공저),
『지역발전 : 정치경제적 접근』(공저) 외
「지역 간 경기 공행성에 관한 연구」 외

중국 개혁개방과
지역균형발전

초판인쇄   2019년 9월 3일
초판발행   2019년 9월 3일

지은이   박범종·공봉진·장지혜·박미정
         김태욱·이강인·조윤경·서선영
펴낸이   채종준
펴낸곳   한국학술정보㈜
주소   경기도 파주시 회동길 230(문발동)
전화   031) 908-3181(대표)
팩스   031) 908-3189
홈페이지   http://ebook.kstudy.com
전자우편   출판사업부   publish@kstudy.com
등록   제일산-115호(2000. 6. 19)

ISBN   978-89-268-9546-7 93330

이 저서는 2018년 대한민국 교육부와 한국연구재단의 지원을 받아 수행된 연구임.
(NRF-2018S1A3A2075531)